现 代 教 育 管 理 论 丛

丛书主编 张茂聪 李松玉

现代大学管理制度改革与创新：

国际比较的视野

张茂聪 李松玉 等著

山东教育出版社

丛书编委会

序　言

　　教育管理学作为研究和阐明科学管理教育事业的一门学科,在我国已经经历了近百年的发展历程。但自其产生以来,并未真正引起社会各界足够的重视。毛礼锐先生就曾说过,"过去,我们对历史上的教育实践取士制度和教育家的研究比较注重,在管理体制方面从文教政策和学校教育制度方面也有许多探讨,而对教育管理体制、学校管理的经验教训、教育家的教育管理实践与思想等的研究,则较薄弱,至于近现代教育管理方面的重大问题,几乎没有作出专题研究"。直至改革开放以来,教育管理学在恢复与重建的基础上得到了一定程度的快速发展,对这门学科的研究也呈现出良好的态势,表现为研究人员逐渐增多,研究领域逐渐扩展,研究主题也越来越丰富。然而,随着社会与教育改革的不断深入,教育管理学在其发展过程中逐渐暴露出了一些弊端,不得不引起我们的重视。

　　就现代教育管理学的发展来看,其研究主要存在以下三个方面的问题。首先,国际比较视野的研究仍较薄弱,现有的对国外教育管理学的研究多数仅停留在简单的理论介绍层面。国外教育管理学起步较早、理论流派较多,借鉴他们的理论对于我国教育管理学的发展具有重要作用。然而,理论是难以简单移植的,必须结合我国的实际。其次,单调的研究方法限制了我国教育管理学的发展与进步。目前的研究多采用思辨方法,解释性和经验性研究较多,实证研究与实地研究较少。第三,研究主要以个体形式进行,缺乏合作性研究,不利于教育管理的创新与突破。

　　《国家中长期教育改革和发展规划纲要(2010—2020年)》强调教育管理

体制的改革,提出要完善中国特色现代大学制度、中小学学校管理制度,健全统筹有力、权责明确的教育管理体制的要求。山东师范大学教育管理与政策研究团队主持完成的《现代教育管理论丛》,以现代教育管理为研究对象,选择一些教育管理与政策研究中的前沿问题展开针对性的专题研究,并借鉴一些国家的经验,以解决制约我国高等教育管理、义务教育管理以及学校管理中的问题,是具有很大进步意义的。

该丛书由《现代大学管理制度改革与创新:国际比较的视野》《宽基教育:呈现学校价值力》《公平与均衡:义务教育管理体制改革及制度保障》《学生社团生活:一种学习的新视野》《现代小学教育管理新论》《中小学教师激励与管理》六册著作组成。研究内容涉及现代大学管理制度、义务教育管理体制、学生生活与发展等多个方面。虽侧重点有所不同,但均为我国教育管理领域中的热点问题。在把握当前社会发展趋势的基础上,深刻分析了我国现代教育管理领域所面临的一些新变化和新挑战,并结合了当代大学生和中小学生的需求变化,论证了完善我国现代教育管理方法与措施的必要性。借鉴国外先进的教育管理经验,并与我国的实际情况相结合,探寻适用于我国的改进高等教育与义务教育管理的有效路径。

总的来看,该丛书的特点在于问题意识强,论证观点明确,严谨且清晰,研究内容紧紧围绕国家教育发展中的热点问题,具有一定的科学性、系统性和应用性。该丛书还及时总结现有的研究成果,并吸纳了新颖的管理理念和方法,是教育管理学领域的一次探索和创新。当然,丛书的内容比较分散,尚不够集中、系统,有待进一步研究与完善,但其研究成果值得从事教育管理领域的研究者、决策者和研究生、本科生们阅览,相信对于促进现代教育管理的发展会有所帮助,这也正是丛书作者们力求达成的愿望。

前　言

　　《国家中长期教育改革和发展规划纲要(2010—2020年)》明确提出完善中国特色现代大学制度的要求。目前,我国大学虽已形成了比较系统的制度体系,但随着高等教育的不断发展,国家和社会对教育的需求发生了明显的变化,许多既有的大学管理制度已经不能很好地适应高等教育发展的形势。因此,构建并完善中国特色现代大学制度,是新时期促进我国高等教育发展与改革的一项重要任务。

　　构建现代大学制度的基本诉求是进行大学管理制度的改革与创新,秉承科学的价值取向以实现大学内涵式的可持续发展。然而,现代大学制度的建立与完善并非一朝一夕。当下,我国现代大学制度的建设已经取得了阶段性的进展,但仍存在诸多弊端,迫切需要研究改进。《现代大学管理制度改革与创新:国际比较的视野》力求通过系统介绍国外现代大学制度建设实践,借鉴并吸收国外大学制度建设的有益经验,通过分析比较我国在现代大学制度建设过程中的问题与差距,有针对性地提出完善中国特色现代大学制度的合理改革建议,以期对我国高校的制度改革与创新工作有所参考和借鉴。

　　现代大学制度主要包括大学的外部制度建设和内部制度建设。外部制度建设主要涉及大学与政府以及大学与社会的关系,主要是探讨如何整合权力,以推进我国现代大学外部管理制度的完善。而内部制度建设则主要表现为大学的内部治理结构和运行机制,主要从现代大学的内部治理结构、制度的基本模式出发,通过论述大学的教育问责制、教学质量管理、科研质量管理、人事管理制度、学生事务管理制度和大学章程的建设与完善等，力求梳理出我国现代大学制度改革与创新的路径。本书不仅详细介绍了国外大学内部管理制度的现状，同时对其改革的历史与实践进行了经验的总结和归纳，从中发现有益于我国现代大学制度建设的启示。

参与本书撰写的主要有付晓斌（第一章）、李明（第二章、第四章）、王录平（第三章）、刘智（第五章）、范晓婷（第六章）、杜文静（第七章）、李松玉（第八章）、张茂聪（前言、第九章），最后由张茂聪和李松玉统稿并定稿。

我们在研究和编写时，参阅和引用了国内外诸多相关文献，谨向这些文献作者表示衷心感谢。现代大学管理制度的改革与创新研究刚刚起步，我们仅仅就某些问题进行初步的比较分析和研究，书中的一些观点表述尚不够深入或全面，错讹、疏忽之处也在所难免，诚恳期盼学界同仁给予批评指正。

目　录

第一章
现代大学管理制度问题

第一节　大学管理制度的内涵

一、大学管理制度的定义

自人类社会产生之时就有了教育。随着人类社会的进步、教育的发展，学校应运而生，因而也就有了学校的管理活动。人类管理学校的经验是随着实践的不断增加而逐渐积累的。随着学校规模的扩大、层次的加深，教育管理的理论逐步完善，管理学校的各个部门和相应的制度也随之建立起来，从而形成了一套较为完善的大学管理系统。大学管理是教育管理的一个重要组成部分。我们不能忽略大学管理理论的研究，这关系到大学人才培养的速度和质量。大学管理的终极目标是培养有利于社会发展的高级人才，它运行得好坏，将直接关系到学校、国家和社会的发展建设。近几十年来，世界先进国家都高度重视高校的管理工作，将工作重点放在高校管理系统的建设上，以建立一套高效的大学管理制度。

现代大学管理制度是现代大学中内部管理制度的一种，是现代大学制度的下位概念。所以，要弄清什么是现代大学管理制度，首先要明确"制度"的概念。如果进行语义分析，《辞海》中的"制度"解释是：一种"规程"或"体系"；要求成员共同遵守的、按一定程序办事的规程。[1] 对于大学管理制度的定义，不同的学者有不同的看法。郭海玉立足于"制度"本身对大学管理制度进行理解，从而将大学管理制度界定为维持大学组织生存和运作的一系列组织行为规则和运行机制的总称。[2] 邬大光认为，"大学管理制度一般可以从宏观和微观两个层面进行理解。宏观的大学管理制度是指一个国家或地区的高等教育管理系统，包括了大学管理体制、投资体制以及办学体制等；微观的大学管理制度是指一所大学内部的组织结构与运行机制，它包括了大学组织机构的设计、职能部门划分及职能分工、岗位工作说明、教学管理制度、学生管理制度等等"[3]。张俊宗将大学制度分为：政府管理制度、社会参与制度、大学管理制度。大学管理制度指的是大学自身管理的制度，亦称大学内部制度。[4] 大学管理制度是在现代大学制度的指导下，根据一定社会发展的需要以及大学本身所面对的诸多问题，由学校制定的符合大学发展规律以及学术逻辑的一系列行为规范的总和。国内很多学者都认为：现代大学管理制度就是微观层面的现代大学制度，即大学内部管理制度。也就是在现代大学制度的宏观背景下，与市场经济体制和高等教育发展要求相适应的、以学术自由和大学自治为最高价值取向、充分关照大学发展的内在逻辑、规定大学内部管理方式的一系列规章制度。它是在一定大学制度的背景和指导下，根据社会发展的需要以及大学本身所面对的诸多问题，由学校制定，对大学机构、人员、工作中的责权利关系进行界定的规则的总和。[5]

① 《辞海》，上海，上海辞书出版社，1989，485 页。
② 郭海玉：《大学管理制度的反思》，西安工业大学硕士学位论文，2011，6 页。
③ 邬大光：《现代大学制度的根基》，载《现代大学教育》，2001(3)，30 页。
④ 张俊宗：《大学制度：范畴与创新》，载《高等工程教育研究》，2004(3)，11 页。
⑤ 黄瞳山：《基于大学组织特性的现代大学教师管理制度取向研究》，沈阳师范大学硕士学位论文，2011，16 页。

二、大学管理制度的任务

(一)培养国家现代化建设专门人才,实现学术管理科学化

21世纪的专门人才应具备较强的创造能力和实践能力。这种专门人才的培养离不开学术管理的科学化。学术管理水平的提高,关键和核心因素是学术管理要有一个明确的目标。由于学术管理所涉及的层次和范围较广,无论是人员的培训、学生职业发展还是学校的声誉,都是以学术管理为核心而展开。著名教育家朱九思认为:高等学校管理的三个部分是行政管理、学术管理、思想管理,学术管理的"学术"二字内涵较宽,包括教学和研究工作。三者以学术管理为中心,密切相连、互相制约。可见学术管理在整个学校管理中的核心作用。另外,由于学校是研究高深学问之地,所以,高校的建设和发展无不是建立在学术特色基础之上。理论上,学术权力在学校管理中占主导地位,而在现实实践中,往往出现行政权力与学术权力纵横交错,相互渗透,从而出现行政权力泛化、学术权力弱化现象。大学管理的主要任务之一,就是要规范这两种权力的关系,实现学术管理的科学化和规范化。

(二)适应社会变革和办学需要进行一系列的结构调整

其中比较重要的有三个方面①:一是学科结构的调整。学科结构调整主要围绕学院、系和专业三个层次展开。学科调整总体趋势是为了培养社会发展所需要的综合性人才。学科结构的完善和综合,能够适应社会政治、经济、文化的发展。学科结构调整的实现方式多种多样,其中,院校合并就是一种主要的手段,如四川联合大学、南昌大学、扬州大学等。另外一种手段就是在学校内部新增或重组学科。新增就是建立一些学校以前没有的院系机构、引进新的专业或课程;重组就是对原有的学科进行改造。像一些学校的教育与心理科学学院,经过重组和改造,就分为教育学院和心理学院。这种调整能给各学科注入新鲜血液,为学科发展提供充足的动力。另外,现在我们的大学各种专业如雨后春笋般产生,不像以前只是单一的工科学校或

---

① 陈希:《试论新时期大学管理的任务》,载《中国高等教育》,1997(Z1),31页。

文科学校。这都是学科调整的结果,为学生的全面发展提供了条件。二是学生层次和培养形式结构调整。由于学生的水平不同,群体构成也不一样,这必然导致学生对教育的需求也有所不同。因此,为满足不同层次的需要,各大学在保证高等教育质量的基础上,又为不同层次学生提供了学习的机会。例如,一些本科院校增加专科类课程,满足部分学生的要求,以体现教育公平。随着学校学生层次发生变化,学校的培养形式也必然需要调整,不应该像以前一样,只是发展某一层次的学生,而忽视其他层次学生的发展。当然这种调整也应该在培养群体上有所侧重,不能一刀切,同等地对待专科、本科和研究生教育。学校应该视发展情况而定,具体问题具体分析,以明确在培养结构调整中专科、本科还有研究生的比例分配。三是组织机构和队伍结构的调整。随着时代和社会的发展,会有许多新的问题出现,学校的发展亦会遇到这样或那样的问题。在遇到新问题、新情况时,学校的组织机构亦应做出调整,因为不同时期的问题具有不同的特点,所以不能以从前的标准来对现在的问题加以评判。另外一点值得注意的是现代学校组织机构的平衡问题,机构臃肿,重复设立现象严重,使组织机构的办事效率大打折扣。因此,精简机构,让各组织机构能在最大程度上实现最优配置,是当前学校组织机构调整的首要任务。至于学校队伍结构的调整,主要是指学校各部门领导、教职工和聘任工作人员的比例调整。这种比例的调整,要综合考虑各方面因素,像学校规模的大小、在校学生人数的多少、学校资源的利用开发程度等等,都是要列入考虑范围之内的。学校队伍的调整不能一蹴而就,要平稳过渡,科学合理地实现人力资源的优化配置。

三、大学管理制度的特征

大学管理与其他行业不同,这就使得大学管理制度具有自身的特性。大学管理是指大学的相关领导依据一定的权力对学校的各种资源进行组织和协调,通过对人力、物力、财力、信息等资源的调整,来达到学校发展的预期目标。当下世界各大学的管理具有组织的松散联合性、权威的双重性、主客体的相对性等特征。①

（一）高等学校管理中组织的松散联合性

关于松散联合性的概念,学者马奇有这样的论述:教育组织并非像人们所想象的那样具有统一而清晰的目标、技术线路明晰、程序规范、每一问题与答案间都存在唯一的适切联系,而其真实情形往往出人预料之外。运用松散联合这个词,意欲表达一种象征意义,即相互联结的事件是容易相互受影响的,但是每一个事件也保留了它自己的特征。②

大学知识的高度专业化,使得每一所大学都存在着相对独立的知识群体。各个院系习惯于分散地进行各自的工作,因此,每个专业人群都着眼于自己的领域,而不太看重其他群体的工作。各个院系之间的联系趋于松散,形成相对于其他院系的独立性。但这种有组织的松散状态,并没有阻碍学校各个方面的高效运转。因为,这种松散的管理模式是紧紧围绕于学校这一统一体而展开的。这种相对松散的管理模式又恰好与各院系、各部门工作的独立性相适应。大学的这种松散联合性的管理模式具有以下优点:

1. 松散的管理,有利于各院、系、所独立地制定措施和方案,在进行改革和创新的时候不受其他组织部门的干预和控制,从而使学校整体实力于细微处得到提升。

2. 松散的管理,使学校各个部门具有相对的独立性,即使某个部门发生较大事故,也不会影响组织的其他部分。这种相对的封闭性,可以在某种程度上降低部门之间的联系,使各个部门能够在一个相对宽松自由的环境下解决问题,为部门的高效率运转及人才的培养提供可能。

3. 松散的管理,可以提高各部门工作人员的工作积极性,激发其在教学、科研上的主动性和创造性,有利于各级教育人才的培养和科研成果的产生,从而使整个学校焕发活力,高效运转。

（二）高等学校管理中权威的双重性

这里所说的权威的双重性,是指学校内部的学术权威和行政权威,学术

---

① 何旭明,廖才英:《高等学校管理的特性》,载《江苏高教》,2003(2),22 页。
② 程小芳:《大学组织管理中的松散联合模式探究》,载《四川教育学院学报》,2009(10),27 页。

权力和行政权力是高校内部两种最主要的基本权力。由于学校既是研究学问之地又是事业单位，因此，学校的管理离不开学术管理与行政管理。学术权力和行政权力的均衡发展，是高校履行学术职能和社会职责的保证。

学术权力一词最早由美国学者伯顿·克拉克（1978 年）提出，指学术治理的权力，是一种法定权力。高校学术权力主要表现为教学活动、科学研究、学科建设、课程设置、师资培养、学位授予以及就业、招生等方面的权力。行政权力是指由高校各级行政部门和行政人员所拥有的权力，主要表现为校长、处长、科长等行政治理人员的权力。①

当下，在大学的管理中，普遍存在的一个问题是两种权力的失衡。潘懋元先生指出："现行大学管理体制最大的弊端是行政权力与学术权力的失衡。"行政权力过分地限制了学术权力的作用，导致其效能发挥失调。具体表现为行政权力的泛化和学术权力的弱化。在大学内部学术与资源如何配置的问题上，主要以行政权力而不是学术权力为主导。例如行政权力跨界干涉学术上的诸多事务，本应当由学术系统解决的问题，基本由行政系统包办，而真正懂得和了解学术事务的教授和专家却受到忽视，这恰恰与弘扬学术自由、教授治校的理念格格不入，使受到排斥打压的学术权威脱离正常的发展轨道，不利于学校的发展和学术权威的树立。真正合理有效的大学管理，应该是学术权力和行政权力通力合作、协调发展。学校的高效运转，离不开学术权威支撑，同样，也依赖于行政部门的参与。学术权威与行政权威应该权责明确，建立一种有效的合作与制约机制。行政部门的领导，应各司其职，明确定位自己，将学术的自由和权力切实回归，以营造良好的学术氛围。大学管理中权威的双重性，要求我们一定要处理好学术权力与行政权力的关系，坚定学校行政管理为学术发展服务的理念，以实现二者的协调发展。

（三）高等学校管理中主客体的相对性

大学管理中主客体具有相对性。从狭义的角度来说，我们认为学校领

---

① 田雪芹，李建华：《正确看待学术权力与行政权力的关系》，载《科技咨询》，2001（34），216 页。

导是管理的主体,处于主导地位;而教师、学生是管理的客体,处于从属地位。而在实际生活中,也就是广义角度而言,主体与客体是相对的。在一种情况下是管理者,而在另外一种情况下就可能是被管理者了。就像大学内部的专职管理人员,他们为学校管理规划方案,为教师和学生的行为制定标准,是理所当然的管理主体。与此同时,教师和学生也不是被动地接受管理,他们也对专职管理人员的政策和实施进行监督,积极发挥他们参与学校管理的主动性。由此,我们不难看出,大学管理中,主体与客体相互依赖,共同发展。

在大学管理中,无论是个体还是群体都是学校管理的主体,同时,又是学校管理的对象。所以,针对这种相对性,管理主体与管理客体的角色定位要因时因地而变化,适时地做出角色的转换。无论你在学校中处于什么样的位置,都要时刻有主人翁的意识,以履行管理学校的职责。同时,又要虚心接受各方面的建议和管理。学校的专职管理人员也好,教师、学生也罢,都要相互尊重,相互体谅,加强沟通,以消除冲突和意见上的分歧。大学的专职管理者,在深谙学校的管理规律的同时,也要了解学科建设,切实为学校学术的发展创造良好的环境,使学校真正成为培养人才之地。作为教师和学生,要尽职尽责地搞好学术和学习监督工作,使学校的工作能更顺利地展开。总之,大学管理要充分调动各个部门、群体、个人工作的积极性,在明确各自定位的基础上,使学校管理沿着良性的轨道发展。

四、大学管理制度的意义

大学管理制度的作用就是使大学管理工作得以顺利展开,保证大学的各种科研活动得以有序进行,能够使学校的人力、物力、财力资源得到优化配置,能够给大学的发展目标以明确定位,从而引导学生以社会需求为导向,规范自己的行为。系统科学的管理制度,能够促使大学各项工作有章可循、有法可依。因此,大学管理制度对于学校的管理工作和人的行为规范具有重大的意义,它的存在是大学协调、有序、高效运行的重要保障。

(一) 规范约束学校成员的行为,充分发挥制度的约束功能

大学管理制度对于学校的每个成员都具有约束力。一个大学的正常运

行需要制定各种规则和程序，而这些规则和程序，就构成了大学管理制度。大学管理制度的作用，是通过将大学管理理念规范化、制度化、法制化而实现的。由此，我们不难看出，高效的学校管理制度要具有全员性、全面性、全程性和高效性。第一，全员性。学校中的每一位成员，都是学校发展不可缺少的一环。上到上级领导，下到教职员工，每个人都有明确的分工，不可懈怠，不可越级，每个岗位的人都要明确自己的职责，相互扶助，共同前进，强调全员参与和团队配合。第二，全面性。强调管理体系的完整性和协调性，每一环节都要完备。无论是行政、学术还是后勤等工作，都要有明确的负责人，工作的每一道流程都要有详细的规划方案，说明执行的步骤，形成规范的、对学校各方面有强大约束力的规章制度。第三，全程性。以完成学校教育质量为目标，分阶段，分环节，以阶段性任务的完成来实现学校的工作任务。全程性值得注意的一点是，要对工作的各个方面加以了解和控制，促进工作全程性的实现。第四，高效性。指学校的管理高效率、高质量完成。当下，学校管理制度日趋规范，管理机构设置合理，管理方法灵活多变，使得大学的管理成本大大降低，以最少的投入实现学校管理的高效回报。

（二）促进大学水平的提高，实现发展目标

一流的大学少不了一流的大学管理制度。科学规范的大学管理制度，能够在学校形成良好的氛围，从而提高教师的工作热情，增强学生的学习动力。世界一流大学都致力于大学管理制度的完善。《经济学家》的一篇调查报告认为，美国的高等教育系统是最好的，它的成功之处并不是因为其经费充足，更大的原因是得益于学校的相对独立以及完整的大学管理规章制度。大学具有很强的灵活性和自主性，因此能够迅速适应瞬息万变的市场需求。我国大学建设的重中之重就是考虑如何变革现行的不科学的管理制度。管理制度完善了，学校人才的培养才会水到渠成，才能够最大限度地调动各方面的积极性和创造性，为大学目标的实现提供制度保障。

（三）有利于促进决策科学化与民主化，使大学各项工作有章可循

现行不少大学的决策不够严谨，存在严重的随意性，导致学校决策的失误。通过建立科学的大学管理制度，有利于保障学校决策的科学化和民主

化。完善的大学管理制度,能够使学校在问题的解决和决策的制定上采取民主集中制,广泛听取各方面的意见,安排专家小组科学分析调查,得出一套切实可行的方案。同样,大学管理的规范化,能够为学校相关人员工作的展开提供一套标准。所以,在当前复杂的教育环境下,建立一套成熟、完整的管理制度迫在眉睫,是大学各项工作有章可循、有法可依的保证。

第二节　大学管理制度研究基本理论

一、战略管理理论

战略管理是指组织为了长期的生存和发展,在充分分析组织外部环境和内部条件的基础上,确定和选择组织战略目标,并针对目标的落实和实现进行谋划,进而依靠组织内部能力将这种谋划和决策付诸实施,以及在实施过程中进行评估与控制的一个动态管理过程。战略管理方式越来越受到人们的重视,已成为现代管理的重要手段。通过对战略管理概念的分析和概括,我们可以将大学战略管理定义为:大学为了长期的生存和发展,在充分分析外部环境和内部条件的基础上,确定和选择学校的战略目标,并针对目标的落实和实现进行谋划,进而依靠大学内部能力将这种谋划和决策付诸实施,以及在实施过程中进行评估与控制的一个动态管理过程。[①] 学者周巧玲也对大学的战略管理做了如下定义:大学的战略管理是指为了更有效地实现大学的使命,对外适应其复杂多变的工作环境,并对这些可预知或不可预知的环境变化做好充分的准备,对内通过管理实现资源的合理及优化配置提升整体竞争力,维持自身的可持续发展需求的一种管理方式。[②]

---

① 姚启和:《高等教育管理学》,武汉,华中理工大学出版社,2000,63 页。
② 周巧玲:《大学战略管理研究》,北京,科学出版社,2009,24 页。

在知识经济时代,经济增长主要依赖知识资本的增长。经济发展日益与国家获得和应用技术、社会经济知识的能力相联系,技术创新和知识的竞争性应用成为国家竞争力最重要部分。高等学校是国家创新体系的重要组成部分,不仅是拔尖创新人才的主要基地,而且是基础研究和高技术前沿原始性创新的主要基地和技术创新的源泉,承担着科教兴国和人才强国的双重使命,在建设创新型国家中具有不可替代的重要作用。① 在新时代背景下,面对多变的环境,大学要肩负起历史赋予的使命,大学战略管理就是应对挑战的重要工具,具有重大功用和价值。

1. 使大学在复杂多变的环境中提高办学水平和地位。伴随着高等教育的发展,高校间激烈的竞争日益加剧,世界各大学之间的竞争亦有愈演愈烈之趋势。大学要想在激烈的竞争中占得先机,维持自己的优势,很重要的一点就是要对问题及时有效地做出回应,这一切都依赖于良好的战略管理意识和长远规划。大学只有在有效战略管理的指导下,才能在多变的竞争日益激烈的环境中脱颖而出,应对机遇和挑战。学者刘向兵认为,有效的战略管理可以为高校提出明确的发展方向和目标,有助于在系统思考、超前思考的基础上,"有所为,有所不为",确定大学的战略目标和发展方向,制定实施战略目标的各项措施,采取准确的战术行动,以保证在不断取得阶段性成果的同时,实现大学的战略目标和使命,实现跨越式发展。②

2. 调动各级管理人员的工作热情,提高管理水平。战略管理的着眼点不是眼前利益,而是立足于整个学校的长远发展和生存。战略管理是建立在学校日常管理基础之上的、有效的战略管理,能够大大提升学校管理人员的工作积极性,从而增强在管理中的效率意识。战略管理强调科学分析和理性决策,这样一来,有助于抑制不良决策对学校的影响以及官僚主义等不正之风,大大促进了学校民主化进程。科学的战略管理,要求学校的领导和管理者对学校的发展目标要有明确的定位,并且以此为核心,来充实和完善

---

① 《国家科技发展中长期科技规划》,2006。

② 刘向兵、李立国:《我国研究型大学实施战略管理的必要性及可行性初探》,载《中国高教研究》,2004(7),42 页。

自身的素质,落实科学发展观和人才强国战略,以培养社会、国家需要的人才为导向。对于工作中遇到的问题和挑战,要具体问题具体分析,适时地对战略计划做出调整,尽量减少工作中由于工作失误而造成的损失,从而提高管理的科学性和有效性。

3. 针对学校内外部环境进行调整,对管理实践具有指导性意义。学校战略管理政策的制定,不像企业、商业那样,所面临的环境是单方面的、局部的。学校的战略管理具有全局性,其管理政策既要考虑到校内各个环节,又要兼顾到国家的教育政策、世界高等教育的发展形势等等。它不仅受校内因素的影响,校外因素的影响也占有很大的比重。尽管如此,学校的战略管理仍具有很强的内外适应性。管理政策及时的调整,是建立在管理实践的基础上的。面对复杂的国际形势,战略管理不仅仅是对理论进行分析,而是将战略的运用实施作为管理的关键环节。作为指导性的纲领性政策,不仅能够指导实践,而且还能够在实践中检验出战略管理政策的缺点和不足,从而使战略管理理论得到完善。完善的理论进一步指导实践,更加突出了战略管理理论在管理实践中的指导作用。

4. 提升大学自身的核心竞争力。大学的战略管理,不仅仅局限于规划将来的发展,而且还有反思和创新,以淘汰陈旧的东西来适应新的环境,从而提升大学的综合竞争力。古往今来,哪里有竞争,哪里就充满活力与激情。竞争是教育发展的源泉,教育发展离不开竞争,同样大学的发展也离不开竞争。所谓"物竞天择,适者生存",这一规律也适用于大学的发展与存活。在日益激烈的大学竞争中,合理的战略管理更显现出其对大学发展的重要性。战略管理的宗旨是反思过去,着手现在,规划将来。发现问题,解决问题,在创新中部署大学的战略规划,以提升大学的核心竞争力。学者徐敦楷指出:"好的发展战略规划和管理对大学的生存发展具有重要意义,它有助于一所学校由模糊办学向明白办学,由无序发展向有序发展,由他控模式向自主模式,由统一化办学向特色办学的方向转变。"[1]

---

[1] 徐敦楷:《高等学校发展规划的战略思考》,载《中国高教研究》,2003(4),18 页。

二、绩效管理理论

绩效管理是一个现代人力资源管理的概念，是一个系统过程。所谓高校绩效管理，就是高校管理者和教职员工双方就学校的发展目标及如何实现目标达成共识的过程，增强教职工成功地达到目标的能力的管理方法以及促进教职工取得优异绩效的管理过程。[①] 绩效管理的流程包括绩效计划、绩效实施、绩效考核、绩效反馈四个部分。科学合理的绩效管理得益于正确的绩效评价，它顺应了大学管理的发展要求，是解决大学内外部困境，提升自身管理，提高竞争力的有效途径。世界各大学开展内部绩效评价，具有重要的意义。[②]

1. 绩效评价是解决大学外部评价诸多困境的现实选择。自 1983 年《美国新闻与世界报道》推出全美大学排行榜后，世界各地的大学排行评价迅速兴起，我国有 30 多个不同类型和不同层次的排名，影响比较大的至少有 5 家。大学评价活动的开展在一定程度上满足了公众对大学发展状况的知情权，回应了市场对于高等教育的要求，促进了高校之间的竞争与发展，并为政府有关部门宏观调控高等教育布局及资源分配提供依据。"可以肯定地说，它的出现为社会了解大学提供了一个重要的途径，同时也为大学提供了一个自我反思的机会。当然它的特别意义在于它为社会进行大学选择提供了一个参照，因而格外引起了人们的关注，为人们提供了观察大学发展的新视角，有助于高等教育价值观的完善，从而有助于高等教育的健康持续发展。"[③]但是，大学评价也存在着诸多不足，自产生之日起就一直受到各方面的质疑。其中质疑最多的是评价指标问题。过多地使用了刚性指标，在实现数字化排名以此来迎合社会需求的同时，无法实现合目的性与合规律性两种价值理念的统一。绩效评价与目前轰轰烈烈却又遭到强烈反对的大学排名评价相比，它是大学面向自身特点和发展状况所构建的评价体系，适合

---

① 杨林，刘应兰，卢朝佑：《基于执行力的高校绩效管理探析》，载《教育与职业》，2009(36)，25页。

② 吴文清，王凤华，郎永杰：《论大学内部绩效评价》，载《北京教育学院学报》，2011(3)，44页。

③ 王洪才：《大学排行榜：现状·困境·展望》，载《复旦教育论坛》，2007(6)，45页。

大学内部各单位的管理实际,具有很强的针对性。定量和定性分析、单项绩效评价与综合绩效评价体系的充分结合,更能全面反映各单位的实际绩效,从而为有效地制定学校下一步的发展计划提供依据。

2. 绩效评价是促进大学内各单位开展竞争的有效途径。以学科为中心所组成的学院或研究所作为大学最基本的教学科研组织单元,在"第一线工作中拥有不证自明和公开承认的首要地位","这些基层组织之间的联系是如此的松散,以致它们在相当程度上可以自由地朝不同方向发展"①。面对日益激烈的内外部竞争,如何在错综复杂的环境中求得生存和发展,成为大学及其内部学术部门不可回避的问题。学校内部资源的有限性,加之市场经济体制下的竞争和优胜劣汰法则,决定了大学内各教学科研单位"再也不能像过去那样对自身的生存、发展和未来高枕无忧了"②。如何科学系统地对大学内部学术组织的绩效进行评价,诊断内部各教学科研单位的实际绩效,准确反映学术组织的发展状况,成为当前大学绩效评价的重要工作。科学合理的绩效评价不仅可以激励存在差距的学术组织和团队,总结经验并找出差距,而且能够增强各教学科研单位及其学校各类人员的紧迫感和竞争意识,"促进各教学科研单位主动调整人员结构和研究方向,引导其科研成果向高水平领域发展,提高各个教学科研单位的绩效,开发各教学科研单位的潜能"③,并通过基于绩效评价的资源配置,有效强化各教学科研单位之间的合理竞争。

3. 绩效评价是大学提升自身管理水平的必由之路。"由于极度复杂的外部环境和对快速决策的需要,人们需要更强有力的院校管理,以便可以做出必要的变化来确保院校在今后能取得成功,甚至院校的生存。"④然而,目前大学内部管理中仍然存在着自上而下的行政指令性管理、管理过程中的

---

① 伯顿·克拉克著,王承绪等译:《高等教育系统》,杭州,杭州大学出版社,1994,64 页。
② 戴玉纯:《基于战略的大学绩效管理》,合肥,中国科学技术大学出版社,2007,35 页。
③ 贾锁堂,吴文清,郎永杰:《省部共建高校绩效评价方法探析》,载《山西大学学报》,2009(4),124 页。
④ 约翰·布伦南著,陆爱华等译:《高等教育质量管理:一个关于高等院校评估和改革的国际性观点》,上海,华东师范大学出版社,2005,41 页。

经验性、资源分配中的随意性等诸多不足,这些传统管理方式在大学现代化的发展中已变得力不从心,并已成为制约大学持续快速发展的桎梏。绩效评价是绩效管理的核心环节。大学内部绩效评价活动的开展,通过具体的指标体系获得科学、准确的数据,可以成为大学实施战略管理的重要依据。其实,大学内部绩效评价可以看作是管理者与学校内部教职员工之间开展信息沟通与分享有关信息的过程。绩效评价在大学内部各教学科研单位以及职能部门管理过程中的运用,可以最大程度地减少决策过程中的随意性和主观性,增强决策的科学性和合理性,从而提高大学管理的效率。此外,绩效评价作为大学开展有效性管理的依据,在与大学内部管理结合的过程中,可以实现将大学各教学科研单位及职能部门的活动统一到大学整体目标实现上来,建立科学有效的激励机制、约束机制以及奖励机制,从过去的经验管理转移到追求投入产出效益、提高管理水平和大学竞争力的导向上来。

三、激励理论

激励,顾名思义就是激发和鼓励。将激励的概念运用于管理,就是人们常说的调动积极性的问题。激励理论大体上可以分为三类:内容型激励理论、过程型激励理论和综合激励理论。

内容型激励理论主要从人的需要出发,研究工作动机的规律性。需要层次理论、双因素理论、成就需要理论等均属于内容型激励理论。过程型激励理论研究了人从动机产生到发展、变化直至采取行动过程中的心理活动。包括期望理论、公平理论、目标设置理论。综合激励理论则是试图综合各种激励理论,系统阐述人的行为激励过程的理论。如波特和劳勒的综合激励理论、同步激励理论。下面就其中的几项做简要介绍。

（一）需要层次理论

亚伯拉罕·马斯洛将需要分为五种:生理上的需要、安全上的需要、情感和归属的需要、尊重的需要、自我实现的需要。该理论认为:

1. 五种需要像阶梯一样从低到高,按层次逐级递升,但这样的次序不是完全固定的,可以变化。

2. 需要层次理论有两个基本出发点：一是人人都有需要，较低层次的需要获得满足后，较高层次的需要才会出现；二是在多种需要未获满足前，首先满足迫切需要，该需要满足后，后面的需要才会显示出其激励作用。

3. 一般来说，某一层次的需要相对满足了，就会向高一层次发展，追求更高一层次的需要就成为驱使行为的动力。相应的，获得基本满足的需要就不再是一股激励力量。

4. 五种需要可以分为两级，其中生理上的需要、安全上的需要和情感上的需要都属于低一级的需要，这些需要通过外部条件就可以满足；而尊重的需要和自我实现的需要是高级需要，是通过内部因素才能满足的，而且一个人对尊重和自我实现的需要是无止境的。各层次的需要相互依赖和重叠，高层次的需要发展后，低层次的需要仍然存在，只是对行为影响的程度大大减小。

马斯洛的需要层次理论为大学的管理指出了调动教职工积极性工作的方向和内容，如应从物质和精神两方面满足教师的需求。

（二）双因素理论

双因素理论，又叫激励保健理论，由美国行为科学家赫兹伯格提出。该理论将激发人动机的因素分为两类：一类为保健因素，另一类为激励因素。保健因素是与工作环境和条件有关的因素，也叫维持因素，该因素不具有激励作用，作用在于保持员工积极性。包括政策、管理措施、监督、人际关系、工作条件、工资等。激励因素与工作内容相联系，能够提高人们工作的积极性。包括挑战性的工作，晋升、培训的机会，赏识等。

双因素理论对高等教育管理的启示在于，学校管理者应该尽力改善教师的工作生活待遇，重视保健因素。并注意开发和运用激励因素，给教师晋升的机会，提高进修机会，给予荣誉称号等。

（三）成就需要理论

该理论是由哈佛大学心理学家麦克里兰提出的，他认为，高层次人的社会性需要分为成就需要、亲和需要和权利需要。其中成就需要就是指员工追求成功、优越感，争取成功的内驱力。

麦克里兰认为，一个社会的发展，政治制度、经济制度和地理因素都是次要的，关键在于是否有更多的人拥有成就动机。在学校组织中，高校管理者应该密切关注教师的动态。如果学校教师对这种高层次的要求不够强烈，说明教师的活力不够，不利于学校的长远发展。这种情况下，学校管理者应该对教师进行适当的教育训练，引导教师形成这种高层次的需求。

（四）期望理论

该理论是由弗鲁姆提出的，他认为激励强度取决于期望值与效价的乘积。用公式可以表示为：

激励强度＝效价×期望值

激励强度是指能够调动人的内心积极性的强度；效价是指被激励者对其所从事工作的估价；期望值是指被激励者对某项目标能够实现的概率的估计。该理论反映了需要与目标的关系。该理论目的在于使员工明白：

1. 工作能提供给他们需要的东西。不同的人，需求不同，激发出他们动力的条件也就不同。

2. 他们需要的东西与绩效联系在一起。效价必须与教师的利益息息相关，当教师感觉自己的努力与利益方向一致时，效价较高。

3. 只要努力就能提高绩效。当教师在心理上建立了自己的绩效与努力和最终的报酬息息相关的联系时，积极性必然会得到提高。

（五）目标设置理论

在现代大学的管理中，要强调通过目标的设置激发动机、指导行为，使教职工的需要与大学的目标挂起钩来，以激励他们工作的积极性。[①] 目标设置理论模型如图 1-1 所示：

---

① 林健：《大学薪酬管理——从实践到理论》，北京，清华大学出版社，2010，50 页。

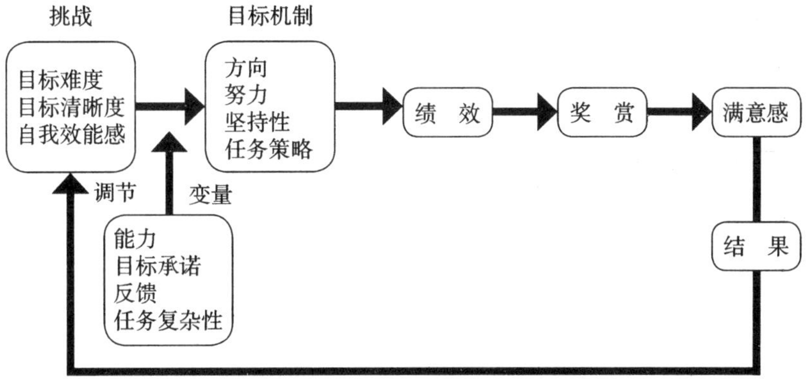

图 1-1　目标设置理论模型

在使用该理论时,应该注意以下几点:

1. 目标的设置必须符合教师的需要。教师的工作回报应该与教师的期望挂钩,调动教师的积极性。当教师认识到自己的工作业绩和努力是与成绩挂钩时,目标才会对教师产生激励机制。

2. 目标的设置应该具体明确。具体的目标才能更加贴近教师的利益,使教师在平时的教学科研实践中体验到成就感,设置具体的目标才更能提高教师工作的绩效。

3. 目标的设置应该具有阶段性。在目标的设置过程中,应该将长期目标与短期目标的设置结合起来,分阶段达到预期的目标。

4. 鼓励教师参与个人目标与学校目标的设置过程。有教师参与的目标设置才更能反映教师的需要,更能提高教师的绩效。教师被动接受的目标与其自身的需要往往相悖,势必会影响工作效率和目标的实现。

5. 目标的设置应该因人而异,教师存在着能力、资历等方面的差异,因此目标的设置应该个性化。目标反馈应该强调教师努力,淡化教师的个人能力,使教师在目标的引导下,实现长远的、整体的目标。

(六) 综合激励理论

该模型认为,工作绩效是个多维变量,它除了受个人努力程度等因素的影响之外,还要受到其他四个主要因素的影响:个人能力与素质、外在的工作条件环境、个人对组织期望目标的理解、个人对奖酬公平性的感知。① 其模型如图 1-2 所示：

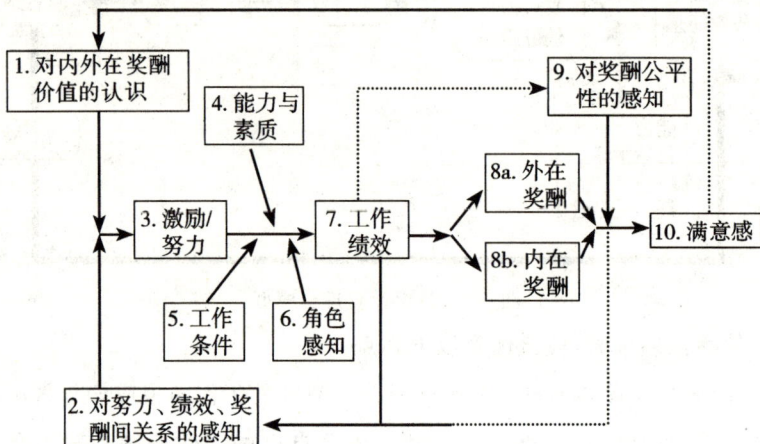

图 1-2　综合激励理论模型

学校在运用该理论进行管理时应认识到以下几点：

1. 教师工作的绩效取决于其教学科研能力的大小。教师应该对自己的角色有明确的认识，明确自己的努力方向、职责和任务。

2. 奖励应该以绩效为前提。只有当教师看到报酬与自己工作的绩效关联性很强时，奖励才能调动教师努力工作的积极性。

3. 教师的报酬应该符合公平原则。教师对学校的奖惩措施是否产生满足感，取决于教师所得到的报偿是否具有公平性，满意将导致进一步的努力。

---

① 胡永新：《教师人力资源管理》，杭州，浙江大学出版社，2008，242 页。

第三节　大学管理制度的改革实践与探索

一、美国等大学管理制度改革的实践与探索

（一）美国的改革实践

首先，美国大学倡导一元化的质量观，重视科研在学校中的地位。无论是学校排名还是教师评定，都将学术成果放在第一位。这种学术至上的措施是建立在美国强大的科研实力基础之上的。第二，美国对高等教育财政拨款的改革。在 20 世纪 70 年代，美国将公立高等院校引入市场机制，优化资源配置，鼓励大学向市场化发展，让大学和企业合作办学，实现学校和企业的双赢发展。这一举措促进了大学的私有化及商业化进程，美国的这些促进院校资本主义发展的措施，远远超过英、法的相应的改革措施；减缓政府对高等教育的投资速度，使学校享有充分的办学自主权；制定节约措施，减少经费的开支。比如，制定打印材料的规则，适当限制宽带的使用，停止对电话系统的投入等。第三，建立完善的学生管理体制。[①] 以学生为中心，为学生提供全方位的服务和指导；强调意识形态的重要性，采取多种形式开展教育活动；完善服务系统，为学生管理提供良好的物质条件；建立以宿舍管理为内容的学生管理模式。

（二）英国的改革实践

英国大学在改革实践的过程中，注重吸收和借鉴世界各国的经验，形成了独特的管理模式和管理结构。第一，学术权力和行政权力相互协调，进一步规范化和均衡化。一方面大学学术自治的权利要维护，另一方面行政权力和学术权力共同参与学校管理，以实现两种权力的协调发展。第二，校外

---

① 符华兴，王建斌：《世界主要国家高等教育发展研究》，长沙，湖南人民出版社，2010，121 页。

人士参与学校管理。校外人士主要参与行政管理，控制着学校的董事会、校务委员会。这一改革实践，形成了校外人士与学术人员共同管理学校的新模式。第三，将大学引入市场机制，实现大学管理的经营化。随着市场化政策的推行，工商企业经营管理的理念被大学管理所采用，实现了学校管理的灵活性和高效性。第四，提高新权力主体在大学管理中的地位。新权力主体主要指学生、家长、教师，传统权力主体指行政人员。改革使得学生、家长和教师对学校的管理有更多的话语权和参与权。

(三) 德国的改革实践

第一，加大高校的办学自主权。高等教育管理的官僚程式化问题一直困扰着德国高校的发展，德国在借鉴美国大学管理模式的基础上，引入竞争的概念，给德国高等院校以更多的办学自主权。主要体现在以下几个方面：分类管理学校经费，增加经费使用的灵活性；减少行政对学校办学的限制，并以法律条款的形式予以肯定；高校有充分的招生自主权。第二，引入以绩效为基础的政府拨款模式。改革主要包括两方面：一是以绩效为指标的财政分配制度，这里的"绩效"可以表现为多个方面。其拨款参数大都通过在校生人数、师生比例、学生辍学率、毕业生就业率等等来进行调整。二是采取"财政包干制"，在这种模式下，高校的财政拨款依然由国家承担，但国家对高校微观层面的控制减弱，这样学校便可以灵活地使用经费。第三，实行新的领导与组织模式。"团体大学"模式是德国 20 世纪 60 年代以来高校改革的重要成果。这一模式要求关于学校的重要决策，由委员会中的教授、学生、学术性辅助人员、非学术性辅助人员等参与商议讨论后做出决定。"团体大学"模式体现了管理的民主性，但却消耗过多的精力与时间，而且权责也不是很明确。为解决这一弊端，实行个人负责制，延长和扩大院长的任期和职权，加强对决策的控制和影响力；实行行政部门和监督部门的分离；高校理事会允许校外人士参加。

(四) 加拿大的改革实践

加拿大大学管理体制在改革实践过程中形成了自己的特色。第一，实行分权与制衡管理的体制。首先，以法律条文的形式对学校各级职权做了明确的规定,对大学董事会、教务处、校长等职权进行了明确的划分。例如:行政事务由大学董事会决定,学术权力则由教务处行使。对于哪些是专属权、哪些是共享权做了明确规定,使各部门各司其职,在其负责的职权范围内发挥应有的作用。其次,实行委员会领导下的行政领导负责制,院系的重大教学和行政事务,必须经过院系委员会批准方可实施。这种分权与制衡管理,能够保证学校决策的科学性,使大学健康发展。第二,实行内外结合的管理机制。加拿大的学校管理董事会由校内和校外两部分人员构成,校外人员包括政府官员、教育界名流、企业代表等,校内人员则主要由教师、学生组成。这种管理模式,能够保证决策的质量和社会影响力。加拿大大学利用校内外结合的管理体制,很好地保持了与外部的关系,能够使学校把握社会发展动向、科学定位大学发展阶段,从而制定有效的发展战略,使学校承担更多的社会责任,提高学校知名度。第三,加拿大改革的一大特色就是实行民主治校。首先,大学实行两院制,学校董事会和教务会均采用委员会制度,校长是委员,学生也可以是委员,每个委员都可以在委员会上发表自己的意见,对决策进行无记名投票。其次,各院系教师要参加不同院系的委员会,按时参加学校社团活动和工会组织,保证教师参与学校管理的权利。第四,加强学生管理改革的力度。加拿大高校对大学生的管理充分体现了加拿大的文化和社会特征。加拿大是一个法治国家,崇尚"依法治生",制定规章制度约束学生行为,聘请法律顾问依法办学;加拿大是一个多民族国家,存在多种文化,故采取多样性和个性化的管理理念;尊重学生的自主权,平等对待每一位学生,强调学生的自我管理和自我教育。

二、大学改革实践的共性

在当今国际背景下,大学管理制度的改革和创新已成为各个国家高等教育发展的瓶颈。无论是中国还是世界其他各国都致力于加强改革的实践,以适应形势发展的需要。如何改革、怎样去建立一套完善高效的大学管理制度,已成为高等教育界的一项重要任务。高等教育的管理因国而异,不同大学的管理机制也大不相同,通过对世界各大学改革的实践进行分析,我们不难总结出,大学管理制度的改革实践也有其共同点,它们的改革大都从以下几个方面展开：

（一）大学行政管理改革

所谓大学行政管理，是指利用科学方法对大学的一切工作，包括教育、教学、生产、科研、总务等各方面的工作，有计划地、有效率地、有技术地规划、管制、联系、协调和运用学校的组织、人员、设备、物材和经费作适时、适地、适人、适事的处理，以提高行政管理效率，发展学校教学等各项业务，有效达成学校教育人、培养人的使命。[①] 只要是有利于学校发展的改革措施，都可以而且也应该用来为学校发展服务。二战以前，美国教育行政管理主要的两种趋势是教育管理职权的分散和专业化以及联邦政府、州政府对学校教育影响和控制的加强。二战后至今，美国高等教育事业空前发展，教育行政管理又有了一系列的创新。第一，教师的权利在学校得到扩大和加强。1916 年美国教师联合会成立，其主要目的是维护广大教师的权利。无论是学校政策的制定还是教师劳动报酬或福利，教师都有权利与学校行政当局进行集体谈判，以维护其合法权益，这就大大提高了教师在高校管理中的地位和作用。第二，学生参与学校的管理。学校允许学生参加学校管理机构的工作，赋予学生在学校董事会会议上发言和表决的权利。学生甚至对教师的聘任、行政管理人员工作质量的好坏都有监督和鉴定的权利。学生参与学校行政管理，对于高校政策的准确制定有重要的影响。第三，行政管理呈现专业化趋势，管理专家作用增强。大学管理中，经常会涉及诸如教学、科研、人事等专业性较强的管理工作，这些工作具有极强的专业性、个体性和独立性的特点。专家数量和作用的增大，一方面分散了学校领导（校长）的权力，另一方面，使学校行政管理决策更加高效。

大学行政管理在改革实践中应坚持与时俱进的创新取向。现代大学教育少不了创新教育，行政管理的创新更是学校发展的生命力。大学行政管理应该在相对稳定的模式下，创新管理机制，改变不适应时代的管理模式，建立与时俱进的管理模式，不断适应动态的社会变化。行政管理人员应该

---

① 周德绪：《现代行政管理学》，广州，科学普及出版社广州分社，1988，6 页。

有创新意识,加强管理理论的学习和研究,丰富自己的理论知识,积极参加各种实践,将管理理论与实践相结合,从而培养创新精神。当今大学行政管理的改革,已取得丰硕的成果。行政管理人员素质和能力逐步提高,各行政机构的配置日趋合理,能够确保政策及时、准确、高效地运行,大大提高了学校管理的效率,为学校教育事业的发展提供了良好的行政环境。

（二）大学学术管理改革

一般认为,大学学术管理是对大学学术活动与学术事务的管理。"学术管理,主要指学术事务的管理,它是管理者根据教学和学术发展的规律及知识技能的权威性,依靠专家学者对大学内部学术性工作开展的管理活动。它的内容主要有学校的定位、专业设置、人才培养模式改革,专业调整及相应的培养计划的修订,教学方式、考试方法、实践教学改革与课程结构体系改革,新的教与学评价制度的建立等。"[1]关于大学学术管理的概念,至今仍然没有确切的定论,但这一概念的提出,却为高等教育管理提供了一个新的视角,具有重要的意义。

为加强大学管理的科学性和民主性,充分发挥大学学术管理的作用,学校必须完善学术管理制度,必须对学术管理进行卓有成效的改革。其改革的实践主要从以下几个方面入手:一是转变大学管理理念。加强大学的学术管理,要认识到大学是以学科专业为基础的学术事业组织。大学的中心任务是教学和科研,要明确认识到学术人员在管理中的作用。因此,学术人员要树立正确的学术管理理念。[2] 学术人员作为高等学校学术管理中的主体,要有正确的学术管理理念,只有在正确学术管理理念的支配下,才能正确发挥其主导作用。一个大学的学术管理理念,常常通过其校训、规章、管理体制、办事程序和管理者行事方式等形式具体表现出来,它渗透于大学管理的方方面面,对整个大学的运行有着全面而深刻的影响。学术管理理念的具体表现形式是复杂多样的,我们往往难以一一将其分析清楚。特别是

① 刘毅:《强化高校学术管理,培养创新型人才》,载《西南民族大学学报》,2003(10),279 页。
② 马莉:《转变观念,充分发挥学术人员在学术管理中的主导作用》,载《中国电子教育》,2011(1),18 页。

当它的一些外在表现已经流于形式的时候,分析研究一所大学的学术管理理念就更加困难。我们很多高校的学术人员目前还处在对学术管理理念的不自觉状态中,这种状态并非表明他们的管理行为没有指导性的理念,而是管理理念的混乱,意味着管理过程的无序化和非理性化的危险。我们提出,在高校内部管理体制改革过程中要使学术人员建立学术管理的理念,就是希望能从根本上树立这样一种思想:我们所从事的是一种特殊的管理工作,它有着与其他管理工作迥然不同的内在逻辑和规律,它在根本上应当是学术活动的一部分,而不是行政活动。二是增强学术氛围,营造宽松环境。首先,应该落实大学的办学自主权。过去大学的诸多事务大部分是由政府决策,学校只是参与执行,这就大大降低了决策的针对性和科学性。学校应该落实办学自主权,根据学校实际自己制定决策,既适应社会发展需要,同时,又能满足学校自身的发展。只有落实了大学的办学自主权,大学才能真正独立于政府而制定决策,学术管理才能真正发挥作用。其次,要提倡学术自由。学术管理中的一条金科玉律便是学术自由。① 西方现代学术自由产生于德国,并将其作为现代大学发展的基石。法国的《高等教育方向法》规定大学实行学术自由的原则,因为"整个社会的充分发展依赖于真理的自由追求运行其中,依赖于社会中科学的创造和关于生活、环境及人类自身的知识的进步"。日本提出大学应该以维护学术自由为任务,鼓励思想自由,探讨研究方法,促进知识增长,以掌握科学知识,提高学术研究的能力。1915 年,美国大学教授会提出了学术自由的若干原则:教授有权探索知识,不管这种探索可能导向哪里,但同时他又有责任完全地和准确地报告研究成果;教授又在其观点和材料不受审查的条件下有执教的权利,只要他不超出大家公认的其所属的那个专业领域;教授有不受束缚地在公共场合发表意见的权利,只要以个人的名义而不是作为其所属的大学的代表。学术自由是大学的灵魂,是大学各种制度构建的基础,是自由和宽松的学术环境创立的前提。唯有充分享有学术自由,大学才能够真正回归本源,大学也才能正确地

---

① 陈学飞:《国际视野中的高等教育探索》,青岛,中国海洋大学出版社,2009,181 页。

享受其他的权利,主动、自觉地走向社会中心。

(三) 大学思想政治教育管理改革

所谓大学思想政治管理,是指大学思想政治教育组织为了实现大学思想政治教育目标,转变大学思想政治教育对象的思想认识,达到大学思想政治教育对象的思想观念与社会历史发展的客观要求一致,提高教职工与大学生的思想素质、政治素质和业务素质以及社会主义现代化建设积极性所采取的组织措施与手段。[1] 学校必须在吸收和借鉴以前经验的基础上,从实际出发,将思想政治教育的内容、形式和方法不断地改革创新,以便能更好地培养有理想、有道德、有纪律、有文化的人才。

在美国,似乎很难听到“思想政治教育”这样的字眼,表面上看,美国似乎并不重视意识形态的教育,实则不然。美国高校的思想政治教育可以说是无处不在、无时不在。美国高校大都开设美国历史学、美国政治学,通过课堂来向学生灌输美国的政治理念,宣传美国资产阶级核心价值观;此外,还利用校园文化和环境警醒熏陶,校徽、校训、国旗、国歌,都在潜移默化地培养学生的文化价值观念;宗教文化对学生的道德价值观念的影响更大,宗教课被列为美国中小学的必修课;另外,学校的社团活动、慈善活动、心理咨询,都体现了意识形态的重要性。大学思想政治教育管理对提高思想政治教育效果起着决定性的作用,它能够使大学思想政治教育从无序走向有序,同时,它又是在高校内部宣传政府的思想、路线、方针、政策的有效工具。因此,学校也十分重视思想政治教育管理的创新。首先,要解放思想,转变观念,使学生形成新的理念。任何改革,都始于思想观念的改革,改革思想政治教育,必须更新观念,树立正确的指导思想。当今的大学生,处在一个开放的社会环境中,形形色色的思想观念都会影响到学生的成长,仅靠大学思想政治教育来规范学生的行为和思想是不够的,大学思想政治教育必须向全方位、多层次、立体化模式发展,建立健全大学生工作的组织机构,完善大学生咨询服务与体系,加强学校与家庭、社会的沟通,从多个侧面鼓励学生

---

[1] 石六山:《大学管理导论》,成都,电子科技大学出版社,2009,124 页。

打破禁锢的陈旧思想,把思想政治教育提到一个新的水平。其次,加强大学思想政治教育管理队伍的建设,提高思想政治教育者自身的素质。思想政治教育者肩负着学生思想道德培养的重任。大学内部如果缺乏一支高素质的思想政治教育管理队伍,那么,其思想政治教育管理工作的质量必然得不到保障,队伍质量的高低直接影响着学生整体素质的发展。由于思想政治教育管理具有很强的理论性和实践性,因此,思想政治教育者必须具备良好的素质和强烈的事业心,才有可能胜任这一工作。然而,当下高校的思想政治教育管理队伍普遍质量不高,学历层次偏低,缺乏主动性和创造性。因而,高校要十分重视思想政治教育管理队伍的建设,队伍建设坚持以科学发展观为指导,坚持以人为本,重视管理队伍的理论素养和实践水平的培养,完善各种制度,以实现思想政治教育管理队伍的可持续发展,从根本上推进高校思想政治教育管理工作的发展。再次,改进思想政治教育管理的工作方法。传统的思想政治教育管理多采用硬性的制度,在讲求民主管理的现代颇显不妥。思想政治教育管理要与时俱进,教育方法要不断创新。不能局限于旧有的工作思路和框架,要根据学生群体的特点来改进工作,要选择让大学生容易接受的教育管理方法和手段,将社会提倡的正确世界观和价值观渗透于学生的学习和生活中,引导学生积极主动地去探索和发现思想政治教育的核心价值。大学生思想政治教育管理要强调人性化,要坚持以学生为本,尊重大学生的人格,以人性化的管理提高大学生的政治觉悟。

（四）大学学生管理改革

大学学生管理是学校对学生在校内外的学习和活动进行计划、组织、协调、控制的总称。它是学校管理者组织、指导学生,按照教育方针所规定的教育标准,有目的、有计划、有组织地对学生进行各种教育,使学生在德、智、体、美、劳等方面得到发展。① 学者顾翔将大学学生管理定义为:高等学校领导者和管理人员为了实现学生管理的目标,合理地组织人、财、物、时间、信息等,有计划地指挥、协调、监督和实施有关大学生成长和发展的各项活动

---

① 顾明远:《学校学生管理运作全书》,北京,开明出版社,1995,4页。

的总称。^① 大学学生管理工作，是大学管理工作的重要组成部分，对高等教育的改革和发展具有重要的影响。

英国高等院校对学生的管理模式分为两大类：集中管理和分散管理。集中管理模式，以莱斯特大学（University of Leicester）为例。莱斯特大学设立教育发展支持中心，对学校学术委员会下设的职业咨询委员会、学生支持和指导委员会、学习和教育委员会负责，它的职责是为学生、教师、未来的学生和毕业生提供发展和支持的服务。中心下设7个部门：学生学习中心——为学生提供学习方面的建议、信息和辅导；职业部——提供职业教育、信息和指导；残疾学生中心——为残疾学生提供学术和实际的帮助；咨询部——为学生提供心理咨询和辅导；学生医务所——为学生做好医疗服务；福利部——提供满足学生需要的实际服务，包括困难贷款、助学金、移民、签证延期、住宿、健康发展、照顾儿童；教学部——通过鼓励出色教学和增强学生独立学习技能，致力于促进教学活动的发展，支持学校教与学战略的实施。分散管理模式，以诺丁汉大学（University of Nottingham）为例。诺丁汉大学学术委员会设有学生事务委员会、职业咨询委员会、平等和多元化委员会。该校涉及学生事务的部门有3个中心：学生支持中心——与院系的其他部门合作，支持帮助残疾学生，为全体学生提供学习支持；职业发展中心——为学生提供职业教育、信息和指导；国际交流处——招收留学生，为留学生提供支持与帮助。^②

高校学生管理是一门科学，是对学生在校期间的管理，是学校的管理工作和教育工作相融合的一门学科，它涉及学生在校学习和生活期间的方方面面。大学生管理工作包括学生学籍管理、思想政治教育管理、生活管理、校园文化建设管理、就业管理、奖惩管理和自我管理等等，其质量的好坏直接体现了学校的管理水平和办学水平。因此，高校尤为重视学生管理工作的改革和创新。首先，坚持以学生为本的教育理念，培养学生的自我管理意识。在学生管理上，要改变传统理念上强调的对学生进行严格规范的管理，

---

① 顾翔：《大学生管理》，上海，华东师范大学出版社，1988，48页。
② 符华兴，王建斌：《世界主要国家高等教育发展研究》，长沙，湖南人民出版社，2010，342页。

要坚持"以生为本"，尊重学生的主体性。学生是学校管理工作中的主体对象，在管理学生的实践中，学校要树立以学生为本的服务意识，充分尊重学生的人格、权利和创造性，为学生成才创造条件。只有在尊重、爱护、体谅和关心学生的基础上，才能够最大限度地激发学生的主观能动性和内在动力，以满足学生成才的需要。另外，在管理学生的过程中，要明白学生既是学校的管理者又是被管理者，只有坚持这样的管理态度，才会让学生有主人翁的意识感，才会提高学生自我管理的积极性，从而提高学生的自我约束能力，使学生能够积极主动地配合学校的教育和管理。这种让学生自我管理的方式在学校管理中所起的作用是不可忽视的。其次，学生管理制度的规范化。高校学生制度管理的规范化是指学校根据学生管理工作的本质特征，通过形成一个统一的、合法的和相对稳定的管理系统，来规范学生的意志和行为，并以制度理念对学生的行为加以引导，来改善学生的表现，并为其发展创造一个良好的教育环境。每个学校都有自己的管理制度，但普遍存在制度不够规范、决策缺乏科学性的问题。完善和规范学生管理制度建设，要坚持"以人为本"，要有针对学校问题的快速反应机制，对学生的管理程序要透明等。其中，最重要的是要注重管理制度的创新，实施符合高年级课程设置、有利于学生全面发展的管理机制——导师制。第三，要采用多样化的管理手段。每个学生都是一个独立的个体，都有其自身的特点和发展规律。因此，学校管理者要采用多样化的管理手段。要充分利用网络资源，注重网络文化对学生的影响。学者张茂聪指出：网络文化是网络生活的依托，是人的灵魂和网络技术相接触的地方。网络生活必须将网络文化作为网络生活的本体存在，并依赖文化而获得意义。① 可见，网络文化对学生精神家园建设的重要性。因此，我们要加强网络的正面宣传，切实推进网络道德文化建设，开展文明上网的活动，使学生在健康的网络文化的引领下，养成科学、健康、文明的上网习惯。另外，还要加强学生的德育和心理健康教育。一个优秀的人才，不仅仅是掌握丰富的专业知识，同时也要具备高尚的道德修养和

---

① 张茂聪，王培峰：《网络交往伦理：青少年网络道德教育的新视域》，载《教育研究》，2007(7)，66 页。

健康的心理素质。当今社会,学生面临着来自学校和社会的多方面的压力,正确向上的世界观、价值观和人生观的形成就显得尤为重要。因此,学校要针对不同的学生,有针对性地开展心理辅导和道德培养,以符合学生身心特点的管理方法对学生加以管理,使学生工作更具亲和力和感染力。

(五) 大学后勤管理改革

大学后勤管理是指大学行政领导或行政组织,根据大学职能活动的需要,采取一定的组织形式,运用一定的管理原理、原则和方法,通过一系列管理行为,对保证大学职能活动的开展和为之提供服务的人、财、物实施有效管理的活动过程。① 大学的后勤管理包括食堂、宿舍、医疗、安全、基本建设和物资设备管理等各个方面。大学后勤通过运用一定的管理原理、原则和方法,对大学后勤工作的各项内容进行计划和决策,以保证大学活动的高质、高效展开。高效的大学后勤管理能够保障大学的各项活动高效运转。后勤工作属于服务性质的行业,其工作就是为广大师生提供教学、科研和生活方面的服务,加强大学的后勤管理,正是为了使后勤工作的各项职能得到有效发挥。

美国威斯康星大学的宿舍管理,采取三位一体的工作职能,并让学生参与管理。在威斯康星大学,宿舍楼主任的任务是:① 硬件管理,即负责房屋的调配、管理、设备保修、前台值班等项工作。② 软件管理,主要是指导宿舍学生管理员及学生会的工作;对大学生的思想、行为、学习生活等方面进行咨询、引导;处理宿舍中的违纪事件;提供各种教育和问题活动项目。③ 在宿舍内为学生设立多种服务项目,如信件收发、小商品零售、提供厨房与洗衣房等生活设施,开辟电视室、游戏室、琴房、健身房等娱乐、锻炼场所。他们的工作职能是集教育、管理、服务三位一体。三位一体的好处,一是可以将工作落到实处,避免空洞的说教;二是将严格要求与关心爱护相结合,思想教育与制度保障相结合,可以使思想工作更有成效;三是管理、服务中也有思想工作和教育结合起来,可以提高管理和服务的质量。另外,学生参与

---

① 石六山:《大学管理导论》,成都,电子科技大学出版社,2009,260 页。

管理，每一个学生宿舍都设主任助理1名，他（她）是宿舍主任的助手、学生管理员的召集人。美国学生管理员实际上充当了管理员、顾问和教师这三重角色，他们在许多方面起了专职人员的作用。在美国，对学生管理员的某些要求和正式员工是一样的，管理的有效性大大提高。[①]

　　大学后勤管理是大学管理的一个重要组成部分，是学校教学、科研不可缺少的重要环节。大学后勤是学生身心健康发展的保障，同时，也是大学稳定的基础。俗话说"社会稳定看高校，高校稳定看后勤"。可见，学校的后勤工作在支撑大学健康发展方面所起的重要作用。鉴于后勤管理的重要性，各高校都在积极探索后勤的改革应该朝着何种模式发展。后勤改革是一个复杂的过程，它不是一劳永逸的，而是需要不断探索、完善和发展的。各高校应该实事求是地选择适合本校的后勤运行模式。学者赖雄麟指出，后勤管理的改革应该朝着以下几方面发展。[②] 一是后勤服务劳动专业化。社会主义市场经济促进了劳动分工的进一步细化，满足了人们多层次、多样化的生活需求。后勤劳动专业化，是后勤服务发展的必然结果，只有实行专业化的服务，才能为学校的发展创造更多有利的条件，促进学校教学和科研的发展。二是后勤服务产品商品化。后勤的服务方式不再是以自给自足为目的，不再是像以前一样不计成本的无偿提供，而是以市场为导向，面向社会，参与市场竞争，以实现商品的交换价值。将后勤服务引入到市场经济中，有利于激发后勤服务的活力，促进劳动质量和效率的提高，实现自身的生存和发展。三是后勤服务方式市场化。市场化为后勤服务的商品提供了交换的场所，能够引导后勤管理者根据市场信息和市场的供求，来决定投入和产出决策。后勤服务的产品必定参与市场竞争，必定与市场上的产品相对比，这就在无形中增加了后勤工作的压力，并使其转化为内在进步的动力，提高产品质量，提高生产率，使后勤服务能发挥更大的作用。四是后勤服务主体企业化。后勤实行企业化管理，以企业性实体的身份参与到市场竞争中，按照

---

① 符华兴，王建斌：《世界主要国家高等教育发展研究》，长沙，湖南人民出版社，2010，126页。
② 赖雄麟，张铭钟：《高等学校内部管理体制创新论》，徐州，中国矿业大学出版社，2009，261页。

市场法则和价值规律运作,建立现代企业制度,使后勤成为自主经营、自负盈亏、自我发展、自我约束的法人化经济组织,高校后勤才能成为市场的主体,才能纳入市场经济体制有效地参与市场竞争,使市场作为资源配置的基础性手段在高校后勤中发挥作用,从而使后勤满足办学的需要,使学校从管理后勤的具体事务中解脱出来,集中精力搞好教学和科研。

第二章
国内外大学管理制度改革实践

　　当前,国内外大学在管理制度改革实践和理论创新方面都有所突破。国外大学在大学权力体制、决策模式和控制模式改革方面呈现出明显的发展趋势和特征。首先,在大学权力体制改革层面,大学学术权力和行政权力的关系进一步协调。其次,在大学决策模式改革层面,除了学术权力和行政权力,市场权力、社会权力、学生权力等也介入大学的管理,形成了多元治理的决策模式。在大学控制模式层面,改革的重点在于改革大学上层结构和基层结构之间的关系,建立上下层次之间权力关系的平衡与协调。在大学管理实践中,形成了早期大学尤其是以英国大学为代表的基层控制模式、以美国大学为代表的上层控制模式。而越来越多的国家通过对基层控制模式和上层控制模式的不断改革,推进管理重心逐步下移,扩大学术人员的决策权和影响力,加强大学整体规划,提高大学组织化程度和经营化程度,逐步建立了上下结合、多元协调的复合控制模式。

　　国内大学管理制度具有鲜明的中国特色,表现在宏观管理中的高度集权制和微观管理中的类行政制。大学宏观管理中的高度集权制制约了大学的发展,不利于发挥大学"主人翁"意识,导致学术管理机制落后,忽视了高等教育发展的不平衡性和多样性,使大学办学失去特色。大学的内部管理制度亦存在缺陷,形成管理部门与教学、科研一线教师的矛盾与冲突,束缚了教师和学生创新性发展。中国特色的大学管理制度具有深刻的根源:高度集中的管理体制、根深蒂固的"官本位"的历史文化传统、不尽完善的大学竞争机制、参与主体的缺失。此外,中国大学管理制度改革在宏观上还受到政治体制、经济体制和文化体制及其改革的制约。

大学管理制度改革与创新具有深刻的现实诉求,是构建现代大学制度的基本诉求,是实现大学内涵式发展的必由之路,是实现大学可持续发展的根本动力。中国大学管理制度改革与创新应秉持科学的价值取向。首先,应客观认识中国高等教育的管理传统,尤其是认识大学管理的传统,基于管理传统进行理性的改革与创新。其次,应坚持以学院为本、以学术为本、以教师为本,基于高校系统主体性进行改革和创新。最后,应逐渐由管理学术型向学术管理型过渡、由官本位向学本位过渡,基于模式转型进行改革与创新。

与此同时,理论界也针对大学管理制度改革形成了多学科、多维度的审视和研究。在这些纷杂的理论研究中,既有基于高等教育终极价值思考的哲学视角考究,也有基于回归高等教育本真的文化视角考究;既有基于高等教育管理的管理学视角考究,也有基于高等教育发展规律的教育学视角考究;既有基于高等教育市场运行规则的经济学视角考究,也有基于高等教育公平和正义的法学视角的探讨和考究。

第一节　国外大学管理制度改革的趋势及特点

大学管理制度有广义和狭义之分。广义的大学管理制度即是高等教育管理制度。狭义的大学管理制度是指大学内部管理制度,主要包括大学内部权力体制、权力运作机制及各类具体管理制度,如教学制度、人事制度、学生制度等。

一、大学权力体制的改革

主导大学内部管理的权力，经历了由单一权力向双重权力，并最终向多元权力转变的过程。未来一个时期，大学权力体制改革的重点是在协调学术权力与行政权力关系的基础上，适应大学日趋复杂和开放的形势，创新大学权力体制，构建多元权力的治理结构，以进一步提升大学的经营化程度。

（一）促进学术权力与行政权力的协调

促进学术权力与行政权力的协调，关键在于建立分工合作的决策机制。一方面，两者有所分工，学术权力一般在基层及学术领域发挥主导作用，行政权力则在大学整体层面及行政事务领域发挥主导作用，各得其所；另一方面，两者相互结合，共同对整个大学及内部各类机构的重大事务进行有效管理。

1. 大学学术权力

广义的学术权力是指所有能够对大学学术活动施加影响的权力。学术权力广泛存在于学科、院校和高教系统等不同层面，其表现形式有个人统治（教授统治）、集团统治（教授统治）、学术系统权力、专业权力、魅力权力、董事权力（院校权力）、院校权力（官僚权力）、政府权力（官僚权力）、政治权力、高教系统学术寡头的权力等十多种。狭义的学术权力是指"扎根于学科的权力"，主要指教授以及其他学术人员基于学科、专业的个人权威和集体权威。依据权力的主体来划分，学术权力主要表现为教授的权力以及其他学术人员的权力。关于学术权力的渊源，伯顿·克拉克认为，教授统治根植于早期学术行会中大师统治的历史传统，它在思想上得到教学与研究自由的学说的支持，这种学说被解释为高级教授应当大体上自由地做他喜欢做的事情；它在功能上基于专业的知识以及对促进批判、创造和科学发展的条件的需要。学术权力存在的合理性，基于大学本身的组织特性。大学是专门从事高深知识的传播、储存、鉴别和探索的组织和场所，专门知识在学院和大学中占支配地位，学院和大学的组织与权力围绕在专门知识的周围。掌握和控制高深知识的教授们，必然在大学中占有举足轻重的影响。他们最清楚高深学术的内容，因此，最有资格决定应该开设哪些科目以及如何讲授,并且有权决定谁最有资格学习高深学问、谁已经掌握了知识并应该获得学位。他们以专断的方式进行某些工作,然后又集合起来,平等地或部门平等地集体决定重大事项。

学术权力主要在大学基层发挥主导作用。学术权力即使在整个学院或学术系统发挥作用,但权力渊源仍然是学科或专业知识。中世纪时期,大学处于初创阶段,组织结构尚不完备,扎根于基层的学术权力在大学制度改革中发挥着主导作用。正是学术权力的积极影响,使得中世纪大学在推动人类文明进步方面发挥了积极作用。正是学术权力的积极影响,使大学保持其自身发展的逻辑。

2. 大学行政权力

大学中的行政权力,主要是指院校层面的官僚权力。大学中行政管理人员从正规的等级制职位中获取权力。行政人员的权力主要表现为校长的权力、处长的权力、科长的权力等。校长、处长是学校行政权力系统正式的权力职位。虽然这些职位一般都由教授等学术人员担任,但其所运用的仍是行政权力,其所执掌的仍是行政权力。

行政权力存在有其合理性。一方面,组织一旦建立,即要求维护其生存和发展,就必须提高其组织化的程度,协调内部各方面的行动,以应付环境的挑战。最初的大学管理者由教授们选举产生,其行政管理往往是兼职的,院长或主任往往是一群人的临时领导,并且经常是仅仅起到会议召集人的作用,重大事务由教授集体决定。这种领导模式虽然比较民主,但效率低下,难以适应环境变化的挑战。因此,随着环境的变化,迫切需要改变那种仅限于召集和主持会议的学院或大学领导角色,赋予管理者掌控大学发展的真正权威。另一方面,政治化是近代以来大学改革的重要趋势之一。政府和其他各种政治权力为加强对大学的控制,势必要强化大学领导者的权威,以使大学服务于其目的。从这一意义上讲,大学行政权力的渊源是政府权力及其他各种政治权力。大学行政权力的产生是大学组织政治化程度不断加深的结果。

行政权力既促进大学内部整合,使大学整体功能得到有效发挥,又协调大学与其他社会系统的关系,使大学融入社会,同时还对学术权力施加多方面的影响,如确认某些学科的优先地位,对学科的筛选、分等施加影响。行政权力主要在学院、大学及以上层面发挥主导作用,并通过听命于校长的众多职能部门,对大学各方面施加影响。

3. 促进学术权力与行政权力的协调

促进学术权力与行政权力的协调,关键在于推进大学决策模式的改革。既要改革以单纯学术权力为主导的学院模式,又要改革以单纯行政权力为主导的行政模式,努力构建学术权力与行政权力相互协调的双重决策模式。

（1）学院模式

中世纪时期,除了少数大学由学生团体管理为主外,绝大多数大学由以教授为主体的学术人员进行管理。这种实际决策权力主要掌握在学术人员手中的决策模式,通常被称作学院模式（教授统治）或学术团体模式。例如,在早期的巴黎大学,有关校内管理问题的全部决策,几乎都是由教师作出的。这种决策模式具有两方面的显著特点:一是权力在基层,教授权威的最终渊源在学科专业。二是以分权为基础。由于大学或学院中存在着许多不同的学科,而各学科领域处于"相互割裂"的状态,因此,由来自各学科领域的教授们所进行的决策必然是非集权的、松散的、软弱的。

学院模式的优势在于其有助于调动学术人员的积极性,并使学术自由得到保障。伯顿·克拉克认为,学院式统治虽然是教授们管理整个系或学部、学院、研究生院和大学等组织最偏爱的方式,但由于需要进行长时间的讨论、协商和协调,往往难以应付环境变化对及时决策的要求,从而影响办学效率。同时,由于教授们的个人独裁,容易产生决策上的自以为是,形成以学者自治为主要特征的"自我服务"和自我满足倾向,从而影响学校与社会的沟通,导致封闭与僵化。

（2）行政模式

随着国家日益加强对大学的控制,大学内部逐步建立起等级制的行政管理体制,在一些国家,大学内部管理出现了明显的行政化倾向,行政管理人员在大学决策中发挥主导作用。这种实际决策权力主要掌握在行政人员手中的决策模式,通常被称作行政模式或科层制模式。在美国许多大学的管理决策中,以校长为首的行政部门具有较大的管理权。例如,美国加州大学的权力结构在层次上分为联合大学(大学)、大学(分校)、学院和系四个层次。在大学层次,董事会是最高的权力机构,校长是大学的执行首脑,直接向董事会负责,负责教学的常务副校长在很大程度上承担了学校的管理工作。行政模式的主要特点是权力集中于上层,有助于促进大学的整合,提高管理的效率。正因为如此,也往往容易造成行政部门过多干预学术事务,妨碍学术发展,并造成行政人员和学术人员的矛盾,从而在某种程度上影响学术水平的提高。

(3)双重模式

从大学决策的实际看,学术人员和行政人员往往在不同管理领域或不同管理层次分享决策权力。因此,在同一所大学里可能出现教授统治与官僚统治并行不悖的局面。这种教学科研人员和行政管理人员分享权力的形式,通常被称作双重模式。具体可分为两种情况:一是在不同的管理领域分享权力,在学术领域决策权倾向于学术人员,在其他管理领域决策权倾向于行政人员。最典型的如英国大学,一般都建有理事会和评议会这两种机构,理事会主要由非学术人员组成,其主要职责是负责学校的财政、物质设施的计划和维修,以及工作人员的任命和正式确认等;学术评议会则主要由学术人员组成,负责有关学术问题的决策。而特别重大的决策,如首席行政人员的推举,则要由理事会成员和评议会成员共同组成的校务委员会决策。二是在不同管理层次分享权力,如在学院、系及其他亚层次组织决策权倾向于学术人员。在整个大学层面,各国情况有所不同。例如,美国主要由校外人士组成的董事会控制。欧洲大陆国家的大学往往由政府直接控制,院校行政或董事管理形式则相对虚弱。因此,欧洲大陆国家的大学素来被称为"国家大学",政府行政权力在大学发展规划、学历认定以及资源分配等方面发挥着重要控制作用,政府充当了高校的监护人,大学的行政权力被大大削弱;但中央集权削弱的是大学层次权力,在学部和基层,教授的活动领域很大。

二、推进多元治理

（一）多元权力

随着大学日趋开放,大学与社会的界限日渐消失,大学在社会中的边界日益模糊。在许多领域,传统意义上的外部权力与内部权力的界限日趋模糊。作为开放的系统,大学内外的动态关系取代了原来的静态关系,动态权力结构取代了静态权力结构。除上述行政权力和学术权力这两种基本的权力,大学内外其他权力的作用和影响日益突出。例如,随着市场影响日益扩大,社会各种利益主体对大学管理行为的影响日益增强,市场权力、社会权力、学生权力等分化出来成为独立的影响力量。各种社会权力主体以契约、合作、入股、建立联合体等多种途径,开始介入大学某些领域的管理。虽然这些社会权力本身并不属于大学权力的范畴,但此时此地,它们的确可能是大学内部某些工程、某些项目或某些领域的权力中心,而这些项目、工程或领域可能直接影响大学的发展。

在此情形下,大学"松散结合"的组织特性进一步突出,在大学管理的不同领域,起主导作用的权力往往各有不同。即使是同一领域,因活动或事务的不同,可能有多种权力联合起作用,形成了分散化的权力体制。分散的多元权力体制为大学组织机构的改革提供了广阔的空间。一些新建的整合多种权力于一体的边缘性、创新型组织,开始在大学发展中发挥日益重要的作用。如大学为开展某方面的工作与其他学校或社会相关部门联合建立的中介组织、产学研联合体、虚拟组织等。

（二）推进多元治理

所谓多元治理,是指多个权力主体共同掌控相关事务的方式与途径的总称。多元治理具有以下特征:第一,治理机构依据正式的制度或临时协议得以建立;第二,权力主体多元化,允许外部权力介入;第三,治理机构分散化,治理机构之间以合同或契约为纽带;第四,管理方式多样化,实行动态和权变施治原则;第五,治理机构有自身的利益诉求,其存在对其他既存的管理机构是一种制衡。多元治理对于克服以科层制为主要特征的传统行政体制的弊端提供了新途径。随着办学自主权的扩大,各国大学纷纷引进民间

经营理念,更加注重经营化组织结构的应用,一些具有现代企业特点的弹性
化、扁平化、多元化组织结构走到大学管理的前台,为推进管理重心下移、增
强基层活力、灵活适应环境提供了组织保证。今后一个时期,推进大学多元
治理,关键在于进一步创新学术组织,同时,着力构建社会化决策模式,注重
发挥市场的作用,根据市场的需要,进行灵活决策。

1. 创新型学术组织

传统学术组织的典型特征是由学科和事业单位组成的矩阵,即在纵向
上将知识分成许多学科,在横向上分成研究所、系和学院等很多部门。传统
学术组织往往存在静止僵化、过分强调分工、整合程度低、管理层次过多、缺
乏灵活性等弊端。为增强学术组织活力和创新能力,世界各国大学尝试建
立了各种新型学术组织。如日本筑波大学为适应学科综合化趋势,抛弃学
部——学科——讲座的传统组织体系,代之以学系与学群相结合的组织结
构,设置了 6 个学群和 26 个学系。其中,第一学群(基础学群)包括人文、社
会、自然等学科,第二学群(文化·生物学群)包括比较文化、人类学、生物
学、农林学等学科,第三学群(经营·工学群)包括社会工学、信息、基础工学
等学科。此外,还有体育专门学群、艺术专门学群、医学专门学群。

随着教育信息化进程的推进,许多大学逐步建立起各种网络型学术组
织及跨校、跨界创新团队等。根据有关资料,国外有的大学采用网络虚拟组
织取得了很大成功。例如,依托多伦多大学的加拿大电子能源技术网络中
心,围绕电子技术开发和高层次人才培养,利用计算机网络和现代通讯技
术,打破地域限制,将 22 所大学、32 家公司和 4 所科研机构整合为一体,实
行资源共享,进行全面协作。在 1999 年至 2002 年,三年时间内构建了与企
业密切关联的微电子技术科研和人才培养体系,培养和培训了一批高层次
人才,取得了一批应用性科技成果。

又如,英国的沃里克大学(Warwick University)。沃里克大学是欧洲创
业型大学的一个代表。沃里克模式也叫创业型大学模式[1],是将企业家思想

---

[1] 符华兴,王建斌:《世界主要国家高等教育发展研究》,长沙,湖南人民出版社,2010,360 页。

融入办学思想，以创业型大学为中心，创办一系列的相关产业，依靠创办产业的利润解决人才培养的经费，发展大学综合实力的一种产学研结合模式。作为创业型大学，沃里克大学及其内部系科、科研中心、学部和学院都表现出创业特征：一是具有强有力的驾驭核心，比传统大学更能驾驭改革步伐；二是拓宽了传统大学发展的外围，与校外组织和群体连接起来，从事知识转化、工业联系、知识产权开发、继续教育、资金筹措以及校友事务，解决经济和社会发展中的重大实际问题；三是善于从更多来源中获得经费，建立多元的资助基地，拓宽收入来源的渠道，使学校财政多元化；四是激活传统的学术价值观，扎根最牢固的学术心脏地带，树立与新的学术观点相融合的价值观和信念体系；五是形成一体化的创业型大学文化。

2. 构建社会决策模式

随着社会利益的分化和各种利益主体影响的日益扩大，大学如何适应多种社会利益主体的诉求，并调整其决策模式和运行机制的问题日益突出。所谓大学决策的社会模式，是指社会相关利益主体参与和影响大学决策的形式。社会决策模式具有三个方面的特点：一是重视大学与环境的互动，大学不是通过对抗环境的复杂性来进行自我保护，而是主动调适和适应环境，并从环境中获取资源；二是大学以基于自身特性的方式对获自环境的资源进行加工，恰恰是不同于市场方式的加工过程，才维持了大学作为开放系统的不同结构，因此，大学对市场的适应不等于"市场化"，即把市场机制直接移植进来；三是分散决策，在适应多种利益主体需要的过程中，大学各子系统逐步成为具有较大自主权的相对独立的经营主体，大学经营化程度不断提高。

社会化决策更主要的是一种超越传统权力关系的方式，其影响集中体现在以市场为中介，改变大学、政府、社会三者的关系上。供求直接面对的市场，主要为需求市场和竞争市场，如消费者市场、劳动力市场和院校市场等。学生家庭和用人单位出于对大学教育功能和研究功能的需要而对大学支付费用，各类院校为获得这些费用而展开竞争。所谓模拟市场，则是把市场功能的一部分以某种形态导入政府的资源供给中。例如，强调对大学的

"绩效责任",只有那些经过评估、绩效令政府满意的大学,才能获得较多的政府资助。20 世纪 80 年代,英国撒切尔政府和美国里根政府受"新自由主义"观念影响,推行公共行政的市场化,大幅度削减高等教育财政拨款,对大学实行选择性支持。在英国,在强调大学通过自己的努力增强自我发展能力的同时,政府借助社会中介机构加强了对大学的评估,并把评价结果与政府的财政拨款挂钩。在美国,大学提供的服务在多大程度上与社会需要相适应越来越成为财政拨款的基准。在日本,国立大学法人化的改革,使大学从政府机构中独立出来,成为自主经营的法人。总之,各国政府拨款方式已逐步由原来的"一揽子拨款",改为目标激励性拨款、引子拨款、绩效拨款、基准拨款、竞标拨款、边际成本拨款等形式,市场和模拟市场在一定程度上改变了政府权力的运作方式。与此同时,也就提出了谁应当对大学的可持续发展最终负责,是国家还是高等学校自身,目前的拨款方式是否助于保持大学的长期产出能力等问题。

三、大学控制模式的改革

大学控制模式是指大学各层次采纳和执行统一决策的方式。大学控制模式改革的重点,在于改革大学上层结构和基层结构之间的关系,建立上下层次之间权力关系的平衡与协调。

(一) 基层控制

所谓基层控制,是指管理重心偏向基层的管理模式。基层控制是早期大学的显著特征之一。在以后的发展中,这一特征在许多国家的大学中得以保存。英国 1836 年成立的伦敦大学,校务委员会无权干涉各附属学院的教学,它对各学院的唯一控制手段便是学位考试,学院在招生、教学、经济、管理上均独立自主。

基层控制具有结构扁平化的特征,具体体现在:第一,博弈地位均等化。大学或学院的各组成部分松散结合,权力扩散到各学科或教学科研部门,来自各学科的教授们在大学或学院的管理中原则上具有同等权力。第二,结构运作多样化。大学或学院的目标经常与基层目标发生冲突,后者引出了众多的方向,各学科或部门之间的沟通往往按照各自的既得利益进行,使得协调非常困难,结果往往由建立在自愿基础上的非正式规范来进行控制。第三,结构实体独立化。各学科或部门高度自主,相对独立,上层结构虚化,下层经常决定并管理上层。因此基层控制在具有尊重学术自由、有利于发挥学术人员的创造性等优势的同时,也容易因各行其是造成混乱无序和资源浪费。为修正其不足,一些国家逐步加强了上层调节性机构的建设。

(二) 上层控制

与基层控制相对,上层控制是指管理重心偏向大学上层的管理模式。这种模式,以美国大学较为典型。在美国的院校内部,系主任一般是自上而下经协商而产生,中间层次的学院一级,院长一般由任命产生。但是,对于一些高度集权体制的国家而言,上层控制主要体现在国家对大学的直接控制上,国家教育行政部门在某种程度上取代了大学行政部门。如拿破仑时代的法国帝国大学就是政校合一的机构,既是全国最高教育行政机关,又是办学实体。结果,在法国和日本等国,大学本身院校层面的行政权力相对较弱。因此,即使在法国、日本等高度集权体制的国家,大学基层特别是教授依然享有较大的自主权。例如,根据《学校教育法》的规定,东京大学设立评议会,为学校最高权力机构,由各学部长、各直属部门负责人、每学部两名教授代表组成。总长(与校长合一)为评议长和名义上的法人代表。评议会的职责是审议、协调、决定学校的重大事项和监督总长的工作。各学部的教授会由全体教授组成,吸收部分行政人员参加,负责选举学部长和决定学部的重大举措。但是,上层控制对大学整体办学自主权的取代或剥夺,很大程度上制约着大学的发展。例如,在法国帝国大学存续的数十年间,由于中央统得过死,学校缺乏自主权和活力,加上条块分割、分散隔绝等原因,影响了学术水平和教育质量,甚至一度影响了法国大学的国际声誉。因此,上述集权制国家在改革过程中,在向大学放权的同时,也采取了加强大学本身行政权力或加强协调机制等措施,形成了另一种形式的集中。

(三) 复合控制

大学控制模式改革的总体趋势是由两极趋向中介。各国通过对基层控制和上层控制模式的不断改革,逐步建立了上下结合、多元协调的复合控制模式。社会系统理论认为,管理者同时也是被管理者,当行政管理者在管理教师行为的时候,教师也在设法影响并管理行政管理者的行为。实际情况是,教师在护卫其传统势力范围或管理领域过程中,开始介入行政管理者的优势领域;而管理者在护卫其传统势力范围或管理领域过程中,也开始介入教师的优势领域。在保持原有的传统的同时,又通过变革,形成了新的优势。此外,不同类型高等教育体系之间的相互借鉴和趋同,在某种程度上也促进大学内部控制模式的改革。一般认为,现实中存在两种比较典型的高等教育体制模式,一种为国家主导型高等教育体系,另一种为社会主导型高等教育体系。大致而言,国家主导型高等教育体系容易形成集权式管理,社会主导型高等教育体系则容易形成基层民主管理模式。在发展过程中,社会主导型高等教育体系加强了统筹与整合的力度,国家主导型高等教育体系则通过向下放权和引入市场机制,增强了适应性和灵活性,结果殊途同归。未来一个时期,完善我国大学的复合控制模式,需要进一步推进管理重心逐步下移,扩大学术人员的决策权和影响力,在加强大学整体规划、提高大学组织化程度的同时,增强大学适应市场挑战的能力。

1. 推进管理重心逐步下移

长期以来,凡是内部实行高度集权管理体制的大学,其以服务为主的职能部门往往拥有较大的权力,它们实际上成为推行集权的重要手段,并且往往异化成为对同级院系的领导,院系主任权力较少。有学者认为,这种体制下形成了一个实际控制学校但又无须对学校发展承担直接责任的行政管理者阶层。为此,在合并相关系科组建成立学院的过程中,多数大学都进行了扁平化的分权管理改革,重新划分学校与学院的权力与责任边界,推进管理重心下移,在经费使用和学术决策等方面赋予各学院以较大的自主权,同时也要求各学部承担相应的责任。

2. 扩大学术人员的决策权和影响力

在长期的计划体制下,政府资源都是通过行政系统分配的,结果造成了大学行政人员权力过大的局面。在一些大学中,行政职能部门既是决策者,又是管理者、监督者和评价者,以致许多名义上由学术组织出面做的事情,最终决定权依然在行政部门。为改变行政权力过于膨胀、学术权力相对较弱、行政权力常常代替学术权力的状况，许多大学通过改革，建立健全了各种常设性的学术组织，如学术委员会、学位委员会、教学工作指导委员会、教材建设委员会、课程建设委员会和专业技术职务评聘委员会等，同时，增强学者群体在大学管理、决策和资源分配等具有实质意义的事务中的影响力，并以一定程序和制度确保学者群体行使其权力。

3. 提高大学组织化程度和经营化程度

在办学规模迅速扩张、组织结构日趋复杂和资源竞争日趋激烈的情况下，许多大学分别从学科建设、队伍建设和校园建设等方面，加强了对自身发展的整体规划。各高校力图通过规划，在分析环境条件和明确自身优劣的基础上，确立适合自己的办学定位和发展战略，并使学校的各种活动与这一办学定位和发展战略相适应，为学校的发展战略服务。为确保规划的实施，各高校应努力从组织制度上加强大学的整合。在制订大学章程、建立健全董事会制度的同时，要赋予大学校长以更大的统筹决策权，并进一步强化各部门、各单位的责任制度。

大学如何面向市场通过自主经营获取赖以生存和发展的资源，成为摆在大学管理者面前的一个现实问题。在此情形下，市场原则及其管理手段被广泛引进大学管理领域，形成了一系列促进大学面向市场自主办学的具体制度。例如，绩效责任制度、融资制度等，前者要求学校各部门证明取得的科研成果、教学质量、办学效益及持续发展能力等，后者则要求大学在国家公共财政能力有限或逐渐下降的情况下，积极通过向银行贷款、引进民间资本、开展教育融资等多种手段筹集发展资金，增强自主发展能力。大学必须自主确定目标定位，通过营造品牌和特色吸引生源，借以维持其在教育消费市场、劳动力市场和院校市场中的竞争力。

第二节　我国大学管理制度存在的问题及其影响

我国大学管理制度具有鲜明的"中国特色"：一方面表现在宏观管理中的高度集权制，另一方面表现在微观管理中的类行政制。大学宏观管理中的高度集权制制约了大学的发展，不利于发挥大学"主人翁"意识，导致学术管理机制落后，忽视了高等教育发展的不平衡性和多样性，使大学办学失去特色。大学的内部管理制度亦存在缺陷，形成管理部门与教学、科研一线教师的矛盾与冲突，束缚了教师和学生创新性发展。具有"中国特色"的大学管理制度的形成具有深刻的根源：高度集中的管理体制、根深蒂固的历史文化传统、不尽完善的大学竞争机制、参与主体的缺失。

一、我国大学管理制度及改革存在的问题

（一）我国大学管理制度的现状

1. 中国大学宏观管理中的高度集权制

从宏观上讲，由于我国的高等教育从其诞生那一天起就成长于"官本位"异常浓厚的氛围之中，长期存在于一种高度集权化的行政体制中，形成了以政府行政行为为主的纵向约束机制，大学也就成为了行政控制的附属物和外部权力的控制品，所以大学管理制度是政府对大学的集中管理，即中央集权式的管理。高等教育事业主要事务的决策权和最终决定权在政府。从学校设置、专业调整、招生、毕业生分配、教师调配到经费划拨等等，都由政府来决定，地方政府根据中央的决定进行工作，一切向上级机关负责，高校如同政府的一级行政机构。其主要特征是：把大学教育和其他教育看作是整个国家的事业，国家通过教育行政机关管理大学教育，各大学受国家权力的指导和监督，包括制定大学教育的方针、政策，审批各学校各专业授予国家文凭的权力，批准对教授、讲师的任命及其他人事安排，确定招生名额、

课程计划、各种国家文凭和学位的考核方式及基本要求，分配各学校的经费等等。这类大学管理制度的共同点是中央政府设有领导和管理大学教育的专门机构，这些机构在宏观管理和控制方面有相当大的权力。

2. 中国大学微观管理中的类行政制

所谓的行政制是指把权力掌握在行政部门的手中，目前中国政府的这种层级管理方式就是行政制。类行政制是指与行政制的管理方式有一定的相似性，但又由于性质的不同存在着一定的差异。我国大学的微观管理就是这种类行政制的管理模式。因为其内部机构的设置也是按照行政级别，不仅存在着官员意识浓郁的问题，而且从承担的具体功能看，也是朝着"一级政府"的方向发展。我国高校中除了位列副部级、正厅级的党政一把手，之后还有职数很多的校领导班子，以及与政府行政管理部门相对接的庞大的管理机构。我国的大学内部基本上都是三层结构的组织形式，校长代表主管部门来行使权力，是大学的最高行政领导。另外还要设分管教学、科研、行政以及后勤工作的副校长。在学校以下设有院或系，但学院院长或系主任只是向校长负责，他们只是履行执行的职能，所拥有的权力非常有限。在校、学院和系之间形成了严格行政等级，具有明显的行政管理特征。因此，大学的微观管理是一种类行政制的管理模式，大学内部管理制度是在国家政治制度、教育制度等宏观制度框架下建立的制度。

（二）我国大学管理制度存在的问题

1. 宏观管理中的高度集权制对我国大学发展的制约

不利于发挥大学"主人翁"意识。大学的"主人翁意识"，是指大学能够根据自己的意愿，立足自身的特点和社会发展需要来确立发展目标，独立自主地、积极主动地承担主体的角色，从而完成其相应的社会功能。长期以来，大学一直作为政府的附属单位，习惯于按照社会的现行标准和政府指令来办学；失去了自我的"主人翁意识"，不能准确定位；办学目标也过于功利化，学术管理日益官僚化等等。产生该现象的主要原因，总体来说，是因为大学的管理在中央集权制下造成主体意识的失落。一方面是源于大学这一组织机构逐渐由社会的边缘角色向社会中心角色转变，在这种转变的过程中,各种既得利益集团带着自己的利益纷纷介入大学事务,对其进行控制和干预,干扰了大学的学术自由与自治。而另一方面,从大学内在的逻辑出发,大学本应是从事和研究高深学问的组织,追求真理、发展学术、为社会培养创新型人才是大学的主要目标,然而在中央集权制的管理体制下,大学逐步放弃了对学术自由的追求,功利主义、急于求成的价值弥漫,从而导致了大学教育功能的逐渐弱化,大学的"主人翁"意识缺失。

学术管理机制落后。现代管理理论认为,任何组织都存在集权的倾向,尤其是当一个组织在从小到大发展的过程中,更容易表现出鲜明的集权化倾向。这是因为在小组织中,主管领导大权独揽,养成了习惯;而当组织壮大时,主管领导缺乏分权意识。在我国的大学管理中,学术管理的发展就是一个非常典型的例子。虽然国家的教育改革任务一直在致力于改变和规范学术管理机制,但是由于受长期的集权式管理机制的影响,我们现在的学术管理机制没有根本性的改变,这主要表现为教育主管部门仍然干预大学具体的学术工作、学术权力过于集中、行政权力过度干预学术权力等等。这种集权式的管理一般以一个统一的标准和要求进行管理,这样的管理方式从而也导致了诸多问题的出现。在学术管理上主要表现为:一是由于大学的教学及科研有着自身的特殊规律,具有较强的专业性、针对性和学术性,如果完全由政府部门实施统一的行政管理,就违反了学术研究的特殊规律,对于学术水平和教育质量的提高有着严重的阻碍作用;二是由于学术管理是大学管理的中心任务,若政府依然统一管理,使得我国的大学学术管理出现了问题并影响了学术的发展;三是使大学缺乏主动适应国民经济及社会发展需要的条件和内在动力。这在某种程度上也导致了不公平现象的出现。还有在科研方面,凡是教育和科研的政策、规划、任务、经费和奖励等都归教育部和科技部统管,如果要想获得基础研究的经费,只得层层申报,经过逐级的评审,最后获得通过的只是少数行政部门认可的项目。但是,这种评审制度很可能就评掉了一些研究者的个性和创意,也不能保证研究者自由选择和自由创造这一原则。我国的集权式管理体制不仅抑制了学术自由与学科的发展,而且也违背了大学应该遵守的国际学术惯例,与学术组织运行体制相悖。由于集权式的管理制度的负面影响呈现出无形性与长期性的特点,其历史又较长,因此要摒弃它将会面临相当大的阻力。但如果不摒弃,不建立同市场机制相适应的管理体制,我国的大学发展和学术进步将会进一步受到实质性的伤害。因而,改革集权式的管理体制势在必行。

大学办学失去特色。由于高度集权的行政化管理模式、计划分配高等教育资源的形式和单一的评价方式,致使大学在办学目标与定位上趋同,都盲目追求层次高、学科全和规模大,片面追求学校升格。作为学科性质较强的学校,必须坚持办学的特色。过度地扩大办学规模,以及紧跟综合性大学的步伐,只会渐渐丢失自己的办学特色和学科优势,放弃自己的特色之路,这也是一些学科性质强的学校近年来不及综合类院校和理工类院校的重要原因。在办学过程中,一方面要分析社会的需求,保持学校适当的发展速度;另一方面,则应在保持学科特色的基础上,注重对教育资源的整合,以及对传统人才培养模式的调整,通过提升培养质量,提高人才的市场竞争力。

忽视了高等教育发展的不平衡性和多样性。集权式的管理模式按照统一的计划、统一的模式管理高校,忽视了高等教育发展的不平衡性和多样性。高等教育的发展和地方的经济水平、文化环境、学校特色和行业特点是密切相关的。例如,师范类院校在办学中就要突出师范特色,专业性院校如农业、林业、水利、煤炭、石油、冶金、建筑、化工、轻工、纺织、电力、机械、电子、交通、铁道、海洋、民航等院校就要突出行业特色,地方性学校应突出地方特色,民族院校也要表现出民族特色等。而这种行政化的管理模式往往在很大程度上忽视了这一点。

2. 中国大学内部管理制度的缺陷

制度生成的缺陷:形成管理部门与教学、科研一线教师的矛盾与冲突。在学校内部,许多规章条例的制定的基本程序一般是:校长根据工作需要或者上级行政部门的安排,提出要制定一项制度;紧接着在行政例会上或专门召集相关部门领导人员开会讨论,把制定这项制度的原因、宗旨向与会人员予以说明,并安排某位领导人负责起草初稿;初稿起草完毕后,交由校长和主要部门负责人进行修改、补充、完善,并在此基础上确定征求意见稿;然后,将征求意见稿下发至各院系,征求一线教职员工的意见;最后,根据修改意见正式确定一项规章条例。由此可以看出,制度的生成是由以校长为首的大学领导层提出来的,一般反映的是大学领导层的办学意愿,教职员工的意愿往往是在最后征求意见的时候才得以反映。在制度生成的过程中教职员工不能充分参与到其中,也很少提出对制度的建议。因此制度在执行起来会面临很大的阻碍,从而形成了管理部门与教学、科研一线教师的矛盾。

制度执行的缺陷:束缚了教师和学生创新性发展。管制性制度执行注重的是约束、限制教职员工和学生的行为。最常见的处理方式有:扣发教师工资、奖金以及限制职称评定和晋升,取消学生评优评先进资格,不授予证书等等。这种控制不利于教职员工和学生主体性的有效发挥,阻碍了大学开展教育教学研究和进行教育教学创新。

二、我国大学管理制度及改革的影响因素分析

(一) 我国大学管理制度缺陷的根源探析

1. 高度集中的管理体制

我国现行的教育管理体制和运行机制基本是在计划经济体制下形成的,并没有根本性的改变。这种高度集权的管理体制致使学校与社会和市场脱节,致使教育失去主动适应环境的变化、灵活地满足社会需求的自我发展的活力。虽然越来越多的人在呼吁去行政化,国家也在这方面制定政策逐步地进行改革,但是大学内部的管理制度建设却收效甚微,其内部治理结构依然比较混乱,大学发展低效运行状况还远未得到改变。主要表现有:一是校内管理机构臃肿,开支庞大,人浮于事,效率低下。行政力量主导教育和学术决策,与大学的办学规律和学术逻辑渐行渐远,影响了学生自由、学术的活力和创造力。二是学术组织结构也存在行政化倾向。学术组织的结构是一个有着较强的自身特点的组织机构,其功能就是进行科学研究,有利于学术的突破和发展。但是我国的学术组织结构,无论是原来的"校—院—系(所)"模式,还是目前的"校级—部门(院、系)—研究所(教研室)"的三级结构,都不是一种真正意义上的学术组织,而是一种行政管理机构,校、院、系之间存在着严格的等级和规章制度。这种组织结构模式导致了组织结构

僵化，缺乏灵活性、创新性，严重挫伤了大学教职员工的工作积极性，也致使急于求成、功利主义的价值弥漫，教育腐败和学术不端事件频频发生。三是行政权力泛化问题比较严重。目前大学的管理模式仍然是以行政权力为主，教育决策的科学化、民主化程度较低，缺乏现代管理所要求的信息公开、绩效评价、问责制等，也缺乏教职员工共同参与、共同治理的机制。虽然部分高校也设置了学术委员会和教职工代表大会等学术性或民主性组织，但是，从实际的运行情况来看，这些组织在学校里并没有真正参与到一些重要学术事务决策中，严重抑制了教师作为高校科研教学主体力量在参与学校管理中的积极性和主动性，从而制约和束缚了高等教育的发展。所以，在高等教育管理体制改革和发展中，重点要克服集中统一、忽视个性发展、平均主义、教条主义的体制的弊端，构建与社会主义市场经济、民主政治体制相适应的新的教育体制。

2. 根深蒂固的"官本位"的历史文化传统

文化传统是一个民族、一个国家世代流传下来的，具有悠久的历史底蕴特质，包括风俗习惯、意识形态、思维方式与价值取向等。所谓"官本位"，就是指以官为本，以行政领导的利益需要、行政领导的价值诉求为主要取向。从历史上看，"官本位"有着深远的思想根源，可追溯到两千多年前孔子的"学而优则仕"的观念。长期以来，我国受到政府官僚体制的影响，大学的组织结构仍然是官僚化组织结构。学校在管理方式上采用层级控制，即通过行政编制来安排各级岗位、人员，用各种流于形式的考核检查来管理学校的教学行为，通过强化规章制度管理来强化权威与服从。大学实行的是上行下令式管理方式，管理者在某种意义上成为一种权威的象征。

3. 不尽完善的大学竞争机制

在发达国家的一些一流大学，往往以考生的报考比例、新生的留校率、毕业率、教学资源配置率等与学生密切相关的指标来评价办学质量。而我国的高校没有这种由竞争反映出的数据，所谓的办学质量评价就不过是学校自说自话而已。在高等教育新的发展阶段，高校之间的平等竞争，既是按照教育规律发展教育、提升教育质量和国家竞争力的需要，也是教育作为民生事业,提高其丰富性和选择性从而满足受教育者自主选择的需要。目前,国家在重点大学的布局上没有形成明确的标准和规范的竞争机制,存在着"一刀切"现象,比如在分配重点学科、科学研究、重点实验室建设等方面还存在着平均主义的倾向,政府在资金的分配上往往根据学校的名气来优选投资对象,而不是基于大学自身特点和发展的内在逻辑规律,通过大学之间的公平竞争来确定。因此,公平开放的管理机制、合理完善的竞争机制和注重实效的评价方式是提高教育质量的前提和基础。唯有构建一个竞争性的高校管理制度,才能深入激发大学的活力,全面促进高等教育质量的提升。

4. 参与主体的缺失

教育关乎国家长远发展的战略性、先导性、全局性,同时又关乎每一个家庭。大学管理应当有最广泛的社会参与,需要创建制度化的社会参与组织和社会参与机制。在公民参与方面,由于公民参与机制不健全,相关的配套服务还十分缺乏,学生与家长的权益意识和表达也不够充分,尤其是弱势群体的声音缺失,社会参与大学管理即使有心也会无力。因此,《教育规划纲要》提出:"成立教育咨询委员会,为教育改革和发展提供咨询论证,提供重大教育决策的科学性。"建立教育咨询委员会,是我国教育管理体制改革的一项重大决策。这种教育咨询、审议机构,应由包括教育界、科技界、企业界、议政机构等社会各界的资深人士组成,具有广泛的代表性,其价值在于打破教育部门的内部决策,提高教育决策的科学性、参与性和公开性,有效地促进教育适应经济社会发展。[①]

(二) 我国大学制度改革的宏观影响因素分析

1. 受制于政治体制及其改革

国家的性质和政治集团的力量在大学制度变迁的进程、方向、方式上都起着决定性作用。第一,政府作为社会事务的管理者,对大学等一切社会组织实施管理。社会政治的性质决定着教育领导权、人才培养的规格和教育的内容。大学作为社会组织,存在于社会这一大环境下,必然要接受政府的

---

① 郭海玉:《中国大学管理制度的反思》,西安工业大学硕士学位论文,2011,17—20 页。

管理。所以大学管理制度必须以其制度的法规为基本依据来设计和制定。从新中国成立后的两次高等教育管理体制改革来看，教育体制和政治体制同属上层建筑的范畴。国家的政治情况决定着教育事业发展的规模、速度和质量，同时对教育的结构和效益也有着重大的影响。因此社会政治体制也就决定着教育体制，进而决定高等教育的管理体制。政治体制的变革推动和制约着高等教育管理体制的变革，影响教育发展的规模和速度。第二，高等教育的目的就是为国家培养人才，它具有科学研究和开展社会服务的双重功能，担负着培养高级专门技术人才和促进现代化建设的重大使命和任务。

2. 受制于经济体制及其改革

任何一个国家和社会，经济发展都处于核心地位，它体现着社会最基本的需要。经济基础决定上层建筑，而大学管理体制属于上层建筑的范畴。因此，一定阶段的大学管理体制要与特定时期的生产关系相适应。教育的发展受经济发展的制约，必须与经济的发展相适应，它不可能超越经济发展所提供的物质基础。经济发展水平决定着大学培养人才的类型、规格、数量、质量等，制约着大学发展的速度与规模。大学作为一个社会组织，满足一定的社会需要，为社会培养更多的人才是大学的主要功能，也是生存价值的具体体现。而这种需要总是与一定的经济发展的特点相适应。经济体制的变革在很大程度上影响着大学体制的变革。市场经济日益深刻地影响着大学与政府、社会、学生之间的关系以及大学内部的组织与管理行为，因而大学的变革要适应经济体制及其改革的要求。正是在这种适应性的不断调整过程中，大学管理制度的改革不仅成为必要，而且成为必需。

3. 受制于文化体制及其改革

一个国家的政治经济无不受着文化传统的影响，当然教育也不例外。中国传统教育思想的精华，最重要的是孔子怀抱"人皆可以为圣贤"的道德理想，开创了有教无类平民教育的先河，由此，全民族激起高涨的教育热情，尊师重教、兴学办学、对子女较高的教育期望等等，形成儒教社会的一种特质和精神风貌及与此相连的科举制，根据人的教育程度、学习水平来划分人的社会地位,分配社会资源。文艺复兴的人文主义教育主张按照人道主义的精神弘扬人性,实行一种"全面的"教育促使个人的才能得到最大限度的发展。文艺复兴后,经科技革命和工业革命,中世纪神本位、宗教本位的价值被知识本位、学科中心的价值所取代。在"学科中心"的教育体系中,学科知识居于中心地位,学校教育就是按照工业生产的模式,通过班级化的集体教学,将学科知识分门别类,由浅入深地灌输给学生。在我国"文革"结束后,随着高考制度的恢复,全民族高涨的热情迅速转化为"应试教育"的强大动力,为考试而教、为考试而学的"应试教育"愈演愈烈,死读书、读死书、读书做官的传统亦重新复活。20 世纪 80 年代以来,传统教育复活和强化的事实告诉我们,未经更新转换的传统文化资源并不能自动地成为社会现代化的动力。因此,我国面向未来的教育改革,需要一场深刻的观念变革和文化更新。

第三节 我国大学管理制度改革创新的现实诉求

大学制度改革与创新具有迫切而深刻的现实诉求,是构建现代大学制度的基本诉求,是实现大学内涵式发展的必由之路,是实现大学可持续发展的根本动力。为实现这一诉求,中国大学管理制度改革与创新应秉持科学的价值取向。

一、构建现代大学制度的基本诉求

(一) 构建现代大学制度:高校管理体制改革的方向

现代大学制度是指与社会主义市场经济体制相适应,符合高等教育规律,政府宏观调控,高等学校依法自主办学,管理体制与运作机制相统一的高等学校管理制度的总称。现代大学制度分为广义和狭义两种,广义的现代大学制度是指高等教育系统中的举办者、管理者、办学者权责清晰、政事分开,与社会主义市场经济体制相适应,符合高等教育规律的高等学校管理制度。狭义的现代大学制度是指高等学校(办学者)面向社会,依法自主办学,实行民主管理,与社会主义市场经济体制相适应,符合高等教育规律的高等学校管理制度。① 现代大学制度具有深刻的内涵,至少包含以下几层涵义:现代大学制度的前提是与社会主义市场经济体制相适应,符合高等教育规律;核心是面向社会,依法自主办学,实行民主管理;特征是学术自由,政校分开,权责分明,管理科学;关键是建立高等学校法人制度。

现代大学制度是相对于计划经济体制下的传统大学制度而讲的,是社会主义市场经济体制不断发育和完善的产物。随着经济体制改革的深入,传统的大学制度愈来愈不适应经济体制改革的要求。建立与社会主义市场经济体制相适应的现代大学制度,是我国高等学校管理制度改革创新的目标。建立现代大学制度是高等学校内部管理体制改革的方向,有利于明确高等学校内部管理体制改革的方向,有利于推进高等教育乃至事业单位管理体制改革与经济体制改革相适应。

(二)高校管理制度改革创新:构建现代大学制度的诉求

构建现代大学制度包括两个基本层面:一是国家层面的关于大学的制度安排,涉及大学与政府的关系、大学与社会的关系、大学与大学的关系等方面;二是大学自身层面的内部制度设计,主要表现为大学的内部治理结构。就此层面而言,管理体制与运行机制的改革与创新又居于现代大学制度建设的前提和核心地位。② 建立现代大学制度,需要重构大学的内部组织结构,有效调解学术权力与行政权力的关系,围绕知识生产传播和学术工作建立起相应的管理模式。因此,高等学校管理制度改革创新成为构建现代大学制度的基本诉求。重视和加强大学管理,构建符合科学发展要求的现代大学管理制度,已经成为当前建设和谐社会背景下构建和谐校园、实现人与教育和谐发展的需要,也是建设创新型国家进程中进一步增强大学自主

---

① 毕宪顺:《建立现代大学制度:高校管理体制改革的目标》,载《山东师范大学学报(人文社会科学版)》,2003(4),128 页。

② 刘正宁:《现代大学制度视阈中管理体制机制的重构》,载《文化学刊》,2010(1),36 页。

创新能力、提高高校办学效益和办学质量的需要。高等院校必须紧密联系形势,解放思想,更新观念,整体设计,统筹考虑,通过构建和完善现代大学管理制度,促进学校各项事业科学发展。

二、实现大学内涵式发展的必由之路

"单纯的传统不能称之为传统,传统必须伴随创造。任何一所大学的传统或历史都是'人'创造的,同时又是'人'继承和发展的。"①所以,大学必须坚持自主办学的独立精神,以鲜明的办学理念凝聚人心,树立共同的价值观,不断推进大学制度建设。随着我国宏观高等教育体制改革的不断深入,大学内部管理制度必须做出相应的调整。大学是整个教育系统的一个环节,系统的任何变化都构成对大学的影响,如果不对大学组织的文化、机构、职能等进行改革,大学极有可能失去存在的理由和价值。所以,大学必须关注外部环境的变化,积极主动地调整内部结构,增强组织的适应性,建立自我发展、自我约束的运行机制,实现大学内涵式发展。

三、实现大学可持续发展的根本动力

大学作为一种特殊的社会组织,担负着教学育人及科研创新等职能,更需要有力的制度保障使大学内部各个部分有序地联系在一起。再好的大学办学理念都必须转化为具有治校法规效力的合理制度,才能保证大学的各项工作顺利开展。高校的制度体系是遵循国家相应的法律法规而制定的,是大学运行的基本条件。由于外部环境条件和事物本身的不断发展变化,大学管理制度也需要与时俱进,根据变化的情况适时对制度进行修正,同时更为先进的办学理念的出现也对制度的变革提出新的要求,因此高校的制度体系也必须不断创新,只有这样,制度的规范及激励作用才能不断发挥。如果一所大学失去完善而科学的制度来激励及规范,大学的发展将失去活力,也很难有效发挥其职能。②

---

① 先勇:《大学的故事》,北京,石油工业出版社,2006,185—186 页。

② 郭海玉:《中国大学管理制度的反思》,西安工业大学硕士学位论文,2011,9—10 页。

四、管理制度改革与创新的价值取向

中国大学管理制度改革与创新应秉持科学的价值取向。首先，应该客观认识中国高等教育的管理传统，认识大学管理的传统，基于管理传统进行理性的改革与创新。其次，应该坚持以学院为本、以学术为本、以教师为本，基于高校系统主体性进行改革和创新。最后，应该逐渐由管理学术型向学术管理型过渡、由官本位向学术本位过渡，基于模式转型进行改革与创新。

（一）基于管理传统的大学管理制度改革与创新

1. 我国大学管理的传统

顾明远教授认为，"中国高等教育建立起了爱国和革命的传统、追求真理和重视学术的传统、既重视吸收外来文化又重视保存中国民族文化的传统"①。突出表现在"五四"运动、抗日战争和解放战争中，表现在大学前赴后继为民族独立的不断抗争中。这些传统是大学管理的文化基础，并通过百年办学实践形成了以下大学管理传统，主要体现在：中国大学对政治和经济的过度依附；大学的政治化和官僚主义。② 对我国大学管理传统而言，必须结合民族传统文化和社会历史发展来对其加以认识，必须客观、正确地对待既有的管理传统，在继承和发扬传统的基础上推进大学管理制度的改革与创新。

2. 客观、正确地对待我国高等教育管理传统

我国高等教育管理体制的改革经历了管理权"下放"与"集中"的几次反复，但高度集权和行政化的管理传统并没有实质性改变。在高等教育管理改革的实施中，我们不仅要检讨传统的不足与局限性，还要看到管理传统存在的价值，充分发掘高等教育本身的管理文化，继承大学有价值的管理传统。高等教育管理传统既是大学管理改革的依据，也是现代大学制度完善和提高管理水平的前提。

---

① 顾明远：《中国高等教育传统的演变和形成》，载《高等教育研究》，2001(1)，9页。
② 朱为鸿：《论中国大学管理传统与制度创新》，载《高校教育管理》，2008(5)，26页。

3. 基于管理传统进行大学管理制度改革与创新

随着高等教育的发展和大学组织的演变,大学管理传统必须创新,否则就会阻碍大学管理改革。大学管理改革首先表现为大学制度的变革,大学通过制度创新在内部产生约束变化的力量,形成自我控制和维护稳定的机制,推进大学的不断发展。首先,要不断强化办学自主权。大学管理传统的突出问题是大学缺乏办学自主权。随着我国高等教育管理体制改革的深入,办学体制改革、管理体制改革、投资体制改革、招生和就业体制改革及学校内部管理体制改革有了较大进展,大学办学自主权已经有了法律依据。但要扩大和保障大学的自主权,还要做很多工作。为此,必须做好立法及其配套的实施工作;规范拨款与筹款方式;加强社会和民间组织的评估与监督。其次,要推进大学制度创新。大学是一个文化组织,既要传承大学管理传统,又要不断地发展和创新传统。我国高等教育改革在"规模、结构、质量、效益"协调发展方针的指导下,大学办学规模日益巨型化,大学内部组织管理层次、学科专业结构都要做出调整,以适应复合型、创新型人才培养的要求。

(二) 基于系统主体性的大学管理制度改革与创新

大学的内部组织系统是一个松散结合的系统,处于有组织的无序状态,呈现出复杂性、多样性的特征,但其毫无例外地具有一般组织所共有的系统特征。教育的基本理论认为,大学教育组织至少有三个要素:教育者、教育资料和教育对象。它包含了教育行政工作者、教育后勤服务和教学辅助人员以及教师。而这些要素之间存在着一定的有机联系,在大学组织系统内部形成了一定的结构并发挥出每个结构所具有的独特功能。在大学内部组织系统的结构维度上,唯有学院直接发挥了大学组织系统功能的作用。学院的活力直接影响大学的活力,学院处于"主体性"结构的地位。以人才培养、科学研究、社会服务为主要内容的学术活动反映了大学的本质,直接影响着大学的声誉,学术活动是大学的行政管理活动、后勤服务活动、生产经营活动以及其他文化活动在内的校园活动存在的逻辑依据,发挥了"主体性"功能的作用,体现了大学组织的目的性。而教师是学术活动的直接承担者，教师的水平直接影响大学的办学水平，教师在大学组织运行过程的诸多要素中处于"主体性"要素的地位。以学院为本，强化学院的权力，建立校—院分权的管理模式；以学术为本，弘扬学术价值，树立学术本位的校园核心价值；以教师为本，凸现教师地位，确立以教师为本的政策导向。这些应该成为大学内部管理体制改革的基本的价值取向。①

学院为本：大学管理的分权模式。大学内部管理体制的改革不能单纯地从机关机构的精简、人员减少入手，为机构和人员的精简而改革，关键是要以建立校—院二级分权的管理模式为切入口，确立学院"主体性"结构的地位，围绕把学院构建成一个相对独立的办学实体这一目标，赋予学院一定的办学自主权，激发其办学的活力，以此为改革的出发点和依据，转变机关职能，构建一个以目标管理为主的、有宏观调控能力的精干、高效、有序的校级行政管理系统。只有这样，改革才能到位，才会有效。学院的相对独立性表现在作为大学组织系统中的子系统，学院必须受到大系统组织目标的制约，接受学校的宏观调控，为实现整个学校组织目标而发挥出其独特的功能。学校一级的行政部门主要行使制订目标、监控考核、研究政策、宏观调控、对外联络等五大职能。而学院承担三大责任，即学科建设的责任、教学质量的责任和社会服务的责任，同时赋予三大相对权力，即自主用人权、自主理财权和自主配置院内物力资源权。

学术为本：校园文化的核心价值。大学内部管理体制改革显然也应该始终贯彻学术精神，将弘扬学术价值作为改革的重要原则加以信奉，回归学术权力，健全各级学术组织并发挥其作用。校园内一切其他活动的设计与开展，像行政管理活动、文化体育活动、生产服务活动等都必须围绕有利于学术活动的开展、有利于学术水平的提高来进行，真正确立学术为本的校园核心价值地位。

教师为本：为了大学的存在价值，为了大学的声誉，大学组织管理的一项非常重要的任务就是要造就大师。大学内部管理体制改革的目标之一就

---

① 宣勇：《大学内部管理体制改革的价值取向》，载《浙江社会科学》，2001(5)，81—84 页。

是要凸现教师的"主体性"地位,营造成就大师的氛围,建立成就大师的机制,制订引导教师努力成为大师的政策,使得教师在实际办学过程中真正得到权力和利益分配上的高度尊重。

(三)基于模式转型的大学管理制度改革与创新

1. 从管理学术型到学术管理型

管理学术型是指大学内部事务由行政职能部门和行政人员主导,学术职能机构和学术人员有限参与的一种范式。管理学术型的特征表现:在组织原理上,长期形成的行政管理模式仍是组织大学内部管理的基础;政府对大学集权管理导致的大学对政府的依赖性和对政府管理模式的仿效性,在大学内部管理活动中得到充分反映。在组织机制上,以行政职能部门为中心,致使大学内部管理"行政机关化"。在权力分配上,学校中大大小小的一切事务由行政职能部门和行政人员决策为主,学术职能机构和学术人员只是虚设的"门面"。在人员组成上,学术职能机构往往多数由行政职能部门负责人组成并负责,致使学术人员发挥不了主导作用。在运作方式上,习惯于用行政职能部门的组织和操作程序履行学术职能机构的组织和操作程序。

学术管理型则是指大学内部事务应由学术职能机构和学术人员主导,行政职能部门和行政人员积极参与和实施决策的一种新范式。学术管理型的提出,就是要使上述管理学术型模式下的大学内部管理特征发生重大变化,使大学内部管理更加符合大学内部管理活动的特点和办学规律,正确处理行政职能部门与学术职能机构、行政人员与学术人员的关系;使大学内部管理以学术职能机构和学术人员为"轴心",发挥学术职能机构和学术人员的主导作用;使大学内部管理的运作方式更加"贴近"大学学术性事业发展的特点,改变用行政运作方式代替学术运作方式的状况,使大学内部管理进入一个新的管理局面。

从管理学术型转到学术管理型的必要性:第一,是遵循大学内部教育规律办学的需要;第二,是改革不容乐观的大学内部管理现状的需要;第三,是贯彻落实高等教育政策法规的需要。

2. 从官本位到学术本位

长期以来,我国大学在内部管理上主要沿袭政府行政管理体制。大学内部各级管理人员套用政府机关行政级别,一级管一级,隶属关系清晰,建构了一个塔式的层级分明的组织结构。伴随着大学的逐步世俗化和多元化,大学规模日益扩大,行政管理日趋繁重,行政管理异化倾向越来越严重。由于大学内部行政组织的官本位定位,造成了行政权力的异化,各种非学术力量以学者的身份介入并干预学术活动。在这种情况下,教师失去了在大学教学和学术活动中的主体地位,学术权力从大学的本位隐退。官本位的泛化呼唤学术本位理念的回归,大学应以教学和学术为本位。因此,大学内部行政组织要树立以教学和学术为本的服务理念,并把以教学和学术为本作为行政服务的逻辑起点和最终归宿,其行政服务活动都应做到保障师生学术权力、尊重学术权力。

主权在师生,以师生为本。大学实行民主管理,其意义不是大学内部行政组织为师生做主的"民主",而是主权在师生的"民主",亦即大学主权属于师生,而不是属于校长或行政阶层。这一原则表明大学的行政权力来源于师生自下而上的授权,而非自上而下产生,大学师生满意和支持的行政组织就是大学合法的行政组织。同时也要求行政组织必须直接服务于师生的普遍利益,而非凌驾于师生之上。这一原则也赋予了师生具有天然的监督行政组织的权利,同时也要求行政组织必须通过一定的规制,为维护和保障师生行使这一权利提供顺畅的渠道和途径。因此,大学内部行政组织要牢固树立"师生权利本位,行政服务本位"的观念,以实现师生根本的学术权力作为自身服务的最高标准,在任何时候、任何情况下,都要想师生之所想、谋师生之所求、解师生之所忧。而对大学的行政人员而言,都要实现由"管理者"向"服务者"的角色转换。

有限行政,学术至上。大学是建立在师生教学和学术活动基础上的,必须正视学术力量的存在。这就决定了大学内部行政组织不可能是一个专权的行政组织,而应该是一个权力有限的行政组织,这种权力范围的最大边界是以不损害师生合法学术权益为基本限度。因此,大学内部行政组织就要致力于建立一个"企业家"行政组织,想尽一切办法满足师生的合理期待和正当要求,不断提升为师生服务的标准,并据此衡量大学内部行政组织的绩效。

依法行政,依法治校。减少"官本位"现象,促使大学民主氛围的恢复,首先需要的是"依法治校"的实际行动。而眼前最为关键的是要提高大学内部行政人员的法律意识,要建立大学完善的"立法、执法、司法"体系。除了国家制定的有关教育法律、法规、规章以及其他法律文件外,目前大学自身并没有一个完整的运作规范。比如像国外一些大学所拥有的"大学章程",可以从总体上规范大学的行为,规范大学管理者、教师、学生、职工的行为。

公正平等,优质高效。公平、正义和平等是大学文化的重要内容,也应该是大学内部行政组织的价值取向。但是在具体的行政过程中,大学内部行政组织往往不自觉地会侵犯师生的学术权力。为扭转此现象,大学内部行政组织要以保障学术权力为前提来设计行政组织的治理模式。同时,大学内部行政运作的高成本与行政服务的低效率是如影随行的,因此,大学建立服务型行政组织,提升其服务效率是最低的要求。如此看来,大学内部行政组织必须充分认识到:权力就是责任。要倡导建立一个"责任型"的行政组织,建立相应的权力监督体系,严格执行行政责任制和行政过错责任追究制等。

第四节　我国大学管理制度改革创新的多维视角

面对大学管理制度改革实践的"巨大洪流",国内理论界也是"暗潮涌动",针对大学管理制度改革也形成了多学科、多维度的审视和研究。在这些纷杂的理论研究中,既有基于高等教育终极价值思考的哲学视角考究,也有基于高等教育本真的文化视角考究;既有基于高等教育管理的管理学视角考究，也有基于高等教育规律的教育学视角考究；既有基于高等教育市场运行规则的经济学视角考究，也有基于高等教育公平和正义的法学视角的考究。

一、哲学视域下的大学管理制度改革与创新

现代高等教育哲学认为，高等教育的终极价值是人的主体性、人的各项潜能的全面、自由、和谐的发展。大学组织系统是整个社会大系统中的一个子系统，大学发挥着其他任何社会组织系统不可替代的独特功能。那么改革的目的就是要通过调整大学组织系统内部要素的联系方式，调整各个结构之间的权力和利益的分配，协调各功能的有效发挥，降低组织系统运行的成本，以更好地符合和遵循大学的自身规律，高效地实现大学的三大职能。大学内部管理体制的改革必须有利于强化、弘扬、凸现那些直接关系到大学组织系统目标实现的事物，这些事物在整个大学系统中处于"主体性"的地位，它们直接体现了大学组织系统的目的性，这应该成为改革必须遵循的基本原则。

"主体性"在哲学界是一个备受关注的范畴，"主体性"问题的讨论也因此长盛不衰。但不管怎样，对"主体性"涵义的认识是基本一致的，大都从能动性的意义上去理解"主体性"，处于"主体性"地位的事物体现出目的性、自主性、主宰性等特征，是"非主体性"事物存在的逻辑依据。显而易见，在大学内部组织系统的结构维度上，唯有学院直接发挥了大学组织系统功能的作用。学院的活力直接影响大学的活力，学院处于"主体性"结构的地位。以人才培养、科学研究、社会服务为主要内容的学术活动反映了大学的本质，直接影响着大学的声誉，学术活动是大学的行政管理活动、后勤服务活动、生产经营活动以及其他文化活动在内的校园活动存在的逻辑依据，发挥了"主体性"功能的作用，体现了大学组织的目的性。而教师是学术活动的直接承担者，教师的水平直接影响大学的办学水平，教师在大学组织运行过程的诸多要素中，处于"主体性"要素的地位。可以得出结论，以学院为本，强化学院的权力，建立校—院分权的管理模式；以学术为本，弘扬学术价值，树立学术本位的校园核心价值；以教师为本，凸现教师地位，确立以教师为

本的政策导向。这些应该成为大学内部管理体制改革的基本的价值取向。改革方案的设计与实施都必须以有利于学院活力的增强、学术事业的发展、教师积极性的激发为出发点和落脚点。①

二、文化学视域下的大学管理制度改革与创新

在当今大学教育面临的各种困境和质疑面前,在各种高等教育问题日益成为社会关注焦点时,大学内部管理改革实际上已是暗流涌动。大学内部管理文化是现代社会对大学内部管理者的管理行为的基本愿望和要求。借鉴当代管理科学的最新成果,从大学的自身特点,从高等教育的本质和价值出发,从大学内部管理的文化性来衡量管理的成效,从文化的维度诉求改革和完善大学内部管理工作,成为当前高等教育改革的必然选择。

大学作为系统实施专业知识的文化组织机构,其管理是一个系统工程,大学内部管理的理念、管理过程的各个环节、管理中的各种关系、大学教育活动的具体实施都存在着文化性的问题。文化对于大学内部管理具有极其重要的作用。因而,必须从大学内部管理的文化性维度,客观分析当前大学管理过程中存在的文化失范现象,构筑适应新的大学教育理念、适应时代要求的大学内部管理架构,促进大学内部管理工作向高等教育的本真回归:立足文化人,培养文化人。

三、管理学视域下的大学管理制度改革与创新

为了保证学校管理的有序性,学校必须建立健全各项规章制度,并严格运用规章制度进行学校管理。在制度建设的过程中,树立怎样的管理观念,将对内部管理制度的改革起着重要作用。

(一) 大学管理理念与大学管理制度改革

在现代大学的管理过程中,一些与时代要求不相符的管理理念越来越成为影响高校内部管理制度改革与创新的"软肋"。② 大学是高等教育的主

---

① 宣勇:《大学内部管理体制改革的价值取向》,载《浙江社会科学》,2001(5),81—84 页。
② 袁光敏,周清明,陈双华:《管理理念下大学内部制度建设的完善》,载《文史博览(理论)》,2011(1),76—77 页。

要机构和载体,知识经济条件下,现代大学应具备什么样的理念? 建设以人为本的高校内部管理制度,必须转变一些不合时宜的传统观念,才能从根本上端正思想,在制度建设中始终保持正确的方向。

1. 更新学校的办学理念

一所学校凝聚力的形成很重要的一点是有没有共同的价值观。共同的价值观演绎成师生共同认可的行为准则,这是一种无形的能动的精神财富。这种共同的价值观是从校长到教职工的一个共同理念,即办学理念。办学理念是办学主体对大学的理性认识、理想追求及所持的教育观念或哲学观念,它是建立在对教育规律和时代特征深刻认识的基础之上的,是大学的灵魂与大学文化精神的象征。高等教育大众化、市场化、国际化是我国高等教育领域的新现象,把握高等教育发展进程中的这些特点,"积极应变,与时俱进",是办学理念的重要特征。

办学理念作为一种观念和精神要素,表征着大学的理想意愿、目标追求和社会责任,但它不等于办学实践,不可能自动实现,而必须通过大学内部的制度安排来实现。用什么样的制度安排来保证大学的理念和目标的实现,是大学发展的基本问题。大学的发展与制度之间有着必然的联系,有的中世纪大学之所以能走向繁荣,一个重要原因在于其对制度建设的重视。以现代大学变革的典范柏林大学为例,其所以能成为现代大学发展的里程碑,并在大学理念发展史上引发一场革命,就在于其创始人洪堡在创办柏林大学的过程中,一方面将科学研究引入大学,创立了新的大学教育理念;另一方面为确保理念的实现而设计了崭新的大学制度,从而使新的大学理念在办学实践中得到迅速反映,柏林大学因首次拓展了大学发展科学的职能而办出了特色。

制度作为规范大学内部人的活动的手段,它对大学内部人的行为、人的关系起规范、调节、引导和激励作用,可以集合大学共同体内的各种关系以及大学的社会联系,并可将办学理念转变为全校师生员工的理想追求和统一的行为实践,使分散在学校各个不同领域、从事不同工作的个体的能量聚合到一起,形成彼此有逻辑关联的稳定的结构性力量,从而使理念物化为大学特色发展的实践。因此,加强大学内部管理制度建设,能够把大学管理者的个人活动中的实践理性反映到办学理念中,通过支持或反对某些理念而扬弃主观世界的某些方面和规定,将办学理念转变为特色发展的实践,从而促进大学的发展,以形成新的理念和文化。

2. 在管理者心中确立师生员工的主体地位

社会主义国家的主人是人民,高校的主人是其内部的师生员工,他们直接从事教学、科研和管理工作,他们的感受最真实,他们发现与面对的问题也最现实。因而,虽然高校管理者具有从事管理的专门职能,但师生员工并不只是管理的对象,他们也是管理的主体。高校的管理,从管理的决策、计划、组织、实施到目标的最终实现,都离不开师生员工。因此,高校的管理者在制度建设与管理工作中,要真正确立师生员工是高校主体这一意识,"一切为了师生,为了一切师生,为了师生的一切"的理念不应只是挂在墙壁上的口号,而要把师生员工真正当作有自主能动性的人来看待,尊重师生员工的地位,积极营造一种活跃、透明、开放的氛围,增强管理与管理制度的凝聚力和向心力,调动师生员工参与教育教学、管理与制度建设改革的积极性,在学校的发展建设中更好地发挥师生员工自我管理、自我教育和自我服务的作用。

3. 在制度建设中树立以人为本的指导思想

"以人为本"是科学发展观的核心。"以人为本"就是要把社会中人的利益作为一切工作的出发点,不断满足人们多方面的需求,并最终促进人的全面发展。高校作为一个从事教书育人事业的特殊组织,其一切工作的出发点应当是维护学校师生这一主体的根本利益,应当以促进师生员工自由全面地发展、实现教育目标为归宿。在高校的内部管理制度建设中树立"以人为本"的思想,就是要在制度建设中体现师生员工的主体地位,尊重他们的价值、人格、个性和需要,用师生员工的价值尺度和智慧力量去思考、分析和解决制度建设中的问题,让制度在起到规范行为、倡导竞争、鼓励创新作用的同时,成为师生员工自由发展、民主决策、良性竞争的互动平台,使他们自觉自愿遵守制度,在学校制度建设中获得自身发展和精神需求,积极主动地参与到学校建设发展的各项工作中，在自身综合素质得到提高和发展的同时，推动学校的不断发展。

（二）大学制度改革与创新的管理学视角

1. 领导力理论视野下的我国大学内部管理变革

从领导力理论出发，我国大学内部管理体制还存在一定的问题和不足：管理过程中专断"独白"的行政规制色彩较浓，官本位意识的痕迹较重，而民主参与、平等对话的诉求不彰；大学校长的职能偏重于控制而非领导，作为关键管理者对领导力的认识和发展有待提高；管理的封闭性与"守成"观念较强，大学发展的动力与活力不足等。因此，变革我国大学内部管理体制，至少可以从以下几个方面思考：

一是由"独白"走向"对话"，凸显主体价值和人文关怀，发展平等伙伴关系和共同治理格局。大学是探究未知领域、拓展知识边界的场所，学术工作者服膺洪堡式的学者自治及研究自由的思想，倾向于接受权力分享、松散联结的组织结构。变革大学传统管理体制，就要求管理者在观念和思维上向领导者转变，倡导管理者与研究者之间的交往与沟通，形成相互作用而非单向控制的人际关系和影响网络，使传统的被管理对象发展成为个人的意见得到尊重和满足、能够自主思考和选择的追随者，进而就学术决策、资源分配等大学事务发挥作用和形成共识。大学组织是各种观点与影响的熔炉，领导者应当善于向追随者授权以分担责任，使追随者自主行动。形成平等伙伴关系和激发追随者主动性的重要基础，就在于管理者与学术权威切实尊重全体人员的主体地位，特别是学术人员自由掌控研究方向、范式、对象、环境的主体价值，打破论资排辈、行政束缚与学术压制；学术管理需要在绩效激励与人文关怀之间保持平衡，强化对学术活动价值的认同，增进学术人员的身心健康，弥合学术队伍的学科隔阂，遏制学术研究功利化趋向。

二是由控制走向引领，发展大学校长的领导力，以共同愿景驱动大学主动变革。担任领导角色的校长虽然具有正式职位，但这并不意味着校长就必然具备领导力。发展大学校长的领导力需要大学校长对领导力本身有深刻的认识：大学校长行使权力，不仅仅是一种行政权力，更是一种责任分享和联合努力。领导力需要开发与培育,它是在相互影响、沟通说服、平等对话中形成的。

大学校长领导力的重要体现是建立科学、合理的发展愿景,将管理工作与学术研究、组织使命与环境要求有机整合起来,为大学的发展提供方向性指引和前瞻性目标。这种共同目的或愿景是基于不同大学的历史传统、现实条件与发展定位,围绕其办学理念和特点,在治理分享和集思广益的基础上提出的,是一个持续发展的过程而非最终的结果。这种愿景也是极富个性和特色的,难以为他人所复制和仿效,且能指导建立可操作的步骤和措施,辐射教学、科研与管理诸环节。从某种意义上讲,发展大学校长的这种愿景领导力就是引导大学内部改革的重要动力源,是推动大学自我改造以适应内外诉求的重要保障。

三是由"守成"走向"创业",培育和形成领导团队,增强办学的自主性、开放性和自律性,发展大学的创业型领导力。在一个权力分散的大学组织中,大学的治理与变革需要大学校长与不同成员保持协调合作,需要有资深人士参与领导以形成领导团队。这种领导团队,应当既汇聚全体人员中具有领导力的领导者,突破行政级别或职务头衔的桎梏,使之具有广大的追随者和影响力,又超越大学内部行政管理结构,推动传统管理成为具备开放、整体、整合与相互影响等性质的过程;既平衡大学校长的权力,为之设定一种同僚的框架,又使创业领导将创业的思想、文化渗透到大学基层组织和个人,平衡学术自由、自治等传统价值的保守性,增强大学的活力与创造力。①

2. 问责制视野下的大学管理制度改革与创新

问责制加强了高校与政府、社会等外部利益相关者之间的沟通,使高校教育责任更加明确职责,履行更加有力;同时,高校价值目标的达成有赖于科学的管理,问责制的引入促进了高校管理制度的规范和制度实施的有效性。国外高等教育问责制的实践为我国高等教育改革提供了借鉴。尤其在构建现代大学制度方面,引入问责机制不失为一个重要的视角。从一定意

---

① 柳亮:《领导力理论视野下的大学内部管理变革研究》,载《国家行政学院学报》,2010(1),25—26 页。

义上说,问责制是构建现代大学制度、深化高等教育改革的关键。

随着我国高等教育大众化的发展,需求与资源之间的矛盾越来越突出,尤其是优质的高等教育资源更显稀缺。而且,基于高等教育适龄人口的巨大基数及教育民主化程度的提高等因素,这个矛盾将在很长一段时期内存在甚至深化。因此,如何有效、高效利用有限的资源就成为关系到大学长远发展的重大课题。提高资源利用效率,关键在于通过科学化管理使资源的配置和利用"有理、有利、有序",实现效益最大化。要使有限的资源发挥出最大效能,必须实施绩效管理,通过对各级部门和教职工进行绩效计划制定、绩效考核评价,从而强化其绩效意识,提升工作效率和质量。在绩效管理过程中,问责环节不可或缺,只有对部门及责任人的责任落实情况进行积极监督、考核及追究、反馈,才能确保每个成员发挥最大作用,促进资源配置和利用的科学、高效。

问责制度从内外多个向度"对与教育产品即博学的学生相关的价值进行问责","把学生取得成就的水平与州、社区的教育目标相联系,与社区内家长、教师、纳税人及市民的期望相联系",以来自大学内外的多股评估力量来调动高等学校的改革意识和责任感,从而不至于遗忘其教育承诺以及在多元化价值体系中迷失其推动个体与社会进步的终极目标,通过教学和管理改革来实现大学的使命。

此外,在后工业及知识经济时代,大学越来越走进社会核心,与越来越广泛的利益相关者如政府、大学生及家长、基金组织、企事业单位和公众等发生了"委托—代理"关系,承担了越来越多的社会责任。如何确保大学主动遵守社会契约、履行好各方利益相关者委托给的职责? 显然,高等教育问责或高校问责制度的建立和实施,将使大学的责任不仅仅停留于一纸空文,而是成为大学实实在在的行动。建立广泛的利益相关者同盟,这是大学在竞争激烈的高等教育市场中占据主动的战略选择。

无论是提高资源利用效益,还是为高等教育质量提供保障,以及敦促大学担负起应有的社会责任,都要求大学加强制度建设,提高管理水平和办学效益。因此,建立现代大学制度就成为我国高等教育体制改革的当务之急。

从理论界看,研究者普遍认为现代大学制度构建的一个重要维度是建立大学与政府、社会之间的和谐关系。一方面,大学应获得更大的自主自治权;另一方面大学必须在与政府、市场所形成的关系圈中寻求平衡,既不能完全屈从于政府和市场的力量,又要积极为经济和社会发展贡献力量。

大学在争取扩大自主权的同时,更应意识到所肩负的重大社会责任;在争取政府和社会支持的同时,更应反思自身是否为社会、为人民提供了优质的产品和服务,并为增强这种服务能力实施行之有效的改革,这是大学的立足之本。事实上,在多元化市场条件下,我国大学面对利益的诱惑,正变得功利、狭隘,在追逐资金等外界投入的过程中其社会批判、文化导向及价值澄清功能越来越弱化,大学之为大学的本质正变得模糊。将问责制引入高等教育管理,一方面将使大学在外部利益相关者的监督之下,自觉致力于满足社会进步的需要;另一方面,促使校内各部门及行为人切实履行职责,提高做事效率。我国大学冲击国际水平的最大障碍并不在于投入和资源的匮乏,管理不善才是我国高等教育效益低下的根源,而管理不善的集中体现正是失责追究和反馈的缺位。那么,问责制的引入将调整大学内部的组织结构和权力分配,这将有效解决大学内部失责问题。①

3. 目标管理视野下的大学管理制度改革与创新

作为激励管理理论之一的目标管理理论,是 20 世纪 50 年代在科学管理和行为管理理论基础上形成的一套管理理论。1954 年,美国的管理大师彼得·德鲁克在《管理的实践》中提出"目标管理"。所谓目标管理模式,是组织以目标为中心实施全员管理,将目标完成的程度作为评价和激励员工的杠杆,促使组织成员自我约束和自我控制,达到自我管理,就是根据目标进行管理。管理有刚性管理和柔性管理之分,泰勒的科学管理是刚性管理,是硬管理;行为科学是柔性管理,是调动人内在的能力去自我管理。而目标管理恰恰就是将这两者结合起来,通过目标给被管理者设定刚性任务,然后通过被管理者发挥自主能动性和创造力实行柔性管理。他所强调的是不要因

---

① 张继明,王洪才:《问责制视角下的大学管理制度变革——兼谈新建本科院校管理机制的转变》,载《国家教育行政学院学报》,2008(10),34—42 页。

为工作而设置目标,而要按照目标去设置工作,其过程遵循"计划是先导,组织是保证,监督是手段,考核是关键,绩效是目的"的原则。其基本要求是:目标制定要具有合理性,目标实施要具有实效性,目标考核要具有科学性,总结反馈要具有适时性。总体来讲,目标管理作为一个比较成熟、传统的理念和体系,作为一种以工作和人为中心的综合管理方法,它的实施可以最大限度地发挥管理效能。

由于目标管理能有效促进组织管理效能的提高,它不仅在企业中被广泛应用,还被引入到医院、学校及政府机构中。在西方,20 世纪 60—70 年代目标管理被引入教育领域。在我国,20 世纪 90 年代初期开始在企业中推行,90 年代中期进入高等教育领域。高校引入目标管理旨在建立把管理者从繁杂的行为管理中解放出来,强调计划和控制,分清职责,对下属充分授权和注重实绩的机制。其目的是通过目标的激励来调动广大教职工的积极性,从而保证目标的实现;其核心就是明确和重视成果的评定,提倡个人能力的自我提高;其特征就是以"目标"作为各项管理活动的指南,通过"自我控制",以实现目标的成果来评定其贡献大小。

目标管理是通过科学设置工作目标体系和合理确定目标值,对目标实施过程进行管理,并对目标的实施情况进行检查、督促、考核、奖惩的一系列管理活动。它是一种先进、科学的管理方式,是一个以目标的科学、合理选择为起点,目标导向为动力,优化管理为手段,高效实现目标为目的的不断开拓、创新的过程。在目前部分管理制度还不能适应新形势下现代大学制度要求的情况下,目标管理成为了必然的选择。地方本科院校中新建的本科院校一般具有很强的地域性,办学主要面向地方、服务地方。2004 年教育部吴启迪副部长在第三次新建本科院校教学工作研讨会上指出:"新建本科院校是我国本科教育的新生力量,没有新建本科院校的发展,很难说我国高等教育发展得好,没有新建本科院校办学水平和质量的提高,也很难说我国高等教育有较高的水平和质量。"新建本科院校是高等教育体系中非常重要的部分,是高等教育改革中最具活力的部分,是高等教育大众化时代社会公平的主要承担者,是地方经济文化和社会发展的坚强力量。所以,新建本科院校在面临许多不足和困难的情况下,既要实现思想观念、办学行为等由专科到本科的转变,又要实现内部管理方式或机制等内涵升本,就更有必要实施目标管理。①

4. 信息不对称理论视角下的大学管理制度改革与创新

2001 年度诺贝尔经济学奖获得者是美国三位经济学家——乔治·阿克洛夫、迈克尔·斯宾塞和约瑟夫·斯蒂格利茨。他们运用信息理论经过 30 多年对市场交易行为的分析研究,提出了"信息不对称理论"。所谓"信息不对称"(information asymmetry)是指市场交易中参与交易的一方比另一方拥有更多的信息,处于信息优势地位,从而便有利用信息不对称进行欺骗的动机。信息不对称可以从时间和内容两个方面进行区分,对于组织的管理与决策而言,内容的不对称更为重要。从不对称发生的时间看,不对称性可能发生在签约之前,也可能发生在签约之后。内容的不对称性也可分为两类:一类是外生性不对称信息,即指由员工从事的工作本身所具有的技术禀赋、内涵、性质、特征等决定的,而不是由员工的主观意识造成的;另一类是内生性不对称信息,是员工利用管理者对其行为事前无法预测,事中无法观察和监督,事后无法验证而造成的信息不对称。信息不对称现象在我们的日常生活中应用十分广泛,对于组织管理有着十分重要的影响。理性管理模式认为人是理性的,信息是充分的,故管理是以理性为特征。但是,在信息不对称的框架中,一方管理与决策必须考虑到另一方的利益、信息和反应。在理性模式中,信息是中立的,多多益善;而在信息不对称理论中,多人之间的博弈意味着信息是策略的,而不是中立的。因此,信息量的增加并不意味着信息质量的提高,更为重要的是,决策管理过程中各方的信息是不对称的。在信息不对称的情形下,人们可以通过策略地使用信息来达到私有利益。因此,信息的不对称引出了组织管理的一系列课题。

大学组织和管理具有信息不对称的特征。(1)大学是以生产知识、创造知识和传播知识、培养人才为己任,大学往往被称为"学问的场所"、"知识的

---

① 陈立志,彭杨:《新建本科院校实施教学院目标管理是建立现代大学制度的必然选择》,载《宜宾学院学报》,2011(7),15—16 页。

加工厂"，而大学所生产、创造、传播的知识并非一般知识，而是"高深的知识"。（2）大学是利益相关者组织。大学作为一个非营利性组织，是一个典型的利益相关者组织，这些利益相关者包括教师、学生、校长、行政管理人员、后勤服务人员、政府、用人单位及学生家长等。在多种利害关系的情况下，存在着偏好的异质性，比如政府希望学校以较少的投入培养出合格人才与产出原创性知识，校长希望学校运转顺畅，教师希望自己的学术地位得到尊重，用人单位希望毕业的学生能够马上适应工作岗位，学生希望能顺利毕业，学生家长希望自己的孩子能够找到好工作或进一步深造，等等。由于存在不同的利益群体，大学在管理和决策时，只能是"平衡利益相关者"的利益。在大学管理的多重目标下，各方存在着严重的信息不对称。比如科学研究，大学教师更强调学术成果的基础性与原创性，而政府和企业希望多出实用科研成果，而对基础性研究不感兴趣。例如人才培养，政府和企业希望学生学习较多的实用知识，毕业后能顺利走上工作岗位，而教师则希望学生在校期间能打下牢固的知识基础。（3）大学组织的规模不断扩大，结构日益复杂化。20 世纪 60 年代，克拉克·克尔提出了"多元化巨型大学"的概念。当前，包括我国大学在内的世界很多大学都已经发展成为巨型大学。当代大学组织除了从事教学和科研的核心作业系统外，还包括管理系统、后勤保障系统、辅助支持系统（包括图书馆、教育技术服务系统以及信息网络服务系统等）。这些机构、部门或穿插于原来的机构中，或附着在原有机构上，或相对独立于大学组织之外，它们使大学组织的范围向外拓展，并与社会经济部门交叉相杂，从而更强化了大学组织的复杂程度。

社会学家布劳在研究社会机构时，用不平等程度表示社会垂直分化程度，用异质性程度表示社会水平分化的程度。借用这种术语可以用来描述大学组织内部的分化情况，即大学组织的垂直分化程度较低，而且权力关系模糊，因此可以说不平等程度较低。而水平方向分化严重，大学的各个系统既是相互依存的，又是相分离的。不同系统在大学组织的角色和地位不一样，其工作模式和价值观也有很大的不同。各个系统之间存在着严重的信息不对称，甚至天然存在着矛盾，这增加了大学管理的复杂性。正如斯坦福大学荣誉校长卡斯帕尔指出的,为了提高大学管理的质量和效益,必须注重在大学组织内部的垂直和平行关系上做文章,不但要发挥垂直体系的作用,还要发挥平行体系的作用。

大学组织在严重的信息不对称的情况下,人们的决策行为和管理的过程、质量都与理性模式的说教相去甚远。无论是集权型还是分权型管理模式,除了上面提到的内在必然性及缺点外,在严重信息不对称的情况下,还面临以下难题:目标的模糊性;管理过程的模糊性;信息的模糊性与不确定性。在大学管理的严重的信息不对称的情况下,我们不能把复杂的组织管理与决策过程简单化。我们需要一个模式来考虑多重的过程,利益、信息、参与等因素可能是同时的、并行的,它们到达管理与决策过程的时间是互相独立的;决策过程是建立在信息不对称和不确定基础上的,有较强的模糊性。综合考虑上述因素,可以分析与确定新型大学内部管理模式:

第一,形成学校与院系的新型分权模式。学校应主要负责筹集办学经费及确定学校发展规划,并从总体确立人事政策,而院系则是具体负责学科专业发展、教学计划、科研经费分配、学生管理以及教师晋升等一系列与教学和科研相关的事务。因为在信息不对称的情形下,人们可以通过策略地使用信息达到私有利益,各院系总是希望学校的资源多用于本院系、学科专业的发展。所以,大学中心行政应该负责制定学校章程,制定发展规划和教师聘任制度。

第二,形成不同的领导体制与决策体系。学校实行党委领导下的校长负责制,而各院系则实行学术委员会领导下的院长负责制或院务委员会制,即学校一级是行政主导的体制,而院系则是学术主导的体制。

第三,改革大学行政管理体系,转变职能,提高服务意识与服务行为。首先,学校中心行政必须大规模精简机构,可设若干职能办公室,主要职能是从事制定战略规划、筹集办学经费、对外交流合作以及人事规划等工作,每个副校长主管一个职能办公室,甚至可兼任职能办公室的主任。其次,大量的行政管理人员应该充实到各院系,扩大院系行政管理人员的规模,使管理从传统的行政本位和为少数领导服务转变到为教师和学生服务、为教学

73

和科研服务上来。再次，提高服务意识，强调行政管理人员和后勤服务人员不是来管理教师和学生的，而是为教师和学生服务的。①

四、教育学视域下的大学管理制度改革与创新

（一）基于学科发展的现代大学经费分配和预算管理新机制

学科是现代大学，尤其是研究型和教学研究型大学的基层组织和核心。因此，需要建立基于学科发展的现代大学经费分配和预算管理新机制。这一新机制应遵循"一切以为学科发展服务"的新理念，形成"学校—学院—学科"的二级机构三级模式，并按照新机制下的程序进行经费的分配及预算，从而达到事权、财权的统一，加强学科的组织化，并提高资金的使用效率。

既然学科对于现代大学发展如此举足轻重，而学科发展又需要财力的支持，因此，我们认为，不管是给学科负责人赋予财权也好，还是在学科间分配经费也好，现代大学的经费分配和预算管理理念应该就是从一切为学科发展的服务出发，学校应该直接或间接地把经费投给学科这一基层组织。只有这样，才能调动学科这一基层组织的各种活力并提高资金的使用效率。在这一理念下，具体又应该遵循院校规划原则、学科组织生命周期原则、公平原则。②

构建基于学科发展的大学经费分配和预算管理新机制，符合事权、财权相统一的要求；通过把经费分为基本建设经费、日常运转经费和学科发展经费，尽可能公平与效率兼顾，有利于提高大学资金的使用效率；通过赋予学科负责人相应的财权，并进行科学、合理的学科预算，这样将有利于提高学科这一现代大学基层组织的组织化程度，而学科组织化程度提升之后，必然能更好地促进学科的发展，从而有助于更好地实现现代大学的三大功能。

（二）基于学术自由的大学教学和科研管理机制

教学自由与教学控制二者相辅相成，共同构成大学教学管理制度不可

---

① 李立国，徐世勇：《信息不对称理论与大学内部管理模式研究》，载《国家教育行政学院学报》，2004(6)，44—49页。
② 毛建青，宣勇：《构建现代大学经费分配和预算管理的新机制——基于学科发展的视角》，载《教育财会研究》，2011(4)，3—8页。

或缺的"两翼"。长期以来,由于受高等教育集权管理体制"惯性"的影响,我国大学中教学控制与行政化管理仍然是大学教学管理的主要特征,并体现为教学自由与控制的失衡。因此,当务之急是要通过大学教学管理制度创新,还大学教师以应有的教学自由,实现教学自由与教学控制的平衡。

学术自由是西方大学的基本办学理念之一,近年来也已经成为我国高等教育研究的热点。目前尽管学术界对学术自由内涵的解释还不尽相同,但一般认为,学术自由是指学者(教师和学生)可以按照自己的意愿从事学术活动,而不受外界干预和限制的状态。芝加哥大学教授希尔斯认为,学术自由不仅是指教师可以根据自己的智力倾向和标准自由地教学、研究,通过学术讲座和论文著作等形式自由地进行学术活动,而且也包括学生根据自己的兴趣和职业追求,在他们所读的大学里选择课程和科目的自由。可见,从大学学术活动的类型进行划分,学术自由包括教学自由、科研自由以及学习自由。从大学学术活动的主体来看,教学自由与科研自由更多地是指教师的权利,而学习自由更多是指学生的权利。但在学术界,人们更多地关注与讨论学术自由,是因为在人们的观念中,学术自由内在地包含教学自由,没有专门探讨和研究的必要。实际上,教学活动有不同于科研活动的独特规律和特点,所以,有必要给予教师的教学自由更多的关注。

学术是大学的灵魂和生命,学术管理理应是大学管理的重心,也是大学管理区别于其他社会管理的重要特征。然而,目前我国大学虚假学术泛滥早已是不争的事实,而学术管理存在的问题和流弊却始终得不到根治。尽管学术自由与创新的呼声不绝于耳,可一流的学者和原创性科研成果仍然是凤毛麟角。这里面的问题到底在哪里?是我们的大学对学术重视不够,还是我们的大学教授术不如人?回答是否定的。制度问题是影响大学学术管理的根本性、全局性和深远性的问题。因此,加强对大学学术管理制度及其改革的研究,是促进我国大学学术发展与创新的内在要求。①

---

① 辛增平:《学术自由与创新:大学学术管理制度的反思与重构》,载《江西教育科研》,2007(9),68页。

五、经济学视域下的大学管理制度改革与创新

现代大学的经济特性和自主特性决定了大学在经营过程中必须依靠自身的自主权,运用经济规律和经济领域的手段和方式进行资本运营、成本核算、资源配置等。现代大学制度具有鲜明的经济特性。科学技术是第一生产力,高等教育的生产力功能已经存在,高等教育已经成为基础性、先导性产业,市场化取向已经渗透到高等教育的许多方面,"合理回报"已经是高校的共同取向,现代大学制度的建立必然有经济的成分,这是经济体制转轨过程中出现的必然结果。所以,现代大学制度下财务管理必须建立以成本核算为中心的会计核算体系,并且处理好高校与银行、高校与投资者、高校与企业等的财务关系。

高校的财务处是为培养人才过程中所发生的经济活动而设立的专职部门。财务管理是学校管理的一个重要组成部分,其实质就是理财。既要理顺资金流转程序,确保资金顺畅;又要理顺各种经济关系,确保各方面利益要求得到满足,即围绕学院中心工作,为教学、科研和师生员工服务。随着现代大学制度的逐步建立,高教领域正逐步形成影响教育运行的三种力量,即学术、政治和市场三种力量,其中市场的力量是一种新兴的、对教育构成巨大影响力的力量,也称为教育第三部门。现代大学制度其中就包括资源的合理配置,现代大学制度下的财务管理是面向社会的、依法办学的内部管理制度。这就对财务概念提出了新的挑战,财务系统由一个封闭的自我回路系统向开放的社会回路系统转变,并逐渐地融入社会主义市场经济的大潮中,例如校企联合、校银联合、合作办学等,形成了资源共享、利益均沾的筹资多元化、分配多元化的财务格局。这就要求财务部门必须解放思想,更新观念,跟上现代大学制度的步伐,改变过去的收支财务观念,转为预测、筹资、预算、控制、成本、利益的一整套资本运营的现代理财观念,适应我国高教发展的需要,适应学校校内管理体制改革的需要,否则财务就成为制约学校发展的瓶颈。

六、法学视域下的大学管理制度改革与创新

大学秩序基础的规则,既有国家专门机关制定的法律,也有高等学校自

已依法制定的各种规则,以及具有优良办学传统的大学多年来自发形成的规则。在高等学校内部管理体制改革的过程中,重视大学的"法治"建设问题具有深刻的现实依据。第一,广泛且日趋激烈的竞争,要求大学提高法治建设的自觉性;第二,腐败现象的存在与蔓延,要求大学必须依法管理。[①] 高等学校的内部管理体制问题无可避免地要涉及法律问题,最终必须通过法律手段在法治框架内加以解决。

(一)权力制约问题:大学管理制度改革的重点

法治的首要原则是约束公共权力,实现权力制约。而要制定出公平合理的规则和制度只能依靠公平的有限的权力。在目前的内部管理体制中,绝大部分高等学校实行的都是党委领导下的校长负责制,除了科长、处长的任命使用等所谓重大事项外,主要权力均集中在各级行政负责人手中。这些权力概括起来可以分为以下五类:招生权,学生管理、评价与分配权,对教职员工特别是教师的评价与使用权,学校发展与建设的规划起草及实施权,基建与后勤管理权。学校的各级行政主管部门几乎掌握着大学的所有主要权力。众所周知的事实是,教育腐败不是教师腐败,而依然是权力腐败。因此,大学的改革必须解决权力制约问题。高等学校内部管理的问题绝不是通过制定并实施若干制度能够完全解决的,高等学校最突出的问题是权力问题,即如何使分配各种岗位和津贴以及高等学校各项资源的权力能够公平合理地按照高等教育规律行使的问题。

在高等学校的权力资源配置中,应该强调出资人和校领导对学校的长远发展和根本利益负责,教授们对学术问题负责,教师们对教学问题负责,学生们对学习问题负责,党委还要在充分尊重校长意见的前提下对干部的使用负责,教职工代表大会参与有关职工利益的决策,行政职能部门对有关决定的执行情况负责。任何机构都不能既作为决策机构,又同时作为执行机构和"司法"机构,彻底解决权力不受制约或制约不力的问题。

---

① 陈年冰,葛洪义:《大学的"法治"——兼论高等学校内部管理体制改革中的若干法律问题》,载《华东政法学院学报》,2004(3),17—18 页。

（二）形成权利本位机制，实现高校内部权力制衡

《中华人民共和国高等教育法》第 24 条规定，"设立高等学校，应当符合国家高等教育发展规划，符合国家利益和社会公共利益，不得以营利为目的"。由此可见，高等学校与企业不同，不是营利性的组织，而是社会公益组织，其设立目的是培养高级专门人才和推动科学研究。根据大学的性质，我们可以将大学中不同群体的权利进行如下分类[①]：第一，大学物质和货币资产的出资人的权利；第二，经营管理者、劳动者和校友的权利；第三，学生的权利。权利的实现需要一定的条件，否则权利的拥有就是虚无的。首先，权利的实现有赖于义务的履行。权利与义务是联系在一起的。一方面，权利人同时也是义务人；另一方面，没有相关义务人履行义务的行为，权利人的权利就无法实现。义务是义务主体为了实现权利主体的权利而使自己的意志受限制的状态，也是满足权利人利益的法律手段。其次，权利的实现有赖于对权力的制约。权利义务关系中最重要的就是保障权利人切实享有权利并履行义务，须建立有限权力的制度，即任何权力都来自于权利人的权利。在权利与权力的关系中，权利是根本性的、决定性的。再次，权利的实现有赖于"司法"的保护。高等学校需要依法设立专门的独立的救济机构，履行类似"司法"的职责。权利人则享有类似"诉权"的程序权利，在自己的实体权利受到侵害时，有可能通过特定程序主张自己的利益。所以高等学校应当明确权利人的权利在受到侵害或者有被侵害之时，权利人申请权利保护的制度。大学的改革必须充分调动权利人的积极性，只有在大学的权利人积极行使自己权利的条件下，大学的资源才能够得到有效配置。因此，大学改革对权利的尊重和保护需要形成权利本位的机制和观念，即在权利与义务的关系中，强调权利对义务的决定性，义务对实现权利的必要性；在权利与权力的关系中，突出权利的主导性和支配性；在权利保护中，强调裁决机构的权威性与独立性。

大学的"法治"建设，一方面当然必须符合国家法律的规定，另一方面则

---

① 陈年冰，葛洪义：《大学的"法治"——兼论高等学校内部管理体制改革中的若干法律问题》，载《华东政法学院学报》，2004(3)，21 页。

又要结合大学自身的特点推动规则的治理。依据规则而非个别人的意愿办事,是法治最低限度的要求,要使大学管理全面纳入规则治理的范围;规则必须以维护大学权利人的权利为基础,切实保护权利人的利益是法治条件下大学改革的重要任务之一。只有尊重和维护权利人的权利,才能在权利人实现自己利益最大化的过程中,实现兴办高等教育的任务和目的;保障权利人的权利,实际上就是以规则的形式建立权力制约的机制。权力必须受到约束,是因为权力是由权利人的权利所派生出来的,只有以实现权利为目标的管理活动中,权力才可能不被异化为谋求私利的手段;要使权力切实服从于权利的实现,就必须以权利制约权力,建立权力制约机制,使所有的权力都成为有限的权力。

第三章
大学管理制度改革创新的基本构想

第一节　重构政府与大学的关系，落实大学办学自主权

　　大学源于中世纪欧洲的学术机构，在建立之初，与政府保持着相当远的距离，"大学自治，学术自由"一直是大学独立精神所在。但是，随着社会的发展，尤其是市场经济体制的确立，对人才的需求迅速增加；经济全球化、知识化、信息化时代的到来，使人们认识到当前国家间的竞争实质上是人才的竞争，即教育发展程度的竞争，尤其是高等教育发展程度的竞争。所以，国家和政府逐步实现了对大学的发展与管理的积极干预。

　　大学与政府的矛盾主要是大学自主办学、大学自治的要求与政府对大学的控制之间的矛盾。依据伯顿·克拉克关于大学与政府之间关系的分析，我们认为大学与政府之间的关系有三种类型：一是集中型。大学活动的管理与决策权在中央政府，中央通过计划、命令、法律、拨款、监督等手段直接调节大学的活动，如法国中央集权的教育体制。二是分散型。大学的管理权不在中央，而是在地方政府或其他集团手中，各种力量按照自己的意愿

和方式支配着大学的运行,教育活动呈现极大的市场性,其资源配置来自多方面,如美国模式。三是复合型。介于集中型和分散型之间,决策和管理的权力部分在中央政府,部分属于其他组织或利益集团。在国家与大学之间存在着一个中间缓冲组织,这种组织协调国家与大学的关系,协调高等教育资源配置。

在处理大学与政府的关系中,单方面强调大学本位而否定政府本位,或单方面强调政府本位而否定大学本位都是不可取的。随着大学的发展,政府不得不关注大学,但是政府往往基于政治与经济上的认识将大学视为自己的下属机构,忽视了大学的自主性,致使大学主体性的缺失,造成大学身份的危机,阻碍了大学改革的进步及质量的提升,最终导致"其生存价值权重逻辑顺序不得不是:首先选择追随政府,因为这样好处多;其次选择紧跟市场,因为这样见效快;最后不得已才选择探究学术,因为这条路充满荆棘"[1]。

"高等教育管理体制改革的最终目的之一是要实现高校依法自主办学,增强学校的办学活力,逐步形成国家统筹规划、宏观管理,学校面向社会依法自主办学的新机制。这个问题的实质是正确处理政府与学校的关系。"[2]在处理大学与政府的关系中,为了改变社会中存在的学者官僚化、学术政治化的消极影响,保证大学真正实现依法自主办学,需要正视以下 3 个方面的改革:一是扩大办学自主权,使大学真正成为相对独立、权责分明、具有一定自治权的法人实体;二是凸显大学以学术本位为价值观,按照学术逻辑来构建大学内部组织机构和运行机制,使学术活动得以真正自由地开展,使大学成为以探求真理为目标的知识权威场所和监督社会机构行为的重要力量;三是正确处理学术权力、行政权力和党的权力之间的关系,树立教师为主导、学生为主体的办学思想,强化各级各类行政组织的服务功能,营造大学发展的良性环境。[3]

---

① 董云川:《调适大学与政府和社会的关系,改善中国大学生存与发展状态》,载《现代大学教育》,2003(6),41 页。

② 纪宝成:《加快高等教育管理体制改革的步伐》,载《中国高等教育》,1999(3),6—9 页。

③ 唐振平:《当代中国大学自治管理体制研究》,中南大学博士学位论文,2006,87 页。

一、经济体制转换与大学的重新定位

根据现代经济学的解释，所谓市场经济，是指以商品生产和商品交换为经济活动主体的经济形式。市场是商品交换关系的总和，市场代表着一种商品关系。市场经济有三个主要要点：自主经营、自负盈亏的商品生产者和经营者是市场的主体；社会再生产的全过程，即生产、交换、分配、消费都与市场有密切的联系，企业之间、生产者与消费者之间的关系是通过商品货币关系进行的；市场机制调节资源配置和整个社会经济。

经济体制由计划经济向市场经济的转变，导致大学在教育体系中的地位发生了根本的改变，主要体现在大学与政府的新型关系上，体现在大学逐步实现和扩大依法自主办学的权力上。

（一）大学与政府的法律关系的变化

传统体制下，大学与政府之间的法律关系主要体现为内部行政性委托代理关系。大学作为政府的附属机构，是政府为了一定目标而设立的，其运行和发展是由政府制定规章来规范的，政府是行政主体，对大学发展承担委托代理责任和风险。但是，随着市场经济体制的建立，大学自主意识增强，大学与政府之间的法律关系转换为外部行政性委托关系，政府作为行政主体，将其职权的一部分委托给大学来行使，大学作为独立的法人，享有《宪法》《教育法》《高等教育法》授予的不同界限内的教育权。大学与政府之间形成了以契约为主要内容的委托合同关系，在委托合同中规范双方的权利与义务。

（二）大学与政府的经济关系的变化

传统体制下，政府对大学的发展"统包统揽"，政府是大学投资的唯一主体。随着市场经济体制的确立，社会对大学人才需求的不断增加，人们对高等教育大众化的需求，政府在大学教育投资方面日益显得赢弱，难以负担大学教育的快速发展。因此，在市场经济体制下，逐步确立了"一主多元"的大学教育投资体制，政府作为大学教育投资的主体地位没有改变，但是大学自主筹资，企业、社会团体、社会公众个人的多元化投资比重不断增加。高等教育投资主体的多元化，为大学依法实施自主办学提供了物质基础。

（三）大学与政府的行政关系的变化

传统体制下,大学隶属于政府,政府作为行政部门,大学作为行政相对方,其运行和发展是由政府制定规章来规范的,难以实现全社会资源的优化配置和有效利用。市场经济体制的建立,促使各国积极通过教育立法的形式推进高等教育行政管理体制改革,主要内容有:一是对政府与大学的关系作了明确的定位,提出大学要成为面向社会自主办学的法人实体;二是对经济区域化条件下不可避免的高等教育区域化趋势及时作出了反应,提出要进一步扩大地方政府在高等教育事业上的决策权和统筹权;三是在高等教育宏观管理中转换政府职能,明确高等教育行政的职权范围和高等学校的自主权范围,建立政府主管政务、学校主管校务、政府宏观调控、学校自主办学的新型政校关系。

市场经济体制的建立为大学的自主办学提供了强有力的理论依据和物质基础,但是对市场经济的狂热崇拜可能使大学由政府的一翼干预变为政府与市场的双翼干预。因此,如何保持大学的学术自由和自主办学仍需理性看待,大学既要适应市场需要,同时作为培养人的场所又要保持独立的品格。"高等院校应该考虑职业界及科学、技术和经济部门的发展趋势。为了满足工作的需要,高等教育系统和职业界应共同制定与评估理论同职业培训相结合的教学过程、衔接性课程",显然,"所有这一切均应在负责的自治和学术自由的条件下进行"。[①]

二、分化政府角色,转变政府工作职能

市场经济体制下政府对大学实施管理需要转变政府职能,重新进行角色定位,实现由政府对大学的"统包统揽"到高等教育政策制定者、协调者、投资者、监督者的身份转换。

---

① 赵中建:《联合国教科文组织·全球教育发展的研究热点——90年代来自联合国教科文组织的报告》,北京,教育科学出版社,1999,420页。

（一）国外高等教育管理体制

1. 美国高等教育管理体制

美国高等教育实行联邦政府宏观引导，州政府协调指导、统筹管理，学校面向社会自主办学，学术界和社会团体广泛参与的管理体制，联邦、州政府和高校分担着各自的职责。美国宪法没有授予联邦政府教育管理权，联邦政府也无法颁布有关命令，国家关于教育的宏观指导一直主要通过政治的、法律的和经济的手段来体现。联邦教育部的主要任务有：通过制定或提出国家教育目标和发展战略等对高等教育进行宏观指导；通过立项方式，给以经费资助、赠地和分发物资等形式，来指导、推动各类学校的教学基本建设和改革；通过设立和管理奖学金、助学金和贷款项目，提供传播知识和学习的便利条件帮助学生接受高等教育，以保证公民能获得公平的受教育的机会和权利；提供信息服务，每年除提供基本的教育信息外，联邦政府所属的教育信息中心根据高等教育建设和发展面临的突出问题和未来的发展趋势，适时提出专项报告，以此来影响高等教育宏观走向。

根据美国宪法"凡本宪法未赋予联邦而又未禁止各州行使的权限，分别保留各州和人民"的规定，教育管理权属于州而不属于联邦，因此高等教育具有地方性和多样性的特点。各州高等教育管理职能虽有差异，但共同的职能大体有：直接管理和审批学校、学科以及对外办学；确立经费分配方案和本州高校发展规划，提出对公立高等院校划拨经费的增长幅度和分配方案，依据选民意愿提出州内高校发展规划，由州议会讨论后批准实施；进行项目立项；负责收集、整理和提供高教信息；负责协调处理本州高校之间以及高校与社会各方面的关系。各州对公立大学的管理比较直接，对私立大学则比较间接。

2. 德国高等教育管理体制

德国联邦政府主管教育工作的有五大政府结构和咨询机构：联邦德国各州文化部长常务会议；联邦教育和科研部；科学委员会；联邦—州教育计划和科研促进委员会；大学校长协会。五大机构各自的职责分别是：

第一，联邦德国各州文化部长常务会议是联邦政府中最重要的主管教育工作的行政机构,其工作职责是负责各州的教育和科研工作。

第二,联邦教育和科研部负责联邦政府有关教育和科研的常务工作,是代表联邦政府行使教育权力的机构,主要任务是:对学生进行资助,包括低收入家庭的学生资助和支持有天赋的学生、受训者、青年科学家;建设和扩建大学,每年与各州开一次会,讨论大学建设方案,确定联邦和州政府的经费比例为50%;负责教育政策的制订和立法工作,包括教育规划、高等教育政策、校外职业培训和继续教育立法、培训援助立法及其资助、促进国际交流。

第三,科学委员会是联邦政府和州政府的咨询性机构,是科学家与决策者之间、联邦政府与州政府之间的中介组织。主要负责制订和协调国家科学政策,是联邦政府和州政府之间共同组成的特别委员会。主要功能是对高等学校、科研机构的发展提出建议,包括两个方面:一是对大学、高等专业学院和非高校研究机构提出建议,关注其结构、绩效、发展及财政状况;二是关注与高等教育体制、教学科研机构的选择、学科专业的管理相关的问题。

第四,联邦—州教育计划和科研促进委员会是常设的教育、科研论坛,随时讨论对联邦和各州共同利益有关的教育、科研问题。

第五,大学校长协会是大学与其他高等教育机构的一个自愿性组织,代表高等院校的利益,工作任务主要包括:在高等教育政策上统一思想、形成共识;协调高校之间的利益;对联邦和州政府的高等教育决策、管理和立法工作提供政策咨询;向社会进行有关宣传;向成员学校及有关部门提供国内外高等教育发展信息;协调国内高等院校与国外大学校长协会及其他国际组织的关系。

(二)正确定位政府角色,转变政府职能

现代高等教育的管理体制正逐步走向以中央政府宏观指导、统筹管理,地方、区域政府管理为主体,大学自主办学的管理体制。

1. 政府作为高等教育政策法规的制定者

新公共管理理论主张,政府在公共行政管理中应该是政策的制定者而不是执行者。政府管理高等学校的目的是:进一步增强高校主动适应社会需要的能力,促进高校"自我发展、自我约束"机制的初步形成,使办学效益得到进一步提高。因此,政府在制定教育政策时应立足于宏观调控与监督,由过去的管制学校向立足于放权、扩大高校办学自主权转变,同时根据教育发展的实际情况及时调整相关政策法规。

2. 政府作为高等教育的协调者

公共权力随着公共管理的社会化而社会化,并呈现中心边缘化的趋向。政府对大学的管理应该由政府控制模式向政府协调模式转变,实现从"大政府、小社会"到"大社会、小政府"、从模糊的政府角色定位到明晰的政府角色定位、从直接行政控制为主到间接宏观控制为主、从中央集权到中央集权与地方分权相结合、从规制性调控到保障性调控、从单向性调节到多维性调节等一系列的转变。①

3. 政府作为高等教育的投资者和经济的审计者

由于高等教育的准公共产品性质,致使政府不能完全地将高等教育事业搁置于市场运作机制之中,政府还要在经济和财政上给予高等教育适当的支持和帮助。政府具有向人们提供高等教育这样一种"社会服务"的"社会责任"。大学自主权的扩大,并不应该成为迫使大学实行"经济自立"的理由,国家和社会应该看到,对高等教育的投入意味着是加强经济竞争、发展文化和提高社会凝聚力的长期投资。

随着我国逐步确立"一主多元"的高等教育投资体制,大学资金来源趋向多元化。如何对大学的经济活动进行有效的经济审计,成为政府不可回避的重要责任与职能。政府对大学经济活动的审计,实际上是对大学自主理财的监督与评价,间接促进大学财政经费使用的合理性与科学性,是政府对大学实施管理的重要手段。

三、依法规范和完善大学法人制度,落实大学办学自主权

现代意义上的大学在产生之初,由于处于社会边缘,没有走入社会中心,从而成为一个由学者组成的高度自治的"象牙塔"。随着 20 世纪中期以来世界范围内高等教育大众化的推进,人们对大学提出的要求逐渐增多,大

---

① 史万兵:《高等教育管理体制深化改革研究》,北京,教育科学出版社,2008,86 页。

学承担的职能越来越多(从教学发展到教学与研究相结合,再发展到教学、研究和社会服务相结合),大学逐渐从社会边缘走向社会中心,大学受到来自社会以及政府的干预和控制也越来越多,传统意义上的大学自主与法人地位遭遇冲击与挑战,大学学术探究的自治与自由受到不同程度的侵犯。自 20 世纪 80 年代以来,随着社会的发展以及对高等教育地位和功能认识的进一步深化,学术界对于维护大学自主与自治的呼声逐渐高涨。如何建立一套完善的能够确保大学自主办学、政府宏观控制、市场有效调节、社会积极参与的大学管理制度,也就成为各国学者与大学管理者密切关注的课题。为规范政府办学行为,保护大学应有的自主与自治权,同时满足政府与社会对大学提出的合理要求,有效调节大学与政府和社会的关系,人们发现,赋予大学法人资格与地位,建立与实施大学法人制度是较为理想的变革成果。其中,欧美许多国家的公立大学早已具备法人资格,东南亚的一些国家于 20 世纪末也开始推行大学法人化改革。

(一)大学法人的产生与类型

1. 大学法人的产生

"法人"概念最早始于古罗马,公元 1 至 5 世纪罗马就有了法人(Corpora)制度。法人有五个要件:至少有 3 个成员;法人的活动由占多数成员投票决定;法人的对外活动由一名代理人负责;法人的债权和债务归于整个团体;如同公民一样,法人的财产是作为一个整体来保持的,以区别于个人财产。罗马帝国崩溃后,教会法专家、教皇英诺森四世于 1243 年提出了法人社团的虚构理论,即每一个修士团、教会、宗教团体、大学等都是自由法人。中世纪大学既是一个集体,也是一个精神实体,暗含着某种程度的独立性和凝聚力。大学能够以法人名义参与民事行为,其成员可以自由流动和组合,共同享有决定法人事务的权利,为公益事业服务。法人有组织章程,有诉讼的权利,有永久的管理者,使用共同的印章。1245 年巴黎大学颁布第一部《永久法规大全》,成为真正意义上的法人。

2. 大学法人的种类

当前大学法人的种类,大抵可以作以下分类:在强调公私法区分的大陆

法系中,首先分为公法人和私法人。其中公法人又分为大陆法系的典型公
法人,即等价于行政主体的公法人;另外一种是在部分情形下成为行政主体
的法人,其代表是法国式的公务法人。私法人包括:一是社团法人,其核心
特征是有法人成员,由法人成员自行治理大学。社团法人之间差别非常大,
有的社团法人以师生为成员,是古典型大学在当代的延续;有的社团法人以
创办者及其权利继受人为成员,属于非营利性社团法人,在实际运营上非常
接近财团法人。二是财团法人,没有法人成员,但存在强有力的董事会或信
托委员会,学术共同体的人员在董事会或信托委员会的办学框架下进行学
术自治。在不强调公私法划分的英美法系中,主要的大类就是社团法人和
财团法人,这里既有公法人也有私法人,法人的权利义务和治理结构往往由
具体的大学法令单独规定。三是日本式的国立大学法人。四是我国独特的
事业单位法人。具体如表3-1所示:

表 3-1　大学的法人类型

法人类型	法律特征	典型实例	治理结构特色
大陆法系的典型公法人	脱离"特别权力关系"的特殊保护后,大学成为典型公法人,属于行政主体,受行政法拘束,仅在学术问题上保留一定的判断余地	德国公立大学	通过大学议会与多元化群体组成的各种委员会实行高度自治,与大学法人性质不存在必然联系
公务法人	因其公共职能而取得行政主体地位,又称公营造物法人。在服务于公共职能目的时具有行政主体地位;在宽泛意义上可以认为是所谓的"公财团法人"	法国公立大学	以多元化群体组成的各种委员会为核心进行治理
社团法人Ⅰ	保留了很多古典时期的特征,以大学的教师和博士研究生为法人成员,法人成员可以变化,但法人本身永续存在	牛津大学、伯明翰大学、多伦多大学	采用类似于中世纪大学的治理结构,以成员会议为中心,一般拥有强有力的自治性常设机构

（续表）

法人类型	法律特征	典型实例	治理结构特色
社团法人Ⅱ	以社团形态存在的非营利性公司，以创办者及其权利继受人为成员，管理机制与公司财团实质上很接近	耶鲁大学	通过公司董事会及其下属机构结合民主代议机制进行治理
财团法人	包括非营利性公司（公司财团）、基金会法人（基金财团）和其他基于信托财产的法人形式（例如设施财团、赠地学院等），没有法人成员，只有管理机关，依章程进行管理，其财产和管理制度嵌入信托或基金会等专门法律制度中	埃默里大学、麦吉尔大学、阿尔托大学	通过公司董事会、基金会董事会或信托委员会及其下属机构结合民主代议机制进行治理
国立大学法人（今天）	与独立行政主体地位类似，同时是公法上的社团和国家的设施，组织运营、校长任免程序、中期目标制定程序、评价方式等制度不同于独立行政法人	日本国立大学	经营协议会与教育研究评议会的二元体制；校长与法人代表的一元化；校长集权；经营协议会与校长选考会议
大学法人（古代）	类似于今天的社团法人，部分留存至今的大学即为社团法人。这种大学法人的不同之处在于，它从法律秩序上依赖于封土律（Libri Feudorum），强调大学作为一块特殊封地的自主管辖权，对辖区内的教学、日常秩序甚至民事交往均有管辖权	欧洲大陆最初的若干所大学	采取行会式的管理结构，也被后世学者称为"行会式法人"

（续表）

法人类型	法律特征	典型实例	治理结构特色
事业单位法人	大学作为行使公共职能的事业单位，纳入事业编制进行管理，同时具备民事诉讼和行政诉讼的主体资格	中国大陆公立大学	党委领导下的校长负责制，采取属于事业编制的、科层制的行政组织方式

资料来源：湛中乐，苏宇：《论大学法人的法律性质》，载《国家教育行政学院学报》，2011（9），20页。

（二）国外大学法人制度的发展

1. 日本国立大学法人制度改革

第一，国立大学结构性质从政府附属机构到独立法人。传统的日本高等教育处于中央政府的控制之下，文部科学省掌握着国立大学经费、人事以及其他重要事项的决定权。国立大学法人化的改革就是要改变国立大学与政府之间的附属关系，最大限度地减少政府对国立大学的干预，赋予国立大学自我管理、自我负责的权力机制。在《日本国立大学法人法》的规定之下，国立大学从迄今为止的国家行政组织的一部分转变成一种具有独立法人资格的机构。

第二，政府对国立大学的管理方式由直接干预和保护到规制缓和与独立自主。法人化改革之前，一是国立大学在各个方面听从文部科学省的决定和安排，以文部科学省的建议作为学校行事的原则；另外，文部科学省为国立大学提供了很好的保护措施，即向国立大学投入大量的教育经费。但是这种管理方式一方面造成文部科学省负担过重，另一方面也限制了国立大学进行开拓和发展的积极性，失去了自身独立自主的权力和能力。法人化改革之后，政府对大学的管理以一种签订"中期目标"的"合同"进行。即文部科学省制定大学在6年之内所要达成的教学、科研以及社会服务等各方面的指标，大学根据"中期目标"制定大学发展的6年中期计划，文部科学省根据"中期目标"对国立大学进行最终的质量监控，并根据大学完成中期目标的程度，确定对大学的拨款额度。大学内部具体的人事管理与财政管理等,则由各个大学自主进行。

第三,国立大学校长管理自主权扩大化。法人化改革前,国立大学校长的权力十分有限,学校的重要事务包括教育教学、资金以及人事问题等,在校内由各个学部的教授会负责决定,而外部则由文部科学省进行决策和控制。法人化改革之后,校长的权力明显得以增强,根据《国立大学法人法》的规定,校长是国立大学的法人代表、学校董事会的董事长、运营协议会会长、教育研究评议会会长,除文部科学大臣任命的监事外,其他董事均由校长任命,国立大学教职员的雇佣、解聘等都由校长掌握。国立大学确立了以校长和学部长为中心的强有力的运作机制,发挥校长作为大学经营和教学两方面最高责任者的领导作用。

2. 俄罗斯关于扩大大学自主权的改革

1992 年的《俄罗斯联邦教育法》和 1996 年新修订的《俄罗斯联邦教育法》规定"教育机构在俄罗斯联邦法律、相应类型教育机构的标准条例和教育机构的章程范围内独立实施教育过程、选拔和配备干部以及开展学术研究、财务、经营及其他方面的工作",首次以法律的形式肯定了包括高等学校在内的教育机构在学术、人事和财务方面的权责。1996 年的《俄罗斯联邦高等和大学后职业教育法》对高等学校的自治和学术自由作了原则性的规定,"大学的自治,是指高等学校根据法律和依法制定的高等学校章程在选择和配备干部、教学、科研、财政活动、经营活动以及其他方面的活动方面享有自主权","高等学校以自己的活动对个人、社会和国家承担责任。由高等学校的创办者或者发给该校许可证的国家教育管理机构监督高等学校的活动是否符合学校的章程","高等学校是在《俄罗斯联邦教育法》基础上设立并运行的教育机构,它具有法人地位并按照其许可证实施高等职业教育教学大纲。高等学校在设立自己的机构中享有除成立分校以外的自主权",它以法律的形式进一步规定了大学的独立法人地位和高等学校的自主权。1993 年颁布以及 2001 年修改的政府令《俄罗斯联邦高等职业院校的标准条例》是俄罗斯制定各自高等学校章程的范本,其对大学的自治既做了原则性规定,又做出了详细的阐述。同时,国家和国立高等院校开始缔结法律契约,但契约并不是立宪性的，它是办学者和由它创办的机构之间就相互责任、权利和义务划分以及审查和解决争议问题程序的协议，促进了俄罗斯政府和大学新关系局面的出现。①

第一，学术自主权的扩大。大学办学自主权的核心是学术自主权，离开学术谈大学的自主权没有任何意义。而学术自主权之所以有意义，也只是因为大学是学术创新的事业（这是大学的本质要求），需要有独立思考、自由讨论的氛围和环境。② 学术自主权主要表现在教学自主权、科研自主权和学习自主权三个方面。俄罗斯高等教育改革在学术自主权扩大方面的成果有：首先，在教学自主权方面，改变了苏联时期由政府教育主管部门对高等学校课程和教学实行严格控制的做法，在教学内容的选择、教学计划的安排、教学方法的运用、教学过程的组织、学生成绩的评定等涉及到教学活动方面，俄罗斯高等学校拥有自行决定的权力。而且，对于大学学生的学位授予的具体事项交由学校处理，但是学位的样式由国家统一制作，获得学位的学生必须通过国家相应层次的总结性鉴定。其次，在科研自主权方面，高等学校的教学和科研人员在研究领域的确定、研究课题的选择、研究活动的开展等方面拥有较大的自主权益，鼓励高等学校与科学院、中央各部委科研机构及企业科研机构平等竞争科研经费，加大了高等学校在科研工作中的比重与分量。最后，在学习自主权方面，《俄罗斯联邦高等和大学后职业教育法》规定"学生有根据自己的兴趣和需要获取知识的自由"。学生在入学、选择专业、转学、修习课程和确定学习方法等学习活动方面拥有较大的自主权；大学在招生自主权方面大大加强，除了教育部根据经费的承受能力决定统一招生的总人数，自费生的招生数则由各高等学校根据具体情况决定。

第二，行政自主权的扩大。行政自主权的扩大主要表现在校长产生程序方面、会议和委员会作用提高、高等学校分支机构自主权的扩大以及教师聘用与晋升程序的变化。一是改变了苏联时期大学校长由政府任命的形式，实行国立或市立高等学校校长依照学校章程规定在全体会议上以无记

---

① 刘淑华：《俄罗斯高等教育分权改革研究》，北京，光明日报出版社，2010，167—200 页。
② 周光礼：《学术自由与社会干预》，武汉，华中科技大学出版社，2003，169 页。

名投票的方式选举产生,报该校隶属教育管理机关批准,任期不得超过五年。校长直接负责大学的管理工作。二是提高会议和委员会的作用。根据1996年《俄罗斯联邦高等教育法》规定,大学实行学术委员会对国立或市立高等学校总的领导,校长对大学直接领导。学术委员会由选举产生,其组成成员包括各种类型的工作人员、学生和社会组织成员。三是扩大高等学校分支机构自主权。高等学校的分校是高校设在异地的附属单位,根据2001年的《俄罗斯高等职业院校的标准条例》,高等学校的所有分支机构可以根据学术委员会的决定建立自己的代表性机构——分支机构学术委员会,拥有相对的自主权与独立性,它们的自主权益与大学的自主权益组成了高等学校的整体自治组织系统和权益。四是变革教师聘用与晋升程序。改变教师终身教职制度,全面推行合同聘任制,大学有权决定教师的聘用、解聘和晋升事宜,拥有较为独立的人事自主权。

第三,财政自主权的扩大。俄罗斯大学财政自主权的扩大主要表现在收入自主权的扩大和支出自主权扩大两方面。一是收入自主权的扩大。俄罗斯高等教育具有筹集高等教育经费、独立经营业务的权力,允许高校开发其他渠道的经费来源,从第二渠道和第三渠道获得的经费不被征税。主要表现在通过提供教育服务、学术活动以及在保障教学和科研过程正常进行的其他活动所获得的收入。国家制定专门的税收优惠方法鼓励企业和个人向教育系统投资。二是支出自主权的扩大。克拉克·克尔认为,院校自治"与其说是谁投资的职能,不如说是怎样支出经费的职能"[①]。大学拥有独立使用经费的权力,自主决定教职工工资薪酬,实施精打细算的财政支出策略。一方面通过相关法律法规提高教育经费的使用效率,保证专款专用;另一方面对教职工的物质奖励和精神奖励同其劳动成果、劳动质量和劳动效率密切结合。

(三)我国大学法人制度的确立

我国《民法通则》规定:"法人是具有民事权利和承担民事义务的组织",

---

① Kerr, Clark: The American mixture of higher education in perspective: Four dimensions, Higher Education, 1990,(19), page1-19.

而法人的法定代表人是"依照法律或法人组织章程规定，代表法人行使职权的责任人"。法人的成立条件包括：(1) 依法成立；(2) 有必要的财产或经费；(3) 有自己的名称、组织机构或者场所；(4) 能够独立承担民事责任。我国《教育法》规定："高校及其他教育机构具备法人条件的，自批准设立或登记注册之日起取得法人资格。"大学作为法人拥有权力主体能力，即权力能力和行为能力。大学的法人地位决定了任何组织或个人都不得非法干预大学教育工作，大学法人地位的确立是市场经济体制发展的成果，大学投资主体的多元化促进大学对众多的投资主体负责而不仅仅是政府。其次，应该运用市场方法经营大学，明晰大学产权与经营权的关系，对大学投资实行成本管理，不管是公立大学还是民办高校，政府对高校的所有权和高校的办学经营权相分离。① 我国在 1998 年颁布的《中华人民共和国高等教育法》明确规定："在市场经济体制中，法人制度是公立高等学校正常运作和处理与外部关系的制度基础。在处理与政府的关系中，法人制度是界定办学自主权限的重要依据；在处理与社会组织的关系中，法人制度是高等学校得以以平等主体参与市场行为的基本前提；在处理学校内部关系中，法人制度是高等学校正当运用内部管理权利处理日常事务的权利渊源；在司法实践中，公立高等学校法人行为是高等学校领域中最容易受到司法审查的行为之一。"② 这赋予了大学法人资格，承认了大学的法人地位。

(四) 重构政府和大学的关系，落实大学独立法人地位

政府的职责是规划、投资、监督、检查、指导大学的办学，是监控主体，而不是办学主体。大学应有办学的自主性、财产的独立性、人事的自决性、教学的专业性。办学的自主性是指大学在发展规划和目标的制定实施方面在政府的指导下享有自主决策权；财产的独立性是指大学可依法独立使用国家投入的教育经费、社会捐资、学生学费、高校固定资产；人事的自决性是指大学有权对教师、管理人员、教辅人员聘任和解聘；教学的专业性是指教学

---

① 段海峰：《行政法视角下的高校管理》，北京，人民出版社，2010，53—54 页。
② 覃庄才：《我国公立高等学校法人治理结构的基本模型探析》，载《教育学报》，2005(2)，57—64 页。

是专业工作,大学教师可以自由选择课程、教材和教法,对教学进行改革和研究。

综上,重构政府与学校的关系,建立现代学校制度,要求重新界定政府与大学的角色,落实学校独立法人的地位。[①]

第一,从服务型公共政府界定政府与大学的角色,政府下放办学自主权,同时使学校管理规范系统化和明确化,并运用质量指标、绩效评价,实行目标管理。政府与大学的关系转型直接体现为政府下放办学自主权,大学一般拥有发展规划权、专业设置权、自主招生权、人事分配权、经费自筹自用权、机构设置权、国际合作交流自主权。但是,上述由政策法律所赋予大学的自主权并没有在管理实践上得到全面落实,因此,在继续完善和修缮法律、落实教育法规所规定的大学自主权的同时,要建立高效的自我约束机制和政府监督机制,建立学校教育质量指标和绩效评价体系,运用系统化和明确化的学校管理规范,对学校实行绩效管理。

第二,建立现代学校制度。落实学校独立法人地位,使之真正成为独立的法人(与政府非上下级关系),形成权责协调的规范模式,推进校本管理,实行学校发展的民主化,建立各级各类学校的董事会制度。如同现代企业制度一样,建立现代学校制度是市场经济体制发展的必然要求。市场经济是法制经济,要求各办学主体自主经营,按市场机制办事,要求学校从传统的行政约束中解放出来,以独立法人主体而非政府机关下属机构的身份介入教育市场。现代学校制度涉及学校与政府、社会的关系调整以及学校内部的管理机制,它应该具有"产权明晰、权责分明、政校分开、民主管理"的特征。

---

① 张祥明:《教育管理学》,厦门,厦门大学出版社,2006,99—100 页。

第二节　重构社会与大学的关系，促进大学依法自主办学

　　探讨大学与社会的关系，我们认为可以从大学对社会发展的两个功能取向为切入点，即大学的工具理性取向与大学的终极价值和社会道义取向。大学的工具理性取向是指大学教育为国家、民族的富强提供人才支持和原创性科技成果，而大学的终极价值和社会道义取向则表现在大学的独立性上，即大学教育应该对当代社会主流思想文化、人类文明的历史传承和社会道义的自觉担当。然而，随着科技主义对人类社会发展的巨大影响，大学发展越来越片面地向服务于市场经济和全球化语境下的民族国家之间的竞争转向，工具理性价值以绝对性的优势压倒了终极价值和社会道义的追求。大学所具有的"象牙塔"的独立学术精神和品格，逐渐成为民族国家强盛的工具，国家和政府的力量不断干预和控制大学的发展。我们相信科学技术为我们的人类文明作出了重要贡献，但不能否认其所带来的负面效应，如片面地追求经济增长所带来的社会发展不均衡、环境的破坏、社会信任的降低、人类文明价值的失落等等。因此，大学理应更好地发挥其独立精神，担当起人类社会发展的历史责任，将大学的科研、学术与人类社会的福祉联系起来，正确处理人与自然、人与人、人与社会之间的关系，促进人类社会的和谐发展，最终实现人类追求幸福的目的。

一、社会转型与大学的历史使命

　　奥尔加特认为，"大学的一个重要的使命，是利用人类智慧所发明的最经济、最直接和最有效的方法，把普通人培养成优秀的医生、药剂师、律师、法官等等"。不难看出，在奥尔加特的大学使命中，大学承担着教育普通人

向文化人转变的义不容辞的责任,他认为,大学应该走出"象牙塔",走向社会,服务于大众,承担促进社会发展的使命。尤其是随着大学从经济社会的边缘走向经济社会的中心,大学发展程度的高低显然成为一个国家社会发展与国力强盛的重要标志,"大学的兴衰和大国的兴衰密切相关。一个国家的实力有两个方面,一个是硬实力,一个是软实力。软的实力就是大学的兴衰,尤其是在当代,没有众多的高水平的大学就不可能成为世界超级大国,没有一批世界级大学就不能成为世界级强国"①。因此,我们认为大学的发展与社会的发展是密切联系的,表现在:

(一)学术性与社会性的统一

在大学和社会之间,相互间的交换是它们实现连接的桥梁。大学不仅作为独立的"象牙塔",而且更是作为一个社会存在的,是社会的一部分。同时,大学组织作为一种耗散性的组织结构,必须从社会中寻求其赖以生存与发展的资源,而这种资源的获得并不是某种善良愿望的施舍,而是交换的结果。这种交换正是基于大学自身的学术活动,生产出满足社会需要的产品,包括人们对于教育的需求以及社会对于人才的需要。因此,大学只有在学术活动中表现得卓越,才能充分实现与社会的交换,才能增加其交换能力。这就意味着大学实现发展的潜在的可能性就是其学术性,学术性是大学功能构成的基础,大学的社会服务功能则是学术成果的应用化和人才培养的实用化,大学通过它的教学、科研和人才的培养,服务于社会,促进社会的发展,引导社会前进。

(二)服务性与批判性的辩证统一

大学主动适应社会,为社会发展服务,但应保持其"象牙塔"的独立的学术精神和品格。从而,可以发挥其对社会发展的学术批判精神,以其新思想、新知识和新文化引导社会的前进。对人类社会发展来说,大学承担着文化传承和批判性地发展知识的重责,对于个体而言,大学同样承担着开发人的潜能、发展人的理性、挖掘人的生命内涵的重任。大学代表着"社会发展

---

① 丁学良:《什么是世界一流大学》,北京,北京大学出版社,2004,29—31页。

的良心"，只有大学的社会批判真正发挥价值导向作用时，才能为社会的发展开辟广阔而美好的前景。

二、分离社会职能，实现资源配置社会化

大学的社会职能是指大学作为工具价值取向的功能，即大学教育为国家、民族的富强提供人才支持和原创性科技成果。作为经济学意义上的资源是有限的，即资源存在着稀缺性。高等教育资源是指组成、维持、参与并服务于高等教育系统的资源，是高等教育发展所需要的各种生产要素的总和。高等教育资源的配置是指在一定时期内，高等教育主体根据一定的方式，通过不同的渠道，将高等教育资源配置到高等教育的客体中去，以取得较好的社会效益和经济效益。[①] 高等教育资源配置的特点有：高等教育资源配置的客观性，即高等教育资源的配置不能脱离社会当前的发展水平；高等教育资源配置的多元性，即高等教育资源配置受多元主体的影响，包括政府、企业、个人和社会等，而且高等教育资源的配置应该充分考虑多元主体对高等教育存在的不同需求，找出结合点，调动各方参与教育的积极性。

社会对高等教育资源配置的重要性。一是社会是高等教育资金来源的重要组成部分，高校教育资金来源主要包括国家的财政性教育经费、高校收益以及社会捐助。二是社会是高等教育后勤的保障。三是社会是高等教育服务的需求者。高等教育经济服务的功能是指高校培养出来的相当一部分专门人才及研究成果是针对直接的物质生产部门的，这些部门接受高校高级专门人才，采用高科技成果，提高劳动生产率，促进经济增长；而高校的社会和政治服务功能则指高校毕业生可能成为政府机关、文化教育和科研机构的工作人员，为稳定社会政治、发展文化事业作出贡献。

(一) 企业与大学

高等教育日益成为国家和区域经济政策的重要组成部分。美国拜杜法案的制定确立了大学在以专利为基础的技术转移中的角色，也促进了各种加强大学与联邦以及州级的工业关系的计划和项目。这主要表现为人们对

[①] 夏丽萍：《高等教育资源配置研究》，成都，四川大学出版社，2007，55 页。

大学的理念发生了重要的变化。大学参与社会的理念已经变得更加广泛，远远超出了最初对知识产权许可或创业的关注，大学可以通过教育、研究以及相关的文化活动为区域经济发展提供更广泛的服务。人们不再认为大学孤立地运行，大学被认为与工业、社区和政府部门紧密联系和互动。大学是国家或区域创新体系不可分割的一部分，也是一个不断发展的三螺结构的重要组成部分。在这个三螺结构中，大学、政府和行业通过互动来改变它们的角色。国家和地区政府越来越依赖于将大学作为国家和区域创新体系的支柱，科学经过大学流向工业，技术知识从工业流向大学。

1. 协调大学产学研之间的关系，加强大学与企业之间的合作

产学研相结合不仅关系到产业界、高等院校和科研院所，而且关系到整个国家经济发展状况。产学研是一项系统工程，需要政府在产学研合作关系中发挥核心作用。美国政府通过白宫科技政策办公室和总统科技顾问协调全国的科技开发工作，后来组建国家科学技术委员会强化政府的协调职能。另外，美国国会通过制定《贝赫—多尔法案》，规定大学、小企业和非营利组织对在联邦经费支持下获得专利许可拥有所有权，鼓励企业与学校之间的技术合作与开发。鼓励企业与大学之间科技人员的交流，包括建立全国性的计算机科技专用数据库，成立各种学会，开展学术活动，出版科研成果书刊，及时报道与技术创新相关的最新发现。英国科学与工程委员会专门设立了产业研究奖学金，鼓励大学与企业的研究人员彼此进入对方研究领域进行合作研究，并且每年向在增强产品竞争力方面做出优异成绩的大学与企业的联合，颁发"教育与工业（商业）联合奖"。

2. 鼓励大学自主创办企业，提升大学服务社会的能力

根据美国大学技术经理人协会（AUTM）的资料，在2007年间，美国大学创办了555家企业，而在2000年只有454家，今天已有3 388家校办企业在运作。在欧洲，2004—2007年间，大学创办的企业增加10%。日本大学新创立的企业总数达到了1 773家。"开放的创新"越来越占主导地位的规则已导致研究为导向的公司与大学的密切合作。另外大学还通过培养优秀的毕业生、企业家精神教育以及经理人教育等参与社会经济的发展，促进企业

实力的提升。企业也通过合作教育和学生项目来资助大学研究。

（二）社区与大学

美国是当今世界上高等教育最发达的国家，高等教育事业取得了巨大成就，为美国社会经济发展作出了不可磨灭的贡献。美国不仅有世界一流大学，而且地方高校的发展也成绩显著，值得借鉴。纵观美国高等教育的发展，美国相互作用大学的出现，树立了"他方中心论"，地方高校与社会建立了一种新型关系，适应了时代发展的需要。① 所谓相互作用大学是指实行相互作用战略的大学，其基本发展战略是使学校与所在社区的企业界、公众及政界的领导建立一种积极的、双向作用的伙伴关系，为实现社区经济繁荣和社会公正的共同目标而努力，相互作用大学的主导方针是以他方为中心的。

20世纪70年代以后，美国进入了知识经济时代，高等学校在社会中的作用日益突出。美国社会各界强烈要求建立一种新型大学，加强大学与社会的双向流动，要求高等学校主动适应社会需要，与社会建立共生互动关系。20世纪90年代，美国相互作用大学应运而生，促进了社会的发展。80年代，美国缅因州的路易斯顿—奥伯恩市还没有高等院校，社会也面临严重的经济问题。后来，南缅因大学在路易斯顿—奥伯恩市设立了分校。路易斯顿—奥伯恩市和南缅因大学根据社区的需要，结合学校的实际情况，建立了一个富有特色的学院，双方都得到了很好的发展，当地社区又恢复了活力，南缅因大学也有了很快发展。弗吉尼亚州的乔治梅森大学也是与社区合作的成功范例。乔治梅森大学曾经是一所典型的"以自我为中心"的地方高校，学校与周围的社区联系较少。后来，乔治梅森大学接受了社区的要求，积极主动地适应社会，学校与地区之间建立了一种新型关系，联合组建了"乔治梅森"研究所和"信息技术与工程学院"，乔治梅森大学所在的地区获得了巨大发展，学校也取得了很大成效。

美国相互作用大学与社区建立了一种新型关系，一方面社区的经济、文化、科技等得到了巨大发展，另一方面学校也得到了社区的支持，自身有了

---

① 张春爱：《大学与社会共生：地方高校发展的必然选择》，载《教学研究》，2008(1)，17页。

很大提高。如果说"相互作用大学"思想的提出有价值的话,恐怕最突出的一点在于从理论上对社会服务的职能给予了概括与总结,并把它升华为一种模式。① 美国相互作用大学的出现,使地方高校从"自我中心"模式走向了"社会中心"模式。地方高校与社会的这种新型关系,值得我国地方高校借鉴。

三、推进社会变革,促进大学依法自主办学

"教育的社会价值并不通过自身得到证明,它只能通过满足社会的需要、推动社会的发展才能得到证实。因而正确反映社会对教育的需要,按照社会的需要办好教育,是促进教育发展的唯一正确的道路。"② 而当前高等教育发展的趋势是高等教育的大众化。

大学产生之初,在相当长的时期内接受高等教育只是少数人的特权,精英教育与大学相挂钩。二战以后,在教育民主化思潮的推动下,在退伍军人面临转业的压力下,西方国家的高等教育在 20 世纪五六十年代进入了规模急剧扩张时期,高等教育大众化理论应运而生。而不同的国家,高等教育大众化的结构和体系是不一样的。以下以美国、英国和日本高等教育大众化的结构与体系为代表进行阐述。③

(一)美国、英国和日本高等教育大众化的结构与体系的特点

1. 美国高等教育大众化的结构与体系的特点

第一,重视高等教育系统的"社会导向"。自 1862 年《莫雷尔法案》的颁布与面向农业和工业的赠地运动的开展,整个高等教育就开始以培养从事高深学问工作的学术人员的"学术导向"为主转变为以培养社会各行各业所需要的从业人员的"社会导向"为主。面向各州工农业生产的侧重科技教育的州立大学,那些直接为地方经济、文化发展服务的农工学院,以及以职业教育为主的社区学院得到了蓬勃发展。

---

① 唐斌,尹艳秋:《走出象牙塔:从"威斯康星思想"到"相互作用大学"》,载《辽宁高等教育研究》,1997(4),124 页。

② 陈玉琨:《高等教育评价论》,广州,广东高等教育出版社,1993,40 页。

③ 潘懋元:《中国高等教育大众化的结构与体系》,广州,广东教育出版社,2009,21—36 页。

第二，以多样化的高等教育体系为基础。首先，从高等教育的层次结构变化看，20世纪以来，两年制专科教育和研究生教育发展迅速，使原来以四年制本科教育为主的单一层次的高等教育系统转变为多层次的高等教育结构。其次，从办学的形式结构来看，灵活的招生制度、学分制教学管理制度与教学方式，又丰富了高等教育的形式结构。随着网络技术的发展，远程教育日益成为美国高等学校的主要办学形式。再次，从办学的行业部门来看，自19世纪下半叶农工教育运动以来，美国高等学校在经历了19世纪70年代与农业部门联合设立农业实验站推广农业知识，到20世纪50年代与高科技企业共同开发"硅谷"培养高科技人才的"产学合作教育"，逐步增强了社会适应性。企业在"产学合作教育"中逐渐形成了一股强大的办学力量，推动着高等教育大众化。

第三，以政府力量为主，发挥民间力量作用。美国高等教育大众化在私立高等教育已充分发达的基础上主要是通过政府力量大力发展公立高等教育而实现的。近10年来，高校经费来源结构发生了明显的变化，政府压缩教育预算，高校学费收入、销售收入与服务收入成倍地增长。

2. 英国高等教育大众化的结构与体系的特点

英国的高等教育大众化是在精英教育的基础上发展而来的。19世纪末到20世纪初，英国许多工商业城市的企业家为培养当地社会所需要的技术人员和管理人员，纷纷创办紧密联系当地产业发展的城市学院，成为英国迈向高等教育大众化的"预备阶段"。

1964年教育国务大臣斯图尔特宣布实施"双重制"，即以传统的自由大学教育为一方，由中央政府拨款；另由被称为"公共高等教育系统"的多科技术学院和其他学院为一方，由地方政府提供经费并负责管理。同年，英国宣布成立"全国学位授予委员会"，专门负责非大学的高等教育机构的学位授予工作。"双重制"和"全国学位授予委员会"的建立，从体制上拓宽了高等教育大众化的发展道路。

20世纪90年代，英国为了加快高等教育大众化的步伐，政府发布白皮书，宣布废除不平等的"双重制"，建立统一的高等教育体制。接着成立高等教育基金委员会,以取代原先的"大学基金委员会"和"多科技术学院和学院基金委员会"的双轨拨款体制。这一体制的改革,使学院同大学具有平等的地位,既有利于竞争,也有利于传统大学接收更多的青年。

3. 日本高等教育大众化的结构与体系的特点

从形式结构上看,主要有国立、公立和私立大学三种;从结构类型上看,主要有大学教育和职业教育两种;从层次结构上看,主要有传统的帝国大学(国立大学)、地方公立大学、私立大学、短期大学、高等专科学校、专修学校等。

相对英、美等西方发达国家而言,日本是个稍后发展起来的强国。二战之后,日本高等教育的管理体制全盘照搬美国模式,其高等教育与社会政治、经济、人口等方面的联系的"社会导向"特点甚为突出。在 20 世纪下半叶日本高等教育大众化的进程中,私立高等教育发展迅速。1990 年,日本高等教育来自官方与非官方的经费比例为 1 : 2.3。日本高等教育大众化主要是通过民间力量发展私立高等教育而实现的。日本对高等教育大众化的结构与体系的调整、整顿,不在于传统的精英观念与大众化教育观念之争,而是如何使大众化高等教育系统更加主动地适应经济结构的转变。

(二) 高等教育大众化主要体现在社会从缺席到参与

社会对大学的参与途径有三种:一是通过实体性的董事会制度增加社会对大学的管理;二是建立专业的社会中介组织来评价大学的学术质量;三是政府通过发布大学运行信息吸引社会监督大学的运行。

第一,建立实体性的董事会制度。董事会的职责就是对学校发展项目进行年度的审议,对旧的不合时宜的发展项目进行淘汰,确立新的发展重点,避免大学内部的自我保护主义的产生,避免由于大学校长的主动行为而引起教授会的不满。除此之外,大学董事会建立的一个很重要的目的就是平衡大学预算,避免大学出现过度赤字。

第二,建立专业的社会中介组织。所谓"专业的",就是从进行学术评价的从业资质角度而言的,即对大学学术质量进行评价,必须是专业人士,甚至是学术方面的权威。"社会中介"指组织独立于大学,也不是政府派出机构,保证组织声音的独立性。政府、大学以及市场在大学质量评估方面的缺陷促使社会第三方评价组织的出现。

第三,政府通过发布大学运行信息吸引社会监督大学的运行。新闻媒介是有效的途径,是世界各国最常见的一种高等教育质量的社会监督系统。在美国,最富权威的是《美国新闻与世界报道》发起的一年一度的全美最佳大学排名活动,它依据学术声誉、新生录取、师资实力、学生保持率、财力资源、校友满意度、毕业率状况等评估指标对高校进行综合评估排序。德国的《明镜》自1989年起也组织对大学的排序评估,采用的方法是向学生问卷调查,调查表共计18个问题,涉及教师的教学水平、课程、实验室和图书馆的装备情况等。英国的《泰晤士报》和《泰晤士高等教育副刊》也开始注意各方面对高等学校的评估,并将之汇总排序公布于众。目前,在我国大学排名也开始成为社会介入高等教育质量保证的重要形式。如从1993年起,广东管理科学研究院通过建立指标体系、专家调查、赋值计算等,根据研究与发展成果对中国大学多次进行排序;1999年,网大网站也开始每年向社会推出中国大学排行榜。尽管大学排行的科学性、公正性和公平性还有待于在今后的改革中不断研究和提高,但它毕竟"弥补了政府机构对教育资源信息披露的不足,客观上满足了巨大的市场需求","反映了市场对行政高度垄断的教育资源和教育信息的争夺"。可以预期的是,随着评估指标体系和方法的逐步改进,大学排名将有助于社会对高校办学进行动态的监督,为社会公众提供高等教育质量信息,从而为高等教育用户"用脚投票"、作出决策提供参考,促进高校之间公平竞争,提高服务质量。

（三）我国高等教育大众化与大学自治

当前我国大学发展已进入高等教育大众化、普及化的阶段,其标志是一批多元巨型大学正在崛起为高等教育体系的中坚力量。多元巨型大学的出现巩固了大学在社会组织框架中的地位,培育了更为庞大的知识分子群体,示范知识价值,引导社会观念,引领时代风尚,提升和输出大学自治理念,搭建起大学自治与社会民主互动的桥梁。同时,一批新型非传统大学突出为高等教育体系的变革主力,它们更加敏捷地把握时代脉动,更加密切地联系

社会实际,更加主动地引进社会力量,有意无意地催生与实践着大学自治的
新模式。例如,"由社会力量创办的民办高校的迅猛发展打破了原来国办高
校一统天下的格局,形成了国办普通高校、国办独立设置的成人高校与民办
高校三足鼎立的局面。这既使得中国高等教育的大众化可能以国校与民校
的同时扩充来完成,也就造成了国办高校的平等竞争主体和相互监督主体,
促进多元化的高等教育办学体制的发展,从长远看,更拓展了公共知识分子
的生存空间和施展舞台,提供了未来大学自治的多种选择和多种模式。"[1]在
这种社会背景下,那种完全由教授甚至教授中的少数精英分子垄断学术权
力与行政权力的模式将不复存在,大学及其管理将更加走向开放,社会上各
种利益群体将更多地介入大学的领导中心,大学也需要教授、政府、社会公
众共同掌握未来发展的命运之舟。"未来的大学自治与传统的大学自治的
重要区别,或者说能够适应未来社会的大学自治,能够使大学在未来社会可
持续发展的大学自治,在于界定与统筹大学的社会责任与自身利益、外部影
响与内部规则、政府职责与学校权利、党委领导与校长负责制、学校职权与
院系职权、学术权力与行政权力以及董事会、教职工代表大会、学术委员会、
学校职能部门等方方面面的关系。"[2]

第三节　整合权力,推进现代大学制度的构建

　　权力是人类社会中极其普遍的现象,自从有了人类社会以来,便有了权
力的存在。然而,对权力概念的诠释却始终没有达成共识,即便是伟大的政

---

　　① 孟中媛:《百年来中国大学的三次转型发展的历史问题》,载《黑龙江高教研究》,2008(5),
11—13 页。
　　② 李剑平:《百年来中国的大学自治与社会干预》,载《河北师范大学学报(教科版)》,2005(1),
5—11 页。

治哲学家卢克斯也对权力发出过这样的追问："权力是一种属性还是一种关系？是潜在的可能还是实际的表现？是一种能力还是一种能力的运用？它被什么人或是什么东西占有或运用？是被行动者（个体行动者或集体行动者）、结构还是系统？从定义上讲，它是有意地，还是可以部分有意乃至完全无意地加以运用？它一定（完全或部分）有效吗？它会产生哪些类型的结果？是否会改变利益、选择、偏好、策略或行为？"①尽管对权力的诠释充满诡谲，但是如何有效地整合大学内部的权力结构，是我们建构现代大学管理制度不得不面对的问题。因此，首先我们愿意从不同学科的视角去理解权力的本质含义以及对大学管理制度的深层意义。

第一，政治学的视角，权力的核心词义是"控制"，背后的含义是力量（暴力）、能力等，这是一种最为古老和传统的权力观，它主张权力是一种支配力量，而支配的主体拥有这一力量去强迫被支配的客体服从。它强调的权力是一方居于主导地位，而另一方受指使。持这种权力观的人有伯特兰·罗素，他将权力归结为某些人对他人产生预期和预见效果的能力；马克斯·韦伯更是明晰地将权力定义为一种 A 迫使 B 实施 B 不愿意去做但又必须去做的行动的能力，"是把个人的意志强加在其他人的行为之上的能力"②。我国著名学者卢少华也持相似的观点，认为"权力将表明有一定社会地位的人的能力和潜力，即在某种社会制度内对于其他人存亡所系的问题规定条件、做出决定，即采取行动的能力或潜力"。综上不难看出，政治学视角下的权力观过于强调权力的"硬控制"，忽视了权力的"软控制"，因而随着人们权利意识的增强，这种权力思想颇受后人的诟病。

第二，经济学的视角，其核心词义是"利益"，即资源、财富。随着时代的发展，暴力与控制逻辑下的权力观逐渐显得偏狭，难以概括经济社会繁荣昌盛的事实，财富、利益的力量也逐渐被纳入权力理论的视野。对此理论作出最卓越贡献的当属无产阶级理论家马克思，他认为"权力是不同阶级和群体基于物质资源的占有与垄断，围绕利益所有权的斗争"，而且这种建立在"经

---

① 马尔科姆·沃特斯著，杨善华等译：《现代社会学理论》，北京，华夏出版社，2000，231 页。
② 马克斯·韦伯著，林荣远译：《经济与社会（上册）》，北京，商务印书馆，1997，323 页。

济基础上"的"斗争"正是社会发展的根本动力,人类社会发展的历史就是阶级斗争的历史。持此观点的还有美国著名的学者塞缪尔·亨廷顿,他在《文明的冲突与世界秩序的重建》一文中指出文明的冲突的根源是一种"利益"的斗争,争斗的结果取决于不同的文明的"权力"的大小。即文明的权力"是一个人或群体改变另一个人或群体行为的能力,行为可以通过指导、强制或者告诫加以改变,这需要行使权力者具有经济、军事、制度、人口、政治、技术、社会或者其他方面的资源。因而,一个国家或群体的权力通常通过衡量它所能够支配的资源同其试图影响的其他国家或群体所支配的资源的对比来评估"[1]。经济学视角的权力观强调权力必须以占有可供支配的资源为前提,权力的目的的指向是"利益",因此,权力的含义可以分为两部分来理解,即"权"和"力"。权力的基础是"权",即对资源的占有与支配,"力"是权力的强制保障和外在表现。

第三,社会学的视角,其核心的词义则是"影响",这种影响强调权力主体之间作用的相互性。社会学视角的权力观认为权力是某一主体凭借和利用某种资源能够对客体实行控制致使客体改变行为服从自己,以实现主体意志、目标或利益的一种社会力量和特殊的影响力。持社会学权力观的学者,都是以主体间的相互影响作为核心内容来对权力进行定义的。例如,罗伯特·达尔在《当代政治分析》一书中指出,权力并不是个人所拥有的什么,而是人与人之间的一种关系,权力是使行为发生变化的能力,即甲对乙拥有权力就是甲能够使乙做其本来不一定去做的事。社会交换理论的倡导者彼德·布劳认为"个人或群体将其意志强加于其他人的能力,尽管有反抗,这些个人或群体也可以通过威慑这样做,威慑的形式是撤销有规律地被提供的报酬或惩罚,因为事实上前者和后者都构成了一种消极的制裁"[2]。

大学作为一种自治性加强的组织,尤其是近年来对大学依法自主办学、强调大学作为独立的法人主体地位的呼声日益高涨,对大学内部权力机制

① 塞缪尔·亨廷顿著,周琪等译:《文明的冲突与世界秩序的重建》,北京,新华出版社,2002,78页。
② 彼德·布劳著,孙非、张黎勤译:《社会生活中的交换与权力》,北京,华夏出版社,1988,137页。

的变革也就显得颇为必要。大学权力的来源有两个：一是知识，这方面的权力强调的是学术权力，高等教育的谚语是"知识就是权力"，一切权力方式就是一种知识方式，知识也即是一种权力方式。著名学者福柯则将这一观点更进一步确认为，权力与知识就是一种共生体，真理与知识并没有被强加在权力运作之中，而是与之紧密结合在一起。大学作为高等教育体系中的主体，不是一般地传递、分析、批判现存知识并探索新学问领域的机构，而是传播、生产高深知识的组织，自然具有这种知识与权力关系的应有之义。大学的组织内部，谁掌握了高深知识，谁就取得了学科体系、专业组织的控制权，谁就拥有更大的权力。二是法律授权，学校组织作为教育行政机关授予一定行政职权的特殊行政机构，尤其是作为自治性最强的大学，更是能够在大学的管理方面享有特别的法律优益权。大学之所以享有法定职权，源于：首先，大学组织是合法性组织，大学的成立及其所从事与经营的活动符合法律法规的有关规定；其次，大学的服务职能具有广泛的社会性质，大学服务职能面向的是社会大众，而不是面向某个阶层或利益集团。

综合以上三种不同学科视角下的权力观和大学权力来源，我们将大学的内部权力分为三部分：外部性行政权力、内部性行政权力与学术权力。外部性行政权力，主要受政治体制以及政治文化的影响，不同的政治体制或政治文化决定着大学的外部性行政权力具有不同的形态，大学的政治权力是大学代表政府机关履行某种政府职能时产生的一种权力；内部性行政权力，是指大学组织对自身机构及其内部成员进行管理时所拥有的权力，包括大学管理人事权、大学管理决策权、大学管理行政权，代表大学自身行使行政职能时产生的权力；学术权力是学术人员所拥有的权力，它是基于教授或其他教师（含学术研究人员）的知识、技能教学权威之上的一种力量及影响力。①

---

① 夏民：《法学视野中的大学自治——以大学权力为中心的分析》，镇江，江苏大学出版社，2009，93、139、141 页。

一、国内外大学内部权力制衡和现实选择

（一）国外大学内部权力制衡机制研究

国外针对大学内部权力制衡主要是针对行政权力与学术权力的分野，始于德国洪堡时代的大学。在柏林大学筹建期间洪堡就撰文强调国家不应过于干预大学的学术权力。"国家不应该把大学看成是高等古典语文学校或高等专科学校。总的来说，国家绝不应指望大学同政府的眼前利益直接地联系起来；但应相信大学若能完成它们的真正使命，则不仅能为政府的眼前利益服务，还会使大学在学术上不断地提高，从而不断地开创更广阔的事业基地，并且使人力、物力得以发挥更大的功用，其成效是远非政府的近前布置所能意料的。"①进入到现代社会，科学技术发展日新月异，大学的作用日益突出，逐渐融入经济、科技、文化、政治以及民众的日常生活中，大学从游离于社会的边缘逐步发展成为促进社会发展与进步的核心。大学的发展不是独立于社会而存在的，作为一种耗散性的结构，大学需要从社会中积极获取人、财、物等社会资源，而对于教育经费的需求显得尤为突出。因此，现代大学中行政权力与学术权力都有其存在的合理性和必要性，关键在于处理好二者之间的关系，过于强调行政权力会影响从事学术活动者的积极性和创造性，而过分强调学术权力则有损于大学效率的提高和整体目标的实现。因此，"一方权力形成的局限性恰恰是另一方权力分工的合理性，反过来同样成立，两者呈互补关系，试想任何一方权力仅有合理性而无局限性，另一方权力就无出现的必要，已无存在的土壤"②。

依据大学中的行政权力与学术权力主导作用的不同，我们将国外大学内部权力作用模式分为三类：

1. 以美国为代表的学术权力与行政权力两权分离、互有渗透、各司其职的模式。美国大学内部的权力体系主要由三方面构成，即董事会、校长、评议会。大学内部的权力系统形成了以校长为首的行政权力系统和以评议会

---

① 约翰·S. 布鲁贝克著，王承绪译：《高等教育哲学》，杭州，浙江人民出版社，1988，31 页。
② 眭一凡：《论大学行政权力与学术权力的协调》，载《现代大学教育》，2001(4)，7—11 页。

为代表的学术权力系统。大学权力结构中,权力界限是清楚的,董事会主要对学校重大事项进行决策,而将学术事务的决策和日常管理权交给评议会(教授评议会)和校长。评议会由教授或以教授为主的学术人员组成,几乎包揽了学术事务的决策权,反映了学术权力在学校管理中的作用。校长在行政管理中的权力很大,校长任评议会主席,主持召开评议会,评议会决策的事情由校长负责执行。美国大学内部有发达的科层组织,行政权力较强,但是以教授评议会为代表的学术权力仍有效地控制大学的学术事务。因此,美国大学的模式可以归结为"一方面存在着明显的官僚等级,是一个等级结构,但同时学术力量在学校决策与管理中起着重要作用,是等级结构与学者行会组织交织在一起,行政权力与学术权力均衡分配的二元权力结构。这种二元权力结构也可称为分权制或分权管理(shared governance),即以教授与行政领导共同管理学校"①。

2. 以德国、日本为代表的学术权力与行政权力两权渗透、适当分离、学术权力起主导作用的模式。德国大学的最高决策机构是大评议会,其职责是选举校长和评议学校规章制度。大学的主要决策机构是评议会。校长作为行政最高负责人具有相当大的权力,这种权力主要体现在学校的一般管理上,校长是大评议会和评议会的主持人,校长要执行评议会的决议,但是也有权否决评议会的决议。从评议会的组成看,教授占有相当比例,评议会审议决策的事项包括学术事务以及重大的行政事项,学术权力在学校管理中的作用之大,不仅体现在校一级,也体现在学部及讲座一级,正因为如此,德国大学才被称为"正教授大学"。

日本国立和公立大学的最高权力机构是评议会,法律规定评议会是审议咨询机构,但实际上是大学的决策机构。评议会由校长、学部长、教授等组成,校长担任评议会议长。评议会有权决定本校一切重大事项,包括选举校长、任用各类人员、制定校规、编制预算、确定招生计划、设置课程等。校长是大学的最高行政负责人,校长掌管校务,统辖所属人员,执行评议会的

---

① 张德祥:《高等学校的学术权力与行政权力》,南京,南京师范大学出版社,2002,112页。

决议,并拥有校务及日常行政、财政等方面的裁决权。此外,大学中还设立各种专门委员会,作为校长的咨询机构。大学设有学部,学部一级也设教授评议会,也有的在校一级设教授评议会。学部一级教授评议会由学部长和各学科的1—2名教授组成,主要权限是:选举学部长,讨论决定教学和科研方针,处理教员人事事务、学部预算、课程设置、招生工作等与教学和科研有关的事项。

3. 以法国为代表的学术权力与行政权力两权渗透、适当分离、行政权起主导作用的模式。法国大学的最高权力机构是校务委员会,校务委员会由30—60人组成,以本校职工为主体,其教学科研人员占40%—50%,职工代表占10%—15%,学生代表占20%—25%,同时吸收部分校外人士参加(社会工商、金融、政界等各界知名人士),约占20%—30%。校务委员会的主席是校长,校长是由校务委员会、科学委员会、大学学习和生活委员会三个机构成员选举产生的。校长应是本学校的正式教授和理事会成员,如果不是正式教授,其任命须得到国民教育部长的批准。

法国大学实行校长负责制,在大学理事会中教授成员不占多数,教授群体对校长的制约能力十分有限,但却对大学的学术权力组织具有很大的影响。法国大学学术管理的专门机构是咨询委员会,它由科学委员会、大学学习和生活委员会等委员会组成。科学委员会职责是:就学校科研方向、政策、科研成果、经费分配原则等问题向校务委员会提出建议。校务委员会虽拥有决策权,但在大学教学和科研决策上要听取科学委员会的建议。由于教师、学生在大学管理上的发言权得到承认,在一定程度上增强了大学内部管理的民主性和科学性,有利于大学的自我约束和完善办学自主权。

(二)国内大学内部权力制衡机制研究

从我国大学产生的背景来看,我国大学的设立不同于西方大学那样是由学者自发组建或社会团体创立的。我国大学主要是由政府投资创建的,在大学建立之初就深深打上了"政府主导型"的烙印。虽然西方大学自治的理念、制度对我国大学成长产生过重要影响,但是缺乏学术独立精神与自治传统仍然是阻碍我国大学成为世界一流大学的主要原因。在我国,"大学的整体概念和形象在许多场合被视为事业单位,在管理上主要沿袭行政管理体制。校长领导院(处),院(处)长领导系主任,系主任领导教研室主任,教研室主任指挥教师;套用政府机关行政级别,实行长官负责制,一级管一级,隶属关系清晰,构建了一个金字塔式的组织结构。"①

当前我国大学的科层组织结构过分强调行政权力,造成大学内部权力结构的行政权力泛化,行政权力挤压学术权力,成为困扰大学独立发展的重要阻力。这主要表现在行政权力与学术权力界限不清,我国大学管理中习惯于用行政管理的逻辑和方式管理大学,按行政组织和行政机构的组织结构来设计大学的内部组织,按行政组织的方式对校、院、系进行权力分配,并予以其相应的行政级别,确立管理中的隶属与服从关系。这样,大学中的学术组织(诸如学术委员会、学位委员会、教师职务评审委员会、教学指导委员会等)或者泛化为行政组织,行使着大学内部的某种行政职能,或者降格为"虚位"组织,由行政权力在组织内部起着主导作用。而这种行政权力与学术权力界限不清的严重后果就是造成行政人员与学术人员关系紧张,表现为"在大学学术文化和行政文化冲突的整体氛围中,教师倾向于把行政人员看作是短视、受市场驱动、官僚、专权和专横的人,而行政人员则会把教师视作是不谙实际、自我宽容、自我服务、对标准和程序漫不经心的人"②。

（三）大学内部权力制衡的现实选择

首先,厘清行政权力与学术权力的职责范围,建立以学术权力为主导的大学内部权力机制。分清行政权力与学术权力的职责范围必须区分大学中的学术事务和行政事务。大学中的学术事务包括:一是以学生的学业培养为主线。它主要体现在学校、教师对学生进行培养的过程,包括专业设置、培养计划、课程设置、教材选编、教材建设、教学计划、教学大纲以及课内外教学和学业评价等事项。二是以教师的教学科研工作为主线,加上教师的职称评定工作。三是以大学的学术发展为主线。具体是指与大学的发展关系密切的学术事项,如大学人才引进、科研项目实施、科研成果的评审、科研

---

① 董云川:《论大学学术权力的泛化》,载《高等教育研究》,2000(2),60—64页。
② 王英杰:《大学行政权力与学术权力的冲突解析》,载《北京大学教育评论》,2007(1),55—65页。

政策的制定、教学改革的实施等等。因此,针对以上学术事务,行政权力就不应扮演学术权力的角色,而学术权力亦不应承担由行政权力承担的责任。

现代大学中行政权力与学术权力都有其存在的合理性和必要性,"一方权力形成的局限性恰恰是另一方权力分工的合理性,反过来同样成立,两者呈互补关系,试想任何一方权力仅有合理性而无局限性,另一方权力就无出现的必要,已无存在的土壤"①。关键在于处理好二者之间的关系,过于强调行政权力会影响从事学术活动者的积极性和创造性,而过分强调学术权力则有损于大学效率的提高和整体目标的实现。我们主张加强学术权力建设,建立以学术权力为主导的大学内部权力机制。低层次行政权力要与学术权力协调一致,并对学术权力起到维护和保障的作用,高层次的行政权力要为学术权力提供制度和环境保证;优化学术委员会组成,加大学术人员的占有比例,尤其是教授应当占有相当比例,不得低于委员会成员人数的60%,学术委员会成员经过民主选举,实行任期制;学术权力中心下移,大学的工作重心主要体现在院系一级的结构上。院系实体结构是"大学组织内生功能得以释放的主要环节,理应是一个大学组织运转的权力核心——一切权力为此而存在,一切权力为此而运转,一切权力指向于此,一切权力也由此出发"②。另外,针对不同大学类型,构建不同的大学内部权力制衡机制模式。第一,研究型大学是现代高等教育结构体系的重要组成部分,尽管其在各国大学中所占比例只有5%左右,但它是国家创新体系的中坚力量。在处理研究型大学学术权力与行政权力关系时,应该构建以学术权力为主的制衡模式,强调管理权力与中心的下放,强化学科组织功能,凸显教授地位,增强学术权力影响,弱化行政权力,强化行政权力的服务功能。教学研究型大学是介于研究型大学与教学型大学的中间层次或过渡层次,数量约占一个国家大学数量的10%—15%。强调教学与科研并重、研究生教育与本科教育并举。因此,针对教学研究型大学的特点,宜采取两种权力相对均衡的

---

① 眭一凡:《论大学行政权力与学术权力的协调》,载《现代大学教育》,2001(4),7—11页。
② 王彦斌:《权力的逻辑——大学组织运行的社会学管窥》,华中师范大学博士学位论文,2008,103页。

权力制衡模式。一方面需要运用行政权力的力量和手段调整学科的结构，推动学科发展；另一方面也需要运用学术力量来整合学科资源，提升学科水平。教学型大学是三个大学类型中数量最多的大学，约占 70％—80％，承担着高等教育大众化和普及化的重任，也承担着知识传播和技能培训的任务。因此，在构建教学型大学的内部权力制衡模式时，应强化行政权力的作用，强调行政权力对学校教学资源的配置和整合。

二、健全"一主多元"内部学术体制，耦合学术权力与行政权力

（一）大学学术制度的兴起与发展

波普诺认为："当一个组织成功地吸纳到了成员，并且得到了他们的信赖，能富有成效地实现其目标，能被更大的社会所接受，它就通常能在稳定的结构中，在一整套目标和价值观的指导下，形成有序的运作模式。简言之，它就制度化了。"[①]学术制度化就是学术组织特征和模式的形成过程。在这个过程中，学术组织通过建立相应的学术规则和塑造相应的学术信念来再生产和强化学术组织特征，从而实现学术组织目标——促进学术的发展与创新。

1. 大学学术制度化的发展阶段

大学学术制度化经历了古希腊、古罗马时期的萌芽阶段，中世纪大学的自发阶段，以及现代大学的探索、建构阶段。[②] 首先，大学学术制度化的萌芽阶段。在古希腊、古罗马的萌芽阶段，有象征性的便是学园制度。学园制度的英文名字译作 academic system，其中的 academic 是古希腊时期柏拉图所创建的阿加德米（academy）学园。学园依附于某个特定的权威人物而存在，这个权威人物拥有高深知识并能传道、授业、解惑。这种组织模式的优势是学园远离世俗社会的管治，有着很大的自主权。学生、教师在学园内自由安排学习及课程，自由辩论，自由评价。古希腊、古罗马的学园制度潜在地向世人传递着一种模糊的学术自由、自治理念，出现了学术制度化的实践基础

① 戴维·波普诺著，李强等译：《社会学》，北京，中国人民大学出版社，1999，194 页。
② 丁玉霞，李福华：《论大学学术制度的起源与发展》，载《大学·研究与评价》，2007(2)，11 页。

与思想端倪。其次,大学学术制度化的自发阶段。学术制度化于中世纪进入自发阶段,标志性事件是中世纪大学的出现。中世纪大学是以行会模式组织起来的,这种行会组织在当时主要是为了满足学者们追求知识、保护学术的需要。以行会模式组织起来的中世纪大学,在积极的学术交往中,促进了学术共同体的形成和大学自治组织的建立。牛津、剑桥等中世纪大学便是这种模式的产物。中世纪大学具有自治性、自主性、国际性等特征。尽管此时的大学并未从外在制度上来表达自己的理念和学术追求,但是它却在无形中对人们的思想施加了巨大的影响,获得了在人们意识形态上的合法权力。第三,大学制度化的探索、建构阶段。进入 19 世纪中期,学术出现了实质意义上的制度化,代表学术的大学第一次将其生存的理念上升到法律意义上来。大学学术制度化的实质性过程出现在德国并在美国逐渐得到完善。

2. 德国和美国的现代大学学术制度

(1) 德国的现代大学学术制度。德国现代大学学术制度来源于德国大学的洪堡模式,洪堡的教育改革以及赋予现代大学的基本理念是德国现代大学学术制度化的源泉。洪堡认为现代大学的基本精神是大学自治、学术自由与科研至上。他将学术自由、学术自治看作学术研究的两大组织原则,主张大学应独立于政府管理系统,独立于一切国家的组织方式,国家必须保护科学的自由。在科学中,国家无权威可言,国家应该尊重学术研究活动的特性。同时,大学还应独立于社会经济生活,大学是一个探索纯粹知识的场所,而不是屈从于世俗需要。这样,大学的精神和原则不仅在宏观上规划了大学与政府的社会关系,而且在微观上为大学学术制度构建了一个基本的框架。洪堡的大学制度改革包括:首先是实施大学讲座制度,保护学者利益,聘请顶尖的学者,保护学术自由。其次是鼓励学生独立钻研和提高学生从事探索知识的能力,逐渐成为新学者的独特而有效的方式。最后是发挥研究所的功用,改变了教授们的工作方式,教授们在研究所里可以自由地交流心得体会。在很大程度上,这种交流方式在慢慢地减少学术生产的成本,知识生产一旦具有了一种团体特征,便很快显示出其巨大的生产能力。

（2）美国的现代大学学术制度。美国的现代大学学术制度并未完全照搬德国模式，而是按照本国的国情建立适合自己大学学术发展的学术组织模式。首先，建立独特的院系结构；其次，开创了独特的研究生制度，研究型大学的组建不仅为大学学术的发展提供了一个独立的科研环境，而且还储备了足够的科研人才力量；再次，建立终身教授制，强化学术共同体的群体力量。1915年，美国大学教授协会（the American Association of University Professors，AAUP）成立，发表了《委员会关于学术自由和学术终身教授制的声明》，终身教授制度作为一种基本概念开始被接受。1940年，美国大学教授协会等组织联合发表《关于学术自由和终身教授制的宣言》，终身教授制度最终在美国确立。

（二）大学学术权力与行政权力的制约机制

1. 大学与学术权力

（1）学术权力的涵义

针对各国对学术权力的不同见解，我们将学术权力分为广义的学术权力和狭义的学术权力两种类型。在学术权力的理解上之所以造成诸种差异，其一是由于不同国家相异的管理方式和语言习惯影响学者对此概念的理解。在美国，政府不直接介入高等教育管理，国家仅对大学实施资助（拨款与国家控制关系密切），在很大程度上通过学术中介组织对大学进行评估。而在德国，大学自产生之日起，即具有国家或邦属国属性。德国大学的讲座教授即由国家设置任命，国家直接对讲座进行拨款，讲座教授对国家教育部负责。其二是学者在研究时的立足点和切入角度不同，遂使得学者尤其是中国学者对该概念的界定有所差异。如美国学者伯顿·克拉克主要从学术权力的对象出发，以对象性的学术活动为唯一尺度研究西方各国高等教育权力结构；而我国学者或从主体、或从对象、或以管理形式等为界定尺度对学术权力进行描述和说明。

广义的大学学术权力以对象为标准，泛指对大学内部学术活动和学术资源管理的一切权力，其主体既可是大学内部人员，亦可为大学外部官员，既可是学术研究者，亦可为行政管理人员，只要对象是大学学术活动和学术资源即为大学学术权力。约翰·范德格拉夫等人在其所著的《学术权力——七国高等教育管理体制比较》一书中认为,"学术权力是指从高等教育管理系统的最上层(国家)到最基层(教师等)各个层次的管理机构和人员所享有的高等教育管理权力","它集中研究经典社会学的核心主题——权力,并在特定的机构背景——高等教育中研究权力"。[①] 从范德格拉夫给予的学术权力定义不难看出,他所谓的学术权力是一种广泛的权力概念,即与学术传统有关的权力,包括学术权力、学术权威、行政权力等等,都在学术权力的范围之内。美国学者伯顿·克拉克认为学术权力包括个人统治、集团统治、行会权力、专业权力、魅力权威、董事权力、院校与政府官僚权力、政治权力、系统学术寡头权力等。

狭义的学术权力指大学学者对大学学术事务的直接管理和制控,主要指大学教授个体与学术委员会的权力,尤其指学术委员会的权力。如国外的评议会、教授会或科学委员会等,我国主要指近几年成立的大学学术委员会或教授会等。委员会是中世纪大学学术管理的传统,以教授为主体的各种委员会对大学学术事务实施管理。委员会制的主要特点是一人一票,共同参与,教授集体在学术问题上有较大的发言权。夏民认为学术权力是学术人员所拥有的权力,它是基于教授或其他教师(含学术研究人员)的知识、技能教学权威之上的一种力量及影响力。[②]

(2)学术权力的实现形式

大学学术权力的实现形式,我们以美国学术权力的运行模式为例。在美国的大学中,董事会、教授会和校长都是行使和维护学术权力运行的重要力量。

美国大学的董事会是学校最高的决策机构和权力机构,代表着学校,是大学法人,其内部成员也大多由校外人士组成。"一般而言,公立院校的董事会规模小,成员在5—25人;私立院校为了广开财源,其董事会规模通常都

---

① 约翰·范德格拉夫:《学术权力——七国高等教育管理体制比较》,杭州,浙江教育出版社,2001,1页。

② 夏民:《法学视野中的大学自治——以大学权力为中心的分析》,镇江,江苏大学出版社,2009,93页。

比较大，成员有 50 多人。公立院校董事会理事普遍服务期限为 6 年，少数理事服务期限可达 10—12 年，学生理事服务期限则通常为 1 年。和私立院校董事会理事相比，公立院校董事会理事被重新任命的情况不普遍，绝大多数私立院校董事会理事是自主更新换届，他们每届任期期限通常为 3—4 年，但可以连选连任数届。"①大学董事会的职责有：根据大学特许状的授权，制定大学与学术有关的各项组织条例和章程；设置或调整学术机构；批准教授会制订的学术任命政策、教师行为准则以及其他各项与学术有关的政策；直接任命和评估学校绝大多数高级学术职位等等。在美国不论是公立大学还是私立大学，董事会都是大学自治、学术自由与公平责任的平衡点，监管着大学学术权力运行。一方面可以"作为一种监督学者权力的手段，以防止学者权力垄断"，另一方面又可以"让专业人员的观点受到校外人士观点的约束"②。

在美国大学中，教授会行使和维护学术权力。在美国高等教育史上，最早让教师参与大学管理的是耶鲁大学。在 1817—1946 年杰莱米·戴(Jeremiah Day)担任耶鲁大学校长期间，他制定了一项政策，即让所有与大学事务有关的管理问题都必须放在教师会上进行讨论。在没有得到大部分教师的建议或同意之前，学校董事会和校长不能单方面就这些问题作出重大决定。20 世纪之后美国大学教授联合会建立，教师们才真正获得了参与学校管理的权力。教授委员会的主要作用在于：防止学校行政人员犯专业性的错误，规制行政权力垄断；有助于阻止一个独立的职业学术管理者阶层的形成，确保了学术人员在学术事务管理上的合法地位，这在很多方面减少了学术人员与行政管理人员之间潜在的矛盾与冲突。更为重要的是，这种高权威的制度广泛地保存并维护了大学的"历史特征"与"传统价值"，不断地抗衡和消解着大学行政权力的过度膨胀；通过各下属委员会与学校各行政职能部门的分权、教授会自身与校行政的分权，保障了现代大学学术权力与行

---

① 潘燕：《美国高校董事会制度的启示》，载《世界教育信息》，2004(3)，28 页。
② 谷贤林：《美国研究型大学管理——国家、市场和学术权力的平衡与制约》，北京，教育科学出版社，2008，197 页。

政权力结构的平衡,维护了学术权力和谐有序地运行。

校长是美国大学最高行政负责人,也是校内各种委员会和董事会的成员,实际掌握大学学术事务管理权力。美国大学的校长是学术行政系统的代表,其主要职责有:"在一般管理上,负责全面的行政组织并向董事会提出一般行政管理人员的任命建议,以组织起一个有效的管理系统;在学术管理上,提出学校总的学术政策,在管理课程计划的执行、制定有关教师和行政管理人员的职责与工作标准等方面,起协调推动作用。校长兼任评议会主席,提出学校预算并监督实施;领导制定、修订学校发展规划,主持决定重大设备的购置;负责学生事务,定期与学生组织代表会晤,研究学生的要求和问题。各校一般都设有若干名副校长协助校长工作。"①

从对美国大学学术权力系统的分析我们不难看出,董事会、教授会和校长之间相互配合,紧密合作。董事会对大学学术权力运行的决策与价值导向、教授会所体现出来的对学术权力运行保障与激励以及大学校长代表的行政权力对学术权力的制衡,这些机制不仅最大限度地保护了学术权力,而且保持了大学的稳定与和谐发展。

2. 大学与行政权力

(1) 大学行政权力的界分

对大学行政权力基本内涵的界说,不同的学者存有不同的见解。谢安邦等认为,所谓行政权力,表现为"科层化"的特征,它以效率化为行动的追求目标,以严格的等级制度为依托,因此又可称之为"制度化"的权力。② 张德祥认为大学组织内部细致的分工,相应地要求严格分权,并对成员的行动进行严格的指导和控制,以此来确保特定目标的实现。这种权力通常是与职位相联系的,是制度化了的权力,即通常讲的行政权力。③

夏民在《法学视野中的大学自治——以大学权力为中心的分析》中,将

---

① 张德祥:《美、德、日三国大学学术权力和行政权力关系的现状——结构及其运行》,载《辽宁高等教育研究》,1998(1),14 页。

② 谢安邦、阎光才:《高校的权力结构与权力结构的调整——对我国高校管理体制改革方向的探索》,载《高等教育研究》,1998(2),20 页。

③ 张德祥:《高等学校的行政权力与学术权力》,南京,南京师范大学出版社,2002,41 页。

大学行政权力划分为大学外部性行政权力和内部性行政权力。他认为,大学外部性行政权力是大学代表政府机关履行某种政府行政职能时产生的一种权力,主要受政治体制以及政治文化的影响,不同的政治体制或政治文化决定着大学的外部性行政权力具有不同的形态。大学外部性行政权力来源于其权力符合法律的规定性,是职权性行政主体授予的,而且大学的服务职能是公共性的。因此,保证了大学外部性行政权力的合法性与有效性。大学内部性行政权力是指大学组织对自身机构及其内部成员进行管理时所拥有的权力。它主要包括大学管理人事权、大学管理决策权、大学管理行政权等。大学组织的内部性行政权力是一种服从性权力,服从于外部性行政权力。①

（2）大学行政权力的产生基础

大学组织的科层化为大学组织行政权力的存在提供了理论基础。大学行政权力的产生基础包括:国家对大学的干预与控制;大学经费对政府的依赖性;高等教育大众化以及大学组织规模的不断扩大。首先,国家对大学的控制是大学行政权力存在的政治基础。在现代社会系统中,政府建设大学的根本目的是要求大学服务于国家政治集团的根本利益,为国家培养人才,进行科学研究和为社会服务。因此,大学纯粹意义上的客观性即中立态度是不可能真正存在的。政府为了加强对大学的控制,使之不会成为政府利益的反对者,必然加强对大学的行政管理,而措施就是赋予大学组织机构强有力的行政职能,来制约大学内部的学术权力,保证二者之间权力的制衡。其次,大学经费对政府的依赖是大学行政权力存在的经济基础。当前,大多数的公立大学都是以政府的投入为主。大学办学经费中社会捐助只能作为重要的补充。国家通过经费的投入控制大学,制约大学的自治权力,保证大学作为政府利益的贯彻者。另外,政府通过安排行政人员进入到大学的管理层,确保其意志的实现。最后,高等教育由精英向大众化阶段的过渡,促使大学迅速发展,包括数量和规模的快速扩张,这就要求对高等教育的管理要有强有力的行政监督,保证大学的有序运行。"从大学内部的微观角度

---

① 夏民:《法学视野中的大学自治——以大学权力为中心的分析》,镇江,江苏大学出版社,2009,139—141页。

讲,超过万人规模的大学组织不断增加,必然要求在内部继续通过各种有效措施增强统管力度,以提高教学质量,确保教学正常持续,促使大学健康有序发展。行政权力也将会因此继续得到加强,而不能削弱。"[1]

（3）日本在国立和公立大学加强行政权力的举措

2004 年日本颁布《国立大学法人法》,在国立大学内进行了法人化改革。国立大学法人化改革在校内削弱了各个学部和研究所的权力,增强了校长的权力,逐步强化校内行政权力,同时文部省下放对国立大学的管理权,以逐步扩大以校长为中心的大学管理人员的权力,弱化以"教授会"为核心的学术权力。[2] "国立大学法人必须成立董事会,董事会由一名校长、两名监事和数名理事组成。监事由文部科学大臣任命,任期为 2 年;理事人数可根据学校的情况由校长指定 2—7 人直接任命,任期与校长相同。"[3]校长担任经营协议会议长,并主持经营协议会,经营协议会内的其他成员由校长提名指定。教育研究评议会由校长、校长指定的理事、部分学部、研究科、附属研究所及其他教育与研究组织的负责人和根据评议会的规定由校长指定的教职员组成,校长任教育研究评议会的主席。从校内行政权力和学术权力的关系看,国立大学的行政权力逐渐增强,而学术权力逐渐被弱化。

3. 学术权力与行政权力的制衡

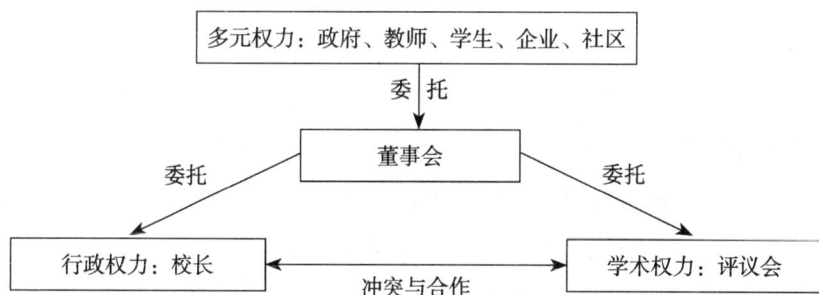

图 3-1　大学学术权力与行政权力的制衡机制

---

[1] 宋伟:《大学组织行政权力生成的哲学基础》,载《清华大学教育研究》,2005(4),5—10 页。

[2] 田爱丽、陈永明、张晓峰:《日本国立大学法人化改革效果分析——以名古屋大学为例》,载《教育发展研究》,2006(15),32 页。

[3] The Final Report on "A New Image of National University Corporation"[EB/OL]. http://www.mext.go.jp/english/news/2003/07/03120301.html.

（1）董事会制度

董事会通常情况下是大学的最高决策机构，英国称之为校务委员会（理事会），美国称之为董事会，德国称之为评议会，日本国立大学法人化后也称为董事会（以前为评议会）等。董事会是根据大学的"宪章"——大学章程建立起来的，其基本职责有：确定学校的性质、目标和任务；任命校长，协助校长开展工作，并对校长工作进行评价；制定学校长期发展计划；保障足够的资源；审批、检查教育计划和公共服务计划；沟通学校与社会的关系；保障学校自治；裁决校内申诉等。

董事会成员的构成呈现多样化。英国大学的理事会成员尽管多由校内人士组成，但同样包括政府官员、司法官员、普通学术人员、评议会成员（学术机构）以及学生代表。一般情况下，学术人员和学生代表加起来的数量要占到总人数的1/3甚至更强。以剑桥大学为例，在21名董事会成员中，除校监和校长（主席）之外，其余的19名成员中有7名来自普通学术人员（教授4名，学生3名），另有8名来自评议会，还有4名来自政府和司法官员。德国大学的大小评议会以教授为主体，但也包括校内其他人员、中低级教师和学生自治会代表等。这有利于保证大学核心成员——教师和学生的利益，也有利于加强政府对大学的宏观调控并加强学校和社会之间的联系。

大学的管理方式实行董事会领导下的校长负责制。尽管各国校长的权限有所不同，但作为董事会之下的首席执行官，他们受董事会委托管理学校各项事务，向董事会负责。

（2）大学内部权力的委托与制衡制度

多元利益主体将权力委托给董事会代为行使，董事会则通过行政和学术两条权力链，分别将这两类权力委托于校长（行政）和评议会（学术——英美称为评议会；德国学术和行政一体化，不设类似机构；日本国立大学法人化以前为各学部的教授会，现统一为校级学术机构"教育研究评议会"）。在行政治理方面，正如前文所述，各国通常实行董事会领导下的校长负责制；在学术治理中，评议会受董事会委托，拥有制定学术政策、规章制度和管理学术事务的权力。

4. 大学内部的学术权力与行政权力的冲突与整合

（1）大学学术权力与行政权力的比较分析

学术权力和行政权力是大学共存的两种基本权力类型。它们之间既有共同性，也有差异性。其共同特征主要表现为：首先，它们都是作为一种达到目的的手段，指向一定的价值取向，具有工具性特征。其次，权力主客体之间的相对性。如学术委员会中的某位教授是学术权力的主体，但相对于整个学校而言，他有时又称为行政权力的客体。二者之间的关系如表 3-2 所示：

表 3-2　学术权力与行政权力的比较

	学术权力 （academic power）	行政权力 （administrative power）
概念	指大学的各类学术组织和学术人员，按照一定的法定或授权，凭借学科专业背景、知识水平、学术能力，管理学术事务、组织学术活动、协调学术关系、评判学术水平的能力	指大学的各级行政组织和行政管理人员依靠特定的强制性手段，为有效地执行学校政治决策、保证大学教育教学、科学研究目标实现的能力
主体	大学的各类学术组织（如学术委员会、学位委员会、教学指导委员会、学科建设指导委员会、职称评定委员会等）和学术人员（具有不同学科专业背景的专家、教授、学科带头人等）组成的学术组织系统	大学各级行政组织和行政人员构成的行政管理系统
客体	进行管理学术事务、组织学术活动、协调学术关系、评判学术水平	行政事务，通过行使行政权力维持大学的正常运行和发展
功能作用	主要处理大学教学活动、科学研究、学科建设、课程设置、教材建设、师资培养、学位授予以及招生就业等方面涉及的学术事务	主要是实现大学的人才培养、科学研究和社会服务等功能，制定行政规范、维持高校业务正常运转

（续表）

	学术权力 （academic power）	行政权力 （administrative power）
运行方式	按照法定或授权,依靠学术组织的积极活动和学术人员的学科专业背景、学术威望、知识水平、学术道德和职业道德来实现的,其标准缺乏刚性,一旦通过一定的程序和方式确定下来便具有权威性	按照科层化组织起来的等级制系统,主要依靠法律、法规、政策、指示等自上而下贯彻执行,具有一定的强制性
追求目标	客观、公正、合理,具有民主性、科学性、真理性和非功利	大学的办学效益和效率,具有较强的时效性
实现目的	一般来说是保证学术标准得以贯彻、学术人员得以发展、学术人员的学术权益得到保证以及促进学科进步和学术繁荣	保证国家的教育方针贯彻执行和高等学校的整个目标得以实现
特性	扎根于学科和专业;学术权力的松散性;学术权力的自主性	突出整体性;具有明显的层次性;强调照章办事和等级服从

资料来源:张德祥著:《高等学校的学术权力与行政权力》,南京,南京师范大学出版社,2002,70—71 页。

（2）大学学术权力与行政权力的冲突与整合

大学学术权力与行政权力有着不同的权力主体、价值取向和运行方式,因此,二者之间存在冲突是很难避免的。学术权力的基本价值取向是平等和自由,强调知识价值;而行政权力的基本价值取向是效率和约束,强调规章制度。行政权力和学术权力的矛盾和冲突主要表现在两个方面:其一,行政权力对学术事务过多介入,排斥学术权力对学术事务的决策。其二,学术权力对行政事务的过分干预,影响行政机构和行政人员按规章制度高效处理问题。[①]

大学学术权力与行政权力冲突产生的根源主要是学术资源的配置纷争

---

① 张德祥:《高等学校的学术权力与行政权力》,南京,南京师范大学出版社,2002,70—71 页。

以及文化差异。首先,学术资源的配置纷争。大学首先是学术性组织,知识的传授、发现、探索是大学的首要职责。在学术活动进行过程中,作为学术事业有效开展基础的学术资源当然应该由学者控制和决定,因为他们应该最了解资源的需求情况。行政权力有着不同于学术权力的目标追求。学术权力追求自由、自主,而行政权力追求效率和约束,这种价值理念支配下的权力行使更强调学术资源效用的最大化发挥。学术权力支配下的资源利用,更强调自由、自主,在遵循学术发展规律的基础上自由地使用资源,而较少考虑短期之内的效益。这种情形往往与行政权力的价值诉求格格不入。其次,大学行政权力与学术权力的文化差异。学术权力和行政权力是维护大学中两类不同主体利益的权力,即大学教师和大学行政人员,两类主体已经形成了各自一类人的亚文化,即学术文化和行政文化。学术文化和行政文化有着不同的价值追求,“大学中学术文化和行政文化间的基本张力在于教师和行政人员虽共存于一个组织中,但却有着不同的目标追求”①。具体而言,学术文化追求学术创新,致力于学术原创性成果的不断涌现,追求学术成果在质上的提升;而行政文化作为一种致力于组织目标实现的文化,极力拥护和追求组织效率和效益的达成,强调以尽可能少的有形和无形投入获得尽可能大的回报,它更强调“量”的突破。

解决大学学术权力与行政权力的冲突,重要的是协调大学行政权力与学术权力之间的关系。西方大学作为现代大学制度的发源地,大学内部学术权力与行政权力的关系主要表现为:首先,西方大学学术权力处于主导地位。西方大学,无论是以德国为代表的欧洲大学还是英美大学,学术权力都在大学权力结构中处于主导地位,对大学中的学术资源分配等拥有决定权。其次,学术权力和行政权力的作用领域比较明确,界限比较分明。美国等西方大学非常尊重教授等学术主体的权利,认为大学的声誉和知名度是由各学科、专业领域骨干教师的声誉和知名度决定的。随着大学事务越来越多、越来越复杂,大学的决策过程也变得越来越难、越来越耗费时间。在这种情

---

① 王英杰:《大学学术权力和行政权力冲突解析》,载《北京大学教育评论》,2007(1),58 页。

况下，很多大学尤其是研究型大学的教师出于对时间边际成本的考虑，为了让自己有更多的时间从事学术研究工作，都将自己参与学校管理与决策的权力委托给了行政部门。这种特殊的权力委托关系，加之传统的惯性和对传统的尊重，大学中的领导者和行政管理人员都没有把大学教师当作大学的雇员或被管理者，把自己当作大学的主人与命令发布者，处处凌驾于大学教师之上，而是继续作为大学中不同利益群体的服务者和协调者。[①]

三、制定大学宪章，构建大学内部权力制衡机制

（一）大学章程的起源与发展

章程是约定和阐述独立主体使命，界定内部各利益关系的责任与义务，书面写定的有法定意义的组织规程。相对于国家之于宪法（Constitution），政党之于党章（Constitution），联合国之于宪章（Charter），大学作为具有相对自主权的组织，它的"宪章"就是大学章程。基于不同的历史背景下、不同的国家之间的差异，大学组织的章程具有不同的表述，大学章程的英文表述有：法国为 Statutes（法规，章程）及 Ordinance（法令），英国有 Charter（特许状，授予特种权力的法令或正式文件），下有 Statutes（章程，条例），德国有 Statutes 和 Constitution（章程，宪法），美国有 Charter、Bylaws（地方法规，内部章程，细则）、Statutes 多种表述方法，日本在近几年大学法人化改革后开始制定章程并称之为 Charter（宪章，共同纲领），我国香港地区上为 Ordinance（法令，条例），下为 Statutes（规程）。表述虽然不同，但是其本质内容有其一致性或相似性，因此，我们统称为"大学章程"。

大学章程最早来源于大学特许状，大学特许状是大学作为特许法人的主要标志，是巴黎大学的教师经过艰苦斗争逐渐获得了当时行会所能有的特许权，审时度势地创造了他们所需要的"自治"结构的重要成果。大学特许状在地位上类似于当今的执照或政府批文，是界定大学与政府之间权利义务关系框架的法律性文件。它确立了大学特许法人的法律地位，规定了大学内部法人治理结构。

[①] 谷贤林：《美国研究型大学管理的若干特点》，载《清华大学教育研究》，2008(4)，35 页。

（二）国外大学章程的发展

1. 法国的大学章程

法国高等教育法赋予了大学的教学与学术、行政与财权自治权利，规定"以科学、文化和职业为特点的公立学校为国家高等教育与研究机构，享有教学与学术、行政和财政自治"（教育法典第 L.711—1 条），同时有要求大学根据法律由校务委员会的多数决定自身章程和内部结构，把将通过的本大学章程报送负责高等教育的国家部委（教育法典第L.711—7 条）。法国大学章程的主要内容包括：

第一，阐述大学的使命。根据法律，巴黎第四大学明确其"普遍使命是在文学、语言和人文与社会科学领域的知识设计与知识传授、初始培训与继续培训、文化进步、研究的提升与增值。它通过其物质、智力与精神的全部组成部分，研究不同文明的历史发展和现状"。大学要为其成员提供自由的学术氛围，巴黎第四大学便在其章程中表示，"要在作为绝对准则的自由精神之中，在客观和其成员在自信、目标、方法和工作表述上相互尊重的精神之中，完成其教育任务和学术任务"。

第二，关于大学校长的产生与职权。大学章程规定了大学校长产生的条件与办法，法国大学校长任职的基本条件是本校的专职教师，规定大学校长在大学享有至高无上的权力。但是大学章程中对大学校长的权力进行了相当的限制。如校长虽然主持三个委员会（校务委员会、学术委员会、学习与大学生活委员会），但必须执行其决议，接受其建议与意见；他要保证所属大学的财政管理，而不许牟取私利；有权任命中层管理人员，但必须征得相关委员会的同意。

第三，学科平衡原则。法国大学通常为多学科的高等教育结构，不同的学科都有权利表达自己的呼声。大学章程虽然无法具体确定每一学科在学校各委员会中的代表人数，但必须要保证每一个学科，特别是主要学科在学校管理中的代表地位，这也是对本校内部学术势力的认可。

2. 英国的大学章程

英国的高等教育管理制度中，大学章程起着关键的作用，它规定了政府如何介入、在什么范围和多大程度上参与大学治理,大学如何适应社会发展要求和保持大学自治、学术自由之间取得平衡。英国大学章程规约内部权力的治理结构主要包括:校长负责的行政执行机制、教授治学的学术自治机制、程序公平的人事管理机制。

首先,校长负责的行政执行机制。英国大学行政管理事务主要由大学任命或选举的荣誉校长、代理荣誉校长、校长、代理校长、副校长、大学秘书长、大学财务官、图书馆长等行政管理人员负责,其中校长为大学的首席执行官。英国大学的校长是大学学术领域的主要负责人,是拥有大学治理领域最高权力的个人,直接对理事会负责。校长通常由一个有学术评议会成员参加的理事会的一个委员会(或者是一个学术评议会—理事会联合委员会)提名,最后由理事会任命。校长必须得到理事会和学术评议会两方面的支持才能当选。校长的权力是有关法律和大学章程所赋予的,属于职务性的权力。虽然校长地位很高,权力很大,但是理事会可以依照一定程序解除不称职或不合适的校长的职务。理事会作为大学的议事决策机构,拥有处理大学内部事务的最高权力,其组成成员包括校长和代理校长、大学财务官、大学所在行政当局人员代表若干名、学术评议会指定代表若干名、教职工全体大会辅助性成员若干名、全职辅助性成员若干名、非本校成员若干名、本校学生若干名。

其次,教授治学的学术自治机制。大学作为专门的学术研究和文化传承机构,学术权力显得尤为重要。英国大学通常设置学术评议会(Senate)、学部、学院及学院委员会等学术机构,负责安排或执行教学、科研等所有学术事务和活动,与理事会为主的发展决策机制及校长负责的行政执行机制形成既相互独立又相互关联的权力制衡局面。学术评议会是英国大学最高的学术权力机构,其成员通常包括大学的校长和副校长、各学院的院长及学院委员指定的代表、图书馆长、学生处长、教职工全体大会的代表、学生代表。学术评议会负责管理大学的学术工作,规范、监管学生的纪律,拥有指定大学学术政策的全部权力,是可以直接和各个学部、系打交道的机构,其不仅负责教学管理,也负责科研管理,负责对大学学生的教育和纪律进行管理与监督,有权采取相应的措施和行为。

英国大学的大学章程使学术权力和行政权力既适度分离又相互融合,学术事务管理相对独立,学术权力得到充分尊重,充分发扬民主,建立了以委员会为核心,集体参与,集体决策,强调权责统一、分工合理、决策科学、执行顺畅、监督有力的内部权力制衡机制。

(三) 我国大学章程发展现状与前景

进入 21 世纪以来,建设世界一流大学、构建现代大学制度是中国高等教育面临的新课题。随着教育法律法规的逐步完善,为适应新时代的要求,部分高校开始制定自己的学校章程。其中,吉林大学、黑龙江大学的章程已经在学校网站上公布,中央民族大学、延边大学、沈阳医科大学等高校也已经制定了自己的学校章程。①

1998 年 8 月,全国人民代表大会常务委员会通过了《中华人民共和国高等教育法》,明确了高等学校的法人地位以及申请设立高等学校所需章程的具体事项。大学章程的制定对学校依法设置和调整学科专业、招收学生、颁发毕业和学位证书、对教职工和学生实施奖励或者处分、自主管理和使用法人财产等权力的落实,体现了学校依法享有的办学自主权。我国大学章程中最吸引人注意的是《吉林大学章程》的制定与实施。《吉林大学章程》涉及了大学内部的治理结构以及学校与政府、学校与市场的关系,值得国内其他大学进行学习。

首先,《吉林大学章程》确立了学校的内部治理结构。(1) 吉林大学实施党委领导下的校长负责制。校长是法定代表人,全面负责学校的教学、科学研究和其他行政管理工作;校长是学校行政主要负责人,校长行使职权、履行职责,实行校长统一领导、副校长分工负责、职能部门组织实施的工作机制。中国共产党吉林大学委员会是学校的领导核心,行使对学校的统一领导权。从章程的内容看,是对《高等教育法》中“高等学校实行党委领导下的校长负责制”的具体化、规则化,对于规范党委与校长之间的关系、协调办学

---

① 米俊魁:《大学章程价值研究》,青岛,中国海洋大学出版社,2006,128 页。

与学术方向,具有积极意义。(2)吉林大学实行校、院(系)两级管理体制。学校设立学院,学院作为人才培养、科学研究、学科建设的具体组织实施单位,在学校授权范围内实行自主管理。具有独立建制的学系和教学中心,享有与学院同样的权利与义务。上述规定界定了学院一级机构在学校的地位和职权,从而在制度上保证了校、院(系)两级管理体制。

其次,民主组织形式及教授会。《吉林大学章程》界定了学校的民主管理形式规章化,实行校务公开,校长向教职工代表大会报告工作,同时,对校务委员会、校学术委员会、校学位评定委员会、院(系)委员会、教职工代表大会的权责进行了明晰的规定。实行"教授会"制度,学院可根据需要设立教授会。教授会作为教授自治和民主管理的重要组织形式,依学院制定的教授会章程开展工作。

(四) 制定大学章程的原则

1. 合法性原则

包括内容合法和程序合法。国家的法律法规、教育规章和教育政策是制定学校章程的重要依据,学校章程之间不得与之相违背,不得对应由法律法规规定的内容进行规定,不得违法对政府、有关行政部门和非本校人员做出禁止性规定,根据"法不禁止即自由"的原则,章程只能做出提倡性规范,不能做出禁止性规定。章程的制定还应当遵守程序原则:"程序公正是高校章程建立合法性的基本原则,是高校管理民主化的必然要求,是保证高校管理权正确、有效行使的重要手段。"①施瓦茨认为:"根据正当程序要求,在学生因其不轨性行为而被公立学校开除之前,必须给其通知并给其受审讯(即听证)的机会……法院一致确认,正当程序条款适用于公立学校做出开除学生的决定。"

2. 合理性原则

大学章程的制定应该保证章程的规定适度,尤其是对于处理的决定不能畸轻畸重,损害关系人的合法权益。韦德认为:"公共权力机关的权力在

---

① 肖平:《高校管理中学生权利保障研究》,长沙,中南大学出版社,2005,36 页。

根本上不同于私人权力，……一个公共权力机关只能合理地、诚实地行事，只能为了公共利益的合法目的行事，它必须遵循合理原则和公平原则。"①对大学章程制定合理性的要求实际上是对大学自由裁量权的限定，既保证大学自治权的实现，又要保护学生权利的要求。

3. 权益保障原则

自然法学派认为，能否保障权益是一部法是良法还是恶法的判断标准之一。大学章程作为大学的"宪法"，应该把保障受教育者和教师的合法权益作为其根本宗旨之一。受教者和教师除了享有国家宪法和法律规定的公民的基本权利之外，还应作为高校"公民"所享有的特有的权利，而大学章程就是依据。②

---

① 韦德著，徐炳等译：《行政法》，北京，中国大百科全书出版社，1997，55—69 页。

② 段海峰：《行政法视角下的高校管理》，北京，人民出版社，2010，53—54 页。

第四章
中西方大学内部管理制度的基本模式

　　大学管理制度是各国高等教育发展与改革中的一个重大问题。国家制度、历史和文化传统的不同决定了各国大学管理宏观体制和微观体制的不同。从世界范围来看，凡是高等教育比较发达的国家，往往也是大学管理科学化比较好的国家。概括起来，它们在大学管理科学化方面有以下几个特点：创新的管理系统和结构，注重立法，制定必要的规章制度，职责分明、分工负责，运用计算机等现代化、自动化手段。

　　伴随着我国高等教育事业的飞速发展，我国的大学在内部管理制度改革方面也取得了很多宝贵的经验。我国大学内部管理制度改革突出地体现在大学内部管理体制改革上，经历了不平凡的改革发展历程，并且呈现出明显的阶段性特征。从新中国成立之初的探索与曲折发展到改革开放以来的大胆尝试、全面探索和深度推进，我国高等学校内部管理体制改革长足发展，取得了显著的成就和经验，适应了各个时期高等教育改革与发展的需要，促进了学校办学质量和水平的提高。

第一节　西方大学内部管理制度的基本模式

国内学者基于现代管理学相关理论成果,制定了现代大学管理制度研究的分析框架和研究维度。[①] 研究选取四个维度:精英高等教育、大众高等教育、封闭的系统和开放的系统。结构分析框架是由中心位点的垂直交叉的两条轴线构成的一个十字型图示(见图 4-1):按学术自主程度的强弱,设置一条横轴线,一端为精英高等教育,另一端为大众高等教育;按系统管理向环境开放的程度,设置一条纵轴线,上方端点为封闭系统,下方端点为开放系统。由此构成 4 个区域和 8 个区位,划分为如下 7 类模式:封闭式精英教育、半封闭式精英教育、半开放式精英教育、开放式精英教育、半封闭式大众教育、半开放式大众教育、开放式大众教育即市场导向的大众教育。由于每种教育模式都有其鲜明的特征和相应的管理制度模式,本书仅就"精英高等教育区域"的四种管理制度模式展开论述。

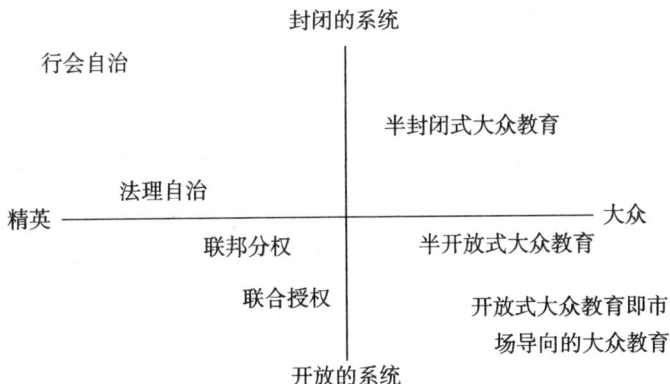

图 4-1　大学管理制度模式结构分析图

---

① 张丽:《西方大学管理制度模式研究》,载《清华大学教育研究》,2011(2),20—27 页。

　　"精英高等教育区域"的四类管理制度模式包括行会自治模式、法理自治模式、联邦分权模式、联合授权模式。

　　1. 行会自治模式

　　按自主管理的程度和特征，处在"封闭式精英高等教育"区域端点，属于完全"自治模式"。

　　大学"特许状"与大学行会的特权——大学通过"特许状"的授权，拥有完整的自主管理权限。从中世纪大学的起源看，自治制度首先意味着自主管理的行会意识，包括教师任命权、课程设置权、学位授予权、学科资助制度等构成大学自治的基本内容。王室、教会对大学的控制由来已久。例如：在古罗马帝国时期，帝国的皇帝保留着资助高等学校某种学科，如哲学和修辞学的风俗，帝国皇帝向这些大学教师和学者授予免除税收和兵役等特权，渐成帝国的风俗。伴随这些资助而来的是对这些学校适量的控制。在很多时候，如皇帝会保留对一些特殊讲座的任命权。由于私立大学和学院在财政来源上对教皇和国王存在严重依赖，因此出现了一些"津贴教授"、"津贴学科"等特权阶层，而教皇和国王也往往保留了一些重点学院的院长和重点学科的任命权。

　　大学行会所享有的特权一般包括免税、免除兵役、迁移权、司法豁免权以及某类商品的特许经营权等，当时的大学是拥有高度自治权、对内部成员的独立裁判权及立法权等特权的团体。可见，"行会自治模式"在理论形态上，就其自主权限而言达成后世难以企及的完整性，而这个事实根本意义上即是一个需要长期与外部势力抗争的"维存模式"。随着时间流逝，对大学来说上述特权逐渐丧失了维存意义，因此在18世纪末和19世纪初基本上被政府收回。比如，在18世纪大学还享有古老的独立司法权，师生不受当地法律约束，屡被社会舆论所诟病。因此，19世纪初的德国大学改革者们大都主张取消大学的司法权。如英格尔说："大学的独立司法权招来了不少的灾祸，应当取消。"对中世纪大学来说，有些特权在文艺复兴后半期曾被统治当局撤销过，"但是高等教育的构建已日臻完善，实际上已不再需要豁免权来支持"。然而，还是有些特权被大学当局长久地保留下来，直到21世纪初，英国布莱尔政府才成功地剥夺了剑桥大学最后的特权,该特权可以追溯到理查二世 1382 年的一封文件——颁发葡萄酒经营许可证的权利。

等级管理与共享原则。"等级"意为统治秩序,指不同层级享有不同的权力和承担不同责任,等级森严的管理被界定为一元管理即集权制,等级松散的管理通常被界定为多元管理即分权制。

中世纪行会的主要特点即通过法规和惯例构建等级制度,实施内部严密管理,大学行会也不例外。中世纪大学的等级制度既是自治权的核心内容,也是大学制度的中心结构,包括学位等级、学科等级、学院等级及教师职位等级。

教学是通过教师职位等级结构实行管理的,是类似手工业者行会中的三级制度。第一级为大师(相当于行会中的师傅),指大学教授以及医、法、神等专业学院毕业的博士;第二级为大学教师(相当于行会中的帮工),指文学硕士和大学讲师,可作为教授的助手;第三级为助教(相当于行会中的学徒),指文学学士,不允许执教,只表示具有进一步深造的资格。凡属于大学行会的一切权力由全体大学教师、毕业生及在校生所共享,如由大学师生(包括毕业生)全体大会决策大学的重大事项。上述管理制度表明了中世纪大学管理的一个显著特点,即实行等级中的共享自治的制度。

学院法规与一元化管理。每个中世纪大学都制定了严格的学院法规,详细规定大学管理的各项事务的细则,包括教授如何开设讲座,如何组织辩论,教材呈现的形式和限制,常规课与非常规课的课时安排,教师如何对学生进行教导等,任何大学教师、毕业生及学生都必须严格遵守。例如巴黎大学 1215 年章程对教师资格的具体规定包括:神学教师的候选人必须年满 35岁,完成 8 年大学学业,学习期间应有一名指定的知名教授作指导。在牛津大学,有些学院院规对教授如何主持学生辩论会做出详细规定,以防止有些教师因漫无边际的评论或误导学生而导致辩论会无效,即"要求教授们只须提出辩论主题或要点,但是它必须是贴切的或中肯的,除此而外的更为深入的见解或信仰将通过争论获得"。导师制与共享机制共同建构了中世纪大学清晰的社会和心理边界。大学与外部世界清晰的社会边界首先由风格独特的学院建筑、师生着装和行为方式所分隔，而大学校园文化与市俗文化间的固有隔离是这一边界存在的深层原因，此类原因还可追溯到大学师生对校园文化的共同认可和信仰而导致的心理边界。在一个不稳定时期，市民与师生的冲突时有发生，在这种形势下，身处学院城堡的四角方庭里的教师和学生就容易对这个给予他们所喜爱的宁静的校园产生依恋和梦幻情结，大学内部的情感依赖和不可思议的知识分子的忠诚紧密地维系着整个大学公社（共同体），这种大学内部共同认可的文化包括共同价值准则和生活方式给予每一位成员身份、地位的自居，群体依赖的情感和借此所获得荣誉感。总而言之，正像中世纪学院方庭和经院长袍所显露出的守旧性、排外性、共享性、闭锁性，所有这许多感知都与大学公社文化相吻合。

2. 法理自治模式

法理自治模式，主要指在民族国家建立、市民阶级兴起的近代社会，一批先进的知识分子在法国启蒙思想和实证主义哲学的感召下，创立了一批崇尚"无理则无物"的理性原则，以及维护大学批判精神的现代科研型大学。此类精英高等教育系统所实行的大学管理制度和学术自由原则体系构成法理自治模式的框架维度。

法理模式在本章的分析图示中具有半封闭式精英高等教育的重要特征。首先，现代大学的改革以为国家和社会培养各方面专业人才为开端，使大学课程开始与社会需求和产业结构构建更为直接的联系，完全封闭的大学校园逐渐走向开放。相比行会自治，由于现代大学丧失了古老大学的特权，而是依据民族国家的宪法保障大学自治和教授治校，因此学术自主程度随着大学封闭性的减弱在一定程度上也有所削弱。

由宪法保障大学的自主管理。比如，以大学理事会与教授会的权力组合为基础确立专家治校建制、讲座制的确立显著提高教授个人的权威地位等几项大学制度的现代变革构成法理模式的主要内涵。柏林大学最早提出专家治校的主张。"普鲁士政府把各项特权赋予新大学和教授们，从而推动了一个新特权等级的出现"，"管理、评判学术成果的权力交由学者教授们掌控"。由此在高等教育历史上确立专家治校的政策原则，设置专家治校的整套制度。从理念与实践的关系角度讲,专家治校是19世纪柏林大学为代表的新大学将学术自由理念付诸实践的结果。19世纪德国柏林大学的改革不仅推动了一个学术专业化时代的来临,而且为学术制度化奠定了初步技术基础,包括一整套科研训练方法:大班讲座、习明纳、实验室教学、撰写学位论文并通过答辩会等。此类科研训练对研究生教育产生重大影响,同时确立现代大学的办学方向,即办成严格从事研究生教育和专业教育的精英高等教育机构。内战时期,美国高等教育多是由哈佛和耶鲁等小规模的文理学院和大学承担的。此类大学因袭了美国殖民地学院时期的管理风格,董事会和大学校长在一定程度上保持着权威的影响力。但是教师社团的权力也在一定程度上受到重视,并且实现了法规化和程序化,从而使教师社团对学院决策的参与机制获得了制度化保障。

法理模式的阶段特征具体表现为:以宪法和法律保障学术自由;教学与科研相结合的思想体现了科学时代的精神内涵;大学教授个人权威和声望显著提高,标志著名专家和教授在大学管理制度中占据着更重要的地位;科学学院和科学实验室的广泛创立,确立了现代大学科研功能的社会地位;高等专业教育与训练,促使大学培养目标从博学转向培养多领域专家,多元化学位证书逐渐构建着现代的学历社会。

3. 联邦分权模式——以美国州立大学系统为例

美国作为移民国家实行联邦制的政府机制。对国家制度而言,权力分配、合法使用及制衡是关键要素,依宪法予以保障。美国提供了以地方分权为特征的联邦制的典型范例,宪法保证州政府独立性原则,宪法第十条修正案给各州和人民保留未授予中央政府的一切权力。而管理和资助教育事业的职责就是其中一项赋予州的重要职权。就高等教育管理制度而言,与其所在国的政治制度及运作机制具有相当大程度上的类似性,这在世界高等教育领域内是一个普遍现象。实行分权制的美国,由州政府承担着许多如法国、意大利、瑞士等国的中央政府承担的职权,美国似乎是西方几个主要国家中唯一由地方独立征收教育税,以资助本地方教育的国家。

对其他国家来说,教育经费并未从国家财政制度中独立出来,它一般属于国家或地方财政预算中的一部分。地方上享有的教育管理自主权的增长除了拨款和资助制度因素之外，还有数量众多的私立学校和教会学校的特性使然。私立大学的自主管理受联邦国家的宪法保障，传统上由学校董事会而不是州政府决策这些学校的规划。而校董会和大学校长权力的组合构成现代大学管理制度的美国特色，即广泛纳入地方各界和民间人士参与院校决策和管理。同时，大学校长被赋予比传统大学（如法理模式）更重要的决策权，而高等院校承担了越来越重要的为地区经济服务的功能，因而变得更加地方化了。

美国的州立学校系统是实施联邦分权管理体制的典型代表。联邦有 50 个州，几乎都设有相当于中央教育部职权的州教育部，联邦政府不设职权高于州的教育领导部门，联邦教育部主要是一个资助教育和咨询服务机构，以确保州管理教育的独立性。

美国在殖民地早期，各地的教育由当地的市镇会议和教区牧师共同管理，由市镇会议任命一个学校督导员专门管理地方税收资助教育的事务，教会负责教师任命和管理。到 19 世纪初期，政府给予各学区（地方教育管理机构）收取教育税的权力，1827 年法律赋予学区选择所辖学校的理事的权力，而这些理事相应地拥有收税及教师任命权。如纽约于 1812 年创设了州公立学校督导专员，这是纽约首次设立的教育行政官员，由于地位较低而形同虚设。联邦政府 18 世纪末开始实行"拨地兴学"政策，美国第一所提供科学技术课程和训练的学校是 1824 年在纽约的 Troy 创办的伦斯勒理工学院；在国内战争结束之年，在麻萨诸塞州创建了麻省理工学院。现代农业技术和工艺学院的较大规模的创办归功于 1862 年颁布的《莫雷尔法案》。这时期，各州都致力于创办本州的大学，如康奈尔大学、麻省理工学院、密执安州立大学、威斯康星州立大学都是出身于赠地学院的知名学府，州立大学系统由此获得迅速发展的空间和良机。

州一级高等教育管理机构形成美国高等教育地方分权的重心。其中多样化的州立大学管理系统产生出两个显著代表，一是纽约州立大学系统，二是加利福尼亚州立大学系统。前者更多显现对法国教育管理制度模仿的痕迹,表现出集权制管理的倾向和对"国家教育理念"的趋寻。后者主要带有分权管理制度的特点,具有更多的灵活性和多样性。但是,在院校整体规划和年度财政预算等方面,加州的高教管理机制也体现了一元化管理的许多特点。总之,在美国,州层面的一元管理更多展现类似欧洲国家的教育部管理的特色,但与国家政府整齐划一的管理有所不同的是,州的集权管理具有特有的适应多样化教育的诸多优点。

4.联合授权模式——以英国伦敦大学为例

近代英国伦敦大学的创立,为联合授权模式提供了一个典型例证。伦敦大学学院作为大学的第一所学院于1828年正式开学。约10年后,获得了政府授予的"特许状",即1836年特许状,该特许状规定了大学与学院的关系结构的基础。"伦敦大学"是主持考试、颁发学位的机构,而大学学院和国王学院的学生,完成所规定的课程后,通过大学主持的考试,合格后获取学位证书。即学院管教学,大学管考试。此外,特许状还规定,社会其他教育团体,获得政府同意后,可以申请参加伦敦大学主持的"校外考试"获得学位,这种做法一直延续到20世纪60年代学位委员会的建立,替代了伦敦大学大部分校外学位授予的功能。

概括而言,伦敦大学与学院的关系结构为大学机构提供了一个不同于传统大学的新的联合模式。与牛津和剑桥相比,伦敦大学结构差异性是明显的:其一,在传统大学之外开辟了获得大学学位的"第三条道路",从而使新兴学科、专业计划和专业技术学院获得生存发展的空间,此类差异性归功于文化下移的时代需求。因此,伦敦大学的校外考试计划和开放教育制度为向社会、民间推广科学技术作出了重要贡献。其二,大学董事会与大学理事会构成"二院制"决策制度。相比传统大学,伦敦大学董事会掌握更多管理大学的实权,学术事务由大学理事会及其所属的众多学术委员会管理,董事会则掌握财政和资源的管理权。其三,大学与各学院的行政关系更为松散,表现为松散联合的形式。大学主考试,学院主教学和科研。学院自治在某种意义上是授权模式的核心。

20世纪末,伦敦大学所属学院要求获得学位授予权、完整自治权的呼声逐渐增长。由此构成伦敦大学 20 世纪到 21 世纪的改革重点，即如何加强大学与学院及各学院间的联系等问题。在相关各学院如何能够获得法人地位和学位授予权等问题方面，其中一个选择是，大学同意移交学院授予伦敦大学学位的权力，萨瑟兰副校长在他的 1993 年的报告中称"大学将学位授予权移交给各学院"是"一条可以走的明智的、合情合理的道路"。

如上所述，其内涵构成涉及所有学术事务中各项人、财、物管理的自主管理权限，除了学术管理功能，还明显包括涉猎其中的某些行政功能及其学术性的价值取向。其中教师权力在大学管理制度结构中的地位、形式和功能的演变构成了院校自主权内涵变迁的一条关键路线。源起于中世纪大学"内行管理"传统的、由德国柏林大学首创的"专家治校"的原则体系和制度建制是构成现代大学制度的丰富创造力的根本之源。其文化意义和影响可概括如下两个方面：一是一流大学越来越被政府和公众要求形成引领先进的社会思想文化的动力源泉；二是由内行管理内务，意味着学术管理制度中去行政化成为必需之举。因而，大学管理制度依循和采用学术管理特有的规律、规则和协调方法才有可能变为现实。此外，现代大学管理在持续走向有限的、渐进的和多元整合的自主管理的过程中做到有法可依、依法治校构成现代学术管理成败的关键。因此，政府引导高校进行高等教育法和大学院规的建设可谓众望所归。比如对学术自治的权限进行明细列举。在一些国家，重要的学术权力被写进宪法和相关法律，依法行使学术管理的权限。

从近现代大学管理制度模式的结构框架来看，大学机构的自主权和对环境开放程度在某种意义上可以被视为传统大学与现代大学分类的基准。传统大学模式普遍表现为拥有较大自主权的封闭式组织，如行会自治和法理自治模式属于这一类组织。现代大学模式表现为在管理机制上增加了灵活性和多样性的开放式组织，但院校自主权在不同程度上被削弱了。然而，无论传统的还是现代的，作为大学机构，大都以管理自主权在一定程度上获得尊重作为传承知识特征的源泉，它是学术共同体之根。

二、西方大学内部管理制度的基本特征

从世界范围来看，凡是高等教育比较发达的国家，往往也是大学管理科

学化比较好的国家。概括起来,他们在大学管理科学化方面有以下几个特点:

(一) 合理创新的管理系统和结构

第二次世界大战后,许多国家把系统科学应用于大学管理。苏联学者认为,如果把整个社会看作是一个大系统的话,高等学校就是社会大系统中的一个子系统。在高等学校系统中,同样是由若干子系统和要素构成。经过多年的研究,他们提出了高等学校管理系统和组织结构的标准模型。他们主张,高等学校管理系统一般可由行政组织、教学行政组织和教学组织构成。

行政组织由校长,分工负责教学、科研和后勤工作的若干副校长,以及由教学、科研、总务等执行管理职能的部门组成。行政组织在管理系统中的职能是制定战略目标和长远规划。对整个学校,首先是对最接近于该组织的部门(系、研究所、全校性实验室)实施行政领导和管理。行政组织位于整个学校管理系统的最高级。因此,一个学校各方面工作的质量如何,在很大程度上取决于行政组织工作的如何。

教学行政组织由系、教研室和教师组成。教学行政组织的职能是根据行政组织制定的战略目标和长远规划,结合本单位和个人的实际情况,制定和实施短期的具体目标和计划。这一组织的任务是直接同组织教学过程连在一起的。

教学组织由班级或教学班,学生和学生的学习活动组成。这一组织的职能是组织大学生的共同学习生活。整个高等学校管理系统从结果上表现为多层次、多分支。这种形式有利于建立整个系统各要素之间的良好的纵向和横向的有机联系,使整个管理系统的运行机制呈现整体优化的状态。美国大学管理尽管有的实行董事会与评议会的两会制系统,有的实行大学管理委员会的一会制系统,但其特点之一都是实权制度和分级管理,体现分级管理原则,结构合理,层次清楚,一级管一级,一级向一级负责。

(二) 注重立法,制定必要的规章制度

教育立法是现代国家教育行政的依据,发达国家都有重视教育立法的传统。对于高等学校的内部管理，他们都根据具体情况，制定各项规章制度，使得管理工作有章可循。美国大学也都定有各种规章制度，其特点是明文规定，详尽而严密，印刷成册，广泛发送。全校教职工，上至校长，下至普通工作人员，每个人的职责都有明确的规定。日本大学的管理也有一整套规章制度。学校有校规、校纪，制度严密，奖惩分明，简明可行。这些国家的经验表明，制定必要的规章制度是实现高等学校管理科学化的依据。

（三）职责分明、分工负责

在美国、日本、法国、英国等大学管理中，从副校长到各级行政管理部门都有明确的职责范围，各负其责，分工合作。例如，在美国大学中，副校长都有明确的分工，而每一个副校长又有几个副手和助理，个人分工负责一二个方面的工作。如主管科研工作的副校长有三个副手，一个分工负责研究生事务，一个分工负责与工业等各界的联系，一个分工负责与联邦政府各部门的联系并兼任校研究委员会的秘书。加上几个校级的研究所的负责人，就有七个人向副校长负责并报告工作。从一个部门来说，下面也有几个副手和助理。例如，招生、学生成绩管理处有三位主任，下面几项重要的工作，如对外提供有关招生的各种信息，大学与中学的联系，入学申请的汇集和数据输入，研究生与外国学生的入学，学生成绩登录，注册安排，学期考试的安排等等，都有专人分工负责。

（四）运用计算机等现代化、自动化手段

谈到管理的科学化，必然要涉及管理的准确性和有效性，而管理方法和手段如果还处于落后的人工处理水平，准确性和有效性以及科学性无论如何是不易达到的。美国等国在大学管理中广泛使用计算机等现代化手段的事实也是尽人皆知的。美国等国在大学管理中运用计算机技术，建立管理的自动化系统的经验表明，利用技术手段汇集和传递管理信息，有可能大大减少领导人员、教师、科研人员和教学辅助人员的劳动强度，可以大大提高管理的效率和精确性。可以说，使用计算机参加管理，建立高校的自动化系统，是今后大学管理科学化的方向。

综上所述，对世界主要国家大学管理的比较研究得出的结论是，大学管理制度是各国高等教育发展与改革中的一个重大问题。国家制度、历史和文化传统的不同决定了各国大学管理宏观体制和微观体制的不同。各国之间互相学习,互相补充,在宏观上中央集权与地方分权有机结合,在微观上集体把关和个人负责相配合,是完善大学管理的发展趋势。建立合理的系统和机构,制定必要的规章制度,发展计算机等现代化手段,是实现大学科学化管理的方向。

第二节 我国大学内部管理制度改革的基本经验

伴随着我国高等教育事业的飞速发展,我国的大学在内部管理制度改革方面也取得了很多宝贵的经验。我国大学内部管理制度改革突出地体现在大学内部管理体制改革上,经历了不平凡的改革发展历程,并且呈现出明显的阶段性特征。从新中国成立之初的探索与曲折发展到改革开放以来的大胆尝试、全面探索和深度推进,六十余年来,我国高等学校内部管理体制改革长足发展,取得了显著的成就和经验,适应了各个时期高等教育改革与发展的需要,促进了学校办学质量和水平的提高。

一、我国大学内部管理体制改革的历程及阶段特征

新中国成立以来,伴随着我国高等教育行政管理体制的改革与发展,高等学校内部管理体制改革走过了从艰难探索到不断成熟、成就辉煌的六十余年。高等学校内部管理体制改革不断深化,有力推动了高等教育事业的改革与发展。纵观我国高等学校内部管理体制改革与发展,大致可分成以

下若干阶段。①

（一）第一阶段：1949—1977 年，初步探索与曲折发展时期

1949 年，新中国成立，党和国家开始全面规划和建设高等教育事业。
1950 年，教育部颁布《高等学校暂行规程》和《专科学校暂行规程》（以下简称
《规程》），明确规定高等学校的内部管理体制。这是党和国家关于高校内部
管理体制最早的文件。这两个文件明确指出高等学校实行校长负责制，在
校长领导下设立校务委员会，同时设立工会、学生会等社团组织，并详细规
定了校长、校务委员会、工会的职责，但对教师群体的权利没有涉及。如，关
于校长的职责，规定"（一）代表学校；（二）领导全校（院）一切教学、研究及
行政事宜；（三）领导全校教师、学生、职员、工警的政治学习；（四）任免教
师、职员、工警；（五）批准校务委员会的决议"。新中国伊始，高等学校内部管
理实行校长负责制与我国建设社会主义事业借鉴苏联经验有极大的关系，当
时苏联高校实行的是行政首长"一长制"，赋予行政负责人很大的权力。

1957 年，全国的整风反右运动指出现存的高等学校内部管理体制脱离
了党的领导。于是，中共中央、国务院在 1958 年 9 月出台了《关于教育工作
的指示》（以下简称《指示》）。《指示》指出"一切教育行政机关和一切学校，
应该受党委的领导"。"在一切高等学校中，应当实行学校党委领导下的校
务委员会负责制；一长制容易脱离党委领导，所以是不妥当的"。虽然党和
国家强调了学校党委在高校内部管理的领导地位，但各部门没有对《指示》
进行认真落实。直到 1961 年《教育部直属高等学校暂行工作条例（草案）》颁
布，我国高校内部管理体制才发生重大变化。

1961 年 9 月，教育部颁布《教育部直属高等学校暂行工作条例（草案）》
（以下简称《高校六十条》，又称《高教六十条》），对我国高校内部管理体制重
新做了界定。其第 51 条明确规定"高等学校的领导制度，是党委领导下的以
校长为首的校务委员会负责制"。这一时期校务委员会的职责与 1950 年《规

---

① 该部分内容基于以下文献资料的整合：陈立鹏，杨阳：《我国高等学校内部管理体制改革 60
年：回顾与思考》，载《大学教育科学》，2009(6)，35—40 页。戚业国，王徐波：《我国高校内部管理体制
改革 30 年——历程、经验与发展趋势》，载《中国高教研究》，2008(11)，22—27 页。

程》中对校务委员会的规定无实质性变化。相比以前文件对高校管理体制的规定,《高校六十条》的最大变化是对党委领导的规定,其第 54 条规定"高等学校的党委员会,是中国共产党在高等学校的基层组织,是学校工作的领导核心,对学校工作实行统一领导。高等学校中,党的领导权力应该集中在学校党委员会一级,不应该分散"。《高校六十条》还规定了建立教授、副教授和讲师的轮流休假制度。《高校六十条》不但加强了党对学校的领导,还强调保障教师的基本权益,注重调动教师的工作积极性,是对前一段高校管理体制改革的突破。尽管《高校六十条》实施时间不长,但是它对我国高等学校内部管理体制改革的影响是深远的,基本上确立了党的基层组织对高等学校的领导地位,引起了管理过程中对教师权益的重视,为我国现今的高等学校内部管理体制打下了坚实基础。"文革"期间,我国高等教育事业遭到严重破坏,正常的管理体制被打乱,高等学校实行的是党委领导下的由工宣队、军宣队、革命干部组成的革命委员会负责制。1974 年 4 月《全国教育工作会议纪要》明确指出,"学校实行党委的一元化领导,充分发挥工宣队的政治作用"。在"工人阶级领导一切"的口号下,由工人群众管理学校,对原来的内部管理体制全盘否定严重影响了高校的教学和科研工作质量。

（二）改革开放以来我国高等学校内部管理体制改革的历程

改革开放以来,高校内部管理体制改革一直是我国高等教育体制改革的一项重要内容。改革的目的就是要使高等学校内部管理体制更好地适应高等学校使命和任务的变化,适应社会主义市场经济体制逐步建立对高等学校内部管理体制的要求,更好地实现高等教育的社会职能。高等学校内部管理体制是高校运行的内在基础,主要包括学校内部领导体制、内部人事制度,特别是教师管理制度、内部财务管理和分配制度、后勤服务制度等。

1. 酝酿与尝试阶段(1978—1985 年)

这一阶段从 1978 年实施的《全国重点高等学校暂行工作条例(试行草案)》(简称《条例》)开始,在拨乱反正中各高校逐步恢复和理顺了内部管理体制。由于《条例》是在 1961 年颁发试行的《教育部直属高等学校暂行工作条例》(即《高校六十条》)的基础上修改而成的,实施中表现出新的不适应,各高校酝酿并尝试新的改革。这时期,学校内部管理体制改革主要集中在以下 3 个方面:调整高等学校领导班子;恢复教师职称评审制度,建立高等学校教师考核、培训制度和机关干部岗位责任制;恢复和改进校内分配制度、后勤管理制度。总体来看,这阶段在学校内部管理体制方面主要还是恢复和重建,改革主要是小范围试点以及单项改革。这一阶段的改革成果最终反映在 1985 年颁布的《中共中央关于教育体制改革的决定》中。

2. 启动和全面探索阶段(1985—1993 年)

1985 年 5 月 27 日颁布的《中共中央关于教育体制改革的决定》对我国教育体制改革进行了系统设计,高等学校内部管理体制改革也进入启动和全面探索阶段。这一时期主要进行了以下探索:进行校长负责制的试点;实行教师职务聘任制度;建立以岗位责任制为中心的管理制度,试行浮动岗位津贴制;以高校后勤服务社会化为改革总目标,推行高校后勤经济承包责任制;进行高校综合改革和内部管理体制改革试点。这一阶段试点探索的成果集中体现在 1993 年发布的《中国教育改革和发展纲要》。该纲要发布之后,我国高等学校内部管理体制改革进入新的发展阶段。

3. 逐步深化阶段(1993—1999 年)

国家教委于 1993 年 2 月 8 日发出的《关于普通高等学校内部管理体制改革的意见》,1993 年 2 月 1 日党中央、国务院正式颁布的《中国教育改革和发展纲要》,标志着内部管理体制改革深化阶段的开始。从总体上看,在这一阶段,高校内部管理体制改革步伐明显加快,改革内容不断深化,并且逐步由单项改革向综合配套改革发展,要求相互配合、整体协调进行高校内部管理体制改革,也开始涉及教学改革领域,特别是涉及加强跨世纪的高校领导班子、教学科研带头人队伍、学校党政管理干部队伍的建设等方面。这一阶段以 1998 年《中华人民共和国高等教育法》颁布和 1999 年《中共中央国务院关于深化教育改革全面推进素质教育的决定》颁布为阶段结束的标志。

4. 全面推进并取得突破性进展阶段(1999 年至今)

继 1998 年 8 月 29 日《中华人民共和国高等教育法》颁布,党中央、国务院 1999 年 6 月召开的改革开放以来第三次全国教育工作会议和《中共中央国务院关于深化教育改革全面推进素质教育的决定》颁布之后，我国高等教育出现了深化改革、加快发展的趋势，为建立与社会主义市场经济体制相适应的高等教育体制，高等教育体制改革的整体步伐大大加快，高校内部管理体制改革也进入全面推进阶段，并取得整体突破性进展。在这一时期，中央和高校的改革热情很高，地方党委和政府及其教育行政部门也积极行动，他们对高校内部管理体制改革给予高度重视和切实推动。这个时期的改革主要集中在：精简高校内设机构和管理人员，开始建立教育职员制度；调整或重组教学组织，理顺校院系关系；普遍推行岗位津贴制度；高校后勤社会化改革取得突破性进展。

二、新中国成立以来我国高等学校内部管理体制改革取得的成就及经验

新中国成立以来，我国高等学校内部管理体制改革长足发展，取得了显著的成就和经验，适应了各个时期高等教育改革与发展的需要，促进了学校办学质量和水平的提高。主要表现在：

1. 经过 60 余年的改革与发展，我国高等学校逐步形成了以党委领导下的校长负责制为领导核心、校长全面负责、教职工参与民主管理的内部管理体制。这一体制，既有利于发挥校长在学校行政管理中的重要作用，又克服了"一长制"的管理弊病，确立了学校党委在高校内部管理的领导地位，明确了教职工参与民主管理的权利和渠道；有利于在高校中形成政治权力、行政权力、学术权力的合力，促进高校按学术逻辑办学。实践证明，它是行之有效的，并作为高等学校内部管理体制改革的成果明确写入了《高等教育法》，成为高校普遍遵循的内部管理体制。

2. 60 多年来我国高等学校内部管理体制改革，坚持"自上而下"与"自下而上"相结合、"由外及里"与"由里及外"充分配合的改革策略。我国高校内部管理体制改革总体上是一个自上而下的推动过程。但中国高校内部管理体制的"自上而下"中的"上"，其决策又主要来自基层的实践经验，个别地区、个别高校内部管理体制的实践经验和做法被总结、提炼和完善，成为推进全面改革的依据。从总体上看，这是一个"从群众中来到群众中去"的过程。高校内部管理体制改革的实践证明，教育行政部门的强力推动是高校内部管理体制改革推进的重要保证，但这样的推进应当坚持尊重学校的现状，决策应当更多地来自于一线学校改革创造的经验和理论成果，只有坚持自上而下与自下而上的有机结合，才能保证高校内部管理体制改革的顺利发展与不断完善。

"由外及里"与"由里及外"的充分配合。我国高校 60 多年内部管理体制改革首先是外部社会环境推动，波澜壮阔的改革开放是高等教育改革的主要推动力量，全社会的转型与变革推动了高等教育为适应外部运行环境而进行内部的全面改革，这样的改革被落实到高等学校的内部管理体制改革中。显然这样的改革在最初具有一定的被动适应特性，但随着高校内部管理体制改革的持续推进，其成功做法又推动了整个高等教育体系的深入全面改革，进而影响到整个教育系统和全社会的改革开放。内外结合的改革形成了改革的持续动力，也在改革成功中发挥了重要作用。

3. 我国高等学校内部管理体制改革是在实践中不断探索、不断总结经验的基础上逐步发展、完善的，遵循讲求实效、循序渐进、试点推广、发现问题及时纠正调整、不断完善的改革路径。几乎每一个比较重大的改革问题都是从实践中提出来的，都是在总结个别高校实践尝试的基础上设计并组织试点，试点取得经验后再不断推开，发现问题及时调整和纠正。这样的改革路径保证了高等学校内部管理体制改革的稳定推进，推动了我国高等教育的持续健康发展，使改革、发展、稳定得到了有机的统一。它应成为我国高校未来改革遵循的重要原则。

4. 我国高校内部管理体制改革应始终以提高高等教育的质量为核心。高校内部管理体制改革应以提高学校管理的科学化、民主化、规范化为目标，而学校管理的科学化、民主化、规范化是为了提高学校的管理质量和效率，说到底是为了提高学校的教育质量和办学水平。我国高等教育自 1999 年开始扩招，在很短的时间里实现了大众化，高等教育毛入学率从 1998 年的 9.8％迅速提高到 2008 年的 23.3％，随之而至的是办学条件的恶化、教育教学设施的严重缺乏、生源质量下降、师资力量不足，高等教育质量问题引起全社会的广泛关注。高等学校内部管理体制改革的内容纵然很多,但中心问题是提高高等教育的质量,增强高校的办学活力和社会适应性,提高学生的就业竞争力,未来改革应当围绕提高质量而展开。

5. 始终注意处理好改革、发展与稳定的关系。社会转型中高校内部管理体制面临的困难与问题比较多,推进改革的进程与节奏就显得特别重要。我国高校内部管理体制的成功经验是始终注意处理好改革、发展与稳定的关系。实践证明,改革是推动我国高校快速健康发展的重要基础,不改革就无法适应社会的发展,但任何改革的目的都是发展,不能为改革而改革。改革中出现的问题如果处理不好很可能会危及发展,进而葬送整个改革;只有及时调整改革节奏解决这样的问题才能够将改革持续推进下去。衡量改革成效的主要依据之一就是高等学校的发展,但所有的改革与发展都必须以稳定为条件,这方面高校的经验教训尤其值得总结,如果影响了稳定,改革与发展的成果就可能付诸东流。今后一段时间里我国高校内部管理体制改革必将继续推进,这样的改革必须紧紧围绕推动高等学校的发展,必须注意维护高等学校的稳定和社会的稳定,这是我国高校内部管理体制改革在实践中总结的经验和教训。

第三节　学科组织和融合的大学组织结构改革与创新

当前,学科组织和融合成为学科组织管理的一个重要领域。学科组织和融合既是学科发展的趋势,也是产生创新性成果的重要途径。当前中国大学的组织结构阻碍了学科融合,亟待变革。国外著名大学的组织结构在促进学科融合方面有值得我国借鉴的经验:世界著名大学第一层级的学科组织设置的包容性与综合性促进了基层学术组织的学科融合;英国古典大学的学院制对学科组织的分裂起到了平衡作用;本科教育机构和研究生教育机构的分设,有利于培养掌握多学科知识的学者;建立各种形式的交叉学科组织能直接有效地推进学科融合。我国大学应尽快以学科群和学科门类为依据整合第一层级的院系组织,促进其内部的学科融合;在容纳多个学科的学院中设立交叉学科研究中心,并进一步改进由大学一级直接统筹管理的交叉学科研究院。

一、大学学科组织管理的现实意义

(一)学科管理是大学系统构建学科体系和积累优势特色的关键

现代大学的发展是基于优势和特色的竞争性发展,学科优势是大学优势的集中体现,学科特色是大学特色的重要标志。然而,优势和特色是群体学科共同作用的结果,需要一个科学系统的学科体系予以支撑,在体系中还需要明确不同学科的层次轻重关系,并随着大学战略目标的转移而适时调整,这是目前学科建设难以完全实现的,因为学科建设关注的是学科的结构性、资源性和应然性问题,是一种从无到有的学科要素"堆砌",但学科形成后更需要的是维护和保养,还需要面对来自学科的交叉融合、演进、合作等问题,此时,学科管理更能发挥功能。由于针对学科实行的专门管理将学科放在了一个更高位统筹考虑,这样可以全方位、细致地了解学科发展状态,有精力去把握和解决发展过程中存在的问题,理顺不同学科间的关系,必要时寻求联动效应解决。这是一种相对于学科建设"以动求动"的"以静制动"策略,能够较好保持学科旺盛的生命力,形成持续的竞争优势和优势的积累增长,并在过程中突出本体个性。

(二)学科管理是大学消除功利与科学决策的有效手段

关于学科发展,我国学界发现普遍存在学科专业趋同、设置重复率高和学科多而全、追求规模综合化两大问题,具体表现在主体学科缺失、主干学科薄弱、支撑学科单一、特色学科趋同、学科体系不和谐等,这是当前我国大学和学科面向国际、建设世界一流的瓶颈。大学学科的发展是学科在科技发展背景下的自然选择与主动适应的动态博弈过程,是在传统与现代、固守与创新、基础与应用、均衡与突破、求精与要全等寻思中的自主创见和持续保持,并非一蹴而就的,片面地追求大、全、多会丧失原有的个性,再加上资源不足又将成为另一瓶颈,仅就学科研究经费投入一项而言,相比国外一流大学的情况,差距便是巨大的。在世界排名前 100 强的美国大学中,从 2002—2009 年的科研经费投入总量看,单年度总经费都在 2 亿美元以上,其中约翰霍普金斯大学连续 8 年高居榜首,年均 14.74 亿美元,2009 年达到了 18.56 亿美元且逐年增长。而另一项对美国这种高额投入的研究也表明,科研经费总量与科研产出之间的相关系数高达 0.74 以上,这将会直接影响学科研究成果的产出和学科实力的表征。在望之兴叹同时我们须反思自身的学科现状。通过学科管理,学科资源可得到相对集中,但运作中不同学科间存有相互牵制,发展过快的学科会受到其他学科的牵制,发展过慢的学科则掉队,优势或特色学科也会受到其他学科水平制约而力不从心,这样的局面有利于发现不同学科内部的深层次问题,认真研究对策和寻找解决办法,这也有利于消除功利性和作出科学决策。

(三) 学科管理是大学柔性管理与发挥能效的有力途径

学科管理与传统管理最大的区别在于柔性特征显著,其可以以一种虚拟的形式来集约所有符合其学科使命的资源的实体形态,而不必一定要以清晰的刚性结构来规范它的实体。这里的虚拟具有两层含义,一是虚无,即无边界、相对自由开放,仅依靠共同的使命和管理目标来维系着学科内正式与非正式成员的结构和行为;二是柔性,相对于刚性而言,本义上反映的是组织或系统应对内外环境变化的快速应变能力,实质上体现了对人性的充分尊重,不强调组织权威和严格的行为规范,不依靠行政命令、纪律监督、制度约束来进行管理,没有严明的规章制度和明确的上下级关系约束,所体现的是对知识、学术、学科的尊重以及围绕学科发展目标给予的付出和收获。在这样宽松的学术性管理环境中更能激发成员教学、研究、社会服务等积极性和主动性,更易取得意想不到的成就,能更好地发挥各类资源的联合效能,这样的管理符合现代社会人力资源管理规律、符合以人为本管理理念,也在强化目标管理的同时淡化了权力意识,而这在一定程度上也符合世界一流大学和学科的管理思想。

二、大学学科组织管理存在的障碍

学科管理并未在现代大学管理中获得应有身份,且很大程度与占据主导地位的学科建设等界限模糊。国内学者通过分析学科管理现状及其与大学发展间的关系，提出运用革新学科理念、组建链网体系、构建管理单元等法来求解学科管理之"道"，进而使实施学科管理成为现代大学发展蹊径。学科体系自身的复杂性，决定了学科管理的难度。此外，体制、文化等差异也会形成对学科管理无形的阻力，而且大学管理层的管理理念和决策也会加剧管理的困难。目前，大学实施学科管理的障碍主要表现在：

（一）学科组织隔离和制度缺陷阻碍"混合营养"吸收

管理的有效性需要组织各单元间的相互沟通和有机配合，在发挥好单元管理功效基础上加强联动以增强管理合力，单兵作战不足以实现整体目标。学科管理一方面既要给予各类学科以适度的自我发展空间，因为"整体的结构维持整体的聚合力，局部的杂乱无序导致创新和活力"，还要考虑社会需要和大学发展由于环境变化而表现的对学科交叉、融合等要求，因为"现代科学的重大理论突破和技术发明，大部分是交叉项目的产物"；另一方面，还要强调单一性管理以维系学科生长基础，尤须突出交叉性管理以支撑大学发展需要，这缘于现代大学必须在深入理解和解决超出单个研究领域的科学问题前提下才能获得更强劲的发展动力。然而，客观实情是，我国大学多采用了较为纯粹的、直线职能制下的校—院—系或校—系组织结构模式，学科附属于科层制和行政化，未能占据主导地位，且被人为无形扩大了"隔行如隔山"的科间距离，形成了虚无的边界和阻隔，加重了学科管理难度，也使得跨学科管理即便有也如同虚设。此外，相对滞后的人事管理、职称评聘、评价考核等制度缺陷也限制了学科资源的合理流动，大学学科制度也有待健全完善，而且"学科制度的运作在一定程度上造成了学科专业之间的隔阂与封闭"。由于一个学科的发展可以为另一个学科的发展提供动力和营养，上述种种，使得对某一学科而言，难以吸收全面的多学科"混合营养"，这无论对学科还是大学发展都不是有利之事。

（二）学科文化屏障阻隔了学科共同体之间的互通

按照华勒斯坦的说法，学科"首先是一个以具有正当资格的研究者为中心的研究社群"，预先设定的权威标准成为这个社群相互交流和开展研究工作的基础。这一标准和基础经社群的维系、强化、改进和完善将演变为共有的文化体系,体现着自己独特的规则、传统、价值标准和内涵等,并逐渐形成一种共同的文化保护和排斥意识,这便是学科文化屏障,而这将会成为跨学科交流时无形的阻隔,也很大程度限制了研究者的合作行为。无论个体还是社群组织都受制于这种屏障,一旦离开或跨越这个学科社群进入其他社群便会受到由于价值取向、思维方式、研究方法、行为准则等不同而自然产生的心理和行为排斥。虽然本质上,学科文化屏障是学科保护的边界地带,但其存在确有诸多不足,关乎创新型人才培养、创造性研究成果产生以及学科自身发展,也定会导致学科之间互相排斥、互相封闭、互相批驳,难以构成和谐共生关系,这是任何管理者所不期望的,也确实需要花费较大投入去处理产生的不必要冲突与矛盾,因此,在学科管理中需要重视屏障问题并尽力予以消除。

（三）学科认识的偏差阻碍了学科管理功效的发挥

1999 年,南京大学在全国率先建立了"学科特区",通过大力引进海内外高层次人才、建立特区负责人全面负责制、实行灵活的人员配置机制等方式,突破现有的学科组织结构模式,紧随学科前沿和国际惯例,使学科和学校得到了快速发展。虽然之中存在一些如管理体制、环境优化、规划设计、学科协同等问题,虽然着眼于引进海内外优秀人才和打造优势,但毕竟开创了学科管理的一种新形式。再比如国外一些世界一流大学,如麻省理工学院以学科为基础的实验室和院系双轨制管理、加州理工学院的学部管理、哈佛大学与斯坦福大学独立于学科院系并基于合同的管理、加州伯克利大学的学科协同管理等都非常强调学科管理在大学发展与竞争力提升中的重要性。而目前,我们对学科的看待还多局限于将其作为建设和评估的对象,如加强学科建设、开展各种类型的学科评估等,忽视了学科深层次具有的管理功能和效能发挥,这种认识偏差使我们的大学缺少真正意义上的学科管理。由于"学科的基本特征是学术性"的,这一定程度上反映了我国大学学术性管理的弱化,因为学术性不仅仅是研究成果的产出数量和质量以及对知识、学问的崇尚和探索,更强调管理的学术化。另外,学科团队成员认知类型的差异化，也导致在学科认识上出现障碍。

由此，一方面在于组织缺陷、文化壁垒、认识差异等形成的外部制约，另一方面则是学科自我封闭造成的内部约束，因为我们长期实行了人文文化与科学的分离，把学科划分为各个学科，这些学科变成超级专业化，各自封闭在本身之中，这内外两重阻力共同起作用，从而给大学实施学科管理带来不小障碍。要保证学科管理的有效性，大学需要采取有效措施突破这些障碍。

三、学科组织管理的破解策略

在如何突破学科管理的障碍上，我们既要给予各种学科领域的智力创造力所需的最高技能和当前社会最需要的专门的事业相称的支持和援助，也需兼顾实际，求解管理有效之道。

（一）革新学科理念

学科管理理念有异于大学传统管理理念，尤其是当前大学在国际化办学、借鉴世界一流大学及学科发展经验以促进自身发展的过程中，更需要以大无畏的勇气和敢为人先的精神去尝试各种新思路、新模式、新方法与新技术，固有的、保守的必然会阻止任何有碍于维持现有稳定状态的行为和组织变革。科学的进步、技术的革新、知识的延伸、文化的传承，点点滴滴的演变都对作为知识分类体系和知识劳动组织的大学学科提出严峻挑战，也给大学带来时代危机。但是，一流的学科已然成为一流大学的代名词，且更具有现实基础和实际意义，学科的发展状态直接关系着大学的生存和发展空间，关系着大学在国内乃至世界范围的地位。

以英国苏塞克斯大学（University of Sussex）为例[1]，它打破了传统的单学科分系制，设置多种学群，理工科学群包括生物科学、化学和分子科学、工程学和应用科学、数学和物理科学学群，人文与社会科学学群包括亚非研究、文化和社区研究、美英研究、欧洲研究学群以及社会科学学群。各个学群内综合设置一些密切相关的学科，如数学和物理科学学群就设有物理学、

---

① 符华兴，王建斌：《世界主要国家高等教育发展研究》，长沙，湖南人民出版社，2010，336 页。

天文学、数学、逻辑学等学科以及一些相互结合的学科,并且同一学科可以在不同的学群中开设,如历史学科就同时在亚非研究学群、文化和社区研究学群、英美研究学群、欧洲研究学群、社会科学学群中开设。这种学群制的优点是在突破学科范围的前提下获得专门知识。

因此,缺乏优良的学科管理理念,重视建设而忽视科学管理,损害的是大学自身利益,造成的是大学及其学科发展步伐的减缓。新的学科理念应以强调学术性管理、淡化行政化意识、强化发展和水平导向、树立世界一流标杆、增进学科融通与协同等为根本主旨,将学科管理摆在大学管理的中心位置,建立全新的管理模式和运行机制,并给予全方位有力支持,从而保障学科管理的实施。

(二)组建支撑型的层次性学科链网体系

我国目前大学的学科结构较为单一而独立,以行政化的院(系)为基本单位,有的院(系)围绕某一类学科组建,有的则包含若干类不相干学科,且院(系)间隔离深重。有学者仅以跨学科研究分析了这种结构就存在着组织、制度和资源三重障碍,在这种环境中,学科以一种相对孤立的态势呈现自我点状发展,与其他学科间联系比较松散,学科间相互支撑不足,难以形成发展合力,即便有学科间相互合作的机会,也多因制度、权益等方面影响难以发挥最大效用。因此,有必要改变这种格局,组建支撑型的层次性学科链网体系,形成带头学科、主干学科、主体学科、支撑学科相互支持、相对依赖的格局,如主干学科对带头学科负责,同时受到相应支撑学科的发展支持,从而使各个学科既有对应的服务对象和发展目标,也便于学科间加强合作和交流,共生共荣,汇聚全部学科的力量,提升带头学科发展。

(三)构建灵活的学科发展体

将大学的管理单元由原先的资源要素转变为学科(群),适度将大学的传统职能管理弱化为独立的学科单元管理,并以学科为单位来优化和配置相应资源,这样,学科将成为相对独立的发展体。各个学科发展体的存在要以促进本学科发展为使命和己任,形式上可以采取学科门类下的大学科组织或学科实验室等,也可以是内容相近或相关的一簇学科构成的学科群。

为求得持续性发展,各发展体必须把握学科研究前沿,关注发展动态,关心社会环境变化,适应国家和社会发展需要,并将本体利益与体内组成成员利益紧密结合起来,一荣俱荣,一损俱损,这样体内各种行为容易变为成员的共同自觉行为,以利于集中资源优势。考虑学科实际情况,还需配合学科链网结构确立分层的学科发展体体系,对应于带头、主干、主体、支撑等学科,不同的发展体各安其位,协同并进,同时,结合学科交叉融合、边缘新兴等社会性需要,灵活合并、重组和优化等,以保证其适应性。通过对这种学科发展体的联合管理,可以最大程度扶植和培育优异学科,减少过程中的作用,并带动其他学科实现突破,而这也与诸多世界一流大学的学科发展方式相吻合。例如在20世纪早期,美国加州大学伯克利分校就围绕核物理学科,创设了"大物理学"组织,以一种从未被认识到的学科组织和学科管理方式,使该校物理学科成为世界物理学科发展方向的引领者,并迫使世界物理学科发展的主流按照他们的研究范式发展。

（四）联合外部力量建立特色化的学科高新开发区

高水平学科是高水平的项目、团队、成果、平台等聚合体。资源和投入是学科发展的重要瓶颈,特别是我国多数大学的学科普遍存在投入低、硬件条件弱、成果转化率低等现象,不仅学科发展后起乏力,现有的维持也显艰难,而大学自身的力量有限,在国家拨款一定的情况下,若实现巨额投入和优越条件只能另寻别路。鉴于此,需要"借鸡生蛋",联合外部力量如一些国际知名的高尖端型企业共同建立具有相应特色的学科高新开发区,以企业大型创新型项目为依托,以学科智力创造力为支撑,利用或联合企业建立学科创新平台,包括实验、设备等条件,巧借企业之力发展学科,不仅解决了资金、硬件等问题,也使学科团队的创造力有更好的输出途径,价值得以实现。此外,还可以充分拓展社会捐助等资金筹措渠道为学科发展提供资金支持,比如美国斯坦福大学2003年曾利用1.5亿美元私人捐助建立了詹姆斯·克拉克研究中心等。学科发展不仅需要国家提供必要的经济力量,更多的则要有社会经济基础。

（五）提供必要的支持性倾斜政策和配套管理制度

由于强调学术性管理的学科管理会在一定程度对现有的大学管理体制

产生冲击,因此,无论是部分还是整体,实行学科管理,必要的配套制度、倾斜政策支持是必须的。在最大限度促进学科发展的前提下,这些制度和政策应以规范和解决后顾之忧为主要体现,保证管理的科学性,保证公平客观地对每一位成员的有效付出予以科学承认,并营造出优良的、宽松的学科环境,使学科内外呈现出对学科发展关心、支持、自觉、向上的良好氛围。

现代大学竞争归根在于学科竞争,学科水平的升降反映了大学综合实力的变化。由上所述,学科管理不是学科建设的形式转换,也非枝叶性管理,它是一种全新的目标式、过程化管理,是一类高于各种资源要素管理的学科集聚型管理,强调并确立学科在大学管理中的主导地位,突出学科(群)为基本管理单位,围绕学科发展战略目标,优化配置学科发展资源,要求学科间相融共生,消除隔离与障碍,最终以高水平学科的产生来实现大学的飞越。学科管理之道理应成为现代大学发展蹊径。①

四、学科融合呼唤大学组织结构变革

从科学发展的历史进程来看,所有学科最初都以混沌不分的形态包含于哲学范畴内。从 15 世纪末和 19 世纪初开始,自然科学、社会科学的若干学科分别从哲学中分离出来,到 20 世纪上半叶,最终在大学中确立了自然科学、社会科学和人文科学中若干经典学科独立的学科地位。学科的分化是学术研究深入和细化的必然结果,也有效地促进了科学的发展。但是从 20 世纪后半叶开始,由于研究一些复杂的问题需要多个学科的知识,学科发展又出现了融合的趋势,传统经典学科间的界限被不断打破,学科的边界被重新划分,一些交叉学科(如物理化学分子生物学)和多学科的研究领域(如女性研究、城市研究、脑科学研究)开始大量出现,并且在大学中也逐渐确立了学科的合法性。可见学科的发展从"合"到"分",现在正在走向新一轮的"合"。两个"合"的含义迥然不同,前者是混沌不分的含义,后者是学科融合的含义,即在承认学科差异的基础上不断打破学科边界,促进学科间相互渗

---

① 朱明,杨晓江:《学科管理之道与现代大学发展蹊径》,载《研究生教育研究》,2011(6),12—18页。

透、交叉的活动。

学科融合不仅是学科发展的趋势，也是学术研究产生重大创新性成果的方式之一。据统计，在1901—2008年间，颁发的自然科学类诺贝尔奖（物理、化学、生理学或医学奖三项）中学科交叉的研究成果占获奖总数的52%，在各个被统计的时间段中学科交叉研究成果占获奖总数的比例一直呈上升趋势，最近8年这一比例已达到66.7%。可见，学科融合与交叉是科学研究取得突破性进展的重要途径。

当前中国大学也把促进学科融合作为大学学术创新的重要内容，但是学科融合的推进也存在着巨大的阻力，主要表现为：

1. 学科组织划分过细，且学科组织间壁垒森严，阻碍了学科融合。当前中国大学普遍的组织框架是大学—学院—系。学院的划分是以学科的分裂为准则，一个学科一旦发展成熟，形成独特的知识体系，就倾向于通过正式的组织建制与其他学科划清界限，独立成一个学院或系。于是大学的院系越来越多，越分越细，有的大学仅电子类的学科就分为光电、电子技术、电信与电气4个院系。大学的第一层级的学科组织多数对应的是一级学科，有的对应的是二级学科，因而许多巨型研究型大学的院系数目在30个以上。然而知识的分裂是无穷的，随着学科知识的继续分裂，是不是学院的数量也要相对应地增长下去呢？细分的学科组织对于提高学科的专业水平有一定的积极作用，但也同时割裂了与邻近学科组织的联系，学科组织之间常常是门户紧闭。在学科发展已从分裂走向融合与交叉的时代，极度细分的院系结构成为了学科融合的障碍。

2. 当前的组织结构不利于培养从事交叉学科研究的人才。学科的融合需要学者经常性地在学科的边界开展交叉学科的研究，具有多种学科知识背景的学者更容易将知识通汇交叉，产生创新的思想。而我国当前对于学术人员的培养从本科到博士都是在细化的学院中以专业教育的形式进行的，年轻的学者与其他学科的学生、教师的交流机会十分有限，对其他学科知识缺乏了解，知识的狭隘也让学者在不同学科间的迁徙受到限制。这样的学科组织结构难以培养出掌握多学科知识的后备人才。

3. 我国的交叉学科研究组织不是从基层学术组织中孕育出来的,而是在大学这一层面运用行政力推动,催生出超越各学院的交叉学科研究机构,将一些交叉学科研究的团队纳入进来。但这一组织在人员的归属、考核晋升、研究生的培养、设备的使用等方面和原有院系的关系没有厘清,所以其运作似乎难以突破原有院系框架的束缚,存在诸多的问题,未能发挥出预想的作用。

大学学科融合的各种障碍都指向了大学的组织结构,因此促进学科融合必须变革现有的组织结构。如何变革,既要借鉴国外研究型大学的经验,也要结合中国大学的实际状况。

五、国外大学基于学科融合的大学组织结构

(一)英国大学的学院制与大部制

英国古典大学剑桥和牛津实行的学院制对消解学科组织壁垒、促进学科融合有积极的作用。学院制是一项古老的制度,学院并不是以学科为依据划分的,其雏形是中世纪时社会人士或慈善团体为当时没有固定居所的学生们提供住宿和食物并制定严格的规矩而形成的特殊机构。此后漫长的时间里通过王室、贵族、教会、商人的捐赠,牛津、剑桥分别建立了44所学院和31所学院。每个学院在某种程度上就像一个微型大学,财政独立,高度自治,有自己的校规校纪,有固定的宿舍、食堂、礼拜堂、图书馆、体育设施等,学院还负责本科生的招生和导师制形式下的小组教学环节。

学院不仅是教师与学生休息、社交、教与学的场所,更是不同学科的教师和学生相互交流的平台。学院制的作用是由于学院组织与学科组织的交叉影响,教师和学生都有着双重忠诚与归属,从而阻止了学科组织间分裂的加深。牛津、剑桥大学中的教师和学生具有双重身份——学科人与学院人,他们不仅对自己的学科有强烈的身份认同感,对有着悠久的历史、传统和各种英雄传奇,学习和生活其中的学院也有着深厚的情感。如果只是以学科这一条单一的轴线划分组织,那么学科群落间的裂痕就会非常明显。而师生们却以学科群落与学院群落这两种社群结构组成了交叉的联系,因此学院成为学科组织之间隔阂的平衡机制,缝合了学科组织间的断裂带。

在学科组织方面,很多英国大学实行的是大部制,即将所有的学科组织以跨越学科门类的学科群为依据分成4~6个部门。如牛津大学将学科组织分为4个部,分别为人文科学部,医学部,数学、物理与生命科学部,社会科学部,每个部下面设有若干学系或学院,通过第一层级学科组织的包容性和综合性,促进基层组织间形成学科融合与交叉。在牛津大学的社会科学部下,专门成立了交叉学科区域研究学院,开展针对日本、中国、非洲、拉丁美洲等国家和地区的交叉学科研究。区域研究肯定就会涉及区域的政治、经济、文化等方面的综合研究,所以该学院下属的各区域研究中心除了专职的研究人员,也有许多来自社会学部中人类学、经济学、政治学、历史学、社会学等学院的学者,于是社会学部中的各个院系通过区域研究密切地联系了起来。除了牛津这样的古典大学,如帝国理工学院、爱丁堡大学、曼彻斯特大学以及新兴的华威大学也都是将学科组织划分为几个大部。

(二) 美国大学的文理学院与本科生院制度

美国排名靠前的研究型大学的典型结构是文理学院(包括本科生院、文理研究生院)和专业学院,如哈佛、耶鲁等大学就是如此。专业学院的设置是综合性与专业性并存。有少量的学院以学科群划分,如威斯康星大学农学与生命科学学院;工学院、法学院、医学院、教育学院是典型的按照学科门类划分的;公共管理学院、商学院、药学院则是按一级学科划分的;由于专业学院的定位是培养职业人才,所以也有以二级学科划分的护理学院、社会福利学院、社会工作学院以及非常专业化的视力检测学院。相对于专业学院,文理研究生院则具有极强的综合性,下设所有文理科的学系,譬如哈佛大学文理研究生院下就有33个系,覆盖了人文科学(如哲学、历史学、语言学等)、社会科学(人类学、经济学、社会学等)、自然科学(如化学、天文学、物理学、生物学等)的诸多学科。即使是巨型的州立大学,没有专门的本科生学院,如伊利诺斯、威斯康星大学,也有一个包容多个学科的文理学院,而且大部分的本科生就读于文理学院。将跨越多个学科领域的学科聚合在文理研究生院中与美国通识教育的传统是分不开的,尽管文理研究生院中不是所有的学科都有密切的关系,但是由于这些学科代表的是共同的知识基础,与本科生学院的教学相对应,所以得以一直保持整体。

有的大学如加州伯克利文理学院下有超过 60 个系,也是在文理学院之下分成生物科学、艺术人文、物理科学、社会科学 4 个分支。因此,美国的许多研究型大学中,文理研究生院或文理学院都是最庞大也是最核心的组织,也是以学科群为划分依据、学科综合化程度最强的组织。这样的组织构架便于在文理学院内部形成多学科的交叉环境,也衍生出数量众多的交叉学科研究中心、研究所、实验室。

文理学院中的本科生院对于培养交叉学科研究的后备人才有积极的作用。美国私立研究型大学通常设有本科学院,如哈佛学院、耶鲁学院、哥伦比亚学院等,本科生进入大学后是在一个没有学科研究方向的本科生院共同学习和生活,研究生教育再进入各专业学院和文理研究生院。学生在四年中学习通识教育课程,然后主修一门学科的课程。通识教育不直接导向某种职业的,而是让学生学习共同的核心知识,在进行专业教育之前对知识的全貌有大致了解,成为知识通达的整全的人,而不是过早地成为囿于一个领域的专家;也是培养学生独立的思考能力、批判性的思维以及社会责任感,使学生接受和认同整个社会主流价值观。在本科生院共同学习之后,学生们未来虽然选择了不同的学科,但是学术生涯早期的共同知识、共同经验、共同观念会让他们有交流的基础,宽广的知识背景也有利于学者理解其他学科的知识,同时也为学者在学科间的相互合作创造了条件。美国大学学者本科、硕士、博士的学位不连续的现象很普遍,这些有多学科的背景,曾经置身于两种或者两种以上学科文化的学者,由于能够用多种视角看问题,常常在学科交叉创新活动方面成绩显著。但如果没有早期本科生院的通识教育,学生从一开始就被框定在一个学科组织中,知识和视野都很狭窄,那么不仅对其他学科了解有限,与其他学科的学者难以达成实质性的交流,学科间的迁徙与获得多学科背景也无从谈起,那么要在学科交叉的研究领域取得非凡的成就就比较困难。

(三)德国大学的学部制

1810 年柏林大学创建时,德国大学已基本形成学科组织结构的典型模式，即大学—学部—讲座（研究所）的结构。学部是一个没有实权的组织层级，大学权力的重心在底层的讲座上。讲座教授拥有很大的权力，从学生的录取、课程的设置，到人员的招聘和经费的管理，均由讲座教授一人独立掌控。这种体制有效地保护了教授的学术自由，提升了德国大学的学术水平。但也使讲座制的无限权力和终身制逐渐成为教授树立个人权威和实行个人垄断的工具。讲座之间的门户之见也阻碍了学科的交叉研究和学者在不同讲座间的流动。所以 20 世纪 60 年代之后，德国大学开始学习美国的学系制，取消了讲座教授的特权，将细分的讲座合并为学系。柏林洪堡大学由 26 个系组成，代替了先前那种由 169 个科研所和 7 个学部形成的格局。

然而，20 世纪 90 年代柏林洪堡大学又回归到了大学—学部—研究所的组织结构。其学部的划分主要是以学科群和学科门类来划分的，充分注意到学部下一层级学系间的关联性。譬如数学与自然科学部 1 下设了生物、化学、物理学系；数学与自然科学部 2 下设了地理、计算机科学、数学和心理学系；艺术与人文学部 1 包含哲学、历史、人种学、图书馆与信息科学系；艺术与人文学部 2 主要是各语系的语言和文学研究学系；艺术与人文学部 3 涵盖了社会科学、考古学、文化历史与理论、艺术与欣赏历史、音乐学与媒体研究、亚洲非洲研究、性别研究学系；艺术与人文学部 4 包括运动科学、康复研究、教育研究、教育质量管理学系。

还有一些德国大学在划分学部时将不同学科门类但是有密切关联的学科组合成一个学部，也能有效地促进学科融合和交叉，如慕尼黑大学的数学、计算机科学、统计学部，历史与艺术学部，化学与药学部；海德堡大学的经济与社会科学学部，行为与文化研究学部；莱比锡大学的历史、艺术和东方文化学部，社会学和哲学学部，生物学、药学和心理学学部等；有的学部是由同一学科门类下几个一级学科组成的，如化学与地质学部、物理学与天文学部等。

（四）日本大学的学部、研究科与讲座制度

日本国立大学的组织结构是学习德国的学部制，但日本又将其进行了改造。根据 1918 年的《大学令》"在学部内设立研究科，拥有数个学部的大学可以设立联络、协调各研究科之间关系的大学院"的规定,日本大学的研究生教育在学部中发展起来,研究科附设于学部中,其名称基本上与学部相同。

20 世纪 90 年代在日本研究生院重点化改革中,进行研究生教育的大学院研究科从学部中脱离了出来,教师从归属于学部转变为归属于研究科,文部省对国立大学的经费分配也以研究科为依据,学部成为本科生教育机构。教师们既在研究科做研究,也承担本科生的教学,学部长和研究科长是同一个人。学部和研究科内部的组织结构不同。以京都大学为例,其工学部下设 6 个学科,包括地球工学科、建筑学科、物理工学科、电气电子工学科、信息学科、工业化学科,而大学院工学研究科则下设 17 个专攻专科。这样划分源于本科和研究生教育培养目标的差异。本科生需要相对宽广的知识基础,所以承担本科教育的学部内对组织的划分相对粗略,学生不会刚进大学就被封闭在一个狭窄的学科框架内,而是在学科门类的宽平台里学习共通的自然科学和工学课程,从第二年的后期到第三年初才开始确定进入哪一个学科,重点学习哪个专门科目。这样学生至少对工学门类的共通知识有大致的理解,从而为工学内部的各种交叉学科研究打好基础。工学研究科因为研究活动专门化、精细化的需要,组织划分得更细一些。

学部和研究科的组织划分主要是依据学科门类,最为典型的是法、医、工、农、教、经、理、文学部(或研究科)。一个学部、研究科囊括了这一学科内的所有分支学科,体现了极强的综合性,譬如京都大学的工学研究科就包括了力学、土木工程、环境工程建筑学、交通运输工程、机械工程、电气电子工程、宇宙航空技术、材料学、能源学、化学工程、生物工程等。在研究科中又通过专攻下的讲座制度实现基层组织的学科融合与交叉。日本在 20 世纪 70 年代提出对讲座制进行改革,实行大讲座制,但到 80 年代末才真正得以实现。大讲座制中一个讲座由一个或几个研究方向构成,一个研究方向由一位教授、一到两位准教授或讲师、几位助教组成,并有一个对应的研究室。实际上和过去德国的讲座制有很大差异,并非一个教授控制整个讲座,也并不是只有教授才可以主持讲座,有的讲座或研究方向的主持人就是准教授;

讲座只是作为学术研究和教学的小组而存在，其他的权力如人事权、预算权由大学院研究科掌管。从讲座的设置情况来看，不少具有交叉学科的性质，特别是一些合作讲座，是和其他的研究科或研究中心合作的，譬如京都大学工学研究科微工程专攻，除了基干讲座外，还与医学研究科下属的再生医科学研究所合作开设生物微系统讲座、生物医学模拟工程讲座、纳米生物加工讲座，从而打破了学科的边界，起到了学科融合的作用。

五、中国大学为促进学科融合所进行的组织结构变革

（一）学部制改革

我国大学的组织层级结构一开始是简单的大学—系层级。从 20 世纪 90 年代末开始，由于高校合并后学科数量增多，大学扩招后系的规模增大，大学的系纷纷升格成了学院，在学院下面再分成几个系。没有升格成学院的系，成为与学院平行的院级系。院系数量越来越多且壁垒森严，为了促进学科的融合和交叉，浙江大学、北京大学、武汉大学等知名大学开始尝试实行学部制，在已有的院系结构不改变的情况下，在院系之上建立一个比较虚的学部，而且还特别强调学部不是行政单位，不设行政级别。实行学部制之后，院系被合并成 6～7 个学部。表面上看横向的学科组织单位少一些了，但其实真正实体性质的院系组织的壁垒并没有被打破。学部以下的这些数量众多的院系还是各自为政。对学生和教师来说，仍然工作、学习、生活在狭窄的院系组织内，缺少学科文化的交流。大学将一些权力下放到学部，使学部在重大项目组织、人才引进、职称评审、学术评价和推进社会科学国际化等方面发挥积极作用。可是既然权力可以下放，为何不下放到院系一级呢？也许最初的设想是让学部这一层级的学术权力在没有行政干预的情况下发挥作用。但是学部作用的发挥必然让下面的院系成为最终的执行者。而多一个层级就意味着多一层矛盾。在利益不一致时，作为行政组织掌握着权力与学术资源的院系是否愿意执行学部的各种计划？一个学部管辖几个不同的学科院系，学部的主任会不会偏向自己所在的学院，而无法公平地对待其他学院，又在院系之间造成矛盾呢？虽然规定学部一级不设行政级别，但已设有学术委员会、学位委员会、教学委员会、人力资源委员会、党委、学部

办公室等组织,似有成为事实上的行政层级的态势。如果学部果真是虚体的,如何在极度行政化构架的院系之上发挥其作用将成为难题,而学部若能够压倒院系的行政权力领导院系,学部本身是否已经变成新的行政层级了呢?

真正阻碍学科交叉的是院系这一层级的学科组织壁垒,但是学部制的改革恰恰没有触及这点。虽然中国细分的学科组织与大学行政框架相结合后,要进行合并存在诸多困难,但是如果保持现有的院系框架不变,任何其他的改革对促进学科融合和交叉的效果会大打折扣。因此对大学组织结构的调整不是增加或实或虚的组织层级,而是对现有学科组织进行整合,尽量以学科群和学科门类为依据,创建人文学院、理学院、医学院、工学院这样的大学院,让大学之下的第一个层级包容更广泛的学科,下设多个系,在各个系之间广泛地开展学科融合与交叉。若产生了新的交叉学科,也可以灵活地允许其成为交叉学科研究中心,而不是在学院这一层级上不断地增加新的学科组织。

（二）建立交叉学科组织

我国大学交叉学科组织的建立有别于国外大学。国外大学许多交叉学科组织是从大学基层学科组织中发展起来的,在包容多个学科的第一层级的学科组织中各学科自然融合、交叉,成立各种交叉学科组织,只有少量非常大型的实验室和横跨了多个学院的研究中心才需要大学学术副校长的统筹协调。我国大学由于第一层级学科组织的综合化程度低,学科单一,一条路径是建立大型的国家重点实验室,另一条途径是在大学层面建立特殊的交叉学科研究院,经过筛选让若干个交叉学科研究团队进入其中。它既非学科组织,也不是职能部门,所以通常由大学行政部门单独管理。这些交叉学科项目将不同院系相关学科的教师和学生联系起来,让他们有了交流与合作的平台。但是在运作中也存在不少问题:首先,科学研究需要一定的设备支持,交叉学科研究院本身没有实验设备,所以每个团队都不得不依托原有院系的实验设备做研究。在大的项目分解之后,真正的研究其实是在各个学院中完成的。其次,我国大学是在一个行政组织框架中运行的,交叉学科研究院的学者在行政上仍然归属于某一学院，其职称晋升、工作考核、招收研究生和人事管理都在各个院系，学者的身份认同感还是在各个学院，很难真正融入到交叉学科研究院中。第三，大学虽然以交叉学科研究院的名义招收博士生，但是博士生学籍在各个学院，达到博士学位要求必修的一定数量的专业课的学习以及日常的各种管理也在各个学院。人才培养还是以学科组织为单位，并没有形成真正的跨学科培养模式。因此，交叉学科研究院也必然呈现出虚体化特征。

因此，以国家重点实验室的建设为契机发展交叉学科组织是一举两得的有效举措，但是国家重点实验室毕竟数量有限，且主要针对自然科学与工程科学。其实真正普遍而且自然的学科融合更多地发生在学术基层组织，所以应该尽快促成学院这一层级学科组织的综合化，而后在学院中建立联系多个学科的交叉学科组织。但是由于我国学科组织长期分裂，已形成了森严的组织壁垒，所以大学层面的统筹协调也不可缺少。所以未来应该改进大学层面运作的交叉学科研究院，譬如在团队的选择上，聚焦于几个共同主题下有关联的研究团队，而不是许多不同方向的研究团队，这样便于将设备仪器、图书资料、研究人员等有机地整合在一起；加大对于交叉学科团队的资金投入，鼓励其开发交叉学科的课程；聘请专职的研究人员，让这个虚体型组织更具实体化特征。

第五章
教育问责制的基本路径

"问责"(accountability)一词是舶来品,在韦伯斯特(Webster)的词典中"accountability"的意思是给出理由,提供说明。它的词根"account"包含报告、对某种行动做出解释,给出理由、原因、根据、动机的说明,或者仅仅是简单的对事实和事件的描述等意思。问责制的基本要素可归纳为:谁负责、负什么责、向谁负责、通过何种方式、结果如何。

问责制最初被广泛地用于金融领域和管理领域,20 世纪 80 年代以来,问责制被引入到教育领域,在英美等国的高等教育管理中被广泛应用,并日渐成为一种普适性的全球高等教育管理话语。其主要的功能是:加强高等教育机构的合法性;保持和提升教育机构行为的质量,并从外部给予适当评价;作为被控制的手段,通过要求解释使教育机构达到标准;通过对过去行为进行解释并预测未来,从外部对教育机构进行影响,保证政策和指令的一致性。由此可知教育问责制关注教育质量,注重认证和绩效。高等教育问责制是一个与效率、效益和绩效评估相关的概念,它要求通过有效的方式证明高等教育取得了预期结果和绩效。

问责制要求政府或公共服务组织(包括高等教育机构)做到至少以下六个方面:① 必须证明他们使用权力适当;② 必须表明他们的工作完成了既定任务;③ 必须报告他们的成绩;④ 公共管理的两个"E",效率(efficiency)和效果(effectiveness),需要解释他们使用的资源(resources)和创造的成果

（outcomes）；⑤必须保证工程的质量和提供的服务；⑥必须表明他们服务于公共需求。由于高等教育独特的目的、学生的管理和培养对象的不同，后五个方面的内容代表了对高等教育较高的需求。①

自 20 世纪 80 年代以来，高等教育质量保障就一直受到世界各国的重视。高等教育在社会经济发展中所起到的作用越来越重要，其所承担的社会期望也变得越来越多，因此高等教育成为社会关注的中心之一，也成为政府和社会公众关注的焦点。高等教育问责制得到前所未有的强调和重视，有学者称高等教育改革进入"问责时代"。

教育问责制在我国的兴起与发展是顺应国际教育改革趋势和国内行政问责实践向教育领域扩展的结果，也是我国保障教育质量、强化教育责任、提高教育资源利用效率和推进教育管理体制改革的需要。当前，我国高等教育问责制在实施当中面临着许多问题，或许，从英国等西方国家高等教育问责制的实施中，我们可以得到一些启示。

第一节　国外高等教育问责制

一、西方教育问责制的问责方式

根据坎尼斯·雷斯伍德（Kenneth Leithwood）的归纳，西方教育问责制的问责方式主要有四种：市场问责、分权问责、专业问责、管理问责。这些方式都有自己的理念和假设，以及相应的问责工具，而问责的层次、对象、主体、后果也不同。

---

① Josepb C. Burke. The many faces of accountability. ［EB/OL］http：//www. rockinst. org/pdf/education/2004-10-achieving_accountability_in_higher_education_balancing_public_academic_and_market_demands_chapter one. pdf 2010-3-1.

（一）市场问责

对于教育问责制来说，通过市场问责增加学校基于学生的竞争是当前最普遍的做法。在美国、加拿大、澳大利亚、新西兰以及欧洲和亚洲的部分国家，促进竞争的工具包括开放学校系统内部和彼此之间的边界，允许学校选择、学校私有化计划、特许学校的创建、技术学校及其他教育实体等。一些国家也通过改变投资学校的路径，将钱直接给予学生（教育券），以此来促进竞争。这些工具通常被加以综合运用，将不同方法结合起来促进竞争。市场问责的目的是想将学校从内生型组织转向外向型组织，用卡尔松的话说就是"从不必自己准备'草料'，只通过学生日常平均入学率就可收到所有投资的组织转变成为生存而争夺和竞争资源的组织。一个外向型组织将以顾客为导向，并通过交流、产品设计、适当的价格和及时地传递服务来满足目标市场的需要"。

（二）分权问责

利用决策的分权和下移来增加问责，主要的目标就是在学校治理结构中使原来没有被重视的家长或社区居民等其他利益相关者的声音受到重视。

校本管理就是用来实现这一目标的典型手段。其基本假设是学校中的课程应该直接反映家长和当地社区的价值和偏好。在社区控制的校本管理背景下，学校专业人员和家长代表共同承担着做出解释或说明的责任，家长和社区居民则是他们首要负责的对象。而他们要说明的是那些分配给学校委员会的决策事项（包括预算决策、人事决定等）。他们要证明做出的决定是正当的，否则问责后的不满意可能会导致学校委员会中的家长代表的更换。在某些情况下，委员会可能会扩大决策权，新当选的成员也可能会改变由原来委员会成员做出的决策。决策权的下移可能根植于公共机构更广泛的改革策略，即彼得（Peter）所说的新管理主义。彼得认为，新管理主义强调"分权、自由、授权"。当然各国的具体做法有很多不同，但胡德（Hood）认为，他们都共同强调以下几个转变：（1）从政策的形成到管理和机构设计；（2）从过程到结果控制；（3）从组织的一体化到差异化；（4）从中央集权到分权。

（三）专业问责

专业问责有两种问责策略：（1）校本管理中专业控制模式的实施；（2）包含在席卷教师和管理者的标准化运动中。两种策略所共有的信念是学校的专业化将为产出的增进做主要贡献。但具体而言，又因为他们直接关注的实践不同而不同：在校本管理的专业控制中它所关注的是学校层面的决策，而标准化运动所关注的是教师的课堂教学和课程实践活动。专业控制的校本管理增加了教师在学校决策中的权力，同时也让教师承担了更多的影响学生的责任。这种校本管理的目标是在关键决策比如预算、课程和人事上更好地使用教师的知识。

与校本管理相关的学校委员会有很大的决策权，而这个委员会是由许多团体的代表组成，其中教师占有最大的比例。从教育问责制框架来看，教师作为一个群体，要就学校全面的绩效（效果和效率）对家长、学生、地方政府负责。这种问责可能是在证明的层次上，结果是不清晰的。如果外部有一个选择系统存在，那么其后果可能直接危及学校的生存。而在没有选择系统的背景下，后果可能就是失败所要面对的来自家长和学区中的压力等等。专业领域的传统问责方法强调政府对职业准入的控制。

一个完整的问责系统既不是由专业教学也不是由管理标准构成的。厄班斯基（Urbanski，1998）提出了一个更综合的专业问责系统，其中包含同时也拓展了这些标准。他认为："一个专业系统要包括确保专业知识为基础、顾客导向的实践方式。要通过政策、实践、安全保障、激励的创造来：（1）鼓励对学生的奉献精神；（2）确保个体可以胜任的实践能力；（3）让知识成为实践的基础；（4）作为实践者的教师要继续寻找发现最好的行动路径。"厄班斯基认为，教师应有效地识别和适应学生个体的需求，以专业标准为基础开展实践：不断地评估或者利用从家长、学生或者同事那里得到的信息以及不同方面反馈回来的资源，力图使他们的工作更好地满足这个目标。寻找新的知识和信息；不断设计策略更好地满足学生的需要。而学校和它的治理结构要解决：资源分配的平等，采用反映专业知识的政策；建立支持教与学的组织结构；创造问题识别和解决过程以便评价和改进实践；对学生、家长、职员的关注点和想法作出回应。

（四）管理问责

管理问责包含创造目标导向、通过介绍引入更多的理性程序来建立有效学校的系统努力。隐藏在这种方法后面的假设是当前的学校结构基本没错，但它们的效果和效率都需要提高，以便在选择目标时更具有战略性和计划性，在完成这些目标更多用信息导向的方式。它包含各种各样的程序，如区域层面的战略计划、学校促进计划、学校发展计划、追踪进步的多样化程序。管理问责的使用中，组织更多的是作为一个整体来承担责任，而且更多的责任附在校长的肩上。学校和它的管理者直接对上一个组织层级负责，比如校长要向学区监督员汇报。正当性证明是学校实现目标绩效的问责层次。管理问责的结果包括晋升、降级、管理干预和调职，而在非学校组织中，物质刺激和奖励更普遍。[①]

二、美国高等教育问责制

（一）美国高等教育问责制发展概况

萌芽时期：19 世纪 60 年代至 20 世纪 60 年代中期。诺林·维弗尔（Norlin—Weaver）认为美国教育问责运动根源于 19 世纪，因为当时的教育改革者及学校行政人员已开始着手建立类似联合委员会的组织，以致力于改善中小学教育。[②] 1957 年，苏联发射了世界上第一颗卫星 Sputnik 号，由此引发了美国举国上下的震惊和恐慌，他们深感美国所拥有的国际竞争的优势受到了威胁。1958 年，美国通过了《国防教育法》，决定加强科学、数学、英语等课程的质量，同时加大对地方的财政拨款以期改进教育质量。同时规定，接受补助的地方必须向联邦政府呈交报告，说明经费使用详情和所达到的效果，以此来督促地方政府将拨款用到实处，并达到预期成就。许多学校因此开始对教学质量进行评价，教育问责制初见端倪。

初步发展阶段：20 世纪 60 年代中期至 70 年代末。1965 年美国国会通

---

① 刘兴春，刘文萍：《教育问责的方式》，载《外国教育研究》，2009(9)。

② 吴清山：《教育绩效责任研究》，台北，台湾高等教育出版社，2002，45—46 页。

过了《初等和中等教育法案》，该法案规定，联邦政府可通过财政拨款这种形式对学业成绩不好的学区的学生进行补偿教育，接受补助的学区每年按年度作出评价和报告，同时把年度结果以报告形式递交上级政府。由此可见，与《国防教育法》相比，《初等和中等教育法案》更具有了教育问责制的特征。因此，学者们趋向于把 1965 年《初等和中等教育法案》的诞生作为现代教育问责制的起点。20 世纪 60 年代晚期，莱森格（Leon M. Lessinger）教授担任联邦教育总署副署长，大力提倡教育问责制，使得教育问责制受到进一步关注。1970 年，其发表了著名的《每个孩子都是胜利者：教育问责制》（*Every Kid a Winner：Accountability in Education*）一书，从理论上对教育问责制进行了阐述，详细分析了教育问责制系统的运作，力陈其益处。因而，此书也被誉为教育问责制史上的"圣经"。莱森格认为，教育问责制就是一套个体的行为责任，这套行为责任如果能适当履行，便可以获得更好的效果，并能够降低成本。自此以后，有关教育问责制的研究迅速在美国发展起来。由于 20 世纪 60 年代进行的教育改革不尽如人意，教育受到各方面的批评，由此，联邦政府推行最低标准的问责行动准"问责运动"以回应公众呼声，主要要求学校为学生的读、写、算方面的能力负责。同时，为了确保教育问责制的有效实施，许多州以立法的形式把教育问责制固定下来，截止到 1979 年，共有 31 个州制定了法律。

教育问责制的新时代：20 世纪 80 年代中期至今。美国高质量教育委员会于 1983 年发表了著名的《国家处于危险之中》。该报告指出美国学校教育存在的几大隐忧，分别是学生工作技能和思考能力降低、阅读和写作能力的降低、学业性成绩的降低及国际性学业成绩测验的表现落后于其他先进工业国家。该报告发表之后，引起了美国举国上下的震动，并直接推动了问责制的发展。进入到 20 世纪 90 年代，美国教育问责制发展到了一个高峰期，联邦政府对于全国教育质量的监控通过财政拨款和立法的形式明显加强。尤其是几个重要的法案，其中包括 1999 年克林顿政府制定的专门《教育问责法案》的《学童教育卓越法》，以及 2001 年布什政府制定的《不让一个孩子掉队法案》，都强调地方政府和学校的责任及相关措施，从而把教育问责制提到法律的高度,并进一步使教育问责制在全国范围内得以推广。

(二)美国高等教育问责制的组织保障

高等教育问责制作为美国高等学校管理的一项重要手段,在促进美国高等教育健康优质发展、保障高等教育利益相关者的利益等方面发挥着不可替代的作用。同时,美国高校的院校研究及其组织机构也为美国高校能够有效地践行问责制提供了坚定的组织保障和实施路径。

在美国,院校研究机构名称虽然各异,如院校研究办公室(Office of Institutional Research)、院校研究、评估和信息办公室(The Office of Institutional Research,Assessment & Accountability)、学校效能研究室(The Institutional Effective Office)等①,但其主要职能之一就是按照要求向州高等教育委员会(SCHE)、美国高等教育综合数据系统(IPEDS)等提供报告,向非政府组织如美国大学教授联合会(AAUP)等提交报告,向公共出版社、媒体提供信息用于排行和信息公布,同时也接受资金捐助人和社会公众的咨询。②

表 5-1　美国部分大学问责制职能列表

学校名称	执行机构	问责制职能说明
肯塔基大学	院校研究、规划和效能办公室	收集和分析数据并向校内外利益方提供有用和有效消息
中田纳西州立大学	院校研究办公室	作为校方信息源向联邦、州、地区相关机构、媒体和其他外部公众提供数据信息
普罗里达州立大学	院校研究办公室	受联邦、州相关机构、媒体等委托进行自我调查,对外进行责任汇报和信息交流
布利基沃特学院	院校研究和评估办公室	信息汇报:应外界要求收集、整理学校相关数据进行信息发布

① 刘兴春,刘文萍:《教育问责的方式》,载《外国教育研究》,2007(3)。
② http://www.wm.edu/id/refinition_of_ir.htm.

（续表）

学校名称	执行机构	问责制职能说明
堪萨斯大学	院校研究和规划办公室	提供准确信息和分析，满足"顾客"需要
明尼苏达大学	院校研究和报告办公室	收集处理数据，为学校决策、政府机构和外界提供信息，保证信息的真实性
北爱荷华大学	院校研究办公室	向外界利益相关方负责，经自我调查，提交信息报告

资料来源：冯遵永，《美国高等学校问责制研究》，华东师范大学硕士学位论文，2006，28 页。

（三）美国高等教育问责制的实施路径

美国各个高校实施问责的途径和内容各不相同，在此，重点考察和总结美国高校的普遍做法，描述美国高校践行高等教育问责的一般做法和实施路径。

1. 校情说明书

校情说明书主要是向学校投资者提交信息报告，采集当前学校运行的准确数据，以年度纲要的形式向校内外公开发布，其数据信息也供各方评估机构使用，另外也可以作为学校的介绍，用于招生等目的的使用。以肯塔基大学 2004—2005 年度情报说明书为例，其主要说明内容有：学校的一般情况（General Information）、行政组织（Administration）、学位情况（Degrees）、学生（Students）、教师（Faculty）、行政人员（Staff）、预算（Budget）、政府拨款和项目资金（Grants and Contracts）、图书馆（Libraries）、校友（Alumni）、体育设施（Physical Facilities）、评估方法（Evaluation Form）等情况。①

---

① http://www.louiswille.edu.

表 5-2　肯塔基大学年度情报说明表

序号	内　　容	
1	校长致词	
2	肯塔基大学的远景及宗旨	
3	入学情况	① 入学总数及各类学生数字
		② 男女生及各类生源数及比例
		③ 按种族划分学生数及比例
		④ 申请、录取及注册学生数及历年对比
4	一年级学生总览	① 毕业学校类型
		② 历年数据对比
5	保持率和毕业率	① 第一学年——第二学年保持率及历年对比
		② 按种族划分毕业率及最近六年毕业率对比
6	学位授予情况	① 学士学位、硕士学位及博士学位授予数及历年对比
		② 各院系、专业学位授予数
7	学费	① 各类学生学费
		② 历年学费对比
8	教师和行政人员	① 各类教职工数及比例
		② 按种族、性别划分教职工数及比例
		③ 各类职称教师数
9	校友和学生来源地分布	① 本州以县划分校友数
		② 本州以县划分学生数
10	教师薪水	① 各类教师薪水、平均薪水及历年对比
		② 基准对比
11	预算收支情况	① 资金收入细目
		② 资金支出细目
12	私人捐助	捐助来源及历年对比
13	政府拨款和项目资金	各级政府及其他拨款、项目基金数及比例
14	科研投入情况	科研资金数及历年对比
15	学校基金	增长数及历年对比分析

（续表）

序号	内　容	
16	教授数字统计	历年教授数及对比
17	新增设施投入	已建、拟建设施资金来源及完工期限
18	学校设施面积分布情况	各类校园设施占地面积
19	一般设备账目明细表	各类设备资产额及投资数
20	图书收藏情况	各类资料总数及说明
21	基准院校	
22	行政机构总览	
23	行政组织	
24	董事会构成	
25	学校及领导人历史变迁	
26	肯塔基大学的价值观	

资料来源：冯遵永，《美国高等学校问责制研究》，华东师范大学硕士学位论文，2006，30 页。

2. 美国高等教育综合数据系统报告

美国高等教育综合数据系统（The Integrated Postsecondary Education Data System）是由美国联邦教育部主持建立的一个标准化的高等教育数据库。根据美国有关法律规定，所有美国高等学校必须向 IPEDS 提供有关数据和信息。其系统设计旨在收集从事中学后教育的各类组织的第一手数据资料。IPEDS 对于美国中学后教育给与了详细的阐释，即为结束义务教育后接受高等教育的学生提供正式的专业指导和培训，其主要课程设计必须具有针对性、科学性、系统性。其数据指标复杂，主要涵括了可用于显示大学、州、国家在中学后教育的办学行为和倾向。主要包括：院校特征（Institutional Characteristics）、秋季入学人数（Fall Enrollment）、学位获得人数（Degree Completion）、毕业率调查（Graduation Rate Survey）、教师薪水调查（Survey of Faculty Salaries）、院校财务调查（Institutional Finance Survey）等。针对以上调查，出于学校信誉，美国高校都要如实进行调查和反馈。

3. 共享数据

共享数据(Common Data Set)是由美国媒体和美国高校合作共同收集和整理的数据信息,目的是为了向媒体提供精确的数据,提高高校对外信息发布的质量和连续性,并减轻高校向公众汇报的压力。共享数据是美国高校内部管理的系列标准数据和数据分析,以供高校和媒体共享。在数据的收集过程中,许多媒体是通过发放调查问卷,要求高校提供数据和分析,然后媒体把这些数据用于调查研究。院校自我调查所形成的信息文本同时也对外公开发布,也备其他高校同行参照使用。主要内容有:一般信息、入学和保持、新生入学、转学、接收、专业提供和政策、学生情况、年均消费、财政资助,教师结构和班级规模、学位授予等。

4. 学校效能报告

美国政府要求高等学校有责任成立专门对于学校效能进行评估的机构,使得学校能够与美国高等教育委员会的标准和要求保持一致。如南卡罗来纳州要求所有高校必须于每年的 8 月 1 日前向州高等教育委员会递交学校效能报告,其主要内容分为专业和教学两部分。专业报告包括课程建议计划、专业方向、成功的转学学生、中期报告,以及政策和措施保障是否能够保证学生的专业和技能学习满足和支持州经济发展而对于技术人力资源的需求。教学报告包括通识教育、转学学生的学习成就,以及政策和保障措施是否能够保证学生的专业和技能学习满足和支持州经济发展而对于技术人力资源的需求。[①]

三、英国高等教育问责制的实施——以伦敦帝国理工学院为例

(一) 英国高等教育问责制的概况

英国高等教育问责制度与美国有一些相同之处,但由于两国政治、经济和教育体制等方面的差异,因此又各有特点。20 世纪 70 年代以来,英国在深度和广度上都进行着教育的大变革。英国高等教育政策表现出注重效益与强化质量,目前已形成了独特的问责制,表现出不同的特点。从 20 世纪

---

① 冯遵永:《美国高等学校问责制研究》,华东师范大学硕士学位论文,2006,28—32 页。

80 年代开始，英国开始强化对高等教育的问责。各级政府即撒切尔政府、梅杰政府、布莱尔政府和布朗政府都在大刀阔斧地对高等教育进行深层次的改革。各级政府与高校之间的关系发生了改变。问责制在高校中逐渐建立并完善起来，也发挥出日益重要的作用。英国问责制总体上呈现出的特点可概括如下：

1. 英国高等院校重视教学质量

英国高等教育非常重视教学质量。首先从政府部门看，1991 年梅杰政府发表了一份白皮书《高等教育：一个新的框架》，该白皮书第五章专门论述了《保证教学质量》问题，提出了多方面的保证教学质量的措施，成立质量保障局，负责大学教学质量评估，对教学质量进行审查。其次，从对高等教育质量保证不同层面上看，通过大学自身制定发展与战略报告、学习与教学及评价报告，进行年度教学质量评估、阶段性评估，选择优秀的师资，学生问卷反馈等一系列措施，进行内部质量控制。另外，还有社会层面对大学进行的质量评估。

目前，英国高等教育教学质量的保证由大学自身负责。英国高等教育质量保障责任从教师个人到大学，从大学到国家，从国家又回到大学自身负责这样一个演进的过程，实质上是高等教育质量保证机制的深刻变革。伦敦大学教育学院罗纳德·巴内特（Ronald Barnet）教授认为，过去 20 多年来，英国高等教育教学质量的责任意识经历了一个演进的过程。最初，质量问题首先由大学提出，由于学生数量增加而政府的经费投入相对减少，大学教学质量难以保障，因此提出增加经费投入。但是，大学的呼吁不仅没有使政府增加投入，反而增加了政府和社会对大学是否能够提供好的教育质量的怀疑。面对大学的信任程度日趋下降，政府担负起评估教学质量的责任，为此建立一套评估系统，以便通过评估结果证明自己的投入是有良好绩效的。由于外部质量评估效果很差，没有可信度，且成本巨大，受到各方面猛烈批评。因此，2002 年，通过改进评估方法，把质量保证的责任落到院校自己身上，外部评估主要是确认院校内部质量保证体系的有效性。

当前，我国高等教育规模急剧发展，政府和社会对高等教育质量也越来越重视。高等院校是国家拨款单位，近几年高等教育实行收费之后，社会越来越关注高等教育质量。另外自 2003 年非典时期的"问责风暴"以来，问责制度开始在我国发挥作用。高等教育问责制已初步建立，但是最初主要关注的是院校是否诚信地利用了外部社会相关方给予的资助和资源，院校是否忠实地履行了其应有的职责。而这些问责恰恰又影响高等教育教学质量，因为问责制使教师和学校更加关注科学和研究，并且这些都与教师聘任、晋升有直接联系，使更多教师过少地关注教学，以至于教学质量反而下降。因此，应该明确大学教师、学生、高等学校、政府和社会等方面各自的定位及其在高等教育教学质量方面的责任，注重发挥大学教师和高等院校自身在质量保证方面的主动性、积极性。

2. 形成了高等教育品质保证系统

英国形成了多元化、多层次的高等教育品质保证系统，品质保证的专业机构和高等教育机构分工合作，由此使得英国优质的高等教育体系得以顺利进行。

表 5-3　英国高等教育品质保证系统之构成要素

过程	执行单位
内部品质保证程序	大学或学院，包括校外审查委员与内部方案的核准与检视
机构层级品质检视	高等教育品质保证局（QAA）
专业认证	专业与法定团队
研究评鉴	采同行检视的拨款组织（RAE）

资料来源：HEFCE(2005)。

由该表可知，英国高等教育品质保证制度大致可分为机构内部的品质保证程序与机构外部的品质保证机制两项。

（1）法定专责机构

英国在 1992 年的《扩充与高等教育法案》中，授权各拨款委员会组成"品质评鉴委员会"（Quality Assessment Committee，QAC），以评估高教机构对所获得的公共补助之运作绩效。除了各校内部自我品质控制系统外，来自机构外部的评鉴制度可分为两种：一是研究评鉴（research assessment），亦为目前 HEFCE 分配研究经费的主要依据,自 1986 年以来,每四到五年即执行一次,最近一次是在 2008 年举办的;二是学术评鉴(academic review),由"高等教育品质保证局"负责办理,目的在检视高教机构内,各学科领域之教师教学与学生学习品质,以及高教机构是否尽到维护课程品质与管理学位授予之责任。

高等教育品质保证局可以说是英国目前与大学教学品质最攸关的专责机构。"全国高等教育研究委员会"在其发表的《学习社会中的高等教育》报告书(狄林报告书)中建议英国政府应对现有的品质评鉴机制进行整合。为回应报告书的建议,英国教育与技能部将前述"品质评鉴委员会"与"高等教育品质评议会"加以整合后,另成立了"高等教育品质保证局",由其负责高等教育机构的教学品质与标准的审核工作。

当前,我国高等院校在问责制方面还没有建立起一个常设的机构和制度,只是在发生问题以后临时处理,平时无法处理各界人士对于高等教育机构的问责。长期以来由于受计划经济体制的制约,我国高等教育明显带有中央集权制的特点,表现在问责方式上,重视政府自上而下的行政问责。在社会各界都关注高等教育的今天,需要建立一个正规的问责机构来处理教育界、知识界、产业界和用人部门对大学的教学质量、办学水平、社会贡献、投资与效益等方面进行的问责。

(2) 高等教育机构本身

英国高等教育机构的内部品质保证程序是大学教育品质的重要保障,评鉴的方式包括由课程负责人提交课程实施情况报告、外部审核者的评价意见、教职员工和学生的回馈意见、外部专业评鉴机构的评价报告以及毕业生及其雇主的满意度等,该评鉴结果对改进教师教学和提高学校品质具有重要作用。

我国法律明文规定校长为学校的最高行政首脑,对内负责全校日常性的管理决策事项,对外代表学校。但实际上高校的权力过分集中于党委系统,校长及其行政系统成为了执行党委决策的执行机构,校长处于有责无权的尴尬境地,而党委由于缺乏相应有效的监督反馈系统,造成了有权无责的现实情形,降低了管理决策的效率和效益。

（二）帝国理工大学学院问责制实施

帝国理工学院,简称帝国理工（Imperial College）,成立于 1907 年,通过皇室特许（Royal Charter）而建立的,当前是四个机构的联盟（the Royal College of Science,the Royal School of Mines，the City and Guilds College, St Mary's Hospital Medical School）,曾是联邦大学伦敦大学的一个加盟学院,在学术和财政上均享有一定的自主权,于 2007 年 7 月正式脱离伦敦大学成为一所独立的大学。帝国理工学院是一所专精于科学技术和医学的大学,主要包括工程学部、医学部、自然科学部和帝国商学院四个大的学部,另外还有人文学系等。学科设置涵盖理学、工学、管理学和医学,以及在语言、科技史和交流方面提供服务的人文科学等领域。[①] 在 2010 年《泰晤士报》英国大学排名中列第三,仅在牛津大学与剑桥大学之后。在欧洲大学排行中也名列第三。在 2009 年《泰晤士高等教育增刊》全球大学排行榜中名列第 5 位。其中,工程与信息技术学名列欧洲第 2 位,世界第 6 位;生命科学与生物医学名列欧洲第 3 位,世界第 17 位;自然科学名列欧洲第 3 位,世界第 10 位;商学院 MBA 在欧洲名列第 14 位,世界第 31 位。[②]

1. 学院内部的问责制实施

（1）组织机构

帝国理工学院依据公众生活标准委员会制定的原则（如无私、完整、问责、率直、诚实、有领导能力等）管理各项事务。理事会、法院、评议会是学院的三个独立的实体,分别有各自的功能和责任。

理事会是大学的管理和执行实体,对学院的财务、财产、投资和一般事务负责,设定一般的战略方向。理事会有 23 名成员,大多数是业外人士,包括主席、副主席,也包括学院教师代表、学生代表。

法院征集一些关于学院的事务,正式接受一年一次的学院的年度报告和审查财务报告。学院组织机构的改变在向英国枢密院（the Privy Council）

---

① 资料来自 http://www3. imperial. ac. uk/.

② 资料来自 http://school. uker. net/publish/content. php/83,0. html.

提交之前,应获得法院的批准。法院有大约 160 个成员,大多数来自学院外部,由代表教育、研究、国际、区域和当地利益的相关实体任命,也包括学院的教师和学生代表。

评议会是学院的学术权威,作用是直接管理学院的教学工作。学院的主要学术和管理官员是院长,向理事会负责,主要负责维护和促进效率,保证学院秩序。

(2) 财务管理

帝国理工学院制定了财务条例,明确了财务管理的责任。财务主任负责准备每年一次的财务计划,经院长推荐,理事会批准。同时还负责准备财务预测,提交给 HEFCE。每年的财务资源依据院长的推荐进行分配,财务主任负责准备每年的年度预算与资产规划,并报管理委员会考虑。通过管理委员会同意,预算方法被分配到学院的每个领域。预算持有人负责资源的使用经济、效率和效力。一年中,必要的情况下,财务主任负责向管理委员会提交修订预算,并获得批准。在同意的预算内进行收入和消费的控制,预算持有人对他们的收入和消费是否符合预算负责。严重偏离已制定的预算目标必须立即由学系主任向财务主任报告,如果必须,立即采取措施进行改正。财务主任负责维护预算持有人的记录和他们的预算分配。一切在预算持有人控制范围内,对预算权威来说是发生变化的地方,预算持有人有责任向财务主任报告。

(3) 内部审查

在帝国理工学院网站公布的内部审查的是审查员、审查目的、审查工作等相关内容。总结如下:

学院账目、财务、其他与 HEFCE 要求相关的活动,与学院财务细则相关的活动,均由内部审查员进行连续的每天一次的检查,向秘书报告,秘书向理事会进行报告。

审查的目的是通过执行独立的评估和风险分析控制机制,通过推荐提高这些活动的效力和效率,且在管理控制的基础上执行,提供一个学术和管理等各方面的服务。这个目的的结果有:① 评论和评估账目、财务及其他控制方面(包括现有的和计划的)公正、适当的应用,通过内部控制促进合理成本的效率和效力。② 确保达到已制定的政策、计划和程序的水平。③ 确保学院资产的效力,防止各种形式的丢失。④ 确保学院内部各种管理数据的可靠性。⑤ 执行专门的调查。

然而在审查的过程中,首先要考虑风险管理、控制和管理安排是否符合风险管理规则,评论安全管理、效率、经济、效力等各个方面是否符合已制定的标准。这个评论将证实采取的这些必要的措施所达到目的是受到管理的。特别在关于风险问题上,学院风险管理政策(the College's Risk Management Policy)规定风险管理被定义为计划和系统化处理方法进行风险的鉴定、评估和控制。通过风险管理减少发生风险的可能,通过实现控制机制限制有风险的后果。审查是建立内部控制的管理责任。内部控制包括财务和运作方面的整个控制系统和方法,是减少风险和影响,保护资产,保证效率,鼓励执行学院的政策和指令。为了执行审查的作用,审查由管理实体依据财务条例委派,全面接触学院的前言、记录和文件,有权评论任何的事务要求和接受任何必要的解释。

审查工作的范围。与审查委员会同意的风险基础的战略计划相一致,内部审查检查整个学院的制度,控制:① 所有形式的合约与资金消费;② 征集和收集收入细目;③ 管理和运作消费。在检查中,通常按程序完成某一方面的审查,可能是一个学系或中心管理部门。在计划之中,这个审查过程将被学院风险登记处所关注。

管理部门发现或怀疑一个异常或可能发生的情况与财务条例不一致,他们会立即通知学系主任或部门主任。现金、支票或其他资金丢失,异常透支或消费,错误使用或资产丢失等相关事件,管理审查会马上被通知到。发生这些事情的调查首先在于审查。管理审查会适当考虑,并采取必要的调查。其目的是为了提高运作效率,保卫和防止风险,维持内部控制的完整性。与普通平民的想法相反,其目的不是简单地批评管理部门怎样才能把工作做得更好,而是与同事建立合作关系。每一个努力都是为了在问题之间,保证机密的审查报告与实际内容、品质、平衡相一致。①

2. 来自政府的质量控制

首先,政府通过制定一系列的制度和条例对高等教育进行质量控制。1964 年成立国家学历授予委员会,确保大学以外的高等教育机构的质量。1984—1986 年正式引进高等教育质量保证制。1988 年《教育改革法》公布,以质量和成本决定经费补助。1991 年《高等教育:一个新的框架》白皮书公布,强调质量审核与评估。依据 1994 年教育法,成立师资培训机构,确保大学师资培训课程的质量。1995 年大学副校长委员会(CVCP)与 HEFCE 共同成立了联合计划团体(Joint Planning Group,JPG),专门负责大学质量评估与审查。2001 年 3 月,公布新的教学评估措施:如果大学上一次教学评估得到优良,可免于接受下一次的教学评估。同年 7 月,HEFCE 与 QAA 共同宣布自 2002 年 10 月起使用新的教学评估过程。新的教学评估过程将以机构层次为主,选择部分学科,结合学科层次特点进行教学评估,审核高等教育机构内部的评审机制以及如何提高教学质量。2002 年教学质量促进委员会(Teaching Quality Enhancement Committee,TQEC)提出报告书,就如何提高全国教学质量提出建议。2003 年报告书建议今后 RAE 的研究评估改为六年一次。2004 年,QAA 决定学科层面的评估将于 2005 年终止。QAA 继续负责教学评估,原则上终止学科层面评估,保留机构层面(Institutional Level)一项,改称机构审查(Institutional Audit)。2005 年 TTA 与 National Remodelling Team(NRT)合并,改组为 Training and Development Agency for Schools (TDA)。②

2006 年,布朗政府表示对 RAE 2007—2008 年将进行的研究评估所需要的经费补助将是最后一次。HEFCE 提出 2008 年的研究评估结果仍将作为其分配高等教育经费的参考依据,并提出一套 2008 年 RAE 研究评估结果公布后可以广为采用的经费分配计算公式(metrics)。日后的研究评估应

---

① 张欧:《英国高等教育问责制:政策和实施》,东北师范大学硕士学位论文,2010,39—41 页。
② TTA. The future location of the TTA. 〔EB/OL〕
http://www.tda.gov.uk/upload/resources/doc/t/the-future-location-of-the-tta.doc 2010-01-03.

该改为以书面报告的审查来取代同行实地访评,并依据 HEFCE 提出的经费分配计算公式来分配高等教育经费。[①]

3. 社会对高等教育的质量控制

一些新闻机构和民间组织,如《泰晤士报》《金融时报》、某些工商企业、专业团体等,从自身和社会利益出发,常常会对高等教育机构的教育质量进行监督和评估。其中新闻媒介进行的评估影响最大,如《泰晤士报》自 1992年每年度都公布英国大学排行榜,从民间立场出发,在政府统计报告、大学年度报告等可信度高的材料中采集有关数据,对高校进行排名。由于指标设计合理,数据来源可靠,具有较高科学性和社会信度,成为英国政府、公众以及国际社会评判英国高校质量与水平的重要依据之一。[②]

第二节　我国大学教育问责制的实施及问题

国际教育改革的趋势以及国内行政问责实践向教育领域的扩展促成了教育问责制在我国的兴起和发展。教育问责制对于保障我国教育质量、强化教育责任、提高教育资源利用效率、推进教育管理体制改革、促进教育公平等方面都将发挥重要的作用。

一、我国大学问责制概况

2006 年 9 月,新《义务教育法》的颁布直接促成了义务教育领域问责制的展开。这主要体现在《义务教育法》的制度创新上,如《义务教育法》第九条规定:"任何社会组织或者个人有权对违反本法的行为向有关国家机关提

① Brown R. : Quality Assurance in Higher Education—The UK experience since 1992[M]. London: Routledge Falmer Press, 2004.

② 杜晓坤:《英国高等教育质量保障体系及其启示》,载《高教论坛》,2008(4),207—209 页。

出检举或者控告。发生违反本法的重大事件,妨碍义务教育实施,造成重大社会影响的,负有领导责任的人民政府或者人民政府教育行政部门负责人应当引咎辞职。"这一规定以法律形式规定了政府及其教育行政部门的责任及实现形式,从法律上开创了教育问责制的先河。义务教育问责制的先行实践开辟了教育问责制在解决当前义务教育均衡发展和教育公平问题的有效途径。

2010 年 4 月,教育部颁布了《高等学校信息公开办法》。这是顺应高等教育治理的国际发展趋势,是实行高等教育社会问责制的必要途径。过去,高等学校的信息公开程度有限,使得社会利益相关者对于高校的使命、目标、规划、行为特征和绩效等方面知之甚少。现在,在保证国家利益和高校自主权的前提下,从政府法令角度要求高校建立信息公开制度,是大学社会责任制度的有机组成部分,也是高校与社会联系的重要方式。随着高校信息公开化程度的提高,自然会降低其他机构对其评价的必要性,避免各种不必要的信息扭曲和误导,有利于高校按照自己的理念办学,办出学校的特色,有利于促进高校依法治校,立足建立"阳光高校",通过实现校务公开,保障师生员工和社会公众的知情权、参与权、表达权、监督权。

建立以高校信息公开为形式的社会问责制,对于建立适合中国国情的现代大学制度意义重大,有利于在保证高校办学自主权的前提下,促进高校与社会之间的联系和互动。《高等学校信息公开办法》的颁布只是高校问责制建设的一个起点,今后会在执行过程中逐步予以完善。随着教育行政部门表率作用的有效发挥和高校信息公开工作的不断深入,高等教育系统的信息公开程度将显著增强,社会对于高等教育系统的知情权将不断扩大,对于高等教育活动的参与度将日益提高。

随着我国高等教育体制改革的不断深化,我国高等教育问责在理论、实践和制度建设方面都取得了可喜进展。各个高校也相继推出了高等教育问责的暂行办法或规定,开始在一定范围内推行高等教育问责制。如针对学校教师责任感不强、工作不认真负责的现象,为增强教师责任感和积极性、提高教学质量、规范教师行为,真正做到对学生负责、对家长负责、对社会负责,一些学校开始推行"教学质量问责制"。如 2005 年,无锡交通技师学院出台了"教学质量问责制"的规定。规定中指出:教学人员只要出现传授错误知识误人子弟、私自组织学生批改作业或试卷、纵容或故意泄露考试题目、无正当理由上课迟到或早退 5 分钟以上等情况,今后都将受到问责。在学院从事教学工作的所有人员,包括理论教师、实习教师、班主任等都是问责的对象,只要在课堂教学、班级学生管理、教学设备管理、教学效果、试题机密等方面发生事故或问题都应纳入问责范围。具体问责行为包括:完全不按教学大纲、教学计划实施教学的;严重违反师德和行风行规受到公众举报和投诉的;未按规定保管、使用、维护教学设备及工具而造成严重丢失事故的;任课教师不负责任,期中、期末班级平均考试及格率低于 60%……根据问责制规定,对受问责的人员,将由教研督导室给予警告、诫勉、扣发奖金、罚款、待岗、下岗、辞退和除名等处理。

2006 年,江西理工大学率先在江西高校中开始推行教学质量问责,对问责方式做出了更加明确的规定。为使教学质量问责制能切实推行,该校每学期将开展教学质量评议月活动和"四个一"(第一节课、第一天、第一周、第一个月)教学检查。为了使教学检查日常化,该校还在离退休的教师中聘任精力充沛、认真负责的教授组成教学质量督导组,对教职工的教学态度、教学水平、教学质量进行评估,对学生反映的问题将组织专门的检查督导,还通过随机听课、找教师座谈、检查教师教案、在学生中发放问卷调查等形式,收集对教师、学校教学管理与教师教学的意见、建议,并及时提供给相关职能部门,职能部门经过分析、筛选、采纳,制定出相关的奖惩措施。[1]

对教学质量的问责促使教师提高工作的积极性和责任感,提高学校教学质量,保证学生在校期间学有所得。2007 年,广州大学推行"就业问责制",为学生毕业之后的就业保驾护航:毕业生的就业成效,将列为各学院相关领导"政绩"考核的重要内容,就业率不达标的责任人将被学校批评,而且当年不得"评先"。为抓好就业工作,广州大学还与各学院一把手签"军令

---

① 吴先芳:《构建我国高等教育问责制的探讨》,湖南大学硕士学位论文,2007,24 页。

状"——就业工作目标责任书。责任书规定：各学院毕业生的就业工作成效，将作为学院责任人"政绩"考核的重要内容。① 同年，济南大学也开始实施干部问责制。

济南大学干部实行问责制度

为进一步加强考核监督体系建设，推进依法治校工作，提高领导水平和依法行政能力，济南大学出台了处级干部问责暂行办法。随后，学校各学院、各单位和各部门又结合自己的工作实际对问责制度进行了强化和细化。

干部问责包括"有错行为"和"无为行为"问责两种。"有错行为"是指违反有关法律、法规、政策、纪律和学校制度、规定及程序行使职权，造成工作损失，损害学校利益或损害师生合法权益，造成不良影响和后果的行为。"无为行为"是指不履行或不及时、有效地履行岗位职责，导致工作延误、效率低下的行为；或因主观努力不够，工作能力与所负责任不相适应，导致工作效率低、工作质量差、任务完不成的一种工作状况。

随后的几年里，很多高校都开始制定实施了高等教育问责制的暂行办法或规定。2009 年，云南民族大学为推进各项改革事业稳步发展，以推进行政问责为抓手，制定了《云南民族大学关于推行行政问责制的工作方案》和《云南民族大学行政问责暂行办法》。各学院、各部门可以依照学校制定的问责办法，结合实际，制定本单位科级干部和一般管理干部的问责办法，或者参照学校的问责办法执行。同时，校党委把行政问责纳入干部年度考评、党建工作责任制、党风廉政建设责任制的检查考评内容进行考核，并作为领导干部提拔任免的依据。问责制的实施，为进一步提高学校教学科研、管理服务工作水平，推进新校区建设等各方面工作提供了坚强有力的组织保障。云南财经大学、华中农业大学、云南广播电视大学、杭州电子科技大学等高校也都相继制定了大学领导干部问责的暂行办法和规定。规定中对于问责方式、问责事项、问责程序等问题做出了详细的规定和说明。如《杭州电子科技大学干部问责制实施办法（试行）》：

---

① http://news.qq.com/a/20070121/000265.htm.

杭州电子科技大学干部问责制实施办法（试行）

为切实加强学校处级干部的管理和监督，强化现职中层干部责任意识和大局意识，建立勤政、廉洁、高效、务实的干部队伍，根据《中国共产党章程》、《党政领导干部选拔任用工作条例》、《关于实行党政领导干部问责的暂行规定》等法律法规和文件精神，结合学校实际，特制定本办法。

第一条 问责原则

坚持权责统一、有错必纠、责罚适当、实事求是、依法依纪的原则，按照干部管理权限，坚持问责与考核相结合、教育与惩戒相结合、追究责任与改进工作相结合、加强对干部的监督与发挥干部主观能动性相结合，确保问责工作健康有序发展。

第二条 问责对象

问责对象为学校现职处级干部。在工作中，处级干部不履行或不正确履行岗位职责，造成不良影响和后果的处级干部，将依照本办法予以问责。

第三条 问责内容

问责对象有下列情形之一的，应予问责：

（一）执行不力，渎职失职，致使政令不畅或影响学校全局工作的：

1. 无正当理由，未完成本单位年度工作计划和工作目标的；

2. 无正当理由，未完成校党委和校行政下达的工作计划和工作任务的；

3. 无正当理由，不履行或不正确履行职责，致使学校下达的指示、决策或某项重要工作未能按时完成，并影响全局工作的；

4. 对涉及本单位师生员工工作、学习、生活等切身利益的重大问题不及时解决，或对师生员工反映强烈的问题不及时改进的；

5. 对学校工作秩序和教学科研等各项事业发展造成重大不良影响的；

6. 不履行规定岗位职责的。

（二）责任意识淡薄，防范不力、处置失当，致使学校利益或师生员工合法权益遭受损失或造成不良社会影响的：

1. 在各种灾害、事故和突发事件中，拖延懈怠、敷衍推诿，未及时采取必要和可行的措施进行有效处理的；

2. 在处理重大问题和调处矛盾纠纷中,方法简单,措施不当,导致群众集体上访、重复上访或引发群体性事件等不稳定情况的;

3. 在组织各类集体活动中,未采取有效防范措施而发生责任事故的;

4. 未按照有关规定和要求建立健全安全工作规章制度、制定突发事件应急预案,或者对重大安全隐患不及时整改的;

5. 瞒报、虚报、迟报重大教学事故、突发事件、安全事故或其他重要情况的。

(三) 不严格依法、依规履职,造成不良影响或经济损失的:

1. 制定、发布与国家法律、法规、规章或者上级部门政策规定相抵触的规定或决定的;

2. 违反学校赋予的职责权限和规定程序实施管理行为的;

3. 不遵守财经纪律,违规审批、调拨、支付、挪用资金的;

4. 因管理或使用不善,造成学校资产流失或损失的;

5. 在基建、维修工程建设和物资采购中,违规招投标的,或发生重大失误或存在严重质量问题的;

6. 在招生及毕业生就业过程中违规操作,损害考生或学生合法权益、损害学校形象的;

7. 因工作失误、处事不公、有意排挤或拒不落实学校人才引进和稳定的规定,造成人才流失的;

8. 泄露按规定应当保密的信息的。

(四) 违反规定程序,盲目决策,影响学校发展或损害师生员工合法权益的:

1. 不坚持民主集中制,不按规则议事,盲目决策,造成不良影响的;

2. 不认真听取师生群众的合理意见和建议,主观臆断,造成决策严重失误的。

(五) 管理不严、监督不力,造成不良影响或其他严重后果的:

1. 所管单位工作效率低、工作态度生硬、服务质量差、群众反映强烈的;

2. 监督管理不力,致使工作人员发生滥用职权、徇私舞弊和失职、渎职等违法、违纪行为的；

3. 指使、授意工作人员弄虚作假，骗取荣誉或进行违法、违纪活动的；

4. 所管单位违反财经纪律，设立小金库的；

5. 包庇、袒护工作人员违法、违纪行为的。

（六）违反规定，用公款旅游、吃喝，铺张浪费，在学校和社会上造成不良影响的。

（七）学校党委、行政或群众普遍认为应当问责的其他情形。

第四条　问责机构和分工

（一）问责工作在学校党委统一领导下实施，由学校党委决定问责事项，并作出责任追究处理决定。

（二）学校成立由纪检监察办公室、党委办公室、校长办公室、组织部、人事处、工会等部门组成的干部问责制工作办公室，干部问责制工作办公室在校党委领导下开展问责制日常工作，包括受理有关问责事宜，开展调查核实，提出处理意见。工作办公室设在纪检监察办公室，纪检监察办公室主任任办公室主任。

（三）校纪委、纪检监察办公室负责实施问责的组织协调和具体承办，有关职能部门依照各自职责协助做好相关工作。

第五条　问责方式

（一）根据其过错责任、情节和事实等相关要素，采取下列问责方式：

1. 诫勉谈话；

2. 责令作出书面检查；

3. 责令公开道歉；

4. 通报批评；

5. 取消当学年各类评优评先资格；

6. 减发或扣发校内绩效津贴；

7. 调整工作岗位；

8. 停职检查；

9. 劝其引咎辞职；

10. 责令辞职；

11. 降职、免职。

以上问责方式可以单独使用或并用。其中，采用第六项问责方式的，按学校校内津贴分配办法有关规定办理；采用第七项至第十一项问责方式的，按照《干部选拔任用条例》办理。

（二）根据被问责情形的相关情节的轻重、造成的损害和影响大小，决定问责方式：

1. 情节轻微，损害和影响较小的，以诫勉谈话、责令作出书面检查、责令公开道歉、通报批评的方式问责；

2. 情节严重，损害和影响较大的，以取消当年评优评先资格、减发或扣发校内绩效津贴、调整工作岗位、停职检查的方式问责；

3. 情节特别严重，损害和影响重大的，以采用劝其引咎辞职、责令辞职、降职或免职的方式问责。

（三）引咎辞职、责令辞职、免职的处级干部，一年内不得重新担任与其原任职务相当的职务；对引咎辞职、责令辞职、免职的处级干部，可以根据工作需要以及本人一贯表现、特长等情况，由校党委、行政按照干部管理权限酌情安排适当岗位或者相应工作任务；引咎辞职、责令辞职、免职的处级干部，一年后如果重新担任与其原任职务相当或以上的职务，除应当按照干部管理权限履行审批手续外，还应当经党委会集体研究决定。

（四）处级干部具有本规定第三条所列情况，并具有下列情形之一的，应当从重问责：

1. 一年内出现两次及以上被问责的；

2. 在问责过程中，干扰、阻碍、不配合调查的；

3. 打击、报复、陷害检举人、控告人、证人及其他有关工作人员的；

4. 采取不正当行为，拉拢、收买问责调查人员，影响公正实施问责的。

（五）发现并及时主动纠正错误、未造成重大损害和影响的，可从轻、减轻问责。

（六）有下列情形之一的，可免予问责：

1. 因有关人员弄虚作假，致使难以作出正确判断，造成未能正确履行职责的；

2. 因适用的法律、法规、规章和有关内部管理制度未作出具体、详细、明确规定或要求，无法认定责任的；

3. 因不可抗拒因素难以履行职责的。

（七）被问责的情形构成违反党纪应追究责任的，按照《中国共产党纪律处分条例》处理；被问责的情形构成违法违纪行为应追究纪律责任的，由校纪委、纪检监察办公室立案查处。涉嫌犯罪的，移送司法机关依法处理。

第六条　问责程序

对党政干部实行问责，按照干部管理权限进行。问责按以下程序进行：

（一）启动问责

通过以下渠道反映有本办法第三条所列情形的，经校纪委领导批准，由纪检监察办公室进行初步核实。

1. 上级部门及其领导的指示、批示和通报；

2. 上级监督机关及司法机关等提出的意见建议；

3. 校党政领导、校纪委、校党政职能部门和单位提出的意见建议；

4. 学校各级人大代表、政协委员、教代会代表通过议案、提案等形式提出的意见建议；

5. 学校师生员工、公民、法人和其他组织的检举、信访；

6. 工作检查或工作目标考核中的意见建议；

7. 新闻媒体的报道；

8. 其他渠道反映的情况。

（二）调查核实

经初步核实，如反映的情况基本属实，由纪检监察办公室牵头，干部问责制工作办公室其他成员协助，按照相关权限和程序进行调查核实。调查工作一般应在 30 个工作日内完成，必要时经组织批准可适当延长，最长不超过 6 个月。调查结束应形成调查报告，并提出问责的初步建议。

（三）研究确定问责建议

召开干部问责制工作办公室会议，根据纪检监察办公室的调查报告及问责初步建议，研究确定问责建议意见。

（四）作出问责决定

干部问责制工作办公室应按照本规定，及时将调查报告及问责建议提交学校党委会集体讨论，由校党委会作出问责决定。

问责决定书应写明问责事实、问责依据、问责方式、批准机关、生效时间、当事人、申诉期限及受理机关等。作出公开道歉决定的，还应写明公开道歉方式范围等。

（五）下达问责决定书

对处级干部实行问责，应当下发《处级干部问责决定书》，《处级干部问责决定书》由干部问责制工作办公室草拟。《处级干部问责决定书》一式4份，纪检监察办公室、组织部、人事处、当事人各1份。

（六）办理问责手续

问责决定作出后，应当派专人与被问责人谈话教育，并督促其做好有关后续工作。属于第七项至第十一项问责方式的，由组织部按照有关规定办理具体手续。组织部、人事处应做好有关问责材料的归档工作及相关事宜。

第七条　问责复查

（一）问责对象享有申辩、申诉的权利。问责对象如对问责决定不服，可自收到决定之日起15日内向干部问责制工作办公室提出申诉。

（二）干部问责制工作办公室在收到问责对象的申诉材料后，应组织复议、复查，并在30日内作出申诉处理决定。申诉处理决定应当以书面形式告知申诉人及所在单位。

（三）经复查，与事实有出入的，应及时变更问责决定；如认定事实不清楚、证据不确凿，应撤消原决定，并在一定范围内给予当事人澄清事实、恢复名誉。

第八条　问责工作中，凡涉及问责工作办公室工作人员的，本人应全程回避。工作人员与被问责对象有夫妻关系、直系血亲关系、三代以内旁系血亲关系、近姻亲关系或可能存在影响公正因素的,必须事先主动回避。

第九条　工作人员凭个人好恶调查或反映情况、徇私舞弊、玩忽职守和夸大、缩小、隐瞒、歪曲事实而导致作出的结论与事实出现重大偏差的,或泄露调查情况的,追究其责任。检举人违反事实诬告他人的,追究其责任。

第十条　本办法由校纪检监察办公室负责解释。

第十一条　本办法自公布之日起施行。①

我国高等教育问责制的特点:(1)我国高等教育问责制还处于试点阶段和起步阶段,各个地区和高校发展不平衡,有的地区和学校抓得较早,问责制度发展较完善,有的地区和学校起步较晚,问责制的制度和措施较为落后。(2)政府和高校陆续出台了高等教育问责的相关办法和规定,不断促使着高等教育问责制度化,责任追究也逐渐有章可循,高校和教育工作者的责任意识和法制意识也不断增强。(3)监督意识增强。学生监督意识增强,以主人翁姿态参与教学活动和学校管理;学校的监督意识增强,不断地改进学校工作,旨在提高教学质量,真正做到对学生负责、对家长负责、对社会负责。对教师行为的监督和对教学质量的关注,这既是民意问责教师和学校的重要尝试,也是学校改进教学质量、提高办学水平的重要契机。(4)注重先进经验。高校制定本校高等教育问责的办法和规定时,注重借鉴国外高校高等教育问责的先进经验和国内行政问责的好的做法,扬长避短,根据本地本校的实际加以改革和应用,并不断地探索具有地区和学校特色的高等教育问责办法。

二、当前我国大学问责制存在的主要问题

我国高校在实施问责中也取得了一些成果,如责任理念得以树立、制度化建设得以推进、监督意识得以增强等。但是无论从理论上还是实践上,我国高等教育问责制的发展都还处于起步阶段,面临着各种各样的现实困境和问题。

---

① http://jjs.hdu.edu.cn/view.php? tid=351&cid=25.

（一）高校问责文化氛围淡薄

数千年的中国封建文化积淀使中国人对权力崇拜，产生了官本位和中国公民的臣民意识，人治观念浓厚，使问责意识淡薄，对领导进行问责的意愿也不是那么强烈。学生还没有意识到自己是受教育的主体，有权利及义务对教师、对领导进行问责。同时，高校行政主体自身也没有树立问责意识，常常处于高高在上的位置，并没有定位在服务式的位置上。这种高校问责文化氛围的淡薄也造成了对问责主体的忽略。

1. 重视对上负责，忽视对下负责

责任对象是政治决策者，上级教育行政部门和相关监督部门，责任的方向更多的是向上的，即学校对上级教育行政部门负责。

"上问下责"往往遵循传统的责任追究文化，即依赖"动机论"。"动机论"认为，领导者和管理者犯了错误，如果承认自己不是故意的或者出发点是好的，就可以从轻处罚甚至免于处罚。"动机论"强调当事人的主观动机，却忽略了依法治校，忽略了所造成的结果对绝大多数人的消极影响，即过于强调领导者、管理者个人的主观动机，而不论其工作成效，缺乏一种权力与责任的对等关系和意识。与"动机论"强调的领导者、管理者的动机观点不同，"问责制"强调的是工作效果或成绩，只要出了问题，就说明在某些方面存在问题或不足，就应当承担相应的责任。

2. 重视权力，轻视责任

我国高校在教育实践中存在着权责不清、权责不明、重权轻责等现象，在责任承担上轻描淡写，一旦出现失误，往往缺少实质性的追究和处罚。任何权力的行使，都必须承担相应的责任。

3. 重态度，轻处罚

重教轻罚的观念，体现着厚重的人情味，在高校权力运行过程中，这种情感化的责任追究和处罚方式，极易引发一些高校领导者和教育工作者的重大失职行为。

4. 重过错处罚，轻"无作为"处罚

权责不明确，权责不清，导致责任的追究缺乏科学性，只能退到最后的底线:过错处罚。出现严重过错时才会受到处罚或处理,而对"无作为"但不犯错误的行为则缺乏有效的约束力。这就使得高校管理者或教育工作者将"不求有功,但求无过"、"无过便是功"当成是"处事之道"。

（二）问责法规及其依据不够完善

1986 年颁布的《中华人民共和国义务教育法》、1991 年颁布的《中华人民共和国未成年人保护法》、1995 年颁布的《中华人民共和国教育法》、2006年修订的《义务教育法》,这些法律在一定程度上为依法办学提供了依据,但对于学校与上级部门、教职工、学生家长以及社区成员之间的权力与责任没有作出明确划分,对于校长的选任没有作出详细规定,对于教育者该在哪些方面接受责任追究以及责任追究的标准和程度也缺乏清晰的说明。因此,在一定程度上看,目前的高校问责制仍是一种"人治式问责"、"政策性问责",而不是程序性问责。这种问责因缺乏相关法律法规作为依据而带有大量的人治色彩,对于什么事情需要问责、什么事情不需要问责、问责力度如何、什么人需要承担责任、什么人可以不承担责任等问题的确定往往取决于高校行政主体的个人意志和主体意愿。责任追究的规定大多是粗线条式的,事故处理过程和结论模糊不清,带有极大的偶然性和随意性,缺乏说服力,这样的问责制难以真正做到对师生负责、对高校负责。可见,问责制相关法律法规出台的滞后性严重影响到了问责制的发展和完善,具体的问责监控法规的出台已是迫在眉睫。

（三）问责客体及其责任不够明晰

权责对等是教育问责的本质,获得了相等权力和责任才可能被问责。权责不清、权责不明,就无法确定谁应该承担什么责任,无法有效追究责任。

从目前对教育问责制理论探讨和实践操作来看,权责关系仍然界定不清。教育问责的对象是学校的教职工,尤其是校长。教育不仅仅是学校的责任,学校办学水平的高低也不仅仅是校长个人的责任,从政府及其职能部门到基层社区,从学校教职工到学生家长,都应承担相应的责任。教育问责不仅是问校长的责,更应是问所有教育相关者的责,我们必须建立一种"谁接受了多少教育委托,谁就要承担多少教育责任,谁就要承受多少失职后果的追责"的机制。

（四）高校问责的监督体系不完善

监督可分为事前监督、事中监督和事后监督，事后处分属于事后监督行为。事后处分是在问责客体的行为违反法律、造成一定后果之后启动的惩罚措施，虽能在一定程度上遏制高校腐败现象，但是，利益相关者的合法权益还是受到了侵害。总之，事后处分不是一种完美的监督措施。

事中监督包括校内监督、校外监督、专门监督和信息公开等。然而我国现阶段的事中监督也并不完善，难以发挥强有力的督促制约作用。一方面，高校校内监督途径不顺畅。《高等教育法》规定教师可以通过教职工代表大会参与高校管理，对涉及自己切身利益的高校行政行为进行监督。在教职工代表大会召开时，学生只可以列席参加，并无表决权。对于学生通过何种途径进行监督，《高等教育法》并未规定。另一方面，社会监督不成熟。市民对于高校的监督缺乏广泛而畅通的政治参与渠道，高校活动的透明度不高，所以社会公众了解高校行为的成本过高，因此，对高校的社会监督力量还很薄弱。

第三节　我国大学教育问责制的发展途径

一、明确实施高校问责时应遵循的基本原则

高等教育问责制的基本原则是建立和推行高等教育问责制的基本要求，一个问责体系是否健全和科学，都可以根据这些原则来衡量和评定。结合国外高等教育问责制的特点及我国的具体情况，笔者认为在建立和推行问责制过程中应遵循以下主要原则：依法问责原则、权责统一原则、公开透明原则。

（一）依法问责原则

依法问责原则是指问责的内容、方法、问责结果的公布等应遵循法规来进行。依法问责原则一般包括以下内容：一是问责依据法定。从学校的校长、院长到教师都应该有比较明确的职能描述，有相应的岗位规范，对机构和人员实行明确的责权化管理。被问责者要明确自己权力的范围、内容以及可能出现的责任种类、性质，做到心中有数。比如说，是领导责任、直接责任、间接责任还是其他责任，应当进行细化并形成制度，以法律、法规的形式确定下来。这样一来，一方面能减少问责客体的主观随意性；同时能使问责主体在实行问责时有章可循，有规可依，保证问责的科学性和有效性。二是问责体系法定。即高校及其教育工作者的权力和责任由法律明确规定，对公共权力遵循"法无规定不得为"的理念，要求权责一致，"有权就有责，用权受监督，侵权要赔偿"。问责的关键是要在不同的部门之间有严格的职责划分，并以相应的法律法规来规定何人所负何责，谁来问责，何人依何种程序判定何人失责，失责的人应该受到何种处分。没有明确的责任体系的问责制度不仅是一种摆设，而且为权力斗争和铲除异己增加了新的工具，只有构建一个合理的问责体系，才有可能实施严格意义的问责制。三是问责程序的法律化，即问责行为的启动、发展和问责结果的公布形式等问责制度的各个分支制度都应该遵循法律法规的明确规定，真正做到问责的法治化、程序化，使各项问责制度内在地形成一个高效有序的问责机制。

（二）权责统一原则

权力与责任相统一是高等教育问责制健康实施和运行的首要条件。坚持权力与责任相统一，是依法、公正实施问责的基本要求。有权无责，必然导致权力膨胀和权力滥用；有责无权，就会在事实上造成无人负责，也无法问责。只有在问责过程中做到有权必有责、权责相统一，才能督促和保证高校依法行使权力，正确履行职责，防止违法办事和失职、渎职。

（三）公开透明原则

近年来，无论在政治学界、行政学界，还是法学界，"公开"都已经成为一个谈论频率极高的词，"政府公开"、"行政公开"、"阳光政府"、"信息公开"等口号不绝于耳。"根据人民主权理论，政府机关有义务向公众公开政府信息，人们有权利获得政府信息。"问责的前提是公开与知情，对人民负责首先意味着必须让人民知道高校正在发生的一切。如果公众不知情，就无法知道谁对公众负责，谁没有对公众负责，就无法在问责过程中使问责客体处于被追究的位置，这就好比诉讼程序中的被告地位，必须建立相关制度保证问责客体充分行使其申辩权、陈述权等法治社会下应有的程序性权利。①

二、营造问责文化氛围

良好的问责文化对于强化领导干部的责任感和自律意识、弥补问责制度的盲区、强化公民意识等方面具有重要作用。高校应制定问责文化发展的长期战略，并加大宣传力度，使问责成为高校的一种自觉的意识与行为，使高校积极地面对和回应公众的诉求与希望，并成为一种常态，不再为应付各种评估而影响学校正常运转。只有通过广泛的宣传和动员，才能奠定问责制推行的群众基础。其次，要使公众的知情权得到保障，确保校务公开。高校要认识到将办学的各项成绩数据向社会发布，这不仅是一种社会责任，更能使地方政府、企业和民众等认识到高校在地方经济社会发展中的重要作用，并以此获得更多的资金支持和捐赠，也凸显了高校的当代责任。

营造好问责的文化氛围，要做好两个转变：第一，从对上负责转向对高校利益相关者负责。高等教育问责制究竟是对上级领导者服务还是对高校利益相关者服务，这是高校问责制不可回避的问题，也是坚持依法治校、建立高等教育问责制的核心问题。国家的权力归人民所有，高校的权力实际上也是人民赋予的，因此，要建立起高校问责制，首先必须更正态度，对上负责，也要对高校利益相关者负责。第二，权责一致，从"官本位"向"民本位"转变。蔡元培在1918年北大开学典礼上曾说："大学为纯粹研究学问之机关，不可视为养成资格之所，不可视为贩卖知识之所。"中国大学要大师汇集，参与世界一流大学的竞争，就必须克服"官本位"。② 权力与职责应是相

---

① 吴先芳：《构建我国高等教育问责制的探讨》，湖南大学硕士学位论文，2007，35—36 页。
② 中国蔡元培研究会编：《蔡元培全集（第 3 卷）》，杭州，浙江教育出版社，1997，382 页。

对应的,高校及教育工作者在拥有职权的同时,也必须承担起对高校利益相关者负责的责任。

三、完善高校问责法制建设

任何制度有效建立和顺利实施的前提是在法律制度层面上给予保障,问责制只有基于法律的规定,步入到法制化的轨道上来,才能使其走向长远和科学的轨道。加强高校问责的法制化建设,可以保证高校问责制的实施有法可依,确保问责的公正性、合法性和广泛的社会民众参与性,从而有利于建立一个有序的、具有科学导向性的高校问责体制格局。

我国目前对高校问责主体、问责情节、问责形式等方面的规定没有进行细化,过于抽象和简略,缺乏可操作性,具有较大的模糊性。问责主体的模糊性主要表现在同体问责的刚性和异体问责的可能性易受质疑。例如在《高等教育法》中规定高校接受教职工和教育行政部门的监督,而对于异体问责,没有给出明确说明,甚至在《教育法》中也没有提及。教育立法中问责情节的模糊性主要体现在经常使用"情节严重"等模糊的词语进行界定,也未给出具体说明。例如《教师法》第三十六条内容表述如下:对依法提出申诉、控告、检举的教师进行打击报复……情节严重的,可以根据具体情况给予行政处分。教育立法中问责形式的模糊性主要表现在:缺乏对某种违法行为追究何种具体形式法律责任的规定。种种迹象表明国家应制定高校问责的专门法规,对问责的主体、客体、程序、问责的范围和后果给出权威的、科学的、规范的界定,健全高校问责的法制体系,实现问责运作的法制化、制度化。建立《高等学校问责法》,通过专门的法律明确规定问责的主体、问责事项、问责程序和方式等。同时尽快建立与《高等学校问责法》相配套的法律和制度,如高校监督制度、高校利益相关者知情制度、高校绩效评估制度、高校决策听证制度等。高校问责制的顺利实施必须依靠国家法规的强制性得以实现,目前较多发达国家均已制定了高校问责方面的法律、法规,如美国联邦政府制定的《不让一个孩子掉队法案》,加州地区制定的《公立学校问责制法案》等。要保证我国高等教育问责制法制建设的进一步推进,除了要建立一套完备的高等教育问责制法案,同时还需保证高等教育管理人员和参与管理的社会人士不推卸守法的责任,既要保证自己的行为合乎法律规范,同时还要主动积极地与高校的违规行为作斗争。

四、健全问责的监督机制

(一)强化问责过程中的校内监督

要健全高校问责的监督机制,首先要加强校内监督。校内监督的主体是学生和教职工等校内高校利益者。校内高校利益者可以通过教职工代表大会、学生会和学生代表大会对高校行政行为进行监督,提出建议和意见。然而由于教职工代表大会的组成人员的局限性,学生只能参加,不能决策,加上学生会和学生代表大会缺乏独立性,因此,现阶段的校内监督并不完善,无法最大程度地发挥制约作用。笔者建议建立学校全体成员代表会议。学校全体成员代表会议,包括学校不同类别的全体成员代表,如校党委书记、校长、教师、行政人员、后勤人员和学生等。高等学校全体成员代表会议每学年至少召开一次。教职工代表以处、院系、研究所、科室为单位,由教职工直接选举产生。教职工代表中教师的比例不得少于代表总数的三分之二,其他三分之一可以按行政人员和后勤人员的人数分摊比例。教职工代表实行任期制,每届任期三年,可以连选连任一次。代表接受原选举单位教职工的监督,必要时原选举单位可以依学校章程规定的程序撤换、更换或补充本单位的代表。学生代表经班级、系级、院级层层选举产生,学生的代表比例不得少于全体代表总数的六分之一。全体学生都有选举权,但只有在本校已经学习三年以上的学生才有被选举的资格。之所以将学生代表的资格作入校时间的限制,一是刚入校学生年龄较小,考虑事情还不够成熟,其次是学生入校时间过短,对学校的情况还不了解,无法全面做出判断。

(二)加大公众参与的积极性

加强高校内外部民主监督力度,必须有赖于公众积极广泛的参与,要实现这个目标就必须完善参与高校问责的委员会、如高校党的委员会、校务委员会、教职工代表大会、教师委员会、学生会、家长委员会等,这些委员会的有效建立和实施有利于高校各利益相关者通过自己的机构来维护自身的合法权益,保证他们发言的渠道,了解高校的各项活动,增加主人翁意识。作

202

为被监督和问责对象的高校要依法保证公众参与的积极性和形式的多样化,时常进行民意调查,公开听证,依靠各种力量和各方智慧,使决策更加科学化、人性化、专业化、规范化。

五、推进高校校务公开制度化

"高校的校务公开,就是依法在一定范围内将广大利益相关者普遍关心的校内运行情况及关系其切身利益的大事公布于众,直接接受来自高校内部和外部的监督,在高校内部以教职工代表大会为基本形式公开信息,在外部以各种媒介渠道为基本形式公开信息。"[1]校务公开是教育领域中的一项民主政治建设的重要举措。

（一）规定高校校务公开的内容

一般而言,高校校务公开的内容大致可以分为三类:一是财务公开,使学校的资金得到合理利用,实现办学效益最大化;二是大事公开,使利益相关者参与谈论和决策,推进决策公开透明;三是热点问题的公开,如职称评聘、干部任用、高校领导干部廉政建设等。

（二）规定高校校务公开的形式

高校要根据事项本身的性质,在考虑实效的前提下,采取灵活多样的校务公开形式,如校务公开栏、校务公开信箱、公开职能部门电话、职能部门建立公开网站、党员大会制度、教代会制度等。开通这些民主渠道,使公众及时了解相关信息,形成高校和利益相关者的良好的联系和互动。

（三）明确高校校务公开的实施机构及其职责

高校校务需要公开的事项,需要一个综合部门去组织实施。一般是校工会和办公室,除综合部门外,公开事项涉及的主管部门也应明确责任,如重大方针政策的公开涉及到学校"两办",财务公开涉及到财务处等。应该建立起"谁主管,谁负责"的岗位责任制,如果不明确校务公开的实施机构及其职责,这项工作也会落空,出了问题也无法追究责任。[2]

---

[1]　朱先奇:《制度创新与中国高等教育》,北京,中国社会出版社,2006,228 页。
[2]　陈冰玉:《论高校问责制》,中南民族大学硕士学位论文,2007,43 页。

第六章
教学和科研质量管理体系构建

　　质量是高等院校的生命线。随着高校办学自主权的进一步扩大,高校数量和招生规模的持续增加,使得高校的教育质量问题也变得越来越突出。因此,建立高校内部教育质量保障体系和科研质量管理体系已是十分紧迫的现实问题。高校应充分发挥主观能动性,对自身的教育教学质量和科研质量进行控制与评价,并建立竞争机制、激励机制、创新机制、约束机制,来协调内部的教育质量保障与科研活动。为了确保高等教育质量的提高,需要以质量为中心,以全员参与为基础,着力构建起高等学校的教育质量内部保障体系和科学研究质量管理体系,来促进高校实行全面质量管理。

第一节　教学质量管理:
构建内部教育教学质量保障体系

　　对于教育尤其是高等教育领域而言,当下理论界和实践中探讨最多的莫过于"质量保障"。国际标准化组织 ISO9000 对此已有非常明确的界定:

质量保障(Quality Assurance)是指为提供某实体能够满足质量要求的适当信赖程度,在质量体系内所实施的并按需要进行证实的全部有策划的和系统的活动。质量保障在教育领域所涉及的范畴很广泛,就高等教育而言,有宏观上的高等教育质量保障和微观上的领导、教学、财务、后勤等各个层面的质量保障。正因为高等教育质量保障涉及的类型和层面十分广泛,因此,想要建立一个完整的高等教育质量保障体系是非常艰巨的任务。国内外学者对此进行的理论研究也多是从宏观上进行体系的理论构想,至于微观的体系构建探讨还不够深入,对于教学质量保障体系的理论探讨因此变得十分紧迫。

一、高等学校内部教学质量保障体系的内涵

不同学者基于不同的理论视角对高校内部教学质量保障体系的内涵进行了界定,至今尚无定论。但是有一个无法否认的前提是:高校教学质量保障体系包括高校内部教学质量保障体系和外部教学质量保障体系(即政府、社会通过对高等学校认证、评价等措施而建立的外部质量监督体系)。高校教学质量保障体系是由内外部教学质量保障体系构成,并以内部教学质量保障体系为根本,外部教学质量保障体系为必要条件,两者以内为主体,以外为导向和动力,以内适外,以外促内,紧密结合、相辅相成。

除了理论性的探讨外,实践性的经验交流近年来也在围绕"高校内部教学质量保障体系"展开,人们对"高校内部教学质量保障体系"的内涵也有了更进一步的认识。其标志性的事件是:2008 年以"高校内部教学质量保障体系"为主题,教育部评估中心连续召开了三期研讨会,目的是从未来质量保障体系建设的全局出发,共同深入研究如何进一步加强高校内部质量保障体系建设,为学校创造促进自身发展的有利平台,突破各类高校质量建设中的瓶颈,形成质量建设的长效机制,这是学校质量保障的根本和长效的战略性措施,对建立中国特色的高等教育质量保障体系具有积极意义。从会议情况来看,规模大,层次高,研讨内容专业。会议在促进高校加快内部质量保障体系建设方面统一了思想认识,使参会学校的关注点从评估转向了内部质量建设,同时,启发了高校开展和推动内部质量保障体系建设的思路和

措施。2008 年 12 月 17 日教育部评估中心应广大高校的要求,在昆明举办了"第三期 2008 年高等学校内部质量保障体系建设研讨会"。会议认为,建立高校内部质量保障体系既是高校进一步深化教育教学改革,落实科学发展观的着力点,也是进一步巩固评建成果的关键,是构建有中国特色教学质量保障体系的基础性环节。要进一步促进高校的内涵发展,通过内部质量保障体系的构建和外部质量监控体系的完善,最终形成保证和提高教学质量的长效机制。

二、国外高校内部教学质量保障体系

国外高教质量保障体系研究大体上可以分为英国、欧洲大陆国家、澳大利亚、美国、东南亚国家等的研究。基于国际的视域,许多国家已经进入高等教育大众化甚至普及化阶段,高等教育质量保障体系是确保大众化高等教育健康和谐有序发展的基本保障。本章将选取英、美、澳大利亚等几个发达国家,考察其高等教育质量保障体系的现状,并重点分析其内部教育教学质量保障体系的基本架构,从而进一步归纳这些国家的共同趋势和特点,为我国建立高等教育质量保障体系提供借鉴和参考。

（一）国外高校内部教学质量保障体系概况

1. 英国

英国具有大学自治和重视质量的传统。英国高等教育机构对质量的关注可以追溯到 1832 年达勒姆大学建立伊始。当时它从牛津聘请人员对学校进行出考和评分,后来在大学的发展过程中,这种做法逐步流行,成为大学间互相评估的一种方式,这种方式被看作是一种内在的质量保障方式。20世纪 70～80 年代,多科技术学院作为一种新的事物,成为质量控制的重点。英国的高等教育质量保障体系由高校的内部质量保障体系和独立于政府的外部质量保障体系组成,外部质量保障主要是由高等教育质量保障局来承担。高等教育质量保障局(Quality Assurance Agency in Higher Education)成立于 1997 年,在质量保障方面取代了前高等教育质量委员会(HEQC)和高等教育基金委员会(HEFC),是大学校长委员会建立的一个组织,负责对大学和学院进行评审,促进和支持教育质量与标准的持续改进。

英国大学和学院浓厚的自治传统使学校对本校所设专业和所授学位的质量和标准负责。为此,各校均设有内部质量保障体系,特别是在专业的规划、审批、监控和审查等重要环节上把住质量和标准关。多数学校既实行经常的监控,又对各专业实行周期性的审查,同时一些学校还聘请校外督察员和学术审查员,他们都是学术专家,来自其他学校,或来自相关领域的专门人才。校外督察员的主要任务是对大学学生是否达到学校的学业标准进行动态的评估,检查学校在给予学生成绩和学位时是否严格依据学校订立的标准,对学生的评价是否公平。学术审查员每隔 6 年对大学进行总体的审查,看大学的办学标准是否保持在合适的水平。两者都是对院校的办学标准和运行过程的评价,不涉及对具体学生的评价。

2. 美国

美国教育的分权领导体制与市场调控的主导作用使美国高等教育质量具有强烈的民间色彩,主要是通过分散于各地的认可机构来进行。这些机构的发端可以追溯到二战前,当时一些大学自发成立机构,提供大学录取新生的标准和为学生转学提供学分互换标准,后来发展成为覆盖全美的六个地区性认可机构和 39 个全国专业性的认证机构。全国性的认证机构主要针对特定的专业实施认证。认证的目的有两个:一是保障院校或项目的质量,二是帮助院校或学术项目改进和提高。认证的类型有"全校性"认证,也有"特色的"或"项目式"的认证。认证是周期循环进行的,一般 5 到 10 年一次,当发生严重问题时会缩短认证周期。近年来,学生的学习和发展日益成为衡量效益和质量的一个十分重要的标准。认证机构虽然对大学的教学系统和管理系统无法施加直接的影响,但可以促进大学提高办学质量和水平,同时联邦和州政府也起着重要的作用,因为只有被认可的大学才能得到联邦的财政资助。近年来,面对经济衰退的困扰和公众对高等教育日益提高的要求,考虑到教育投资的效益以及教育方面出现的问题,原来实行的依靠同行专家进行的鉴定和政府不介入的自我管理原则等均遭到非议,联邦政府意图加强对大学和学院的控制。1992 年通过的一项法案授权教育部长制定一份准则用来作为认可评估机构的标准,同时还规定评估机构应予承担的

一系列职责。1996 年,由大学和学院倡导建立了一个高等教育鉴定委员会
(Council for Higher Education Accreditation),实际上是对所有认证部门进
行认可的一个机构,以证明各个认证部门的标准和程序是符合要求的。同
时,作为一个政策中心,它不但收集有关认证方面的信息,而且还对院校的
质量保障和提高提出建议。它有助于认证机构和院校间信息的交流与沟
通,在处理认证纠纷时,还可以发挥调节作用。

美国高等教育内部质量保障的主要途径:注重教学质量的监控,广泛运
用绩效指标评价方法。美国在内部保障上侧重教学质量的监控。如美国加
州的弗莱斯诺加州大学(California State University, Fresno)就通过建立师
生共同参与的互动性教学质量评价系统,实现对教师教学质量的发展性评
价。绩效指标评价方法是以发达的信息管理技术为依托的评价方法,近年
来在西方高等教育界广为使用。在美国的州立大学的内部质量保障中,凭
借雄厚的信息管理技术,在学校的教学质量管理上收到了显著的效果。现
以弗莱斯诺州立大学(Fresno State University)的管理方法为例阐释 PIS 技
术在内部保障中的实际应用。在这所高校中,学生可以通过计算机网络对
教师的教学质量进行评价和打分。具体是在学生、教学评价委员会和教师
三者之间运作。[①] 通过这种手段,教师的教学热情受到了激励,从而有助于
提高高等教育教学质量。

3. 澳大利亚

澳大利亚的高等教育由各州负责,大学享有自治权。大学分为具有自
我认可权的大学和无自主审核权的院校。高等教育的质量保障形成外部保
障和内部保障两种机制,外部保障主要由认可和质量保障检查组成。1993
年成立的"高等教育质量保障委员会"负责开展大学质量评估工作。澳大利
亚副校长委员会多年来经常组织一些学科认可和采取一些措施以帮助其成
员解决质量问题。联邦政府每年组织两个全国性的调查,有大学生对教学
满意度的调查和大学毕业生的就业情况调查;此外,联邦政府还对高等教育

---

① 雷庆:《北美地区高等教育质量保障体系研究》,北京,北京航空航天大学出版社,2007,32 页。

进行宏观管理和监控。大学的内部保障体系主要由大学内部的学术委员会和管理委员会负责。具体的要求有：大学内部要有对新课程和研究项目的评价和定期审查；要有对各系、院、所和研究中心的审查；有学生对教学的评估；高级学位和荣誉学位论文要有校外监察员审查；要对毕业生和雇主进行调查，以了解毕业生的满意率及在应聘时是否达到了所需要的知识技能，以及毕业生在工作中的适应性；大学在管理和资金分配上要有考查指标，要有改进教学的计划及对教学优异者特殊奖励。

2000年，澳大利亚大学质量保障署正式成立，标志着澳大利亚高等教育新的质量保障机制正式形成。

4. 新西兰

新西兰的高等教育一直实行中央集权和高校自治并举的管理体制。质量保障体系采取外部质量认可和内部院校自我评估检查相结合的方式。大学校长委员会总体上负责大学的质量保证，下属机构大学学术项目委员会负责具体课程和学术项目的质量保障。学术委员会的成员大多来自大学，是一种同行评价。高等教育机构的质量保障检查由学术审查部（Academic Audit Unit）负责。它成立于1993年，独立于大学校长委员会，对大学承诺的质量控制进行外部检查，具体职责是审查各校有关学术标准的监控与激励机制，评价各校在确保教育质量方面的工作程序和方法，以及其实践效果，论证并向各校推崇行之有效的实施方法。为此，学术审查部必须就各校的质量保证机制进行评价，同时，学术审查部还关注学校是否有一定的申述机制，以确保认证听取学生、校外人士、雇主、专业团体等各方面对教学和学术问题的意见。

大学内部质量保障由校、院、系三级承担。校一级实行董事会制度。董事会对上代表学校对教育大臣负责，对下全面负责学校的管理事务，制定学校章程、发展目标和规划，每年向教育大臣报告学校运行情况，接受各项监督检查。院一级实行院长负责制，系级由系主任负责全面工作。

（二）国外高校内部教学质量保障体系的启示

综观以上几个发达国家的高等教育教学质量保障体系，不难发现，各国已经建立起高等教育的质量保障体系；大多数已建立中介机构，减少政府的直接介入；各种专业组织、社会团体、行业协会等社会力量参与质量保障与评估。在高度重视高等教育外部教育教学质量保障的同时，各个国家的高等教育系统也越来越重视内部教育教学质量保障体系的建构，通过外部保障和内部保障相结合的方式，共同提高高等教育质量。在内部教育教学质量保障体系的建构方面，几个国家主要凸显以下特征和趋势：一是普遍建立起内部教育教学质量保障体系；二是质量保障在输入、过程、输出、结果多个环节并重，实施过程走向一致，量化指标与定性评估趋于融合。

1. 加强高校内部质量管理与监控

高校外部质量监控多是从教育产出来评价和促进教育机构，只有内部质量保障机制能够把住源头，从输入和过程中调控高校的有序运作。因此，要建立院、校、系三级教学质量管理体系和规章制度，建立教学质量督导体系，完善校内的教学质量评估考核项目及指标，建立一支高素质的具有专门评估知识的教学质量管理队伍。

2. 量化的评估指标要和定性的评估相结合

量化指标往往测量的是办学的产出因素，而对于这些产出所依据的条件和过程则重视不够。另外，量化指标通常强调近期的产出，而忽视了长期的结果。由于教育的长期性和滞后性，学校的长远目标不易被正确评价。高校中许多目标是不能用量化指标来测量的，如办学目的、办学特色等。因此，单一的量化评估不能正确反映学校的办学状况，必须定性和定量相结合。

3. 加强对质量保障机制的元评估

元评估是指按照高等教育质量保障的标准，运用可行的评价方法，对整个高等教育质量保障活动进行分析，从而做出价值判断，对高等教育质量保障活动进行调控反馈，使它经常处于优化运行状态的活动。它不仅要检查质量保障目标是否符合国家的教育目的，还要检查质量保障主体是否全面，质量保障指标是否科学，质量保障的过程和方法是否周全、适当，所作的结论是否有效等。随着教育质量保障研究的深入,人们越来越重视对质量活动的质量、用途、耗费等的再次评价。

三、我国高校内部教学质量保障的现状

(一)我国高校内部教学质量保障活动的历史沿革

经过十几年的评估经验的积累,我国已经基本建立了以政府主导、学校自评、专家和师生共同参与的评估制度,使高校人才培养工作的中心意识、质量意识得到空前加强,整体办学水平得到提升。

1. 我国高校本科教学工作评估的起步和试点阶段(1985—1994年)

1985年,原国家教委发出《关于开展高等工程教育评估研究和试点工作的通知》,我国高等教育质量保障活动开始试点。此后国家教育行政部门在对工科院校、学科课程等方面的评估试点基础上,确定以本科教学工作评价为重点的工作思路。

2. 本科教学工作评估的全面展开(1995—2008年)

首先,出台本科教学工作评估法规政策文件和实施方案,为评估工作顺利开展提供依据。1995年,原国家教委公布了《首批普通高等学校本科教学工作评价实施办法》。1998年,下发《关于进一步做好普通高等学校本科教学工作评价的若干意见》。1999年,制定《普通高等学校本科教学工作专家组工作指南》和《普通高等学校本科教学工作评价考察要点》。上述评价法规将高等学校本科教学工作评价分为三种形式,即合格评价、优秀评价和随机性水平评价。根据不同类型的学校和特点,原国家教委自1997年起又出台了一批方案。其次,国家教育部分期分批地对普通高等学校进行了三种形式的本科教学工作评价活动。1995—2001年,通过合格评价、优秀评价和随机性水平评价等三种本科教学工作评价形式的高等学校达到200余所,本科教学工作评价已成为我国保障高等教育质量的重要手段。2003年开始启动的为期5年的本科教学水平工作评估于2008年9月26日全面结束。5年间,全国先后有589所普通本科院校接受了评估,对提高我国高校的本科教学质量、深化教育教学改革、构建高等教育质量监控体系发挥了非常重要的作用。

3. 本科内部教学质量保障体系构建阶段（2008 年至今）

首轮本科评估工作结束后，2008 年 9 月，来自全国 130 余所高校的 200 名代表齐聚贵阳，参加由教育部评估中心主办的高等学校内部质量保障体系建设研讨会。会议认为，要进一步发挥评估在促进高校内涵发展、提高教育教学质量方面的作用，强化内部质量保障体系建设，通过内部质量保障体系的构建和外部质量监控体系的完善，最终形成保证和提高教学质量的长效机制。高等教育理论界早已经于评估工作结束之前，就教育质量保障体系的构建问题进行了长期的研究和探索。在第三届中国高等教育学会教育评估分会上（2005 年 7 月），北京信息科技大学的关仲和教授认为，我国有组织的高等教育评估工作已经进入和正在进行着高等教育质量研究和质量保障体系构建的重要阶段。可见，教育教学质量保障体系的构建问题在新一轮教学评估工作展开后就已经被提上了日程。理论界一致认为我国高校内部教学质量保障体系的构建尚处于起步和探索阶段，总体上不够健全。如何科学有效地推进高校内部教育教学质量保障体系建设，成为各高校最为关注的问题。

（二）我国高校内部教学质量保障活动的特征

1. 先于并适应我国高等教育大众化

1999 年我国高等教育实行积极发展政策，大幅度扩招。2002 年我国高等教育毛入学率为 15％，2007 年达到 22％，2008 年达到 23％，2009 年已经达到 24％。每年一个百分点的增长速度，有力地推动了我国高等教育的大众化发展进程。我国有组织的高等教育质量保障活动是 20 世纪 90 年代后半期全面展开的，既反映了质量保障是高等教育大众化的内在要求和重要组成部分，又体现了我国一贯重视质量的传统。

2. 以政府为主导、社会为补充的二元评估模式

由于我国长期以来实行高度集权的计划经济体制，在高等教育质量保障体系方面自然就形成了政府机构主导评估的局面。国家是评估的主体，学校是被评估和监督的对象；教育界、知识界和用人部门是评估时依靠的社会力量，处于从属地位；学校和社会团体参加评估只是一种补充。随着我国

经济体制改革的深入,多元化的市场经济格局在我国初步形成,社会评估就是多元化社会的必然选择。尽管我国的高教评估工作由政府组织实施,但高校性质的转变促其接受社会监督,社会评估由此成为质量保障的重要组成部分。政府—社会二元评估模式基本形成,反映了我国由计划经济向市场经济体制转变的某种历史必然性,政府评估和社会评估将会长期并存。

3. 重视外部教学质量保障,忽视内部教学质量保障

在现行的质量保障体系中,由于对政府组织的外部评价的高度重视而忽视了高校内部的自我评价,没有把它看作是整个教学质量保障活动的主体和基础,仅仅将其视为质量保障的对象。在高校内部对影响教学质量的所有因素进行控制是学校自身的责任,只有通过其对自身不断地自我评价、自我改进和自我提高才能实现。持久的教育教学质量是学校内部全体师生员工共同努力的结果,单靠来自政府和社会的外部的质量监控是难以保障质量的。

(三) 我国高校内部教学质量保障存在的问题

1. 内部教学质量保障体系缺乏科学合理的框架

(1) 教学质量保障的组织管理体系缺乏完整性和有效性。组织管理机构设置形式化,实效性缺失。为迎接教学评估,一些院校专门设置了迎评办等临时机构。设置专门负责校内教育质量保障的组织机构,是有效开展教育质量保障活动的基础,承担着高校教育质量管理和运营,有利于促进分散的教育质量要素和质量管理活动的统一,有效提高教育质量。除教育部所属的高校建立了此类机构外,其他多数高校都或多或少地存在组织机构建设滞后的问题。机构的不健全导致功能的分散,不利于高校教育质量保证工作的有效开展。其次,组织管理机构职责模糊、隶属关系不明。在首轮评估工作的推动下,很多高校建立了专门的评估机构或者质量管理办公室,负责日常的教学质量管理、监控和评估工作。这些评估机构要么设置在教务处下,要么设在高教所内。

（2）教学质量保障的评价体系和办学质量水平要求之间的矛盾日益突出。[①]

① 教学质量评价体系不完善。教学质量评价体系应包括教学质量评价标准（原则、内容）、内涵、教学质量评价信息的采集与处理以及教学质量管理评价、教学质量元评价等。现行教学质量评价体系不完善。在教学质量评价标准方面，尚欠规范科学的教师课堂教学评价指标体系；尚未建构与学院办学定位和人才培养规格相适宜的、科学的、有效的教学质量指标体系；评价信息采集与处理方式方面也较单一，主要方式即听课及学生问卷调查；评价方式仅限于他评和定量评价。教学质量评价标准缺乏弹性和发展性指标，主要体现在以下几个方面：注重对课堂教学进行评价，忽略课外教学和学习活动的评价；重结果评价，轻过程评价；现行教师教学质量评价标准更注重描述性、表面性、易于量化的单因素评价指标。

② 教学质量评价内容不全面。缺乏对教学过程工作质量、师资队伍建设质量、教学条件质量、教学建设与改革质量、教学管理质量、校风建设质量等教学工作质量的全方位评价。

③ 教学质量管理评价体系有待进一步完善。比如，在计划过程的质量管理环节，对专业设置及其质量、专业教学计划与教学质量、教学管理制度与教学质量等通过教学常规检查和期中教学检查予以评价。实施过程的管理环节，对课堂教学质量管理和毕业论文（设计）管理的质量管理进行了专项调查、分析和评价。对系教学质量管理评价主要通过系科自我评价和院教学督导评估的方式进行分析评价。然而，就教学质量管理评价总体而言，其评价的方式、评价信息采集和处理的方式单一。

④ 缺少教学质量元评价。进行教学质量元评价可避免高校对教学质量的宏观管理仅仅停留于教学质量评价上，避免对教学质量评价结论缺乏科学性和真实性，避免导致教学质量评价功能的缺失。作为一种后设评价的元评价，是对原有教学质量评价体系科学性的评价，是对原有评价的调整和

---

① 徐群：《高等师范院校教学质量评价体系现状分析与思考——以江苏教育学院为例》，载《江苏教育学院学报（社会科学版）》，2008(2)，23—24页。

修正。这样,教学质量评价体系即呈现为生态的、开放性的、发展的体系。

⑤ 教学质量评价机构不健全。教学质量评价是高等院校一项重要而又繁杂的工作,应配备健全的机构保证其正常运作。然而一些院校没有独立设置的专门评估机构,仅把教学质量评价作为教务处下属教学研究与评估科的一项工作。没有专职的评估人员,形成"机构挂靠,人员兼职"的现状。教学质量评价与管理工作常常受到其他事务性工作的冲击,不能细致、深入、全面展开,甚至流于形式。

⑥ 教学质量评价观念缺乏全面的质量意识和"以人为本"的思想。主要体现在教学质量评价的工具性价值使教学管理部门"为评价而评价",教师个性化、创造性的教学风格缺失。教学评价标准忽略了师生内在的主体价值取向、动机、个性、创造性等价值目标。教学质量评价较少关注教师的专业发展。

⑦ 教学质量评价制度不完善。应该说已有较好的教学质量评价制度,但缺乏与完善、科学的教学质量评价内容及其标准相配套的一系列制度,如系教学评估制度、毕业生跟踪调查制度等。

2. 对内部教学质量保障体系的认识不到位

在教学质量保障活动中,我国高校只是停留于宣传和介绍国外的质量保障理论和方法,没有形成具有自身特色的教学质量保障体系和理论研究体系,在对内部教学质量保障体系的认识上往往以偏概全。在实践中,往往存在一些模糊认识,会将内部教学质量保障体系与教育质量保障体系混淆,或将其等同于高等教育评估体系,或将其等同于高等教育引入 TQM 质量管理理念和 ISO 质量保障体系。此外,对于内部教学质量保障体系的构成层次也缺乏足够的认识,不清楚内部教学质量保障体系的内容和维度,就失去了建设工作的方向和根基。教学质量保障体系是以全面质量管理理论为指导,借助多种工具,通过对教学质量形成的全过程进行管理从而提高教学质量的一套管理的系统,所涉及的并非仅仅是传统的教学质量管理的事务,而是几乎包括学校运行的各个环节。在现实中,组织的相关成员仍然认为教学质量保障仅仅是指与教学质量管理相关的事务,没有意识到应当将对学校其他部门的管理整合到这一系统中来，从而使这些部门的使命直接指向提高教学的质量，为教学服务。

实践中，存在着三种处于不同水平的"教学质量保障体系"。一是在某种恰当的理论的指导下，如全面质量管理理论，借助有效的管理与评估的工具，真正影响和改变了组织的教学质量观念与文化，有机地整合学校的各个部门，使各部门之间产生有机联系，从教学质量产生的全过程来提高和改进有质量的"教学质量保障体系"。二是在传统的教务管理与教学质量管理的层次上来看待这个问题，将对这两项工作所采取的措施进行的梳理与整合的结果称之为"教学质量保障体系"。保障教学质量的主要方式是对教师和学生进行监控和管理，关注点集中在教学的环节上。同时，也可能非常重视其他职能部门的工作，如教学资源的投入、毕业生的就业等。但是，总的来看，各部门之间的工作仍然是割裂的、缺乏协同与共同指向的。第三种情况是为了某种需要，如迎接教育部评估的需要，必须提供相关的资料和证据，即使事实上没有相应的行为。这时，学校可能根据评估的指标，提供了一份"存在于文本中的教学质量保障体系"。这种现象在一些原先管理薄弱的学校中非常严重。

师生质量保障参与意识薄弱。高校内部有效的教育质量保障活动，是由学校全体成员参与的对教育教学工作全过程全面的、持续不断的系统化改进活动。因此，本科教育内部质量保障体系的优化运作，强调全校师生员工的共同参与，调动全校员工的主动性、积极性和创造性，为实现教育质量目标同心协力、相互配合。但在实际实施过程中普遍存在部分师生对质量保障的全员性认识不足，认为质量保障工作是学校领导和管理人员的事，质量保障参与积极性不高，行为被动，从而导致学校教育质量监控效能的弱化，影响了教育质量的提高。

3. 内部教学质量保障体系的建设仅仅停留于经验性的交流

为保障教育质量，我国许多高等学校纷纷出台了一系列提高教育质量的改革举措，如促进弹性学分制实施，延长学生修业年限，鼓励学生在校期间积极创业等。但由于缺乏丰富的经验借鉴，各校改革往往是边研究边试点,在试点中积累经验,有些从事教育教学活动的各级教学与管理人员缺乏科学的理论及技术培训,规章制度的实施随意性大,无章可循的现象随处可见,教学各环节间的接口和质量控制要素、控制点不明确,教学文件、资料、记录等设计不合理,控制与管理出现断点和不连续,再加上人员流动、干部更替、岗位转换时缺乏明确、细微的手续,都给教育质量的持续保障与稳定提高带来了很大影响。

针对如何建构内部教学质量保障体系,大部分学校还只是停留在经验层面的交流,通过研讨会的形式分别介绍学校建构内部教学质量保障体系的经验和思路等。2008年以"高校内部教学质量保障体系"为主题,教育部评估中心连续召开了三期研讨会,从未来质量保障体系建设的全局出发,促进高校的内涵发展,共同深入研究如何进一步加强高校内部教学质量保障体系建设。少部分学校已经能够结合学校教学管理实践上升到理论性的探讨,上海师范大学教育学院高耀明教授以上海师范大学为例,描述了高校内部教学质量保障体系的结构,分析了高校内部教学质量保障体系的功能,论证了高校内部教学质量保障体系运行的动力机制,阐明了高校内部教学质量保障体系的支持条件。

四、我国高校内部教育教学质量保障体系的构建

(一) 我国高校内部教学质量保障体系构建的基本原则

1. 全程服务性原则

人才培养是一个过程,教学质量既表现在人才培养的最后结果——毕业生服务社会的综合素质和各种能力上,也表现在整个教育过程和服务过程的各个环节和各个方面的工作质量上。只有不断提高教学过程和服务过程的质量,相辅相成,教学过程质量才有保障,进而保障人才培养的总体质量。基于教学质量保障活动贯穿于学生从入学到毕业或就业的全部学习活动和生活过程中,同时也贯穿于教师和每一个工作人员从聘任到离任的全部教学活动和管理活动过程中。

2. 全员参与性原则

作为学校中心工作的教学,其质量的保障离不开全体师生员工的共同

217

努力。由领导、职能部门人员组成的组织体系，教师、教学服务人员和学生组成的教学体系，以及其他人员组成的服务体系，都是教学质量保障体系的重要组成部分。要确立全员质量意识，教学单位、教学管理部门是质量管理和实施的直接落实单位，党群、政工、行政及后勤管理的其他部门也应该高度关注教学质量问题。只有确立了全员质量意识，教学工作作为学校中心工作、人才培养作为学校根本任务的地位才能真正得到落实，才能真正调动广大教学人员的工作积极性，激励他们发挥各自的潜能做好教书育人的工作。

3. 全程动态性原则

把注重教学质量观念贯穿于高校教学的整个过程。教学的质量意识从教学的方式、内容设置开始，直到学生毕业及就业全过程，各个环节相互作用，共同提高毕业生的全面素质。教学质量保障体系的质量保障方针、质量目标和教学模式的选择，教学质量保障过程的组织，教学内容、形式和方法的运用，教学管理制度的建立和实施等，都要依靠各级各类管理人员、教师以及所有学生在各自的岗位上的积极行动，应将各自承担的岗位职责和任务融于实现教学质量目标的过程中，使质量保障过程成为体现质量目标的过程，并通过质量阶段结果评价及时反馈，对质量目标、质量保障过程进行必要的调整。

4. 全程监控性原则

教学质量保障需要进行全程性监控，包括过程前置监控、过程实施监控和过程阶段结果监控。通过上述的全过程监控，及时反馈和调整，使教学质量保障体系不断完善，教学质量不断提高，从而在目标质量、过程质量和结果质量三个层面上形成高等教育教学质量保障体系的监控、反馈和调整体系。

5. 全面体系化原则

高校的教学质量保障体系是由高校的办学理念、办学条件、内部的相关方针、政策、规范、制度、专业人才培养机制及其运行、教师的学术水平和教学质量、学生的基础素质和质量、管理人员的工作质量、服务人员的服务质量等构成的内部教学质量保障体系和国家、社会提供的相关方针、政策、法规、规范、信息和相应的运行机制等宏观质量要素构成的高校外部质量保障体系所组成，当前高校应该将外部发展环境和内部建设有机结合起来，不能顾此失彼。

6. 以人为本的原则

质量管理体系的主体是人，高校教学质量管理应突出专家、教授的主体地位，同时重视全员质量意识的培养、提升，必须重视技术、管理、人员三方面因素的有机结合，重视学生、教师、管理人员的全面协同作用。

（二）构建高校内部教学质量保障体系的价值取向

1. 坚持外部评估和内部质量监控相结合，以内部质量监控为主

建设教学质量保障体系应当成为大学的自身需要。长期以来，高校只需要完成国家的计划任务，而无需考虑长期规划和自我发展的机制。在这种情况下，要下决心建设教学质量保障体系，将教育部进行的本科教学质量工作水平评估当作一个重要契机，将外部的动力转化为内发的需求，推动教学质量保障体系的建设。高校教学活动的创造性特质，决定了监控不是目的，监控必须与保障、改进密切结合，相得益彰，通过加强质量保障与监控，促进教学过程优化，最终达到全面提高教学质量的目的。

2. 坚持教学管理技术和教学质量文化的耦合

受早期企业里的全面质量管理实践的影响，长期以来高等教育质量管理一直局限为一种工具、程序或技术手段。在企业质量管理的历史上，不管是全面质量管理的引入还是 ISO9000 族标准的流行都体现了人们对于质量管理技术的重视。由于过于强调操作的便利，从而破坏了高等教育质量本应具有的完整性，使得"质量管理"与"管理质量"扯皮。人们对高等教育的质量越来越重视，高等教育质量的监控和评估体系正在建立过程中。伴随着相关质量监控与评估技术的逐渐细化、精确化，以及高等教育质量评估指标体系的具体化，高等教育中质量文化的建设必须给予足够的重视。

质量文化的主要功能是针对学校组织内部的成员，组织内部成员的行

为模式与价值观若无法与质量和绩效责任达成一致，则组织机构将面临"上有政策、下有对策"的局面。因此，只有当组织成员能对质量有一致认识与信仰时，才能落实组织的具体作为。通过教学质量保障体系建设的工作，学校全体成员达成质量的共识，从每一个环节、从每一个人自身做起，不断反思与改进，推进教学质量的持续提高。思想的改进是组织发展中最深层次的东西，组织的成员很可能对眼前要求他们的变化抱着排斥的态度，从而使得变革难以推进下去。因此，建设教学质量保障体系，需要组织的所有成员（领导到所有的管理人员以及教师、学生）具有开放的思想，迎接变革的心态。我国现行的教学质量管理以约束与监控为主，缺乏对师生有效的激励，从而导致教学精力投入的严重不足。在监控式的管理文化下，管理者的角色是监督者、控制者，教师与学生则是被监管的对象。在教学质量保障体系之下，学校应当将激励与约束相结合，通过种种努力，促使教师和学生从"要我如何"向"我要如何"转变；管理者应当引导教师与学生的发展，并成为教学改进工作的支持者与服务者。

（三）内部教学质量保障体系的构建程序

1. 根据学校发展目标，确定学校的教育质量目标

学校高层领导尤其是分管学校教学的领导在充分理解学校的总目标后，结合学校的实际情况，制定出达成学校总目标所必须具有的可行的教育质量目标。

2. 确定完成学校教育质量目标所需的组织框架

学校在制定了可行的教育质量目标后，要把质量目标与学校内有关教学质量管理的组织，如教务处、各系等结合起来分析，以把各项目标逐一落实到每个具体的组织层面上，并可以根据学校的教育质量目标对学校的组织机构进行一定的调整。

3. 识别具体的教育质量保障活动并将其按功能分类

在考虑了学校教育质量目标与具体的教育质量管理组织后，学校就可对完成教学质量目标所需的教育质量保障活动进行预测与识别。然后，学校可以根据这些质量保障活动的功能，把有关教育质量管理的组织进行重

新分类与组合,同一功能的教育质量管理组织就构成了一个系统。

4. 明确、规范各个系统、组织之间的纵向与横向关系

在区分与识别了不同的教育质量保障系统后,学校就要依据现代组织管理原理,明确规范各个系统与其母系统之间的纵向关系、各个子系统之间的横向关系。这实际上是明确各个系统之间的职、责、权的界限,做到职、责、权分明,避免各组织之间出现相互推诿或相互干涉的情况。[①]

(四) 内部教学质量保障体系的辅助机制

评估是保障体系运行的核心和动力,要使得评估工作能持久、健康、有效地坚持下去,还要建立相应的机制。

1. 社会舆论监督机制

实施社会舆论监督,要很好地发挥社会舆论作用。监督办学质量的作用,重视新闻媒体和大众传媒对高等教育质量评估活动的宣传,让民间组织、新闻媒体参与对高等学校办学质量的监督和评估。设立民意调查的网站,在获取数据时要确保来源真实、数据准确可靠,最好能让参评的院校作进一步的数据核实,使民间评估不断增加其信度和效度。

2. 政府经费保障机制

要真正地把高等教育的发展纳入国民经济的发展计划之中,要优先发展,适度超前,增加对高等教育的投入;通过社会的、政治的、法律的手段消除一切阻碍高等教育发展的因素和问题,为高等教育的发展营造一个良好的外部环境。

3. 学校内部管理创新机制

随着市场经济的发展和学校综合改革的深入,高校长期以来形成的传统管理模式已不适应形势的发展需要,落后的管理体制已成为改革和发展的羁绊。这种管理体制显然不能适应新形势下高等教育教学的发展,影响着教学质量的提高,必须予以调整变革。显而易见,学校管理效能低下的最直接因素是其内部管理体制的各种问题。学校管理效能的提高离不开内部

---

① 陈玉琨等:《高等教育质量保障体系概论》,北京,北京师范大学出版社,2004,165—166 页。

管理体制的改革和创新；内部管理体制的革新正是为了提高学校管理效能，更好地促进学校的良性发展。

我国高校内部管理改革包括以下七个方面：（1）要实行简政放权，扩大系级管理自主权，逐步建立"校级主要抓宏观管理和目标管理，各系、各部门拥有相应权力"的管理模式。（2）要在横向上实现事业编制与企业人员放开，纵向上实行用人与治事相结合，责、权、利相统一。（3）在人事和分配制度方面根据岗位性质、任务和职责，精简机构，严格定编，健全聘任考核制度，逐步推广"工资总额动态包干"制度，实行国家工资和校内津贴相结合，进一步强化竞争、激励、流动和约束机制，在按劳分配原则下，拉开分配档次，调动教职工的积极性，提高工作效率。深化人事制度改革，加强师资队伍建设与管理，为教学提供强有力的人力资源保障。（4）在财务和后勤方面，要坚持为教学、科研提供"优质、高效、及时、可靠"的服务宗旨，按照市场规律，加大改革力度，加强预算审核，开源节流，勤俭办学，逐步实现后勤社会化。高等学校内部，也要开源节流，优化教育经费的使用结构，在逐步提高教师福利待遇的前提下，通过提高人员使用效率，提高经常性公用费用支出的比例，确保教学条件的不断改善和优化。（5）通过强化依法治校，推进民主管理。这既有利于提高权力机构的权威性和正确性，又有利于避免执行机构的我行我素。（6）教学资源保障机制。教学资源保障包括生源、教学投入、教学场地、仪器设备、图书资料等诸多方面，涉及学校多个部门、多个环节。（7）建章立制，加强校风建设，为教学质量提供制度与文化保障。

4. 教学质量保障长效机制

建立教学质量保障长效机制是巩固教学中心地位、保障教学条件、深化教育教学改革、实施教学质量监控的有效措施和制度保障，是实现学校中长期发展目标的具体举措，是建设高水平大学的需要。学校根据新形势的要求，贯彻落实教育部《关于进一步加强高等学校本科教学工作的若干意见》，结合实际，健全和完善各项教学工作规章制度，规范教学管理，强化教师教学工作制度，确立教学质量的全面、全员和全程管理，完善教学过程和各质量环节的监控制度，建立教学质量管理的长效机制。学校建立保障教学质量长效机制,以坚持"巩固、深化、提高、发展"的方针,遵循高等教育的基本规律,牢固树立人才培养是高校的根本任务、质量是学校的生命线、教学是学校的中心工作的理念为指导,落实保障教学质量的长效机制,使人才培养模式改革取得突破,学生的实践能力和创新精神显著增强,教师队伍整体素质进一步提高,科技创新和人才培养的结合更加紧密,学校管理制度更加科学,基本形成规模、结构、质量、效益协调发展和可持续发展的机制,最终使学校教学质量得到根本提高。学校保障教学质量的长效机制的主要内容包括:(1)坚持教学工作的中心地位,形成突出教学的导向机制。(2)规范教学运行,完善教学质量的监控机制。(3)继续深化教育教学改革和研究,建立教学成果的培育机制。(4)落实激励与约束机制,加大教师队伍建设力度。(5)不断提高教学管理的能力和水平,完善教学管理机制。

不断提高教育教学质量和办学水平,是高等教育的永恒主题,也是各高等学校的长期工作目标和任务,各高校在探索的道路上任重道远。学校在评建工作中不但总结了长期的优良办学传统,实现了以评促建、促管、促改的目标,而且深入探索并建立了切实的教学质量保障的长效机制,使评建工作长期化、制度化、规范化,学校的自我评价和自我完善机制更加健全,必将推动学校向更高的目标阔步前进。

第二节　科研质量管理:构建内部科研质量管理体系

随着知识经济时代的到来,科技的力量在我国经济增长和社会进步中的地位越来越重要。而大学作为我国培养高层次创新人才的重要基地,是我国基础性研究和高新技术研究领域创新的重要主力军之一。由于近年来所承担的科研任务不断多元化,我国高校的内部科研管理面临着更多的机遇和挑战。随着国际化质量管理理念和方法在我国众多领域的推行,我国许多高校开始意识到科研质量管理的重要性，逐渐在科研管理的过程中引入质量管理的概念和方法，并依据 ISO9001 标准建立了科研质量管理体系。

一、质量管理体系引入我国高校科研质量的管理

(一) ISO9000 族标准(质量管理体系)的概述

质量管理体系是国际标准化组织(ISO：International Standardization Organization)所颁布的一组质量管理标准的总称，是世界上权威和通用的质量管理标准，于 1987 年正式发布，期间经过多次修订。

ISO9000 族标准总结、提取了各先进工业国家质量管理和质量保证的经验和理论精华，澄清并统一了质量管理的基本术语，其理念具有高度的科学性，同时具有通用性，适用于提供任何类别产品的所有行业或经济领域，因此一经发布就受到世界各国的普遍重视和采用。在国际标准化组织颁布的近万个标准中，从来没有任何一个标准像 ISO9000 这样产生如此强烈、广泛和持久的影响，到目前为止，世界上已有 150 个国家和地区等同或等效采用了该系列标准。

1992 年，我国正式采用了 ISO9000 族标准，并大量应用于各类组织的质量管理。在总结和吸取 ISO9000 族质量管理体系的先进理论和方法的基础上，结合国情，我国编制了 GB/T19000 系列标准，后来又在此基础上增加了针对军用产品的特殊要求编制而成的 GJB 9001A-2001 质量管理体系要求。也就是说，与 ISO9001：2000 等效的国家标准是 GB/T19001-2000，军用标准为 GJB9001A-2001。

ISO9000 族标准含有 4 个核心标准。其中，ISO9000 标准是对于质量管理体系的基础知识并规定其相关术语，而 ISO9001 是规定质量管理体系的要求，用于证实组织具有提供满足顾客要求的产品的能力，增进顾客满意。ISO9000 族标准是对外质量保证的标准，关注于质量管理体系的有效性；是组织实施质量管理体系的基本要求；是认证评审依据的主要准则。近年来，随着我国市场与国际市场的接轨，尤其是加入 WTO 之后，质量体系认证工作发展十分迅速，国内许多企业都把实施 ISO9001 质量管理体系及获得 ISO9001 质量管理体系认证作为保证企业生存的一项重要基础建设工程，给

予相当的重视和投入。①

　　建立质量管理体系就是建立科学有效的运行机制，是对组织的软件体系进行系统性革新。ISO9001:2000 明确了质量管理的基本原则：以顾客为关注焦点，重视领导作用和全员的参与，采用过程和管理的系统方法以及基于事实的决策方法，注重持续改进，并坚持与供方互利的关系——这些原则是组织改进其业绩的框架。ISO9000 的本质是建立一个保证及提高产品质量的管理体系，明确保证质量应达到的基本要求，实现文件化、规范化、产品形成过程始终受控、可追溯、职责明确，力求通过对组织产品的各个实现环节进行有效控制，使产品出现问题的可能性降到最低程度，保证产品质量的稳定和提升，最终通过扎实有效的过程管理帮助组织获得持续成功。ISO9000 族标准广泛应用于生产服务的各行各业，既有产品的质量管理体系，又有服务以及管理工作的质量体系。②

　　（二）建立高校内部科研质量管理体系的背景

　　1999 年，原国防科工委颁布实施《武器装备科研生产许可证管理暂行办法》，2008 年，国务院颁布《武器装备科研生产许可管理条例》，从此，武器装备科研生产许可管理从行政法规上升为国家法律。维护武器装备的科研生产秩序并保证武器装备质量合格稳定，成为我国法律的一项基本要求。《武器装备科研生产许可管理条例》中明确规定"计划或已经从事国防科研及生产的单位，必需按照国家军用标准建立质量管理体系并确保其有效地运行"。因此，为适应当前形势发展的需要，高校应当积极开展科研质量体系的建立和认证工作。目前，众多优秀生源在面临国内外高校的众多选择时，国内许多高校正在逐渐丧失优秀人才的竞争优势。很多高校致力于将学校建设成为世界性一流大学，这就对高校的科研产品与学术成果提出了更高层次的要求。因此，高校科研工作的重点正在逐步实现战略转移，科研工作呈现多元化和多向性，既重视基础学科和先进科学技术研究，又重视工程项

---

　　① 宋卫红，杨美成：《高校科研项目管理引入 ISO9001 质量管理体系的实践》，载《江苏科技大学学报（社会科学版）》，2004（4），60 页。

　　② 戚溆：《高校建立科研质量管理体系的研究与思考》，载《中国高校科技与产业化》，2006（5），74 页。

目和产品的开发，从而导致高校科研体系从传统的探索、设计、开发扩充到研制、生产、安装和服务这一产品形成的全过程，因此也具备了质量体系建立和认证的必要条件。①

《国家中长期科学和技术发展规划纲要（2006—2020 年）》中指出："新中国成立特别是改革开放以来，我国社会主义现代化建设取得了举世瞩目的伟大成就。全面建设小康社会，既面临难得的历史机遇，又面临一系列严峻的挑战。经济结构不合理，农业基础薄弱，高技术产业和现代服务业发展滞后；自主创新能力较弱，企业核心竞争力不强，经济效益有待提高。从国际上看，我国也将长期面临发达国家在经济、科技等方面占有优势的巨大压力。为了抓住机遇、迎接挑战，我们需要进行多方面的努力，包括统筹全局发展，深化体制改革，健全民主法制，加强社会管理等。与此同时，我们比以往任何时候都更加需要紧紧依靠科技进步和创新，带动生产力质的飞跃，推动经济社会的全面、协调、可持续发展。"当前，我国高校在创新体制下，面临着科技发展、顾客压力、管理创新、科技竞争等方面的问题，急需进行科研管理上的变革，因此，建立内部科研质量管理体系便显得尤为重要。

（三）将质量管理体系引入高校科研管理的意义

1. 满足国防科研和科研管理的特殊性要求

随着国家科教兴国战略的实施，科技在国民经济中的地位更加重要，高质量的科研项目和科技成果对综合国力的支撑作用更加明显。《教育部直属高等学校承担国防科研项目的管理办法（试行）》中规定，我国部属高校承担国防科研项目，主要包括以国防建设为目的的科学研究、技术开发和型号研制等项目。"凡是承担国防科研生产任务的部属高校，都应建立健全规章制度，明确相应的管理机构专门负责国防科技管理工作。"国防科研项目研究的内容、过程涉密性较高，科研成果密切关系到国防科技的现代化建设。因此，只有采取与之相匹配的管理模式才能更好地利用现有资源，GJB9001A-2001 的颁布和实施则为国防科研的各个方面和阶段的质量保证

---

① 付强等：《高校建立科研质量保证体系的设想》，载《研究与发展管理》，1999(11)，58 页。

建立了良好的理论和方法依据。

2. 满足顾客要求，挖掘潜在客户

社会主义市场经济的发展使高校取得了和企业平等推广科技成果的机会，为高校带来机遇，也带来了挑战。高校面临的机遇是在进行教学科研的同时，还得到了与企业平等的将科技成果直接推向市场的机会；而挑战则是顾客将高校和企业相提并论，提出平等的服务要求。对于在体制上与企业完全不同的高校来说，要满足顾客的要求，就必须做到与企业一样，建立符合要求的质量管理体系，对内强化管理，对外满足顾客要求。近年来，高校承担的国防任务逐渐增多，国家对承担国防任务的单位提出了市场准入资格要求。按照国家军用标准建立质量管理体系并有效地运行，最大限度地满足军方顾客的需要是国家对承担单位的最基本要求。① 因此，对有国防任务的高校来说，建立科研质量管理体系，完善科研管理，最大限度地满足顾客需求，具有十分重要的意义。

3. 满足高校自身科研发展需要

（1）保证科研项目完成的质量

高校科研项目的管理是科研管理工作中一项重要的工作内容，事关学校承担科研生产项目的资质和项目的完成质量。科研项目的管理过程较为复杂，它可以直接反映一所学校的科研管理水平和质量。目前，我国高校对于科研项目的管理通常侧重于操作层面的管理，倾向于采用目标管理和量化管理，从而导致缺乏宏观方面的协调。因此，引进质量管理的理念并建立高校科研质量管理体系，可以帮助及时发现问题、解决问题，以有效减少失误，克服科研项目管理工作中的不足和缺陷，不断提高科研产出成果的质量，促进高校科研项目管理工作规范化，提高新产品的可用性、可靠性以及其完善程度。

---

① 董成文等：《浅析创新体制下高校引入科研质量管理体系的适应性》，载《研究与发展管理》，2008(3)，127 页。

（2）转变科研项目的管理方式，完善科研管理环境

高校科研项目的研究有较强的探索性和风险性，之所以将"顾客满意、过程管理、持续改进"为三大要素的 ISO9001 质量管理体系引入高校的科研质量之中，就是要从管理理念和管理方式上进行变革，将传统课题承包制的"目标管理"模式转变为"过程管理"模式，将所有影响科研成果质量的环节和因素有效地加以控制，以科研人员的工作质量来保证最终成果的质量，以过程的合格来保证最终结果质量的合格，以过程的最优来保证最终产品质量的最优。同时，要注意控制科研项目的管理过程，把重点放在对项目研制过程的控制上，降低科研项目的风险性，确保项目研制工作的顺利实施和完成。① 一直以来高校科研管理采用课题组组长负责制，各个课题组的管理模式主要取决于课题组组长，通常是一个课题组一个管理模式，课题组科研水平也基本取决于课题组组长。因此，人为因素对科研活动的开展影响过大。由于高校科技管理缺乏严格的质量管理体制，人为因素过多导致科研管理工作的过程较难控制。在建立科研质量管理体系后，科研项目会按照质量管理体制实行统一管理、正常运作，从而保证科技工作内部管理的有序化、正规化，为科研人员提供有序、正规的科研管理环境，使科研人员全身心投入到科研工作中，并养成严谨的工作作风。

（3）保证科技成果较高的产出水平

高校科研引入质量管理体系是提高科研成果质量、节省成本开支的一项重要措施。高质量科技成果的取得与完善的科研过程质量管理密不可分。因此加强科研管理工作，保质保量按期完成研究任务便显得尤为重要。尤其要加强科研项目实施中的过程质量控制，对可能影响科研工作质量的一系列因素进行改进，才能减少科研工作失误，实现高校科研管理的有序化、规范化，从而实现对高校科研水平的提升，对科研成果产出的保障。

（4）推进科研管理信息化进程，提高科研工作效率

质量管理体系标准中资源管理的理念为合理界定高校科研资源要素的

---

① 张喜爱等：《对高校科研质量管理体系建设有关问题的思考》，载《科技管理研究》，2009（7），252 页。

基本要求提供了有效方法。例如，如果没有一个统一的计量体系，科研人员将不得不亲自解决计量仪器的检定和维修、专业人员培训等问题，每个课题组都重复类似过程势必造成资源的浪费。在建立质量管理体系后，计量管理程序将得到有效规范，全体人员、设备实行统一培训、管理和调配，不仅节省开支，还能大大提高工作效率，为高校大规模、高投资的研制工作提供了有力保障。① 另外，在建立科研质量管理体系之后，科研管理实现信息化，管理部门可在全面、系统、精确掌握所需信息的基础上，做出决策并对人力、物力、财力等资源进行有效配置，使科研生产的分析决策更加科学化、系统化。同时，通过信息化管理网络也可以了解科研各项进度要求和工作目标，掌握科研过程的真实情况。

二、发达国家高校科研管理的现状——以美国为例

美国高校的科研管理实行以教授为主体、以兴趣研究为动力的科研组织模式，建立多渠道的科研经费筹措机制，以课题为中心的科研经费管理模式，以及建立以产学研合作为基础、具有很强操作性的科技成果转化机制，从而不断推进科技创新。② 美国高校对内部科研的管理主要表现在学术自由、科研组织、科研经费和科研成果转化四个方面。

（一）学术权力与行政权力相互制衡

美国研究型大学的学术权力和行政权力集中于学院，学校的职能部门仅作为服务和执行机构，主要处理学校的教学、科研之间的事务。美国高校保障教授享有充分的学术自由，为最大限度发挥教授的才能，美国大学的教授会与校长委员会地位并重，二者在高校科研管理中相互制衡。校长本身既具有行政权力，同时是一位德高望重的教授。在科研工作的组织与实施过程中，美国大学始终坚持"以人为本"的原则，以教授为主体，根据自身研究兴趣和研究基础自由选择课题进行探索和研究，尽可能发挥个人的潜能

---

① 张君等：《浅析在高校中建立科研质量管理体系的意义、方法及需要注意的问题》，载《科技管理研究》，2010(17)，98 页。

② 王清：《美国研究型大学的科研管理及对我国高校的启示》，载《中国矿业大学学报(社会科学版)》，2008(2)，99 页。

和创造力。

例如，芝加哥大学管理权力的顶点为董事会，但大学管理权力并非由董事会独控，而是常常被分配到一些管理组织中。该校各级教授会代表的学术权力，不仅管理学术事务，而且参与行政权力的管理范围，大学的重大事务都必须经过有关的各级教授会讨论，由其提出建议，再提交系主任和校长，最后由董事会批准执行。在校一级的管理中，教授在全校范围内参与决策事务通过教授参议会实现；在系一级的管理中，系执行委员会由已取得终身资格的正副教授组成，该委员会的权限包括对系里招聘教授以及教师的晋升和取得终身资格有决定权，此外还对系里的财政享有管理权，系主任对系的教学、科研和公共事务向教授会负责。① 美国大学行政与学术权力的结合，促成美国高校良好学术氛围的形成和教授作用的充分发挥。

（二）交叉学科的科学研究发展迅速

随着世界科技竞争力不断增强，美国研究型大学不同学科下教授之间的合作与交流日益增多，促进了学科间科研合作的增加，使科研走出限定领域的范围，推动了科研组织的分化与组合速度，学科领域的交叉、合作成为美国科研管理领域的新趋势。许多高校，例如伯克莱加州大学、杜克大学、密歇根大学等均成立交叉学科专家委员会、交叉学科研究中心等组织机构，将不同学科领域的专家教授集合在一起，共同参与解决重大研究课题。

（三）多元化的课题经费筹集途径

一般来说，西方高校的科研经费主要来源于雄厚的国家经济实力，因此政府是高校科研经费的主要来源。例如美国高校科研经费来源的主渠道是联邦政府各部门，国防部、国家宇航局、能源部、农业部、卫生部、商业部和国家科学基金会等 7 个部门提供的占 95％，美国政府每年的科研经费拨款在 100 亿美元以上，占全国高校科研经费总额的 60％。② 美国政府对高校科研资助经费的拨付主要采用直接资金模式。这种模式是指政府通过直接资助

---

① 王清：《美国研究型大学的科研管理及对我国高校的启示》，载《中国矿业大学学报（社会科学版）》，2008（2），99 页。
② 张若妤：《国外高校科研经费管理的经验及借鉴》，载《金融经济》，2008（8），113 页。

或者通过签订科研合同的方法来提供资金支持。高校科研资金的获得采用竞争的方式,有助于调动高校科研的积极性和开展效率,便于国家引导和调控科研一方。

除了通过政府拨款方式获得科研经费外,美国高校的科研经费的获得还包括多种筹措方式,基金会、校友捐赠、与企业合作和为社会提供有偿服务等都是其获得经费的渠道。学校内部设有专门进行科研经费管理的机构,进行科研成本的核算与使用的管理,同时建立以科研为核心的劳动人事分配制度,方便解决科研项目的开支问题,利于形成有效的监督与约束机制。

(四) 科研评价的重点在于质性研究成果,而非数量化结果

在科研课题的申报上,美国高校教授一贯坚持按照自身的研究兴趣、研究基础和创新目标进行选题,课题的研究不急于求成,研究的重点在于获得实质性、创新性成果,而非数量化结果。教授的晋升也是如此,需要经过教学工作、校内同行、国际同行权威的学术等评价程序。一贯坚持宁缺毋滥的哈佛大学已形成一套教授自律的考核办法,如听课学生要对教授的上课质量打分,并予以公布;教授每年要面向全系教授作一次学术报告,内容是未发表过的。这就形成了表面上没有量化考核要求而实际上无形竞争压力巨大的氛围。

(五) 注重科研成果的转化与利用

美国高校之所以采取多种措施加大科技发明和成果转化的力度,其目的表现在多个方面。首先,科技成果的转化足以证明大学的科研能力,提高大学的社会信誉以争取政府更大的支持;其次,孵化的高科技企业一般由该校的毕业生运行,拓宽毕业生就业渠道;再次,成果的转让费用和股权可以对学校和教授产生一定的经济回报。美国大学技术管理人员协会(AUTM)最近一项统计结果指出:北美大学的科技成果转化共产生了 400 余项重要产品,创造 410 亿美元的经济活动,支持了 27 万个工作岗位。斯坦福大学创造了举世闻名的"硅谷",成为推动美国经济的发动机。麻省理工学院等一流大学支撑了 128 号公路两侧的高技术工业园区,形成一个以发展微型计算机

为中心的商业技术区,带动了当地经济的发展。①

以下是美国斯坦福大学的《科研政策手册》,体现了科研管理的主要内容,该手册共有十章,每一章又包含若干小节,涵盖了科研管理的方方面面。②

第一章　支持研究的办公机构、委员会和管理事务会:斯坦福研究委员会,有关研究办公机构和管理事务会的文件。

第二章　学术政策:首席研究员学术自由、是否适任的相关文件;研究的开放性,研究失职,著作权,研究数据的保留权,建立独立实验室,学生与外界实体的关系及其他相关文件。

第三章　受赞助项目的财务管理:首席研究员的财务职责,间接开支,不同项目的申请方式,获得放弃权的程序,成本分摊,学费免除,资产所有权及其他相关文件。

第四章　职责及兴趣的冲突:有关职责与兴趣的冲突的文件,针对教员与研究人员在外界实体担任顾问的政策,新成立公司政策,以及如何获得公平的文件。

第五章　知识产权:关于专利、版权和有形科研成果的文件。

第六章　环境健康与安全:关于化学污染、放射性危害、激光和生物危害的基本政策及紧急应对程序。

第七章　关于人类主题研究:关于斯坦福人类研究保护程序的描述,包括保证遵照 DHHS 要求的措施,以及使用妇女、学生及实验室人员的特别指引。

第八章　研究中实验动物的使用:在动物饲养与实验中保证遵照 PHS 规定的文件。

第九章　非员工从事研究的派任:研究生担任研究助理,学界人员研究,博士后学者,关于访问学者和访问研究者及顾问的文件。

---

① 研究型大学建设模式考察团:《美国和加拿大部分研究型大学建设模式的考察报告》,载《研究与发展管理》,2003(2),113 页。

② 李剑:《美国大学科研制度对我国的启示——斯坦福大学科研政策手册解读》,载《科技创业月刊》,2007(10),171 页。

第十章 受赞助项目管理的其他方面：关于建议准备，输出控制，参与研究的协议，产业推广程序，外国赞助的研究，人类干细胞研究以及其他主题的文件。

三、现行高校科研质量管理中存在的问题

为加强高校科研管理工作，尤其是内部科研质量管理工作，国内高校纷纷将质量管理体系引入到科研管理工作之中。到目前为止，我国已有近百所高等学校建立了质量管理体系并通过了 ISO9000 族质量管理体系认证，还有相当数量的大学正在进行科研质量体系建设的准备工作。从质量管理体系引入到科研质量管理的必要性中，可见科研质量管理体系的建设对于提高高校的科研管理水平，提高科研项目完成质量，增强科研竞争力等具有十分重要的作用。但是在高校具体的科研管理活动中，在建立和完善科研管理质量保证体系的过程中，仍然存在一些问题需要我们做进一步的理论和实践探索。

（一）现行科研质量管理体系的实施过程中存在诸多问题

1. 高校科研项目情况复杂，生搬硬套标准造成执行困难

质量管理体系的主要实施对象是各个社会企业，是针对企业的生产运营制定出的各项规则体系。然而将其运用到高校的科研质量管理体系中，需要作出一定的调整。高校的科研项目多属单件或者小批量生产的复杂产品，专业领域跨度相对较大，种类多，研制过程差别很大，而且一些产品的研制任务不连续，设计和开发过程变更频繁，研制任务时间紧，质量管理环节多，难度较大。[①] 因此，对于高校科研管理来说，如果将科研项目生搬硬套到质量管理体系中，很容易造成管理执行方面的困难。例如，会导致科研人员花费大量时间用于撰写文档以满足质量体系标准化的要求，从而与自由探索的科研精神相背离，进而严重阻碍科研的发展。

2. 质量管理体系文件的适用性不强

质量管理体系的运行需要借助一套符合标准要求的文件，如质量手册、

---

① 曹丽：《引入质量管理体系，提高高校科研管理水平》，载《文教资料》，2010(8)，171 页。

程序文件和作业指导书等,是质量体系运行的指导性文件,也是平时质量管理工作的重要规范。质量体系的引入对于我国高校的科研管理领域来说是一个全新的概念。很多高校在采用初期面临许多与高校的实际特点不相适应的问题,虽然几经内外审核,并对文件进行了改版,但目前依然存在很多规定与实际操作不符的现象。如《质量管理体系要求》中对六项资源管理如人员、基础设施、科研设备、工作环境等作出了相关规定,但是高校中的资源是教学和科研两用的,从而导致冲突的发生。另外,常常会出现实际工作一套记录,现场审核另外一套记录的现象,致使质量管理体系的应用成为额外的应付负担。

3. 管理人员的转化能力和参与意识有待提高

质量管理体系的应用存在一定客观不符的现象,在人为因素上也有一定的问题有待解决。ISO9000 标准体系的主要应用对象多为企业,因而,在初期阶段聘用的咨询人员多对企业的应用情况比较了解,而对高校科研的应用还比较陌生,在从企业应用转化到高校应用上存在一定的障碍。例如,不能将质量体系标准的语言转化为高校的科研化语言,从而在主观因素上导致高校生搬硬套企业的质量体系而建立模式,进而影响高校科研质量管理体系的有效性。另外,一些管理人员尚未意识到全员参与到质量管理体系中的重要性,也影响到科研质量管理体系作用的发挥。

(二) 传统的科研组织模式不能适应高等教育发展的需要

我国大学现行的科研管理组织模式同样采用在长期的管理实践中逐渐形成的直线职能模式。这种直线职能式的管理方式随着知识经济时代的到来,已无法适应科研管理体制改革的步伐,使得高校不能快速根据外界变化的需要来及时调整科研的内容和方向。

首先,单一直线职能式的管理模式的层次过多,会影响信息传递的效率,从而导致体制的僵化。在这种组织模式中,知识和信息需要从上级到下级的部门间传递,由于不同形式的科研活动在运作方式和工作思路上会有所区别,需要科研管理不断开拓思路,勇于创新,以适应外界的发展趋势。现有的管理体制对于外界的变化缺乏必要的灵活性,影响信息的传递和共享。其次,传统管理体制下的机构重叠、队伍臃肿和人浮于事的特点影响着科研产出和知识创新的效率。层次过多,管理幅度过小,会妨碍学科间的横向交流和交叉渗透,不利于产生新科研生长点。再次,学术权力受行政权力的掌控,尚未发挥对科研创新的推动作用。在传统的科研管理组织结构模式下,学术管理长期处于行政权力的掌控之下,位于管理组织的底层的专家教授无法享受充分的学术自由,学术权力在很大程度上由行政权力所代替。高校学术委员会本应在学术决策和管理中发挥重要作用,但目前学术事务的决策主要通过校党委常务会议直接讨论决定。许多大学的学术委员会尚未建立起正常的活动程序和作用机制,其参与决策的范围和程度均不清晰,平时被放在一边,学校行政部门有困难时拿来当"挡箭牌",在高校学术管理中仅起微弱的咨询和参谋作用,缺少对学术事务实质性决策的权力,这严重抑制了教师作为高校科研主体力量的创造性和积极性。[①]

(三) 量化式学术评价方式严重阻碍学术的繁荣发展

2009 年陕西省高等学校教师职务评审工作实施办法(试行)中规定"国家'211'工程重点建设的学校"和普通本科院校晋升教授的评审,采用量化式学术评价的方式对学术论文发表与著作出版数量等作出了严格规定。

1. 国家"211"工程重点建设的学校晋升教授的学术水平条件

受聘副教授以来,积极承担学校的教学、科研和实验室建设任务,积极参与学科建设,具有系统而扎实的理论基础和渊博的专业知识,在丰富的学术实践基础上形成了稳定的研究方向,能及时把握本研究领域的国内外发展动态。

① 以教学为主的教师,必须具备下列 A、B 并 C 中之一条。

A. 任现职以来年均完成教学工作量在 180 计划学时以上。

B. 在与本专业相关的核心期刊上公开发表教学、科研论文 7 篇,其中被SCI、EI、ISTP、SSCI 收录、CSCD、CSSCI 源期刊全文发表或新华文摘、人大报刊复印资料全文收录 3 篇以上;或在与本专业相关的核心期刊上公开发表

① 赖雄麟,张铭钟:《高等学校内部管理体制创新论》,徐州,中国矿业大学出版社,2009,99 页。

教学、科研论文 5 篇，其中被 SCI、EI、ISTP、SSCI 收录、CSCD、CSSCI 源期刊全文发表或新华文摘、人大报刊复印资料全文收录 2 篇以上，并撰写 15 万字以上公开出版发行的专著或教材。

C. 成果及获奖

（a）主持并完成省部级以上政府部门下达的纵向科研课题 1 项以上，到款经费 5 万元以上（理科 3 万元、文科 2 万元）；或主持并完成横向科研课题 1 项以上，到款经费 30 万元以上（理科 20 万元、文科 10 万元）；

（b）获得省部级以上优秀教师称号者；

（c）获得省部级以上优秀教学成果奖 1 项（省部级二等奖前二名、一等奖前三名、特等奖前五名；国家奖获奖证书持有者）；

（d）获得省部级以上政府部门科技奖或哲学社会科学奖（省部级三等奖前二名，二等奖前三名、一等奖前五名；国家奖获奖证书持有者）；

（e）获国家发明专利 1 项（艺术、体育类专业教师参加专业比赛的作品（成绩）获得省部级以上奖励亦按此对待）。

② 以科研为主的教师，必须具备下列 A、B、C 并 D 中之一条。

A. 任现职以来年均完成教学工作量在 80 计划学时以上。

B. 主持并完成省部级以上政府部门下达的纵向科研课题 1 项以上，到款经费 5 万元以上（理科 3 万元、文科 2 万元）。

C. 在与本专业相关的核心期刊上公开发表教学、科研论文 8 篇，其中被 SCI、EI、ISTP、SSCI 收录、CSCD、CSSCI 源期刊全文发表或新华文摘、人大报刊复印资料全文收录 3 篇以上；或在与本专业相关的核心期刊上公开发表教学、科研论文 6 篇，其中被 SCI、EI、ISTP、SSCI 收录、CSCD、CSSCI 源期刊全文发表或新华文摘、人大报刊复印资料全文收录 2 篇以上，并撰写 20 万字以上公开出版发行的专著或教材。

D. 成果及获奖

（a）主持并完成省部级以上政府部门下达的纵向科研课题 1 项以上，到款经费 5 万元以上（理科 3 万元、文科 2 万元）；或主持并完成横向科研课题 1 项以上，到款经费 30 万元以上（理科 20 万元、文科 10 万元）；

（b）获省部级以上政府部门科技奖或哲学社会科学奖 1 项（三等奖第一名、二等奖前三名、一等奖前五名、国家奖获奖证书持有者）；

（c）获国家发明专利 1 项。

2. 普通本科院校晋升教授的学术水平条件

受聘副教授以来，积极承担学校的教学、科研和实验室建设任务，积极参与学科建设，具有系统而扎实的理论基础和渊博的专业知识，在丰富的学术实践基础上形成了稳定的研究方向，能及时把握本研究领域的国内外发展动态。

① 以教学为主的教师，必须具备下列 A、B 并 C 中之一条。

A. 任现职以来年均完成教学工作量在 200 计划学时以上，教学效果优良。

B. 在与本专业相关的学术期刊上公开发表教学、科研论文 5 篇，其中核心期刊 3 篇，被 SCI、EI、ISTP、SSCI 收录、CSCD、CSSCI 源期刊全文发表或新华文摘、人大报刊复印资料全文收录 2 篇以上；或在与本专业相关的学术期刊上公开发表教学、科研论文 3 篇，其中核心期刊 2 篇，被 SCI、EI、ISTP、SSCI 收录、CSCD、CSSCI 源期刊全文发表或新华文摘、人大报刊复印资料全文收录 1 篇以上，并撰写 15 万字以上公开出版发行的专著或教材。

C. 成果及获奖

（a）主持并完成地市级以上政府部门下达的纵向科研课题 1 项以上，到款经费 5 万元以上（理科 3 万元、文科 2 万元）；或主持并完成横向科研课题 1 项以上，到款经费 15 万元以上（理科 10 万元、文科 5 万元）；

（b）获省部级以上优秀教学成果奖 1 项；

（c）获得省部级以上优秀教师称号者；

（d）获得地市级以上政府部门科技奖或哲学社会科学奖（三等奖前三名、二等奖前五名、一等奖或省部级奖获奖证书持有者）；

（e）获国家发明专利 1 项（艺术、体育类专业教师参加专业比赛的作品或成绩获得省部级以上奖励亦按此对待。艺术类专业教师所指导的在校学生获得省部级以上政府部门组织的专业比赛一等奖以上，国家级专业比赛二等奖以上，且本人系第一指导教师并获得相应的指导奖励证书；体育类专业教师所指导的在校学生参加省部级以上政府部门组织的专业比赛，获得国家级前二名、国际级前三名，且本人系主教练并获得相应的指导奖励证书）。

② 以科研为主的教师，必须具备下列 A、B、C 并 D 中之一条。

A. 任现职以来年均教学工作量在 80 计划学时以上。

B. 在与本专业相关的核心期刊上公开发表教学、科研论文 6 篇，其中被 SCI、EI、ISTP、SSCI 收录、CSCD、CSSCI 源期刊全文发表或新华文摘、人大报刊复印资料全文收录 3 篇以上；或在与本专业相关的核心期刊上公开发表教学、科研论文 4 篇，其中被 SCI、EI、ISTP、SSCI 收录、CSCD、CSSCI 源期刊全文发表或新华文摘、人大报刊复印资料全文收录 2 篇以上，并撰写 15 万字以上公开出版发行的专著或教材。

C. 主持并完成地市级以上政府部门下达的纵向科研课题 1 项以上，到款经费 5 万元以上（理科 3 万元、文科 2 万元）。

D. 成果及获奖

（a）完成省部级以上政府部门下达的纵向科研课题 1 项以上，到款经费 3 万元以上（理科 2 万元、文科 1 万元）；或主持并完成横向科研课题 1 项以上，到款经费 15 万元以上（理科 10 万元、文科 5 万元）；

（b）获省部级以上政府部门科技奖或哲学社会科学奖（三等奖前二名、二等奖前三名、一等奖前五名；国家奖获奖证书持有者）；

（c）获得国家发明专利 1 项。

2009 年，福建师范大学发布教师晋升职称的最低科研要求。其中副教授晋升教授，有以下几个条件：

福建师大副教授晋升教授，在副教授任职期间：

① 每学年根据《福建师范大学教师岗位职责》要求，科研考核必须合格。

② 文科教师在省级学术刊物上至少发表 8 篇学术论文，其中必须有 2 篇为全国核心刊物文章；理工科教师在省级学术刊物上至少发表 7 篇学术论文，其中必须有 2 篇为全国核心刊物文章。

③ 至少主持一项省教委或相当于省教委的科研项目;或承担一项省部级以上科研项目(前三名);或省部级成果三等奖以上(前第二名以内)。

通过陕西省和福建师大关于副教授晋升教授的规定,不难看出我国高校目前的职务评审多采用量化科研评价的方式展开工作。科研评价方式是高校学术资源配置的指挥棒。在我国,为促进科学研究,多数高校都实行科学研究的量化式考核管理。这种量化式的科研评价方式以数量的方式来调动和激发教师和科研人员的积极性,具有一定的科学性。它不仅是对科研人员工作的认可,也可为管理工作提供科学依据,是高校不断自我提升,达到战略目标的重要保证。但是,随着高校科研管理中量化评价方式的逐步推广,它的弊端也逐渐暴露出来。

科研量化评价的过度使用会导致以下问题:首先,在评价指标的导向上,造成教师和研究人员对于 SCI、CSSCI 和核心期刊的过度崇拜。一些高校和科研机构盲目追求被收录论文数量,造成 SCI、CSSCI 成为科研绩效评价中的唯一指标,其功能被严重放大和滥用。这种评价方式使得学术成果依据行政机构的级别来衡量,把对科研人员学术水平的评定等同于对于刊物、奖励以及项目主办单位的行政级别的评定。其次,在价值导向上,过度追求科研指标的数量会影响科研人员的研究动机和科学行为,助长急功近利的倾向。许多科研人员为了尽快达到职称晋升的数量标准而选择一些没有实际意义的独立课题,从而出现急功近利和浮躁不踏实的学风。再次,在绩效导向上,量化的评价方式主要追求数字效益。多数研究者注重获得课题的级别和科研经费的数量,而不是课题的创新程度、科研成果的产出和效益。按照目前的科研评价方式,课题、论文数量的增长与科研资源配置和晋升成正比。这种互动关系会导致稀缺的资源只能掌握在少数人手中,导致学术风气的破坏和资源的浪费,打击科研人员的积极性,影响国家科研创新和竞争力的提高。

(四) 科研经费管理制度不健全

近年来,随着国家对科教事业的日益重视,我国高校科研经费投入数量不断增加。但是,与西方发达国家相比,我国政府对于高校科研经费的资助在总体上并不宽裕，并且科研经费的实际使用效益也较低。众多国内学者强烈呼吁改革现行的科研经费管理制度。一些高校没有建立科研经费管理规章制度或科研经费管理制度不完善，如项目管理费管理不规范，对项目管理办法或项目合同中没有明确规定管理费计提比例的科研项目，学校没有确定计提比例予以规范，在管理中无章可循。另外，由于职称评定和省级考核均以科研项目的级别和科研经费的多少来衡量，科研项目和经费越多，说明学校科研工作做得越好，高校为了鼓励科研，对科研经费的管理比较宽松，不重视科研成本的核算。[①]

四、我国高校内部科研质量体系的构建

（一）科研质量管理体系运用状况的改善对策

根据我国现行科研质量管理体系中存在的问题，我们提出以下几点对策：首先，由于高校科研项目情况复杂，生搬硬套质量标准造成执行困难和文件适用性不强的问题，可以根据科研项目的研究性质对高校的科研项目进行分类管理，将所有科研项目分为以下三类：纯理论类研究项目、应用基础类研究项目和有实物产品的应用类研究项目。然后根据项目类型，对项目进行分类管理和过程的监督控制。对于实物产品的研究项目必须严格按照质量体系的要求进行管理，以实现对产品的质量保证；对于应用基础类研究项目可参照质量体系进行管理，坚持质量管理中的应有节点，可对文档化要求适当简略，以免研究人员陷入无尽的文档编写工作当中；对于纯理论研究项目则可完全不按照质量体系要求进行管理，尽可能地给予科研人员足够宽松的研究氛围，鼓励自由探索的创新精神。其次，根据管理人员的转化能力较弱和参与意识不强，可以制定政策，保证参与到质量体系内相关人员的培训和工作保障。并在建立质量体系的过程中，与咨询方进行充分沟通，针对高校科研的特点提出适合的质量体系建设模式，同时提高高校内部审核人员的整体素质，实现质量体系与高校科研管理的完美结合。[②]

---

① 蔡世华：《研究型大学内部管理运行机制研究》，徐州，中国矿业大学出版社，2012，165 页。
② 陈斌：《高校科研管理建立质量体系过程中存在的问题及对策》，载《科学与管理》，2009（4），71 页。

(二) 体制保障:建立虚拟化的科研组织结构

真正科学有效的学术管理的实施,发挥专家学者的学术管理权力,关键在于建立科学有效的学术管理机制。在如今知识经济时代的召唤下,网络的力量推动着管理范式的变革。在如今信息化、网络化背景下,组织结构的灵活性显得尤为重要,传统的单一直线职能式的组织模式已无法应对灵活多变的外界环境,因此国内不少学者认为,虚拟化是组织变化发展的必然趋势。这就要求高校应当以校内高水平、具有辐射力的学术组织为核心,利用发达的信息技术与社会进行信息的传递,与其他单位共同组成科研项目组,在校内外建立起纵横交错的科研网络,促进科研组织全面的信息沟通,提高科研单位对环境的应变能力和创新能力。

虚拟化的科研组织结构与传统的科研组织结构相比,具有以下突出优点①:第一,虚拟化提供了科研创新的环境,减少了管理层次,缩短了信息通路,以最低的柔性成本对外部需求作出敏捷的组织变化,加快了决策速度,提高了科研效率与质量。第二,拥有丰富的科研资源,虚拟化的组织结构突破以往科研单位的界限,利于资源在各种组织间的传递、渗透和共享,有利于资源得到充分利用。第三,虚拟化的组织结构强化流程管理服务的理念,从而淡化行政权力。传统科研组织结构的主要因素在于人、技术和组织结构,而虚拟化的管理范式侧重于整个科研流程。

学术权力是指专家学者拥有的影响他人或组织行为的一种权利形式,它产生于"学术权利"及其民主形式,包括个人的学术权力及由享有学术权力的个人集合而成的组织;而行政权力则只能产生于制度和正式的组织。学术权力有时通过行政权力加以确认和形式化,但行政权力并不能导致学术权力的产生、增大或减少。② 美国高校的学术权力与行政权力相制衡,而我国高校的学术权力却受制于行政权力。针对我国当前高校行政权力泛化而学术权力弱化的状况,应采取有效措施平衡大学内部的学术权力和行政权力。首先,建立健全校务委员会制度、学术委员会制度、职称评审委员会

---

① 赖雄麟,张铭钟:《高等学校内部管理体制创新论》,徐州,中国矿业大学出版社,2009,113 页。
② 秦惠民:《高校学术管理应以学术权力为主导》,载《中国高等教育》,2002(3),26 页。

和教职工代表大会制度等对于合理配置行政与学术权力具有重要作用。通过完善的制度建设保障教授参与学校重大问题决策的发言权和主动权，确保专家学者参与学术事务决策的权力落到实处。其次，建立公平、公正、公开的学术规范体系与学术诚信系统，并适度引进社会中介机构参与学术事务，以真正实现学术规范的制度化。[①] 制定详细、可操作性的规章制度，明确界定学术组织的职权范围，并建立常设的办事机构，规范行政权力行使。专家教授在享有一定学术权力和学术自由的基础上，才能保障科研活动的有效展开和科研质量的提高。

（三）评价保障：完善科研质量的评价制度，推行"代表作"学术评价制度与量化评价相结合

我国高校现行的科研质量评价主要采取量化式的评价方法。在这种评价方式下，教师和科研人员往往会在短短几年内就出版多部著作和论文，但其中真正具有真知灼见的内容并不多。正是这种仅仅注重数量而忽视质量的科研评价方式滋长了学术界内的浮躁之风和不端行为，使教师们将注意力停留在发表论文与著作的数量和级别等表面层次，从而催生了学术界的华而不实的"累累硕果"以及对核心期刊和权威的盲目崇拜现象的出现。因此，要改变这种虚假的学术繁荣现象，要求高校应当不断完善科研评价方式，督促教师和科研人员潜下心来认真做研究。

随着量化式的科研评价方式使用范围的逐渐扩大，其弊端日益凸显，但并不代表完善科研评价制度需要彻底抛弃量化式的评价方式。毋庸置疑，量化式的学术评价方式对于推动我国学术发展起到了重大的历史性作用。量化式的学术评价本身并没有错，问题的关键在于是否能够恰当地把握量化评价方式使用的程度。目前由量化评价所引发的一系列问题，都是由于过度使用量化评价，没有把握好度的原因。因此，我国高校完善科研评级制度需要将合理使用量化评价方法与注重质的"代表作"的评价制度相结合，将"代表作制"作为量化评价的一种补充性、辅助性的评价手段，从而实现我

---

① 李文山：《高校学术权力与行政权力配置模式初探》，载《中国高等教育》，2009(11)，16 页。

国高校科研的双规评价。

目前,我国已有个别高校开始试行"代表作"评价制度。早在 2005 年,北京大学中文系等院系就已试点实行"论文代表作"制度,规定只要在聘期内发表一篇较大影响力的论文,并经院系学术委员会认定在相关学科领域内处于领先地位,该学者的科研工作就不再进行量化考核。其目的在于鼓励老师潜心做学问,注重科研成果的质量而非数量。

2010 年,复旦大学开始在个别院系试行高级职务聘任"代表作"学术评价制度,2011 年开始在复旦大学文科学院中全面实施,2012 年将在全校范围内实行。高级职务聘任"代表作"学术评价制度,对于教授和副教授的评选不再统一依据论文和专著的数量。只要有经得起考验的代表作,并通过严格的专家评审,便有资格参加各级职务的竞争。

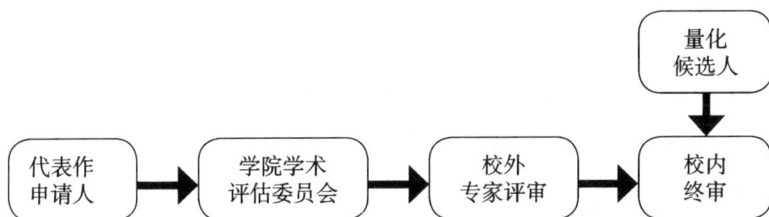

图 6-1　复旦大学高级职务聘任"代表作"学术评价流程示意图

其评审的流程如下:在高级聘任工作过程中,如果根据学校和院系制定的学术标准,难以判别的少数真正优秀的人才可以向学院提出申请,并提交 1~3 篇代表作。由院系学术委员会向学校推荐 10 名具有德高望重的学者,学校结合推荐学者名单和校外专家评审库从中随机选择 5 名权威学者组织学校评审,对于申请者是否真正优秀作出判断。其中,候选人可最多提出 3 名"主动回避"人员名单,以将不认同自己学术成果的学者排除在评审专家之外,而候选人的导师,以往就读院校的教师则属于"被动回避"人员,同样不参加校外评审。在校外专家评审通过后,同通过量化评价途径的候选人一同进入校内终审环节,学校学术委员会结合校外评审的意见,对申请人是否真正优秀作出判断,如有三分之二的委员同意,则申请人进入后续评审程序,否则自动终止。

除复旦大学外,中国人民大学从 2012 年起也开始试行科研评价"代表作制度"，并取消 A、B、C 分级，取消打分，引导教师潜心做学问，提高科研成果的质量。

无论是在高级职务聘任中还是教师科研工作考核中实行"代表作"学术评价制度，目的都在于将评价的指挥棒从学术数量转移到学术的核心内容——质量上来，在一定程度上缓和了原有量化式评价"刚性"的学术评价标准，充分考虑到学术研究的规律，给一些年轻的优秀教师以应有的肯定，使其从"刚性"的条条框框中脱颖而出。实际上，"代表作制"并不是一种创新，而是一种本质上的回归，将它与量化式评价相结合以更科学的指挥棒评价着教师和科研人员的学术水平。在实施过程中，应注意准确理解代表作评价的内涵，根据评价对象进行合理的分类评价。代表作评价的核心是成果的内容和效用的评价，围绕成果的质量和创新来进行评价，切忌以形式为判断标准，保证"代表作制"功能得到最大限度的发挥。

（四）资金保障：强化科研经费的规范管理

1. 以政府拨款为主，拓宽科研经费的筹措渠道

发达国家的科研管理经验表明，加大对高校科研经费的投入是提高国家科技水平、提高科研创新的有效途径。我国高校的科研经费在以政府拨款为主的基础上，应积极拓宽经费的筹集途径，多渠道、多样化吸纳科研资金。美国高校除通过政府拨款方式获得科研经费外，还通过基金会、校友捐赠、与企业合作和为社会提供有偿服务等途径筹集经费。我国高校要拓宽科研融资渠道可以通过以下几种方式[①]：（1）热心参与地方建设与服务，积极与工商业合作，提高自身科技转化的能力，特别是与企业集团的产业资本相结合，形成技术创新力与技术创新产业化能力的优势互补，学校的科研管理部门应设立专门的科研与市场联系机构，建立高校之间、高校与政府、企业、科研院所、社会中介服务机构、金融机构、市场间的多种形式的联系和合作，为科研项目找资金和市场。（2）运用法律手段予以减税，鼓励企业向大学提供设备与经费支持。充足的科研经费和经常更新的先进设备会不断促

---

① 张若妤：《国外高校科研经费管理的经验及借鉴》，载《金融经济》，2008(8)，113 页。

进高校的科研和人才培养。(3)重视校友捐赠的作用,加强与校友的联系,努力争取来自国外的科研机构和人员的资助。

2. 加强科研经费管理制度的建设,提高资金的使用效率

根据科研经费的特点,按照灵活性和规范性的原则,制定一系列科学灵活的科研经费管理办法:(1)将与科研有关的收入纳入学校统一的财务管理,禁止私自利用学校设备、资金和技术盈利,防止国有资产的流失。(2)明确科研经费的开支标准、范围等,保证专款专用。要求项目负责人严格按照各类科研经费的规定编制科研项目的预算,上报的经费预算必须根据成本核算内容编制,并在学校财务、科技管理部门备案。预算的编制要按照全额预算的管理办法,实行包括直接费用和间接费用在内的全成本核算管理。①同时要注意杜绝项目负责人不同课题经费的串用,保证专项科研经费专款专用。(3)调整科研经费管理的重心,切实加强对无形资产的评估与核算,建立普通高校科研创新基金,支持科研成果转化为生产力。(4)制定奖惩制度,对合理使用科研资金为学校提供净收益的人给予奖励,对违反科研经费使用规定的,擅自转移、截留、挪用资金的人予以扣发津贴、限制晋升等处罚。

(五) 道德基础:加强学术道德规范,净化科研学术环境

在2010年科研诚信与学风建设座谈会上,刘延东同志讲:"科学研究是以诚实守信为基础的事业,自诞生之始就把追求真理、揭示客观规律作为崇高目标。求真务实、为真理献身的科学精神不仅是推动科学事业发展的不竭动力源泉,也是引领人类文明进步的重要标杆。"良好的学术道德规范是科研活动有效开展的前提和基础。而近年来,在科研诚信和学术风气上出现了一些不容忽视的问题,学风浮躁、学术不端行为滋长,正在侵蚀学术的肌体,对科技事业健康发展产生的消极影响不可低估,此问题的解决迫在眉睫、刻不容缓。

为此,刘延东同志指出,要实现我国科学事业的快速健康发展,重点应

---

① 王帅:《高校科研经费管理制度探讨》,载《新西部》,2007(12),71 页。

做好以下三方面的工作：

第一，加强教育引导，促进学术自律。首先，要加强科研诚信教育，将科学道德列入大学和研究生的必修课程，培养恪守学术诚信的自觉性，同时"将科研诚信内容纳入科研人员职业培训体系，与思想政治、公民道德和法制教育相衔接，与科研实践和创新方法教育相融合，与明德楷模、案例警示教育相结合，让学术诚信深深根植于科研人员的头脑，内化为精神追求"。其次，加强模范事迹的带动作用，利用大批先进模范可歌可泣的事迹给高校科研人员和教师以教育。再次，充分发挥科研学术机构的自律功能。在科研机构和学术团体内部制定道德准则，完善自我约束与管理机制。

第二，构建科研诚信和学术道德建设的长效机制。首先，加快完善开放合作的机制。以往学科间、课题间相互封闭的现象容易滋生学术不端的行为，因此，扩大科研的开放与合作，有助于推动风清气正的科研氛围的形成。其次，加快完善学术平等的机制。在人人平等的科研条件下，才能激发科研人员的创造活力，有效遏制浮躁之风和学术不端的行为。再次，加快完善科研评价机制，按照科技创新的内在规律形成科研活动的正确导向。

第三，强化监督管理，加大惩治学术不端行为的力度。虽然我国最新修订的《科技进步法》《著作权法》等法律中都包含有关科研诚信的条款，但许多规章要求依旧停留在文件上，实际上是容忍学术不端行为对学术道德底线的突破。

（六）加强交叉学科的研究与科技成果的转化

打破科学研究的专业领域壁垒，促进不同学科领域间专家教授的沟通与交流，鼓励新兴交叉学科的建设。从各类学科的发展历史不难看出，大部分学科已经发展到"至精至纯"的程度，而交叉学科的产生具有一定的必然性。科学的发展、社会的发展都需要交叉学科的产生。在知识经济时代条件下，社会科学、机电工程等各个领域内的问题愈发复杂化，不同领域间的知识盘根错节，而当下相互独立的学科知识已无法解决愈发复杂的科研问题和活动。这正是交叉学科产生的动力。交叉学科的应用与发展为许多科学前沿问题和多年悬而未决的问题提供了新的视角和解决途径，因此，交叉学科的建设对于提高高校内部科研活动的质量具有十分重要的作用。

　　在科技成果的转化方面,科研成果的顺利转化是提高高校和国家科技竞争力的有效途径,是落实"科技是第一生产力"的关键,也是科研与经济相互结合的最好方式。教育部科技司2012年工作要点中明确要求加强成果宣传转化工作。目前,我国高校存在着科研成果转化率低下的问题。为促进高校科研成果的转化,高校应在保障教师开展基础研究的同时,推进基础研究与应用研究的结合,将产学研结合起来,建立起完善的科研成果管理体系。加强与产业部门和各大企业的科研合作,努力产出适应市场需求的高水平技术成果,构建以企业为主体的新型科研体系结构,将高校、政府部门和企业三者有机结合,在政府积极调控与引导的前提下,利用企业资金将转化的任务投入到企业中提高科研成果的转化效率。同时,国家应完善科研成果转化的法制体系,保护并促进科研成果的转化,严厉打击违法行为,保护科研人员的自主知识产权等合法性权益。

第七章
人事管理制度改革与创新

教师聘任制度是大学人事管理的重要组成部分。本章研究了国外发达国家大学人事管理制度模式,剖析了发达国家大学教师聘任制度的经验与教训。在此基础之上,结合我国的基本国情,研究改革大学教师任用机制,构建大学教师职务聘任制度,并且形成与之配套的绩效工资的创新机制。

第一节　国外大学教师聘任制度现状和特点

目前在一些发达国家已经形成较为完善的大学教师聘任管理制度,但是由于各国的历史传统、文化背景与国情的不同,大学教师聘任制度及其实施情况也因此各具特点。

一、美国大学教师聘任的现状与特点

在美国,不论是私立的还是公立的大学,教师一般通过公开招聘,受大学理事会的雇用,州立大学的教师在多数州内作为州的公务员。大学教师主要分为教授(Professor)、副教授(Associate Professor)、助理教授(Assistant Professor)、讲师。讲师又有大学专任讲师(Instructor)和临时讲师

(Lecturer)之分。临时讲师通常是与学校签订雇用合同，在规定的学期内完成规定教学科目的教师。

一般美国高校均具有一定的教师任用的标准，其必备条件是具有博士学位及与本级职称水平相应的教学科研能力，这在一定程度上保证了高校教师的质量。此外，应该具备教授能力，并在相应的研究领域内取得一定的研究业绩或独创性业绩。此外，在教师聘任的过程中还会考察该教师在学会等专业领域的活动情况，以及对大学及区域社会的贡献。

当学校需要增补教师时，各系主任会根据本系教师的编制和空缺情况向院长提出教师聘任的申请。在申请得到批准后，在本系范围内组成教师聘任委员会，系主任一律不加入委员会。教师聘任委员会建立以后，一般将面向国内外刊登招聘启事，全世界的博士生都可以提出求职申请，这种制度可以把全世界最优秀的学者吸引到教师队伍中去。随后，教师聘任委员会会按照一定的比例筛选候选人，并对其进行面试，最终确定人选报告系主任。系主任根据教师聘任委员会的意见进行审核，并写出雇用该教师的申请书提交院长。无特殊情况，院长会尊重系一级的意见，只是履行规定的程序，不会上报学校一级处理，院长审核同意，该教师获得聘任。

在美国，不同层次的大学，教师的工资悬殊很大，在同一所大学里，不同职称、不同专业的教师的工资差别也很大。助理教授、副教授、教授的工资等级主要由其所在高校自行决定，没有州或全国的统一标准。在教师聘任的过程中，教师的工资水平主要由系主任提出意见，最终由院长决定。例如，明尼苏达大学（University of Minnesota）规定，每年教师的工资平均增长4%，但具体到每个教师涨多少，则主要由系主任根据各教师在教学、科研、社会服务三个方面的业绩做出决定，报院长审批。[1]

为了防止学术上的"近亲繁殖"，在美国，一般不会直接留用本校的毕业生。如果毕业生想在母校工作，必须去其他大学工作几年，这样可以有效防止本校毕业生可能形成的学术派阀。重视研究成果的大学，都比较自觉地

---

[1] 司晓宏：《管窥美国公立大学的教师聘任制度——以明尼苏达大学为例》，载《当代教师教育》，2011（9），46—50 页。

把本校毕业的教师比例控制在全体教师总数的1/3以下，这样做旨在提高学术水平，促进人才流动，消除因本校毕业生的学阀帮派可能产生的弊害，这种严于律己的规制有利于维持和提高大学教师队伍的质量水平，这是美国在20世纪90年代对1581所大学享有终身职的教师进行调查得到的结果。[1] 美国大学教师的聘用可分为终身制和短期合同制。讲师与副教授有明确的任期（专任讲师1年、副教授为2～3年），可以连任，但是连任的次数和最长任期也有限制。准教授与教授的身份一般可以得到保障，尽管准教授也有任期的限制，但是在其任期内，大多数能获得终身在职权，均可在学校内工作直至退休。当然教师的任期与升级也是因学校而异的。

加利福尼亚州立大学，讲师的任期为1年，最多连任两次；副教授任期为2年，连任次数不超过3次；准教授无固定任职期限，但一般不超过6年，如果在此期间不能获得教授资格就要自动离校；教授可以享有终身在职的待遇直至退休。

明尼苏达大学规定助理教授都有一年的试用期。试用期满，教师聘用委员会将会对教师的教学、科研、社会服务工作进行考察，并参考学生对该教师教学情况所进行的满意度测评。考核通过后，该教师才能成为正式的助理教授，不合格就意味着被"炒鱿鱼"；教师取得助理教授的资格后，必须在6年内晋升为副教授，否则必须另寻他业或成为staff（一般雇员，工资水平与专任教师有很大差别）。这意味着从助理教授到副教授实行严格的"非升即走"制度，为此，明大每年都会有40％的人员被淘汰。但是明大与加利福尼亚州大学不同的是，从副教授晋升教授则没有固定的年限要求，一般这一晋升过程，理工科需要6～8年，文科需要10～12年。相对较长的晋升年限使得这一步升级对教师们而言，压力较小。

美国大学教师的终身制与试用制、任期制并行。各大学对教师晋升，特别是终身教职资格的审定都制定了严格的标准。对有待晋升的副教授，其必须承担的教学、科研、社会服务业绩都有明确的量化要求，并且规定他们

① 陈永明，朱浩，李昱辉：《大学理念、组织与人事》，北京，中国人民大学出版社，2007，407页。

有义务参加大学组织的各种学术性、行政性和社会服务性工作。此外,良好的品行记录以及在学术同行中享有较高的学术声誉都将作为考评升级的依据。

为了保障教师学术自由的权利,尽可能降低由于聘任制所带来的短期性业绩主义的弊害,使教师可以从事周期较长和具有挑战性的研究,美国大学的教授和副教授大多都享有终身职的特殊待遇。然而一些教师在申请终身教职之前,在教学、科研方面成绩斐然,在取得终身教职资格以后,工作积极性下降,消耗大量的学术资源却没有学术成果。这样,教授的终身在职权必然会引起社会各界的质疑。一些大学纷纷重新审视终身制并提出一系列的改革措施。改革措施大致有:(1)个别大学直接废止教授终身聘任制,采取多年合同制聘任教师。(2)减少终身教授岗位,利用经济手段和其他优厚条件吸引教授放弃终身资格,采用合同制聘任专职教师。(3)严格终身教授的评审,提高聘用标准,延长试用期,调整解聘条件。(4)通过财政激励,鼓励老教授尽早退休,规定教授终身待遇享受期限。(5)建立终身教授评估制度。[①] 尽管终身制受到越来越多的非议,但是在学术界仍具有不可侵犯的地位。由于废除终身制还存在很大的障碍,很多高校采取折中方案,实行"终身聘任后评审制(Post-Tenure Review)",对获得终身制的教师进行定期评审。[②]

二、英国大学教师聘任的现状与特点

英国大学法律上属于独立法人机构,高等教育是"自治的部门"(an autonomous sector),大学的财政和管理实行自治。在法律自治方面,英国政府不直接管理高等学校,而是通过中介机构或被称为"缓冲机构"(buffer body)的组织对大学实行监督。[③] 大学理事会是大学的最高决策机构,一般有12—24名成员组成,理事一半以上来自校外,理事长一般由校外人士担

---

① 夏建芬:《美国大学教授终身聘任制及其启示》,载《大学教育科学》,2004(1),95页。
② 董克用:《中国教师聘任制》,北京,中国人事出版社,2008,60页。
③ 张家勇等:《中英高等教育管理国家政策研讨会综述》,载《国家教育发展研究中心研究动态》,2005(7)。

任,理事会也有一定数量的学生和教师代表参加。英国的大学教师不是公务员,而是由大学(理事会)根据雇佣契约负责招聘从事大学研究教学工作的雇员。

英国大学的教师有教授(Professor)、准教授(Reader)、高级讲师(Senior lecturer)、讲师(Lecturer)。一般除了对讲师设有聘任期限外,高级讲师、准教授、教授均没有任期限制。高级讲师是从一般讲师中选出的教学科研成绩优秀者;准教授是选自高级讲师,但是由于教授职位有限而不能升职者,与高级讲师在工资表上属于同一级别。

大学教授在大学的学术领域位于最高位置,不同于校长、系主任等从事管理的行政职位,他们负责某一领域的教育研究和教学工作。过去的教授通常会担任学科主任,如今实行轮流制,也有不是聘任教授者担任系主任。高级讲师与教授属于大学里学术方面的资深人员,高级讲师里的优秀者被评为准教授,虽然与高级讲师属于同类职称,但是工资却享受高级讲师里的最高级别。

英国大学教师一般采取公开招聘的方式,一般讲师的招聘要求申请者取得相应的学位,具有一定的研究与教学能力、业绩和经历。高级讲师和准教授一般在校内升职,要求有独立的研究能力,能发表规定级别的学术论文和著作,在经过校外专家的评审后,即可晋升。英国的大学教授则采取公开招聘的方式,选任委员会依照该校制定的标准在申请者中选取一定比例的候选者,并推荐给理事会,最终教授由理事会任命。与其他发达国家不同的是,在英国,高级讲师及以上的职称即可享受终身在职权。教授资格一旦被认定,其学术自由与终身在职权就可以得到保障,没有正当理由不能被解雇。在英国,由讲师晋升为高级讲师比较容易。高级讲师晋升教授的要求却很高,特别是对于学术专著的数量、带过学生的数量、研究经费的多少、对于所在学术领域的影响和贡献都有很高的要求。

英国大学教师的社会地位仅次于医生和银行家,在社会上受到尊重,并享有较高的待遇。大学教师的工资是由大学副校长委员会与大学教师协会共同制定的统一工资标准决定的。大学教师一般有带薪研究休假。随着社会经济的发展,高等教育经费逐渐削减,要求高等教育适应社会经济发展的呼声愈加高涨,这制约了大学教师享有终身在职权的立法化。"1988 年公布的教育改革法(Education Reform Act,1988)促使既定的大学教师身份保障发生重大变化,从法律上终止了大学教师的终身职。相关的规定包括以下几点:(1)教育部长有权修正各大学及其组成机构的校规,任命大学委员(5名);(2)在特定事项中,包括因财政的理由可以解雇教师(以 1987 年 11 月 20 日以后聘任及晋升者为对象);(3)保障对既知的见解提出疑问并进行验证的自由,即对提出新的理念、表明不同的见解或不合世俗意见的人,不能以此为理由解雇。"[1]

20 世纪 80 年代以前,英国学校办学的经费主要来自政府财政拨款,随着教育经费的逐渐缩减,市场经济理论被引入教育领域,各高校为了使自身在研究领域保持世界先进地位,开始通过多种渠道吸收资金,增加非政府财政收入。"英国正在进行第二次世界大战结束以来最大的一次教育改革,政府已经提出教育改革计划,打算废除实行了 50 多年的免费全日制高等教育制度。大学教师终身在职权的废除,或者说退休后自动延长雇用的停止,使大学教师职业失去以往的诱惑与魅力,离开大学去谋求其他职业的大学教师正在增加。由于各种矛盾的激化,英国大学教师团体联合举行过几次声势浩大的为提高社会地位和改善工资待遇的罢课活动。"[2]

三、法国大学教师聘任的现状与特点

法国是一个中央集权的市场经济国家,实行的是中央集权式教育行政制度,所有教育机构都要受到国家权力的监督。大学分为国立大学、私立大学(没有学位授予权)、高等专科学校、国立教师教育大学院,大多数大学是国立的。大学教师与政府部门的职员受到同等待遇,被成为公务员。在法国,公务员有"正规公务员"和"非正规公务员"之分,按照公务员的分类标准,大学教师中的专职教师拥有"正规公务员"的身份,而临时教师则被视为

---

① 陈永明:《英国大学教师聘任制的现状与特征》,载《集美大学学报》,2006(12),14—19 页。
② 陈永明,朱浩,李昱辉:《大学理念、组织与人事》,北京,中国人民大学出版社,2007,407 页。

"非正规公务员"。

法国的大学教师主要有教授（Professor）、副教授（Maître de conférences）、助教（Assistant）。教授分为二等（6级～1级）、一等（3级～1级）、特等（2级～1级），副教授分为二等（3级～1级）、一等（6级～1级）、特等（6级～1级），试用副教授，助教分为1～4级，及试用助教。

助教的聘任是以大学区为单位进行招聘。当国民教育部长公布助教缺额以后，聘任的大学组织专门委员会进行审查，最终做出决定。合格的应聘者会有一年的试用期，在此期间为试用助教，试用期结束后，一部分被任命为正式助教，一部分要延长一年的试用期，另外一部分则被解雇。助教又可以分为有公务员身份的和没有公务员身份的，没有公务员身份的助教一般为大学或者学院、讲座等独立的雇用者。助教的任期一般为2～3年。法国的大学助教必须拥有公务员身份和被认可的讲授权，身份才能逐渐接近副教授。

法国大学的教授和副教授没有聘任制，大学教授作为国家公务员，由学校先定候补者，再由国家进行聘任，并决定其工资待遇。竞聘副教授不限国籍，但必须获得博士学位以及"研究指导者资格"的国家证书，经过学校和国家的评估，最终被国民教育部长任命。被录用的副教授必须具有两年的试用期，试用期结束后会有四种结果：正式被任命为副教授；试用期延长一年；回到原职；被解雇。试用期结束后会再次经过大学的审查，合格以后才会被国民教育部长正式任命。而教授的聘任，也是通过公开竞聘的方法，竞聘教授应该具有"研究指导者资格"的国家证书，经过学校和国家两道审查程序，最终由国家总统任命。在法国，政令规定，教师各等级之间的晋升必须有最低任职年数。如副教授一般不能在本校晋升，并且只有10年以上任期的副教授才能竞聘教授。教授与副教授都是终身雇用，可以工作至65岁退休。大学教师的工资也与其他公务员一样，有明确的工资表。

四、德国大学教师聘任的现状与特点

与美国、法国等国家相比，德国的高等教育起步比较晚，直到14世纪中叶才有自己的大学。但是，德国的大学后来者居上，不仅数量扩张异常迅速,而且教师身份也较早实现了由教会牧师向政府雇员的转变。[①] 特别是19世纪柏林大学的创建,将"杰出学者"作为选择教师的唯一标准,科学研究成为教授的主要职责,其成功创办把德国的高等教育推向世界巅峰。

除了由教会设置的以外,德国的大学一般为州立机关。德国大学一般分为学术性和非学术性两类。学术性大学指学术地位较高的综合大学、技术大学和技术学院。而非学术性院校主要是20世纪60年代末期,由各类商业、农业职业和专业技术学校升格而形成的高等专科学校及各种师范院校、艺术和英语学校等。[②] 在本章中将对德国学术性大学的教师聘任制度进行研究。

根据德国《高等教育总纲法》规定,德国高校专职教师分为教授(Professor,C4 级相当于教授,C3 级相当于副教授,C2 级相当于讲师)、学术助教(Wissenschaftlicher Assistant)、艺术助教(Kunstlerischer Assistent)以及学术合作者、艺术合作者、专聘教师。

德国大学教师的聘任一般有如下手续:(1)根据学院的申请,由校长事务局(校长、3 名校长助理、事务局长)在报纸上公开招聘。(2)在学院内组织由 5—6 名教授包括学生代表参加的任用委员会,通过书面审查选出 3 名申请者,排列好先后顺序。(3)学院委员会(学院长、学院长代理、7 名教授、2 名学术人员、2 名学生、1 名非学术人员)进行审议。事先编排好的顺序也有可能变动。(4)学院委员会选定的名单由评议会(校长、7 名教授、2 名学术人员、2 名学生、1 名非学术人员)进行审议,并作为大学一级选定的顺序向州学术部提出。评议会有可能改变学院选定的人事顺序。(5)最后由州学术长官做出决定,学术长官也有可能会改变大学选定的人事顺序进行任命,或者任命另外的人。

教授是德国大学中教学和科研的中坚力量,其责任在于开课,举行考试,确定、规划及进行科研项目的研究。他们会举办讲座,一般一个讲座只

---

① 张凌云:《主动与渐进:德国高校教师聘任制度的特点与改革动向》,载《高等教育研究》,2009(5),95—98 页。

② 张凌云:《主动与渐进:德国高校教师聘任制度的特点与改革动向》,载《高等教育研究》,2009(5),95—98 页。

会有一名教授。德国的教授实行定额制,经过一定的试用期,一旦被任命,就成了国家的终身官员,工作到退休为止。在德国,取得教授资格是一个漫长艰辛的过程,首先,在以优秀的成绩获得博士学位后,在大学从事科研和教学辅助工作。其次,在工作中应该不断深造,并通过教授资格考试(Habilitation)。这在德国是最高的学术性考试,最重要的是完成一篇大学教授资格论文,这篇论文不但应该具有独创性,其学术水平还应该超过博士论文。这种教授资格考试主要用来考核教师在教学与科研上是否具有卓越的能力。在德国,被聘为大学教授的基本要求就是获得大学授课资格或具有相同价值的科学成就。再次,在通过教授资格考试后,将进入编外讲师(Privatdozent)的队伍。编外讲师是德国所特有的一项大学教师制度,编外讲师与讲座教授之间的地位差距非常大。编外讲师既无大学的正式教职,也不能拥有政府的公职身份,没有收入保障,即使希望通过收取听课费来维持生计,但要么由于课程本身并不重要而听课费甚少,要么由于只能以某位讲座教授的名义开课,因此大部分听课费往往被讲座教授劫走。[①] 然而,编外讲师必须能够独立承担教学任务,有些州规定了他们必须承担的课时数,如果没有承担足够的课时数目,他们的"编外讲师"的头衔就会失去。最后,编外教师晋升为教授。随着教授聘任程序的正规化、程序化,编外教师的晋升也一般会经历以下几个彼此衔接的步骤。一是学部提名。在有空缺职位的时候,编外教师提出应聘申请,学部的教师按照规定的学术能力标准,在应聘者中筛选候选人,并向政府部长提交名单。"这一制度是大学避免国家插手大学之危险的堡垒。它的作用是双方面的:可使大学和政府部门都坚持高标准。"[②]二是讨论协商。教育部在接到学部提交的候选人名单以后,将选派官员与大学里讲座的持有者对后选人的薪水、学术资源配备、经费等进行协商。这种协商加强了德国大学中讲座教授的个人权利。三是政府任命。在普鲁士,君主亲自任命教授,副教授由教育部长任命。一般从学部推荐的三

---

① 陈伟:《"编外讲师"——德国学术职业生涯的独特设计》,载《比较教育研究》,2007(4),58—62页。

② 亚伯纳罕·弗莱克斯纳:《现代大学论——美英德大学研究》,杭州,浙江教育出版社,2001,314—315页。

位候选人中选择任命一位。① 晋升教授的过程漫长而严格,在德国,教授的首次任职时间为 42 岁,是各国年龄最高的。而教授成为终身官吏以后,其学术自由的身份和独立性也因此得到保障。

此外,根据官吏法的规定,可以被任命为附有任期的大学讲师,一般任期为 6 年。大学讲师由授予教授资格的大学任用,禁止在同一大学招聘教授(2002 年改正的高等教育大纲法取消了这项规定,也废除了大学教授资格考试),同一大学的 C3 级教授不能直接晋升为 C4 级教授。晋升为教授以后,不再进行业绩审查。若要再晋升,原则上就要转职到其他大学,这样做是为了维持高水平的教育和研究。教授通常是从校外招聘的,原则上不能把本校的毕业生直接任用为教授,这有利于保证教师人才在各个大学之间的流动。②

德国大学对教授每周的上课时数也做出了相应规定:教授每周必须授课 8 课时以上,每位教授每学期必须开设一门主课、两门副课,此外还要负责学生的考试。③"校长和经营管理部门的主管可以免除教学课时;副校长可以免除 75％的课时;院长、系主任可以免除 50％以下的课时;工作 7—8 个学期,至少有 1 个学期的带薪研究休假。"④在此期间他们不承担教学任务,专心从事自己的科学研究。

德国大学里的初级学术人员在获得大学教授资格前,无法进行独立的科研和教学,除了高级助理和大学讲师外,其他学术人员都要在教授的指导下进行科研和教学。初级学术人员一般都要得到教授的认可,教授独揽聘任权。(如图 7-1)

① 陈伟:《"编外讲师"——德国学术职业生涯的独特设计》,载《比较教育研究》,2007(4),58—62 页。

② 董克用:《中国教师聘任制》,北京,中国人事出版社,2008,60 页。

③ 孙淑芹:《德国高校教师职务的聘任与启示》,载《中国林业教育》,2000(4),55—56 页。

④ 陈永明,朱浩,李昱辉:《大学理念、组织与人事》,北京,中国人民大学出版社,2007,407 页。

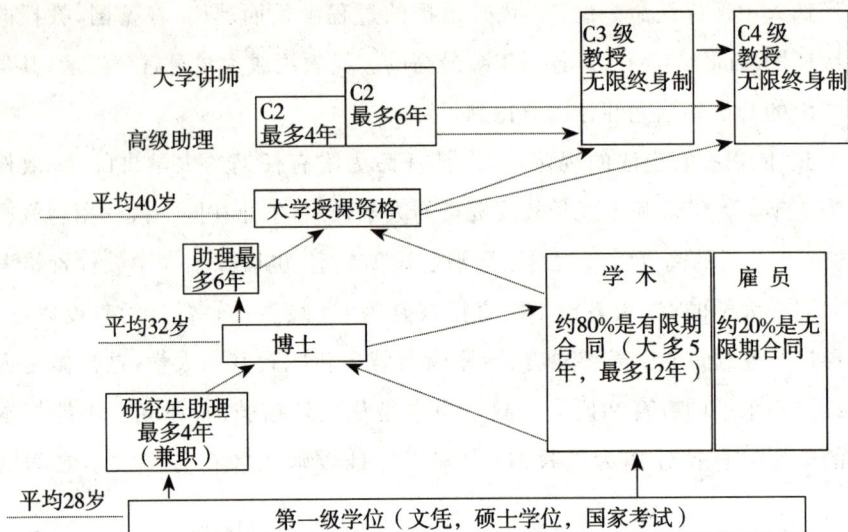

图 7-1　通向大学教授职位的学术路径

注：对医学专业而言，助理最多 10 年，大学讲师 10 年，高级助理 6 年；对工程专业而言，高级助理最多 6 年。

资料来源：菲利普·G.阿特巴赫：《变革中的学术职业》，青岛，中国海洋大学出版社，2006，28 页。

初级学术人员职位是有限的，除了极少数的学术助理和专聘教师外，大多数人都有任期限制：

高级助理和大学讲师必须取得大学授课资格，能够独立承担教学和科研任务，在完成规定任务的同时等待教师职位。高级助教的任职年限为 4 年，大学讲师为 6 年。

学术助教必须取得博士学位，他们主要在教授的教学科研中进行一些提高他们学术水平的学术辅助性的工作，为获得教授授课资格奠定基础。他们的教学任务每周不超过 4 课时，工作期限一般为 3 年，可延长为 6 年。

学术助理的要求则相对较低，优秀的大学生就可以申请该职位，他们在教授的指导下进行科研工作，与学术助教不同之处在于，他们的法定任务不包括提高学术水平。其教学任务每周最多 16 课时。大多数学术助理有任期限制，一般为 5 年，其余的为终身职位。

专聘教师或担任特殊任务的教师是德国高校或研究所选定的合同教师，他们具有丰富的实际工作经验或具有一定的专业特长，是某专业的专家。他们主要教授一些实际的技能,且无需具备教授水平。例如大学中聘请的中学教师和法官等。

相关法律规定,初级学术人员不许在任职学校竞聘教授职务,也就形成了人才流动机制,使得德国的大学赢得了师资,高等教育在世界处于领先水平。

表 7-1 美、英、法、德四国大学教师的任期制度比较

区分	职称	有无任期制	再任的限制
美国	教授(Professor)	一般没有	
	准教授(Associate Professor)	一般没有,因大学而异	2 年×3 次(加州大学)
	副教授(Assistant Professor)	通常具有	1 年×2 次(加州大学)
	讲师(Instructor)	通常具有	
英国	教授(Professor)	没有	
	准教授(Reader)	没有	
	高级讲师(Senior lecturer)	没有	
	讲师(Lecturer)	一部分大学有任期制	
法国	教授(Professor)	没有	当试用期结束后,作出如下决定:① 任用为正、副教授;② 延长 1 年;③ 回到原职;④ 被解雇
	副教授(Maître de conférences)	没有(有两年试用期)	
	助教(Assistant)		
德国	教授(Professor)		
	C4 级——相当于教授		
	C3 级——相当于副教授	没有	
	C2 级——相当于讲师		
	大学讲师(Hochschuldozent)	有(为期 6 年)	只有医学可以延长 4 年
	高级助教(Oberassistent)	有(4 年,医学 6 年)	再任不可
	高级技师(Oberingenieur)	有(为期 6 年)	再任不可
	学术助教(Wissenschaftlicher Assistant)	有(为期 3 年)	3 年×1 次(只有医学可以延长 4 年)
	艺术助教(Kunstlerischer Assistant)	有(为期 3 年)	3 年

五、日本大学教师聘任的现状与特点

日本大学教师的身份分为国家公务员、地方公务员、私立学校教师(学

校法人）。根据《大学设置基准》，大学设置的学科和讲座必须配备专职教师，学科一般由专职教授及副教授担任，讲座由专职教授负责，并配备必要的副教授、讲师和助手。

1991 年修正的大学设置基准规定[①]：

被认为在教育研究上有能力的大学教授必须具备下列条件之一：(1) 取得博士学位（包括在外国取得与此相等的学位），在研究上有业绩者；(2) 研究业绩相当于博士学位取得者；(3) 有在大学当教授经历者；(4) 有在大学当副教授经历，在教育研究上被认为是有业绩者；(5) 在艺术、体育等领域有卓越的特殊技能，有教育经历者；(6) 在专门领域有特别卓越的知识及经验者。

被认为在教育研究上有能力的副教授必须具备下列条件之一：(1) 符合有关的规定能成为教授者；(2) 在大学有副教授或专任讲师经历者；(3) 在大学有 3 年以上助教或与此相当的职员经历者；(4) 取得硕士学位（包括在国外取得与此相当学位）者；(5) 在研究所、实验所、调查所等工作 5 年以上，在研究上有业绩者；(6) 在专门领域有卓越的知识及经验者。

讲师必须具备下列各项条件之一：(1) 符合规定能成为教授、副教授者；(2) 在其他特殊的专门领域被认为有教育能力者。

助教必须具备下列各项条件之一：(1) 取得学士学位（包括在外国取得与此相等的学位）者；(2) 被认为有相当于学士学位之能力者。

在日本，尽管各大学和学院之间的招聘有一定差异，但都需按照一定的步骤和程序进行：(1) 当某些专业或者讲座有空缺或需要增补教师时，先由学科内部确定聘任教师的职责与研究方向；(2) 发出通知，向有关单位招聘教师，校外人士可以推荐候选者；(3) 大学成立招聘委员会，根据应聘者的学历、资历、能力和科研能力（发表的著作或科研成果）进行书面审查，有的还要进行面试，选出合适的候选者；(4) 将候选者的情况上报教授会；(5) 教授会投票表决，要有 2/3 以上的票数才能被录用；(6) 校长批准，最终得到任用。

---

① 董克用：《中国教师聘任制》，北京，中国人事出版社，2008，60 页。

日本的大学近亲繁殖现象特别严重。根据文部省《学校教员统计调查》①:1998 年,国立大学教师 59 931 人,其中 43.0%是本校毕业生;公立大学教师 9472 人,其中 30.9%是本校毕业生;私立大学教师 76 681 人,其中 31.4%为本校毕业生。日本大学聘任教师的学阀意识特别强烈,大学教师多为名牌大学的毕业生。据统计②,10 所名牌大学在"教授市场的占有率"超过 50%,东京大学为 15.4%,京都大学为 9.3%,东北大学为 4.8%,筑波大学为 4.6%,九州大学为 4.5%,大阪大学为 3.7%,早稻田大学为 3.5%,北海道大学为 3.4%,东京外国语大学为 2.8%,广岛大学为 2.6%。

长期以来,日本的人事制度一个重要的特点是终身制,一旦经过考核被大学录用为正式教师,只要没有特殊情况,可以一直工作到退休。尽管这种制度解除了教师的后顾之忧,但是在实施的过程中却影响了大学的教学和科研水平,加上严重的近亲繁殖现象,使得教师之间难以开展学术批判和竞争,必然影响到大学学术研究活动的深入开展。为了解决这种日益突出的矛盾,日本众议院和参议院于 1997 年 6 月 13 日通过并公布了《关于大学教师等的任期的法律》。法律中所讲的所谓任期是"选择任期制",即法律并没有要求所有大学在规定时间内统一实行任期制,而是将实行任期制的决定权授予了各大学,由学校自主决定是否实行任期制,实行任期制的岗位与时间。例如,东京外国语大学于 1997 年 10 月制定了实施任期制的有关规定,但仅限于一个单位——地域文化研究科国际文化讲座,该讲座教授任期为 5 年,可连任一次;副教授任期为 3 年,助手任期 1 年,均不可连任。个别学校只是将所有学科列入任期制的事实范围,绝大多数学校只是在个别学科实施任期制。关于教师的任期,各个大学情况不同,长则 10 年,短则 1～2 年,一般为 5 年。此外,日本大学还相当重视学生对教师的教学评价,并将其看作教师续聘、延聘或解雇的主要依据。这虽然在一定程度上增大了教师的精神负担,但也提高了教师的教学质量。

---

① 【日】关于国立大学等独立法人化的调查研究会议:《关于新的"国立大学法人"形象〈咨询报告〉》,123 页

② 陈永明,朱浩,李昱辉:《大学理念、组织与人事》,北京,中国人民大学出版社,2007,436 页。

六、国外高校教师聘任制的启示

综上所述，现在发达国家实行的大学教师聘任制度大致可以分为三种类型①：一是美国式的，大学教师的聘任制与试用制、契约制、终身制并行，对具有高级职称者没有任期限定，而对低级职称者有明确的任期规定；二是德国式的，大学教师中除了教授以外，其他教职人员都有任期规定；三是日本式的，正在全面实施以助手、讲师、副教授和教授等所有大学教师为对象、由大学自己自由选择任期。

通过比较可以看到，在大学实施教师聘任制是必要的。总结发达国家实行聘任制的经验，有 9 个方面可以借鉴：

1. 高标准的招聘条件。为了保证高校教师的质量，各发达国家均制定了严格的聘任条件，严把教师入口关。如，美国高校要求教师必须具有博士学位及与本级职称水平相应的教学科研能力。日本在教师聘任时，对学历、资历、教学能力和科研能力（发表的著作或科研成果）也有严格的要求。

2. 面向社会，公开招聘。这种面向社会的公开招聘，通过校外的广泛应聘、竞争、选拔，有利于大学之间、大学与社会之间不同学术流派、学术思想和不同学风的交流，从而活跃了学术思想，促进了国家科学技术的发展，也促进了高校间教师的合理流动。

3. 避免"近亲繁殖"，学缘结构合理。为了防止"近亲繁殖"，美国高校将教师中本校的毕业生比例控制在 1/3 以内，这种做法可以提高学术水平，促进人才流动，消除因本校毕业生的学阀帮派可能产生的弊害，这种严于律己的规制有利于维持和提高大学教师队伍的质量水平。而德国教授通常是从校外招聘的，原则上不能把本校的毕业生直接任用为教授。

4. 重视校外工作和研究经历。上述国家的大学一般不会留用本校的毕业生，如果想留在母校，必须去其他大学或科研机构工作一段时间。

5. 聘任大量非正式教师。据统计，美国四年制大学的教师 30% 左右的为非正式教师。法国除了教授和副教授以外的教师都是非正式的，并且这

---

① 陈永明，朱浩，李昱辉：《大学理念、组织与人事》，北京，中国人民大学出版社，2007，445 页。

部分非正式教师担任学校相当数量的教学科研工作。这种大量聘用非正式教师的举措,对学校的发展有重要的意义。不仅可以省去许多行政管理事务,减少行政经费支出,还有利于稳定基本教师队伍,有利于校际之间、学校与社会之间知识的交流与信息的传递。

6. 任期制与终身制相结合。在国外,高校教师的聘任采取任期制与终身制相结合的办法。美国教师的高级职务(教授、副教授)分为短期制和终身制,德国和日本教授、副教授一般实行职务终身制。在美国,教师一旦获得了终身制资格,便获得了退休之前永远任职的权利,除非教师本人犯了严重错误或学校出现了财政问题或某个学科被撤销。但是,获得终身制资格本身却是一个艰难的历程,一般要经过六七年的试用。这种做法保障了教师学术自由的权利,也降低了由于聘任制所带来的短期性业绩主义的弊害,使教师可以从事周期较长和具有挑战性的研究。

7. 重视教师的培养与发展。国外的高校十分重视教师的培训和发展。如美国高校设立了教学与科研基金,实行学术休假制度,鼓励教师走出校门参加各种学术交流活动。

8. 严格考核评估制度。各国在评估种类、评估内容等方面因具体情况不同而各有差异,比较关键的评估是晋升评估和申请终身职位时的评估。这类评估对教师来说事关重大,甚至是去留问题,非常严格。如在美国,主要从教学效果、科研水平、社会服务这三个方面对教师进行评估;而在日本,主要考察工作态度、知识技能、能力、工作业绩四个方面。为保证教师队伍的质量,各国的考核评估制度都相当严格,执行起来也一丝不苟。如美国坚持"非升即走"的原则。发达国家这些规范、严格的评估制度给教师带来了极大的压力和动力,也是保证教师队伍高素质、高质量的重要举措。

9. 重视教师的工资待遇。各发达国家都十分重视教师的待遇问题,教师的工资水平较高。美国大学教授的工资是普通工人的2.5倍;日本教师的平均工资比政府公职人员高16%;德国教师的工资待遇相当于政府部门中高职位的官员；英国、法国教师的工资待遇也是一般职员的 1.5 倍以上。[①]高工资以及一系列提高教师待遇的措施，如工资定期自动晋升，额外补助、津贴，带薪休假，工资税低，退休金高等，保障了教师的生活，提高了他们的社会地位。在发达国家，高校教师在社会上处于中上层水平，特别是在德国，教师与律师、医生成为最热门的三种职业。

第二节　建立教师职务聘任制度，改革大学教师任用机制

高校教师职务聘任制度是指高校与教师之间，在双向选择的基础上，聘任主体就任职期限、条件以及双方的权利、义务和责任等达成协议，依据协议实施契约管理的一项教师任职服务制度。我国高校在改革大学教师任用机制、建立教师职务聘任制度时，一定要充分借鉴发达国家在教师聘任方面的经验，结合我国和学校自身特点，探索符合我国国情的教师职务聘任制度。

一、高校教师聘任制改革的必要性

在大学实施教师聘任制度以前，教师的任用普遍使用职称评定制度。这里的"职称"只代表职务名称，并不代表其水平、能力和贡献。这种制度重评轻聘，将职称等级作为聘任的唯一标准，"职务职称不分，与职责分离，评职称就是评待遇，职务终身制"[②]的观念根深蒂固。职称评定，把教师的认定

---

① 雷乐怡：《从国外经验试论我国高校人事分配制度的改革》，载《江西社会科学》，2001(3)，76—77 页。

② 张万朋：《中外高校教师聘用制度的比较研究》，载《江苏高教》，1998(3)，73—76 页。

过程当作教师履行职责的过程,被视为"评聘不分"的根源,教师往往将主要精力放在各种奖项的评比上,并将高级职称作为自身发展的最终目标,忽视了教育教学和科研成果的转化,一旦评上高级职称就怠慢工作,对教育和科研的贡献也就此止步,能上不能下,人才无法合理流动。因此,为了高等教育的发展,高等教育人事制度改革势在必行。

1986 年党中央和国务院废除了长期困扰我国的职称制度,颁布了《关于实行专业技术职务聘任制度的规定》,实行专业技术职务的聘任。1993 年颁布的《教师法》第十六条规定,"国家实施教师职务制度"。《高等教育法》第四十八条规定,"高等学校实行教师聘任制。教师以评定具备任职条件的,由高等学校按照教师职务的职责、条件和任期聘任"。此后,教育部出台了《关于当前深化高等学校人事分配制度改革的若干意见》,规定"推行高等学校教师聘任制和全员聘用合同制。积极引入竞争机制,破除专业技术职务和干部职务终身制。教授、副教授及其他专业技术人员实行专业技术职务聘任,党政管理人员实行教育职员聘任制和行政管理职务聘任制,后勤服务人员实行劳动合同制"。这一系列法律法规的出台为教师职务聘任制在大学的实行奠定了深厚的基础。但是,立法式的教师职务聘任条例尚未出台,教师职务聘任制度仍在探索阶段。

二、实施大学教师聘任制度的原则

经济体制和经济发展方式的转变对高等教育提出了新的要求。师资是衡量高校办学水平的主要标准,推行高校教师聘任制度,有利于提高高校教师的科研教学水平,促进学术的不断发展和创新;优胜劣汰,锻造教师队伍,提高教师队伍的整体水平。在聘任的过程中要坚持以下基本原则:

1. 按需设岗

按需设岗、科学设岗是实施教师职务聘任过程中的重要环节,是实现合理配置教师人力资源的重要前提。

首先,应该以国家的政策为依据合理地确定编制,设置岗位。努力提高并合理确定高校的生员比(学生与教职工比)和师生比。"十五"期间,全国高等学校平均生师比要达到 14∶1。①

表 7-2 普通高等学校基本办学条件指标(试行)

学校类别	本　　科				
	生师比	具有研究生学位教师占专任教师的比例(%)	生均教学行政用房(平方米/生)	生均教学科研仪器设备值(元/生)	生均图书(册/生)
综合、师范、民族院校	18	30	14	5000	100
工科、农、林院校	18	30	16	5000	80
医学院校	16	30	16	5000	80
语言、财经、政法院校	18	30	9	3000	100
体育院校	11	30	22	4000	70
艺术院校	11	30	18	4000	80

学校类别	高职(专科)				
	生师比	具有研究生学位教师占专任教师的比例(%)	生均教学行政用房(平方米/生)	生均教学科研仪器设备值(元/生)	生均图书(册/生)
综合、师范、民族院校	18	15	14	4000	80
工科、农、林院校	18	15	16	4000	60
医学院校	16	15	16	4000	60
语言、财经、政法院校	18	15	9	3000	80
体育院校	13	15	22	3000	50
艺术院校	13	15	18	3000	60

备注：

1. 请校外教师经折算后计入教师总数,原则上聘请校外教师数不超过专任教师总数的四分之一。

2. 凡生师比指标不高于表中数值,且其他指标不低于表中数值的学校为合格学校。

资料来源：《教育部关于当前深化高等学校人事分配制度改革的若干意见(教人[1999]16 号)》,1999 年 9 月 15 日。

---

① 参见：《教育部关于当前深化高等学校人事分配制度改革的若干意见(教人[1999]16 号)》,1999 年 9 月 15 日。

其次,从高校的战略目标出发,根据学校专业和学科的发展,科学合理地设置教师岗位。《高等学校教师职务聘任制度的试行条例》中规定,"高等学校教师职务是根据学校所承担的教学、科学研究等任务设置的工作岗位"。高校在设置教师岗位时,不应以现有教师的数量和职称来确定,而是应该以各学科承担的教学、科研任务及学科的发展前景为依据。学校应该为各院系的教师岗位确定一个基本比例,并参考各院系的学科建设、实验室建设水平、科研教学水平等设置附加岗位,一方面将岗位的设置制度化、合理化,一方面鼓励各学科的发展。

2. 平等自愿

高校教师的职务聘任应"遵循学校和教师'平等自由、协商一致'的原则,维护教师的合法权益。学校可以对教师聘用、可不聘用,教师也可应聘或拒聘。学校和教师应签订聘任合同,明确双方的权利、义务和责任,并严格履行"[①]。

3. 规范考核

《高等教育法》第五十一条规定,"高等学校应当对教师、管理人员和教学辅助人员及其他专业技术人员的思想政治表现、职业道德、业务水平和工作实绩进行考核,考核结果作为聘任或者解聘、晋升、奖励或者处分的依据"。理想的考核应该通过定量考核与定性考核相结合,静态数据与动态趋势相结合,全面考核与重点考核相结合,年度考核与聘期考核相结合的方式实现。如,北大在中文系等院系试点实行论文代表作制度,只要在聘期内发表一篇较大影响力的论文,经院系学术委员会认定在相关的学科领域里处于领先地位,对该学者的科研工作就不再进行量化考核。这种制度在一定程度上克服了追求论文发表数量带来的弊端。[②] 此外,为了避免短视效应,学校应该有择才、爱才的远见,重视教师的成长空间,以发展、动态的眼光看待教师。

[①] 胡永新:《教师人力资源管理》,杭州,浙江大学出版社,2008,173 页。
[②] 《北大中文系试点论文代表作制》,见 http://news. sina. com. cn/c/2005-12-07/00457637941s. shtml,2005-12-07。

4. 择优聘任

高校在教师的聘任中，应该对受聘人教学、科研、社会服务的业绩进行科学、全面的考核，形成质量效益观和优胜劣汰的择优理念。在这种理念的指引下，目前在大学里已经逐渐形成了以教师在试用期和聘任期为直接依据，决定教师去留或晋升的价值取向。

上海大学率先实行了教授分级制，即把正教授职称首次细分为三个等级。一是合同制雇员，每三年考核一次，不符合标准的将解聘；二是长聘教授，实行评估；三是终身教授。正教授分级的标准主要依据教师本人的资历以及学术成果等方面。比如说，刚刚评为教授的教师，可能多为合同制雇员。教授在学术方面不断积累，并取得了相当的成绩，才被评为长聘教授甚至终身教授。合同制雇员、长聘教授如果考核不合格，则将有一年的观察期。只有在观察期内表现出色，将有可能重新续约，反之则被降级。考核不合格就会降级，这对于教授们来说既是一种压力，也形成一种动力。①

5. 合同管理

高校教师根据学校公布的岗位和任职条件，结合自身工作实绩、业务能力等申报相应职务岗位，学校教师职务聘任委员会根据应聘人员综合条件，按照岗位要求确定聘任人选。学校与受聘人员在平等自愿、协商一致的基础上签订聘任合同，明确聘期、聘期内应履行的岗位职责及应完成的工作任务。②

6. 统筹兼顾

实行聘任制的目的之一就是打破大学"一潭死水"的状态，形成良好的人才流动机制。但是，学校应该统筹兼顾，不仅要任用年富力强的中年教师，重视培养年轻教师，也要维护老教师的利益。采取"老人老办法，新人新办法"的措施。

---

① 《上大打破教授终身制 正教授分3级不合格降级》，见 http://learning.sohu.com/20060717/n244294208.shtml，2006-07-17。

② 董凯静：《以人为本择优聘用——高校教师职务聘任制实践探索》，载《人力资源管理》，2010(3)，104—105 页。

深圳大学在全校推行教师聘任制,不签约不聘任,教师岗位不再是"铁饭碗",去留与教师的教学、科研成果、服务学生等情况挂钩。但在人事改革方案的实施中,还强调一个原则——"新人新办法,老人老办法",新人与老人之间实行区别对待。所谓"新人",是指本次改革方案实施后进来的人;而"老人",则是指改革方案实施前就已经进入深大的人。在"非升即退"的考评环节中,也有类似的规定:首个合约期结束时,新人若未能通过学校的考评,则学校有权解除合同;"老人"则给予岗位低聘、岗位调整的处罚,并不会因为一次考评不合格就被解聘。[1]

三、大学教师职务聘任管理模式的探索

(一) 机构设置

高校在实行教师聘任时,应该设置教师聘任委员会,全面负责教师的聘任工作,接受并处理相关投诉。该委员会由学校主要领导、校学术委员会负责人、主管教师工作的学校领导以及教授、教学、科研、研究生管理等职能部门负责人和教师代表组成,人数为7~9人,校长任主任。[2]

由于教师的聘任与教师的切身利益相关,因此高等学校的教师聘任委员会应该吸纳各学科的带头人或教师代表,使教师聘任委员会更具代表性。在规模较大的学校中,应该分设学校和院系的聘任委员会。

例如,中山大学在教师聘任的过程中,在学校设立教师编制核定与职务聘任委员会,指导有关教师编制核定、职位设置和职务聘任的有关工作,决定有关事宜。教师编制核定与职务聘任委员会由学校党政负责人和各学科教授组成,校长为该委员会当然主任委员。教师编制核定与职务聘任委员会委员每届任期一年,可以连任。委员会建立例会制度,每三个月举行全体会议一次。学校人事处为该委员会的办事与执行机构。在学院、实体系(以下简称院系)设立教师职务聘任委员会,由学校教师编制核定与职务聘任委员会委派,其成员包括院系党政负责人、本院系教授和相关学科专家,任期

---

① 《深圳大学实施人事制度改革 实行全员聘任制》,见 http://news. eastday. com/c/20100918/u1a5454265. html,2010-09-18。

② 董克用:《中国教师聘任制》,北京,中国人事出版社,2008,72 页。

一年,可以连任。院长或实体系主任为委员会当然主任委员。①

这种学校确定编制的总体比例,将聘任权下移的做法充分发挥了院系的主体地位,也更加有利于根据院系的教学科研实际,为岗位配置更加合适的人选,优化教师队伍结构。

复旦大学在聘任制的改革中将权力下放给院系,岗聘分开,院系向校高级职务岗位设置委员会提出岗位需求,院系聘任小组实施聘任;进行公开招聘,学校人事处向校内公布高级专业技术职务招聘信息,学校成立 17 个同行学科教授(专家)评议委员会,认定岗位候选人的资格和学术水平,一个岗位最多可认定 3 个候选人,由院系决定聘任正式候选人。②

湖南大学为进一步加大院系责任,调动和发挥院系积极性,规定:副教授及其讲师职务评审由院系自行决定,学校只负责资格初审、评比指标下拨、对评审结果进行复查及评审、监督、确认等;院系有权设置与调整本单位内部机构;有人事聘任权和人事调配权,在学校下达的编制内,可根据需要选留或引进硕士以上学位人员;有权根据年度考核的实际情况决定教职工岗位津贴的发放。③

在聘任工作中,还应该组建"教师职务学科评议组"对候选人的学术能力进行评议。学科评议组应该由本学科的几位专家和教授组成,为了确保公正客观,可以聘请校外专家辅助监督,以期客观评价候选人在教学、科研上的素养和潜能,选择适当人选,提高学校办学水平。

(二)聘任过程规范化

1. 聘任条件科学化

任职条件是指受聘者必需具备的学历、专业、工作经验、科研能力、道德修养等方面的要求。我国高校的类型差异很大,聘任时制定的任职条件因层次、类型不同而不同。在我国高等学校教师职务的设置一般分为四类:助

---

① 《中山大学教师编制核定、职位设置与职务聘任规程》,见 http://sese. sysu. edu. cn/CPC/ShowArticle. asp? ArticleID＝21,2008-11-01。

② 《复旦大学按需设岗改革高级专业职务聘任制度》,见 http://news. xinhuanet. com/school/2003-09/19/content_1089551. htm,2003-09-19。

③ 罗仲尤、黄建新:《湖南大学副教授职务评审院系说了算》,载《中国教育报》,2001-11-17。

教、讲师、副教授、教授。不同职务,任职条件也有所不同。

中山大学各类教师的聘任条件如下:中山大学聘任的教师必须遵守宪法和法律,忠诚教育事业,恪守学术规范,遵守学校的规章制度,严谨治学,团结合作,爱护学生,关心集体,自觉维护学校声誉。除此之外,对不同类型老师的任职条件也作了不同的规定:

(1) 应聘助教职务者,应获得学士以上学位。学校鼓励从本校在学研究生中聘请教学助理承担助教工作。

(2) 应聘讲师职务者,原则上应已经担任助教职务或获得博士学位,通过国家规定的专业水平测试,并需在公开出版的学术刊物发表学术论文2篇以上,或有正式出版的学术著作(第二作者以上)。

(3) 应聘副教授职务者,原则上应已经担任讲师职务(1963年以后出生者原则上应已取得博士学位),通过国家规定的专业水平测试,并达到受聘副教授职务工作业绩标准:① 在本学科重要学术刊物上发表较高质量的学术论文5篇以上(其中第一作者或通信作者不少于3篇);或在本学科重要学术刊物上发表较高质量的学术论文3篇以上(其中第一作者或通信作者不少于2篇),并有公开出版的学术著作或本专业教材(第二作者以上)。② 主持一项厅级以上科研项目,或作为主要参加者(前3名以内)参加一项部省级以上科研项目,或主持一项横向项目或国际合作项目(研究经费文科不少于5万元;理科、医科不少于20万元),或获得部省级教学、科研成果奖3等以上(前3名以内)。

(4) 应聘教授职务者,原则上应已担任副教授职务五年以上(1963年以后出生者原则上应已取得博士学位),并达到受聘教授职务的工作业绩标准:① 在本学科重要学术刊物上发表高质量的学术论文7篇以上(其中第一作者或通信作者不少于5篇);或在本学科重要学术刊物上发表高质量的学术论文4篇以上(其中第一作者或通信作者不少于3篇),并有正式出版的高水平著作和本专业教材(独立完成、主编或第一作者)。② 主持一项部省级以上科研项目;或作为主要参加者(前三名以内)参加一项部省级以上重点项目或二项国家级科研项目;或主持一项国家级重点项目和重大项目的子课题，或主持一项部省级重大项目的子课题，或获得部省级教学、科研成果三等以上奖励（前三名以内）。①

还有一些学校对各类教师所承担的教学任务作了量化的规定。

例如，山东师范大学在教师聘任时规定，应聘教授者均须系统承担2门以上课程的主讲任务，其中至少有1门为全日制本科生课程。教学为主型年授课时数不低于216课时，教学质量考核成绩良好。教学科研并重型教学质量考核成绩合格。科研为主型承担本科生或研究生课程讲授任务（含学术报告或讲座），教学质量考核成绩合格。应聘副教授者须系统承担2门以上课程的主讲任务，其中至少有1门为全日制本科生课程。教学为主型年授课时数不低于216课时，教学质量考核成绩良好。教学科研并重型教学质量考核成绩合格。科研为主型承担本科生或研究生课程讲授任务（含学术报告或讲座），教学质量考核成绩合格。应聘讲师者须讲授1门以上本科生课程，完成学校规定的教学工作量，教学质量考核成绩合格，指导本科生毕业论文、课程设计。而应聘助教者主要承担课程的辅导、答疑、批改作业、实验课、组织课堂讨论等教学工作，经批准，担任某些课程的部分或全部讲课工作，协助指导毕业论文、毕业设计。每年完成规定工作量，教学质量考核成绩合格。②

可以看出高校在实施教师聘任的过程中，虽然没有统一的教师聘任标准，但是大多对教学、科研都有具体量化的指标，有的学校还对师德有明确要求，如复旦大学实行的"师德一票否决制"。

2. 招聘过程规范化

当前我国各高校通过多年实践、各院校之间相互学习，并借鉴国外发达国家高校的先进经验，教师职务聘任逐渐规范化。各高校制定了相关的制度、方案，使得教师职务聘任的过程规范化。

根据《上海大学教师职务聘任条例（试行）》，上海大学在学校成立校教

① 《中山大学教师编制核定、职位设置与职务聘任规程》，见 http://sese. sysu. edu. cn/CPC/ShowArticle. asp? ArticleID＝21,2008-11-01。

② 《山东师范大学教师职务聘任制工作实施方案》，见 http://www. rsc. sdnu. edu. cn/ReadNews. asp? NewsId＝1132。

学质量考评委员会,负责考察应聘者的教育教学能力和教学质量;成立相关学科评议组(由本学科专家组成)评议各部门推荐的岗位候选人的学术水平,并按岗位数向校聘任委员会推荐聘任人选;成立教师职务聘任委员会,全面负责聘任工作。学院(部门)成立思想品德考察组,负责对拟聘对象进行思想政治表现和职业道德等考核,教师职务聘任工作小组,负责本部门讲师的聘任工作,向学校推荐教授、副教授岗位人选。具体步骤如下:① 学院向校内外公布各二级学科岗位情况及岗位职责和聘任条件等;② 应聘专业技术人员提出书面申请,在学院(部门)聘任领导小组推荐前将申请人员所填写的申请表和提交的相关材料放在指定的会议室内展示1~2天;③ 学院(部门)思想品德考察组对应聘人员的思想政治表现、职业道德等提出考察意见;④ 学院(部门)聘任领导小组按岗位数及聘任条件,对应聘教授、副教授职务岗位人员提出推荐或不推荐的初步意见,对应聘讲师职务岗位人员提出聘任或不聘任意见;⑤ 经学院(部门)初步推荐的首次应聘正、副教授职务岗位人员的论文、著作和其他科研成果送校外专家进行评议;⑥ 校学科评议组对首次应聘正、副教授职务岗位人员进行学术评议,根据需要进行面试答辩等,提出推荐或不推荐意见;⑦ 学院(部门)聘任领导小组对应聘正、副教授职务岗位人员进行综合评议,提出正式推荐名单;⑧ 校聘任委员会审查后确定拟聘人员;⑨ 在校园网上将拟聘正、副教授职务岗位的名单公示一周;⑩ 正式公布由校长聘任的正、副教授职务名单,签订聘任合同,颁发聘书。

深圳大学的聘任程序大致如下:① 学校按照年度聘任计划,公布招聘岗位、应聘条件;② 应聘者向学校提交应聘申请;③ 人事部门审查应聘资格;④ 单位教师聘任评议小组面试并推荐候选人;⑤ 学校人事工作教授委员会评价应聘者教学能力和水平;⑥ 同行专家书面评价应聘者学术水平;⑦ 专家评议小组评审;⑧ 学校教师聘任委员会审定;⑨ 学校批准,签订聘任合约。①

---

① 《深圳大学教师聘任条例(试行)深大[2010]216号》,见 http://szuhr. szu. edu. cn/idxDownload. asp。

山东师范大学的聘任程序大致如下：① 学校公布教师职务聘任制工作实施方案，明确教授、副教授、讲师和助教聘期目标任务。教师个人的具体聘期目标任务由各单位根据学校制定的目标任务精神，结合实际制定，报学校审定后写入聘任合同，再与教师个人签订聘约。② 各单位召开教师职务聘任工作会议，部署聘任工作。③ 个人应聘。④ 各单位对应聘人员进行审查，提出并将拟聘人员名单在本单位公示 3 天。⑤ 各单位将《拟聘人员情况一览表》、《应聘教师职务申请表》和本单位制定的《教师职务聘期目标任务》报人事处。⑥ 学校审核确定各单位《教师职务聘期目标任务》和聘任人员并予以公布。⑦ 学校与聘任人员签订《教师职务聘任合同》。

3. 聘任期限与考核

随着高校职务聘任制的实行，高校先后将竞争机制引入大学的人事制度中，契约制逐渐代替终身制，把教师的业绩作为聘用、续聘、解聘的主要依据。不少学校还推出了"非升即走"的政策，促进了教师的合理流动。

清华大学于 1994 年开始设岗聘任的试验，实行了两项措施。其一，是"非升即走"，规定教师提职的期限，如助教在达到申请讲师的资历后 3 年内，讲师在达到申请副教授的资历 5 年内，如不能通过评审晋升，即失去了在学校做教师的资格，必须调离学校。而每次晋升比例由学校宏观控制，保持一定的淘汰率。其二，是三年合同期满后双向选择。每一个新进校的教职工都签订三年合同，三年合同期满可选择走，也可选择留；选择留的，学校再对其进行考核，决定是否续聘。同时规定首期合同期满后，各院、系的续聘率不得超过 85%，必须有一定的淘汰率。只有升了副教授后再经 1—2 个聘期，经考核认为确实有业绩和水平，才签署无期限固定聘用合同。[1]

对于一部分对学校作出重大贡献的教授实行终身聘任制，其他教师实行合同聘任制，各级各类教师都有明确的任职期限、职责和任务，任期结束后，学校根据其在任期内的教学、科研业绩来决定是否续聘，并将其与晋升和薪酬相结合，以期提高教师工作的积极性。

---

[1] 何建坤：《抓好三个关键环节，推动人事制度改革》，载《中国高等教育》，2000（17），30—31 页。

以深圳大学为例,该校的教师聘任合约期限有三种类别:长期聘任合约(期限自签约之日起至法定退休之日止),固定期聘任合约(期限一般为三年),短期聘任合约(一个月至一年)。工作时间长或者本学科的杰出人才可以申请长聘。固定期聘任主要针对讲师,聘任教师在见习讲师岗位可签订一个固定期聘任合约。一个聘约期满,未能晋升三级讲师以上岗位者,不再续聘;聘任教师在一、二和三级讲师岗位,受聘时间累计不超过 6 年。6 年期满,未能晋升副教授(含高级讲师)以上岗位或取得长聘资格者,不再续聘。短期聘任由用人单位申请,教务和人事部门审核,校长批准。原则上不能签订累计超过一年的聘任合约。按照合约,学校会对教师进行考核,长聘教师和固定期聘任教师的考核结果分为优秀、合格、基本合格。长聘教师合格以上可续聘,或者申请更高级的岗位;基本合格者可续聘,但一年内不得应聘更高岗位;不合格者,给予仅限一次的一年整改期,整改期满考核仍不合格,予以低聘,与学校签订新岗位聘任合约,待遇随岗而定,三年内不得应聘更高级岗位。拒绝岗位调整者,解除聘任合约。而固定期聘任教师合格以上可续聘,或应聘更高级岗位;年度检查基本合格,可在原岗位继续履聘,一年内不得应聘更高级岗位;聘期考核基本合格,可在原岗位申请续聘,两年内不得应聘更高级岗位;年度检查不合格,予以解聘;聘期考核不合格,不再续聘。

在教师聘任中,应该实行终身制与合同制相结合的制度。尽管教师聘任实行合同制,并定期进行规范的考核,调动了教师们工作的积极性,但是在一定程度上也造成了教师工作的短视效应,使得教师无法安心开展一些周期性较长的科研项目。因此设置教师岗位的时候,可以设置一定比例的终身教师岗位,对成绩突出的教师实行终身制,创建宽松、有活力的科研氛围,建成一支稳定的学术队伍。

(三) 健全分配激励机制

高校在实施教师职务聘任制度的同时也应该结合本校特点探索适应校情的分配形式。根据"效率优先,兼顾公平"的原则,探索建立"以岗定薪、按劳取酬、优劳优酬"的绩效工资体系,将教师的业绩与晋升和工资收入直接挂钩,健全分配激励机制,才能充分调动教师的积极性、主动性和创造性。

第三节　我国大学绩效工资制度的创新机制

一、绩效工资的界定

绩效薪酬体系(Pay for Performance，Performance Related Pay 或 Performance Pay Planning)是一种将教职员工的薪酬与绩效直接挂钩，根据教工个人的工作绩效确定其薪酬标准的薪酬体系。在绩效薪酬体系下，高等学校的注意力主要放在对教工现实绩效的评估和奖励上，并希望能激励教工将他们的全部能力和精力用于获得更高的绩效，以实现学校的发展目标。[①]

现如今，我国经济依然欠发达，特别是中西部地区还较为落后，这直接造成了教师的工资待遇与发达国家甚至是与一般发达国家都存在较大的差距，对推进大学教师聘任形成了有形或无形的障碍与阻力。而聘任制已成为大学共同努力的价值取向，因此薪酬待遇的改革势在必行。

二、国外大学绩效工资的发展现状及启示

当前我国高校正在逐步实施教师职务聘任制度，打破了教师的"铁饭碗"，废除了职务"终身制"，形成了"能上能下"的竞争机制，与此同时人事分配制度的改革也正在逐步推进，我们有必要对国际上高校的工资待遇与改革趋势进行研究，为我们的改革提供借鉴。

在美国，关于高校教师薪酬国家制定了统一标准，主要实行的是年薪制，其组成部分有：固定基本工资、可变工资以及奖金红利。固定基本工资是主体，约占教师总收入的 55％～60％。这体现了美国高校教师薪酬收入

---

① 林健：《大学薪酬管理——从实践到理论》，北京，清华大学出版社，2010，33 页。

的稳定性特点。基础科学系的教师薪酬只包含两部分,即固定基本工资部分和可变工资部分。其中,个人的固定工资一般不发生变化,除非其职位等级变动;可变工资部分将由教师的专业和他对院系的贡献业绩来共同确定。教师年薪一般以每年9个月或11个月的工作合同为基础,假期工作和从事第二职业、提供咨询服务的劳动报酬不计入工资额内。① 其工资制度有以下几个特点:一是高校注重教师的工作绩效,以至教师聘用甚至科研立项的各个环节都实行绩效工资制。在美国高校,年薪中的可变工资部分由教师的专业和他对院系的贡献业绩来共同确定。可变工资基于个人绩效和单位财政状况每年可能有10%以上的浮动。固定基本工资部分也主要因基于绩效评价的教师职称级别不同而呈现巨大差别。二是假期工作和从事第二职业、提供咨询服务的劳动报酬不计入工资额内。三是工资水平总体较高,但是不同层次、类型的高校,甚至同一学校不同职称、不同学科的教师工资水平差别较大。四是美国高校教师的工资每年增长一次,增长时会考虑物价的上涨情况。五是在高校教师工资制度方面有健全的法制体系,出台了《平等薪酬条例》(Equal Pay Act)和《公民权利法案》(Civil Rights Act)来保护教师在薪酬方面的合法权益。

在日本,国立大学的教育经费由国家开支,公立大学的教育经费由地方开支,私立大学的教育经费由办学团体即学校法人支付。和日本企业的"终身雇佣制"及"年功序列制"一样,日本大学教授除了终身职外,还可以一年加一级工资。由于日本有重视教育的传统,高校教师的工资待遇一直保持着较高水平。据日本政府人事院1988年的调查,大学副教授的起点工资为工人的2.4倍,教授为工人的3倍。② 日本教师的工资一般由基本工资、补贴、奖金组成。基本工资由教师的职称、经历、学历和年资决定;补贴包括岗位补贴、住房补贴、交通补贴等;奖金则视学校的财力而定。其工资制度的特点为:一是基本工资由职务和资历共同决定;二是晋升的依据是年资和业

---

① 夏茂林、冯碧瑛、沈小强、冯文全:《美国高校教师绩效薪资制度的主要特点、问题及启示》,载《大学教育科学》,2011(1),92—95页。

② 魏捷、李清贤:《高等学校教师工资待遇的国际比较》,载《淮北煤炭师范学院学报(哲学社会科学版)》,2004(2),118—121页。

绩考核。

在德国，高校教师主要分为教授、助教、合作教师和特殊任务教师。教授具有很强的教学科研能力，是高校中的权威阶层，其工资在国家规定的国家工资框架内，在一般高校教授分为 C2 教授、C3 教授和 C4 教授，C4 教授的工资级别最高。而助教、合作教师和特殊任务教师是在教授的领导下工作的教师，有固定的任期限制，其工资级别一般在 C1 和 C2 级。高校教师的工资都是由国家规定的，其水平与工作业绩的关联毫不相干。2011 年 11 月德国联邦邦议会修订了《高等教育总法》和《公务员薪俸法》，设立"青年教授席位"替代现行的教授资格考试，建立一套直接与教授教学和科研成果挂钩的新的高校人事工资制度，对教授以下教学科研人员实行雇佣合同制。新制度规定的教师工资仍由基本工资和补贴两部分组成，但降低了基本工资额度，增加了补贴额度。教授工资有三个级别，W1"青年教授"、W2 教授和 W3 教授每月基本工资分别为 3070 欧元、3580 欧元和 4350 欧元。补贴额度取决于教学质量、科研成果、论文数量、指导研究生数量、科研成果转化数量、学生对授课的反映等因素。[1]

国外高校教师绩效工资制度的现状对我国的启示：

1. 市场机制决定教师工资待遇水平。例如美国高校教师薪资主要由人才市场的供求状况所决定，多数学校可以根据市场行情和教师的绩效表现自主决定教师的薪资待遇。工资的高低客观反映了各类人才的供求情况，市场上热门学科教师的薪酬远远高于冷门专业教师的薪酬。工资的高度市场化一方面使得教师的质量得到了保障，另一方面也可以解除教师的后顾之忧，使得他们的教学科研工作不受生活的影响。

2. 教师工资与工作业绩挂钩。这打破了论资排辈的现象，尽管各国在业绩与工资挂钩的办法与评价体制上各有不同，但是发展趋势都是一样的。如美国将年薪中的可变工资部分由教师的专业和他对院系的贡献业绩来共

---

① 魏捷，李清贤：《高等学校教师工资待遇的国际比较》，载《淮北煤炭师范学院学报(哲学社会科学版)》，2004(2)，118—121 页。

同确定。可变工资基于个人绩效和单位财政状况每年可能有 10％ 以上的浮动。①

3. 工资结构简单、清晰。如日本的工资结构，主要由基本工资、补贴和奖金组成，各部分都有固有的作用，简单清晰。

4. 教师工资由市场所决定，但有别于政府和企业。由于高校教师工作具有特殊性，教学、科研、服务的价值很难以某一项标准做出全面的衡量，因此无法将企业管理上的"绩效"简单移植到学术领域。为此，要根据学校的特殊属性和教师的工作特点，制定教师薪酬体系。

三、构建我国大学绩效工资制度的创新机制

（一）我国高校现行工资制度的比较

在我国高校绝大多数是公办学校，属于全额拨款的事业单位。高校工资由国家工资与校内津贴组成。国家工资是由人事部统一规定的，校内津贴则是由学校自主决定分配。校内补贴由岗位业绩酬金、生活补贴和职务津贴组成。通常，基本工资占教师总收入的 55％～60％，福利占 30％～35％，绩效工资占 5％～15％。目前我国高校逐渐形成了以岗位工资为主要代表的以下薪酬模式：以职位为中心的薪酬模式、以能力为中心的薪酬模式和以业绩为中心的薪酬模式。其比较如表 7-3 所示：

表 7-3　高校现有薪酬制度模式比较

模式 比较项目	职位薪酬体系	能力薪酬体系	绩效薪酬体系
核心思想	以位定薪	以能定薪	
管理理念	以事为中心	以人为中心	
管理的难点	职位评价与工作分析	人的能力评价	
突出的薪酬功能	保障	调节	激励

---

① 夏茂林，冯碧瑛，沈小强，冯文全：《美国高校教师绩效薪资制度的主要特点、问题及启示》，载《大学教育科学》，2011(1)，92—95 页。

（续表）

模式 比较项目	职位薪酬体系	能力薪酬体系	绩效薪酬体系
保障性	大	中	小
激励性	小	中	大
公平性	弱	中	强
竞争性	弱	中	强
灵活性	弱	中	强
追求的目标	组织目标	个人目标	个人与组织目标
常见的表现形式	岗位津贴	特聘教授、长江学者等特殊津贴	课时酬金、科研奖励酬金
使用的条件	内外部环境比较稳定	知识能力竞争突出的环境	外部竞争激烈的环境

资料来源：林健等：《高校激励型整体薪酬模式的设计研究》，载《中国高教研究》，2004（8），41—43页。

通过比较可以看出，三种薪酬模式都有其独特的特点，不同的组织、人员、工作适用于不同的薪酬模式。高校薪酬改革的方向将是以人为中心的薪酬模式与以职位为中心的薪酬模式相互补充、共同发展，单一的薪酬模式将被复合的薪酬模式所取代，并向国际流行的整体薪酬体系接轨，激励型整体薪酬模式将是高校薪酬模式的新趋势。所谓激励型整体薪酬模式就是以职位薪酬为基础，兼顾能力薪酬，突出业绩薪酬的激励型整体薪酬体系。这是一种宽带薪酬制度，体现"效率优先、兼顾公平"的分配原则，代表着高校薪酬制度改革的新方向。

（二）高校绩效工资体系设计的原则

1. 公平性原则

这是绩效工资体系设计的首要原则，即根据教师们的教学科研业绩公平地支付薪酬。这种公平性原则主要体现在三个层面的公平上：一是教师在教学科研上的业绩与所获得的报酬相比是否公平；二是教师的薪酬与同学校不同学科或院系的教师相比是否公平;三是教师的薪酬水平与同类学校同类教师的薪酬相比是否公平。只有让大多数教师产生"公平感",才能稳定教师队伍,既能解除教师的后顾之忧,又能提高教师工作的积极性。

2. 竞争性与合理性并重原则

竞争性是绩效工资的重要特征之一,主要体现在内部竞争和外部竞争两个方面。内部竞争是指绩效工资能够与教师的教学科研业绩挂钩,调动教师工作的积极性和创造性,促进学校发展;外部竞争是指绩效工资的设计能结合本校实际,设计具有市场竞争力的工资体系,稳定、激励并吸引人才,保持高校师资的竞争优势。

合理性原则是指绩效工资体系的设置应有法律依据和理论依据,特别是在高校教师职务聘任制下的绩效工资,改革打破了他们长期以来的"铁饭碗",对其造成较大冲击,教师会在一定程度上产生逆反心理。因此,绩效工资体系的设置,一定要有法可依,有理可据。

3. 激励性与约束性相结合原则

根据马斯洛的需求层次理论,人是受内在的需求所激励的,因此,需要形成从基本需求到高级需求一系列的层次。绩效工资的制定是在分析教师所处的需求层次,制定的有激励的薪酬方案。一方面,能够保障教师的基本生活,一方面对于在业绩上有特殊贡献的教师给予特殊薪酬,使得教师保持高效的工作的动力,并使得优秀人才脱颖而出。而约束性是指绩效工资也是对教师不良表现的一种监督。教师的绩效与薪酬挂钩,与晋升挂钩,不同岗位、职务的教师之间有合理的薪酬差距。此外,绩效工资对于所有岗位都有一个正常的增长机制,激励教师不断提高自己的教学科研水平,保证学校人力资源的整体开发。

(三) 绩效工资体系的设计

1. 绩效工资的模式分析

(1) 绩效工资的模式比较

绩效工资制度主要有两种模式:个体绩效薪酬与群体绩效薪酬。个体绩效薪酬关注薪酬与员工个人绩效之间的关系,其设计路径主要是根据个别员工的行为与绩效决定给付奖金的额度。群体绩效薪酬制度则是以群体（包括企业、部门或者班组、团队）绩效而非个人绩效考核为对象，并根据群体绩效决定群体整体薪酬的一种薪酬模式，实际上，群体绩效薪酬是先在团队间进行分配，然后再依据个人绩效进行分配。① 两种工资模式存在着不同程度的差别（见表7-4）。

表 7-4　个体绩效薪酬模式与群体绩效薪酬模式的特征比较

项目	个体绩效薪酬模式	群体绩效薪酬模式
突出的薪酬功能	激励	激励
考核对象	员工个人	群体（企业、部门或者班组、团队）
考核指标	以个人绩效为考核指标	以团队、组织整体绩效为考核指标
激励性	强、直接	中、间接
公平性	高	低
竞争性	强	中
合作性	弱	强
保障性	弱	中
追求的目标	个人目标	组织目标与个人目标

资料来源：莫勇波：《绩效薪酬制度的两种模式及其适用》，载《江苏商论》，2009(1)，105—107 页。

对于高校教师的绩效工资而言，不同方面的工作对于不同绩效薪酬模式有着不同的适应性。

在高校的科研过程中，多数是由多个教师共同完成一个科研成果。因此，由团队完成的科研成果应该用团队绩效工资模式来考核并发放工资。对于同一学校不同院系的教师应该建立整体绩效考核指标，使教师整体绩效与学校发展战略始终保持一致。高校各院校教师整体绩效评价体系的建立，借鉴了企业整体绩效考评的平衡积分卡方法（BSC 方法），涉及 20 项指

---

① 莫勇波：《绩效薪酬制度的两种模式及其适用》，载《江苏商论》，2009(1)，105—107 页。

标,评价标准如图 7-2 所示。

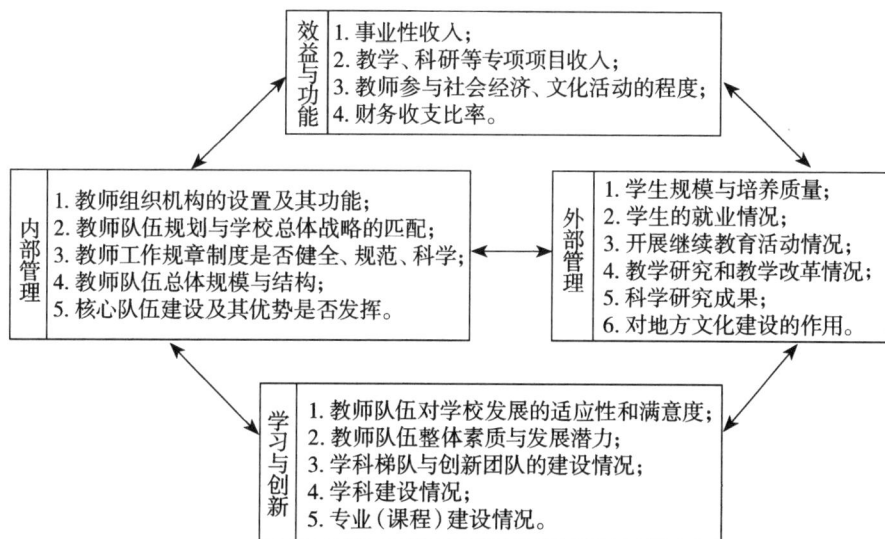

效益与功能
1. 事业性收入；
2. 教学、科研等专项项目收入；
3. 教师参与社会经济、文化活动的程度；
4. 财务收支比率。

内部管理
1. 教师组织机构的设置及其功能；
2. 教师队伍规划与学校总体战略的匹配；
3. 教师工作规章制度是否健全、规范、科学；
4. 教师队伍总体规模与结构；
5. 核心队伍建设及其优势是否发挥。

外部管理
1. 学生规模与培养质量；
2. 学生的就业情况；
3. 开展继续教育活动情况；
4. 教学研究和教学改革情况；
5. 科学研究成果；
6. 对地方文化建设的作用。

学习与创新
1. 教师队伍对学校发展的适应性和满意度；
2. 教师队伍整体素质与发展潜力；
3. 学科梯队与创新团队的建设情况；
4. 学科建设情况；
5. 专业（课程）建设情况。

图 7-2　高校教师队伍整体绩效评价的平衡积分卡

资料来源：杨志兵：《基于绩效的高校教师薪酬模型研究》，载《武汉大学学报（哲学社会科学版）》，2009(9)。

在高校的教学体系中，每学期的科目都不同，并且不同科目的教学都是独立存在的，学科之间的联系甚微，教师的教学工作也基本上是独立性的工作。因此，高校教师教学工作的绩效考核与绩效工资的发放适应于个体绩效薪酬模式，教师的个人业绩与工资挂钩，在这种体系下，教师如果想获得高薪酬，只能提高自己的业绩水平。这有利于鼓励教师集中精力，努力提高自己的业绩水平，获得激励和"公平感"。教师个体绩效评价的内容应该选取以下四类指标，即教学、科研、社会服务和师德。[1] 具体评价指标见表 7-5。

---

[1] 唐晓静，张圣梅，徐小君：《教师综合素质评价模型的研究》，载《长春理工大学学报》，2004(3)，113—117 页。

表 7-5　教师个体绩效评价指标

一级指标	二级指标	指标内容
1. 教学	11. 教学工作	课堂讲授时数；双语教学；实习、实验和临床指导；学生数量；课程类别；指导各类竞赛；指导研究生
	12. 教学过程质量	教材的选用；教案的编写；教学大纲的执行
	13. 教学效果	学生评价；同行评价；上级评价；所在单位评价
	14. 教材、教法的贡献	教学论文、改革；教材使用；教研项目及经费
	15. 教学成果获奖	教学获奖；教材获奖；教学改革获奖；辅导学生获奖
2. 科研	21. 论文、文章发表	权威及重要期刊论文；核心期刊论文；一般刊物论文；国际/国内会议论文篇数；发表在重要报纸的文章
	22. 论文收录	SCI；EI；ISTP；SSCI；CSSCI；A&HCI；人大复印资料；新华文摘收录的次数
	23. 科研项目和科研经费	国家重点项目；国家纵向项目；国际合作项目
	24. 科技成果鉴定及成果获奖	国家级；省部级；通过鉴定
	25. 口头发表	各类学术会议的口头发表；大型学术会议的演讲；特别演讲；邀请演讲；各类学术会议的组织工作
	26. 专利和成果产业化	取得发明专利的数量；成果产业化的效益
	27. 艺术、体育和建筑	展览会、演奏会、体育比赛、艺术展览的时间、地点、规模和获奖；建筑设计、文物修复的投标和中标等

（续表）

一级指标	二级指标	指标内容
3. 社会服务	31. 参与院系层面的服务	院系的各项有助于学科、专业发展的活动
	32. 参与学校层面的服务	学校的各种管理及咨询委员会的数目和贡献
	33. 参与社会层面的服务	在校外各团体（协会、学术杂志）中承担的角色和数量；对社会的服务（各种科研评审、公益事业服务、社会演讲、承担校外调查研究的工作）
4. 师德	依据教育部颁布的《高等学校哲学社会科学研究学术规范（试行）》中的指标和标准进行评价	《规范》对高校哲学社会科学研究的基本规范、学术引文规范、学术成果规范、学术评价规范和学术批评规范都作了规定。其他学科都可以参考执行其中教师的师德评价指标

资料来源：唐晓静，张圣梅，徐小君：《教师综合素质评价模型的研究》，载《长春理工大学学报》，2004(3)，113—117 页。

高校在建立绩效工资体系时，必须既考虑内部教师、岗位之间的协作，又不能否定教师的个体努力，因而有必要建立一个以教师的个体绩效为主，个体绩效与整体绩效相结合的工资体系，使得教师在关注个体绩效的同时也要关注整体的绩效，以促进整体绩效的发展。

（2）教师个体绩效薪酬水平的确定[①]

第一步：计算出各院系全体教师的个人绩效薪酬，用公式表示为：

院系全体教师的个人绩效薪酬（Q）＝该院系教师绩效薪酬分配的经费总额（G）×绩效薪酬中用于教师个人的绩效薪酬的百分比（P）。

第二步：计算出该院系全体教师的个人绩效评价总分值为 Q。根据上述对个人绩效评价的计算结果（U），在计算该院系每个教师的个人绩效评价值后，得出该院系全体教师的个人绩效评价总分值为 Q。

① 杨志兵：《基于绩效的高校教师薪酬模型研究》，载《武汉大学学报（哲学社会科学版）》，2009(9)，720—721 页。

第三步：计算教师个体的绩效薪酬 At。At＝G＊P＊U/Q。

2. 绩效工资的结构设计

绩效工资包括基础性绩效工资和奖励性绩效工资。基础性绩效工资包括岗位津贴和业绩津贴；奖励性绩效工资包括超工作量津贴、奖金和其他特别奖金。基础性绩效工资反映了教师的工作能力和职务等级，具有一定的稳定性和长期性，这部分工资所占的比例较小，并且弹性不大；而奖励性绩效工资是指在履行岗位以外，教师在教学、科研上额外成就的反映，它反映的是教师短时间内的业绩，是一次性的，不累加，弹性较大，如高校教师超教学工作量津贴、科研提成、服务绩效奖金等。

绩效工资的结构包括纵向结构和横向结构。横向结构是指绩效工资各具有项目所占工资结构的比例，如基础性绩效工资和奖励性绩效工资所占的比例等。基础性绩效工资和奖励性绩效工资的建议比例一般为 7∶3。可以根据学校的情况和教师工作的实际情况适当地调整这个比例，如果需要对贡献较大的成果给予奖励，可以适当增加奖励性绩效工资所占的比例，例如将比例调整为 6∶4。岗位津贴和业绩津贴的比例需要根据学校的具体情况和教师岗位的性质确定，一般情况下，教师的职位等级越高，对于技术含量、科研、教学能力的要求就越高，岗位津贴也就越高。

高校绩效工资的纵向结构包括两个部分：一是基础性绩效工资中，岗位津贴和业绩津贴的等级结构，它强调工资水平等级的多少，不同工资水平之间级差的大小，以及决定工资级差的标准。二是奖励性绩效工资中，超额完成的工作业绩目标或达到非常特殊的绩效标准时的奖励办法和标准。因此，基础性绩效工资更具有普遍性和典型性，其等级结构水平应为高校绩效工资结构设计的重点。以浙江大学的岗位绩效津贴制度为例。[1]

浙江大学将岗位分为教学科研并重岗、研究为主岗、教学为主岗教师的岗位，纳入教学科研并重岗、研究为主岗和教学为主岗聘任的教师岗位绩效津贴由基础津贴（分"津贴 A"、"津贴 B"两块）和业绩津贴（"津贴 C"）组成。

---

① 参见：《浙江大学理学部教师岗位分类管理与聘任工作实施办法》。

（1）"津贴 A"属基础津贴之一,体现保障,主要考虑教师的历史贡献,对应于所聘岗位教师的专业技术岗位等级,共分 13 级,标准由学校确定。

等级	A1	A2	A3	A4	A5	A6	A7	A8	A9	A10	A11	A12	A13
津贴(万元)													

（2）"津贴 B"属基础津贴之一,体现保障和激励双重因素,主要考虑教师的能力水平和教师基本教学工作任务要求,两块津贴比例为 5∶5,共分 13 档。岗位津贴基本框架和最低标准由学校设置,各系根据各类岗位教师所承担的基本教学任务、科研业绩等情况综合确定等级和津贴额度后报学部核准。

等级	BX	B1	B2	B3	B4	B5	B6	B7	B8	B9	B10	B11	B12	B13
津贴(万元)														
适用人员		院士、正高												
				副高										
								中级及以下						

（3）"津贴 C"属业绩津贴,包括教学奖励津贴和研究津贴。主要考虑教师近二年的科研业绩和超标准教学奖励、特聘岗位奖励,体现激励作用。津贴 C 的档级标准可根据学院(系)经费情况等实行整体联动调整,即不能只调高或调低某一档级。

等级	CX	C1	C2	C3	C4	C5	C6	C7	C8	C9	C10
津贴(万元)											
等级		C11	C12	C13	C14	C15	C16	C17	C18	C19	C20
津贴(万元)											

3. 绩效工资的计算流程

教师的绩效工资由固定津贴、岗位津贴、业绩津贴、奖励性绩效工资构成,除了固定津贴以外,其他的津贴都与请假、调课、考勤、月度考核、年度考核、课程安排有关。在计算教师的月度、年度绩效时应该首先掌握教师的信息、课程信息、课程安排、各项考核情况,结合系统参数自动生成教师的工资。

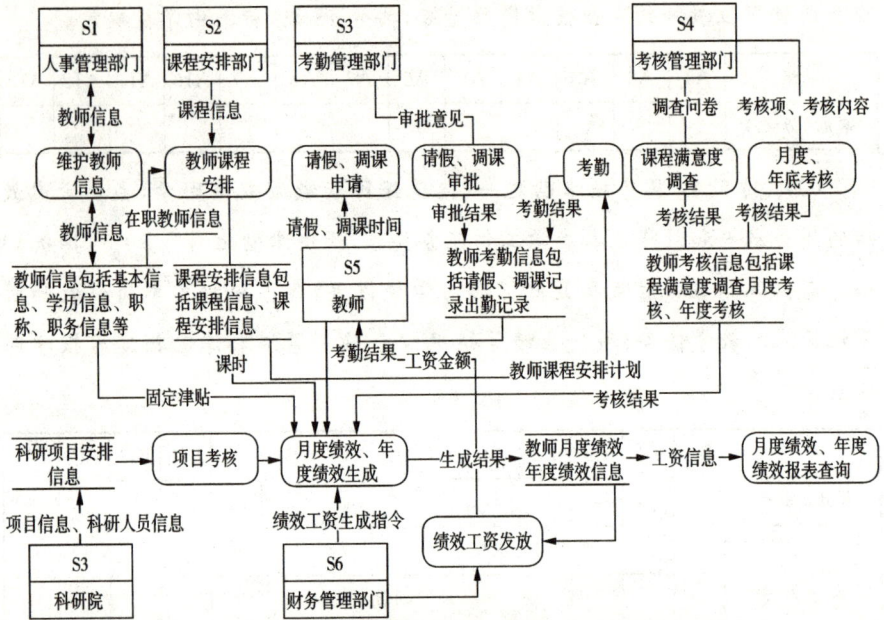

图 7-3　教师月度绩效、年度绩效计算数据流程图

资料来源:冷辉,刘晓峰:《高校教师绩效工资管理系统的设计与实现》,载《运筹与管理》,2011
(10),151—155 页。

第八章
学生事务管理制度改革与创新

第一节 国外大学学生事务管理模式及特点
——以美国为例

一、美国大学学生事务的概念

"学生事务"(Student Affairs)与"学生事务管理"从其语意的起源看,源自于美国,是典型的美国式的用法和表达。学生事务,是一个在19世纪末20世纪初期在美国高等教育中出现的,被称为"学生人事"或"学生工作"(Student Personnel)的新领域。一般而言,美国的"学生事务"与"学术事务"(Academic Affairs)的概念是相对而言的。"学术事务"主要包括学生的"学习"、"课程"、"教室"和"认知发展"等,而"学生事务"则包括"课外活动"、"住宿生活"和"感情或个人问题"等。可见,从工作的对象、性质和内容来看,美国学生事务的范畴与我国高校学生工作的范畴存在一定程度的重叠。

对于学生事务的概念界定,目前国内外尚无确切的定论。1991年,美国学者 Theodore K. Miller 对其作出概念界定,认为学生事务是用来描述校园内负责学生课外教育,有时也包括课堂教育在内的组织结构或单位。[①] 2003年,美国学者 James W. Guthrie 在《教育百科全书》中提到,学生事务针对学生的全面发展,包括学生的智力、情感、体魄、社会活动、就业指导、道德和宗教信仰、美学鉴赏等。[②] 目前,国内较权威的是蔡国春对美国大学学生事务的概念界定,提出学生事务是指高等学校通过非学术性事务和课外活动对学生施加教育影响,以规范、指导和服务学生,丰富学生校园生活,促进学生成长成才的组织活动。[③] 本书中,我们采用美国学者 James W. Guthrie 在《教育百科全书》中对学生事务的概念界定。

二、美国大学学生事务管理的发展历程

国外尤其是西方的学生事务管理有着较悠久的发展历史,早在 19 世纪末 20 世纪初,学生事务管理已经在美国高等教育领域中悄然而生。随着时代的不断变化发展,美国的学生事务管理也处于不断发展变化之中,因此,学生事务管理是一个历史的、动态的概念,在不同发展阶段具有不同的时代特征和内涵。在此,结合美国自身发展的历史,并以标志性事件为界,将美国学生事务管理的发展历程分为以下四个阶段。

(一) 学生事务管理的萌芽背景(1636—1776 年)

美国高等教育的历史起源于 1636 年哈佛学院的建立,但学生事务及其管理并非与第一所高校的建立同步产生。当时的美国高校对于学生事务和学术事务的管理是融合在一起的,并未进行区分,因此尚不存在真正意义上的学生事务及其管理。由于学校规模较小,学生年龄偏小,高校的主要职责是代替学生父母行使监督管理的职责,被称作"替代父母制"的管理理念。当时的美国高等教育主要是在汲取、借鉴欧洲尤其是英国高等教育模式的

---

① [美]Theodore K. Miller & Roger B. Winston: Administration and Leadership in Student Affairs, Acceleration Development Inc,1991,Preface xvi.

② [英]James W. Guthrie, Editor in Chief, Encyclopedia of Education, Second Edition, Macmillan Reference USA, 2003, P. 2387.

③ 蔡国春:《高校学生事务管理概念的界定——中美两国高校学生工作术语之比较》,载《扬州大学学报(高教研究版)》,2000(2),56 页。

基础上得以发展的。因此,哈佛、耶鲁等高校普遍模仿英国采取寄宿制的办学模式。教师与学生们一同住在集住宿、文化活动、宗教活动和图书馆为一体的建筑内,具有宿舍、教堂和教室等多种功能,教师在进行教学的同时,对学生实行严格的道德监督和行为控制,关注学生在学习和生活中的言行举止。教育的目的在于培养牧师,强调传统的宗教价值,注重学生的道德品格和智力的培养。

(二)学生事务管理的独立阶段(美国独立—二战前)

1776年,美国独立后,高校的培养目标发生了一定转变,由以往培养牧师转变为培养国家需要的各类专门人才和合格公民。

1.《莫里尔法案》的颁布

1862年《莫里尔法案》的颁布也促进了美国高等教育的迅速发展。法案中有关赠地学院的建设规定促进了美国社区学院的发展,学校规模随之扩大,学生数量逐渐增多。同时,学生的需求也越发多样化,在经济、就业等方面出现新的亟待解决的问题,这些对学生事务管理提出了新的要求。

2. 德国高等教育模式的引进

除《莫里尔法案》对学生事务发展带来一定影响外,此阶段的美国高等教育受德国教育模式的影响也很大,德国教育模式使高校教师开始关注自己的研究领域,从以往以学生为中心转向以学术为中心,高校内部开始区分学术和非学术内容的差别,学术事务与学生事务开始分离。因此,可以说,德国的高等教育模式的引进催生了学生事务管理概念的萌芽。虽然19世纪的变革促使高等教育直接加强对高校学术事务的管理,而导致非学术性的相关内容和活动受到严重的排挤,但在一定程度上对学生事务概念的萌芽和出现具有重要的意义,为学生活动的发展创造了有利条件。

针对德国高等教育模式引进后教师转向学术研究的情况,大学开始任命管理人员从事非学术事务的管理。1870年,哈佛大学任命Ephraim Gurney教授为首任大学学监,除教学外,主要负责协助校长开展纪律管理工作。1890年,哈佛大学建立了新生顾问委员会,并设立与教务部主任平行的学生事务主任。① 1891 年,哈佛大学又任命 Le Baron Russell Briggs 为学监,在以往的基础上增加了一项咨询任务。这是美国有史以来第一位专职学生事务人员,这也标志着独立意义上的美国高校学生事务管理的诞生。② 男生主任和女生主任的职位也应运而生,来取代原本教师职责范围内的非学术内容。1892 年芝加哥大学的 Alice Freeman Palmen 是首位主管女生工作的院长;1901 年,伊利诺伊大学的 Thonias Arkle Clark 是首位主管男生的大学院长。20 世纪初,美国大部分地区的高等院校模仿哈佛大学设立负责本科生课外活动的学生事务主任一职。早期院长的职责并没有具体明确的要求,学生管理工作缺乏一定的正规性。

3.《学生人事宣言》的发布

在帕森斯领导的职业指导运动和心理学测验运动的影响下,学生认识运动蓬勃发展。哥伦比亚大学教师学院出现了学生事务实践者准备项目。1914 年,与文学硕士学位联合颁发了第一个"女生顾问"的专业学位。1937 年,美国教育委员会发布《学生人事宣言》(The Student Personnel Point of View)中提出了学生工作的相关原则。从此,学生事务管理工作开始成为美国高校管理中一个独立的部分,并与高校的教学和科研并列存在。

(三) 学生事务管理的发展阶段(二战后—20 世纪 60 年代)

第二次世界大战后,美国高等教育制度进一步发展,高等教育实现与中等教育机构的衔接,初级学院进一步发展。1944 年,美国国会通过了《退伍军人调整法案》,法案的实施使得大量退伍军人进入高校学习,导致公立高等院校学生人数迅速膨胀。1949 年,美国国家教育理事会发布了与 1937 年《学生人事宣言》同名的指导文件,以正确引导美国高等教育大众化的发展。宣言对学生在环境适应、兴趣、经济状况、生活条件等方面做出了分析,并提出了为学生发展及其在社会中的地位提供一系列最佳服务。进入大众化高等教育阶段的美国高校在生源方面逐渐展开了激烈的竞争,竞争主要通过努力采取措施改善对学生的服务工作,为学生的全面发展提供保障,满足学

---

① 游敏惠:《美国高校学生事务管理队伍的发展及启示》,载《比较教育研究》,2006(12),13 页。
② 马健生,腾珺:《美国高校学生事务管理的历史流变》,载《比较教育研究》,2006(10),64 页。

生多样化需求,树立"学生消费者第一"的观念来吸引生源。学生与学校的关系转化为买方和卖方,学生服务的管理模式就是在此种背景下形成的。此阶段,学生咨询服务发展成为高等教育学生事务管理中的重要内容,高校对学生的研究也逐渐展开,心理咨询、测验等心理学领域的成果被广泛应用于高等教育的学生事务管理工作领域。

从学术事务中分离出来的学生事务领域在独立后进入了专业化发展的阶段,逐渐形成该领域特有的管理信念和模式,并成立了专门的学生事务机构和日益专业化的学生事务专职人员队伍,从而使得学生事务领域与学术事务领域间的隔阂越来越大,二者渐渐发展为相互独立、缺少沟通且不可调和的特定关系,该阶段尚未意识到相互协调和合作的必要性和可能性。

(四) 学生事务管理的成熟阶段(20 世纪 60 年代至今)

20 世纪 60—70 年代加州大学的学潮引起了美国全社会的民权运动和反越战运动,此次运动中,大学生作为社会关注的焦点促使学术领域开始关注学生的心理和行为等方面的变化,并对此展开大量研究。美国大学人事协会(ACPA)提出了"明日高等教育(THE)工程",其中,学生发展被定义为"人的发展理论在高等教育中的运用,它使每一个参与其中的人能掌握越来越复杂的发展任务,达到自我实现和自身的独立"[①]。另外,以存在主义学生事务观为哲学基础的"学生发展"论强调学生的学习与发展是不可分割的,学生事务能直接促进学生的学习和发展,实现高等教育的培养目标。就是在这种理论的影响下,美国高校学生事务和学术事务逐渐萌生合作的理念,二者开始走上协作和融合发展之路。"学生事务发展"的管理模式成为美国学生事务管理的重要方式。

1994 年,ACPA 发表了《学生的学习是当务之急——学生事务的含义》,并据此推出 SLI 计划。计划肯定了学生发展理论的指导作用,并强调了大学教育的培养目标。这一时期,美国高校学生事务工作者是学校教育的重要组织者之一,承担着相应的教育任务,并以实现学生的全面发展为目的。

---

① 王秀彦,高春娣:《高校学生事务管理概论》,北京,高等教育出版社,2009,7 页。

三、美国大学学生事务管理模式的分类

大学学生事务管理模式是指对大学学生事务管理的结构或过程的主要组成部分以及这些部分之间相互关系的一种有机组合，并在一定时空范围内的实践中形成的活动结构和操作方法的体系。[①] 其具体内容包含大学的组织结构、组织制度、管理手段与技术、途径与方法和组织环境等等。从学生事务管理与社会的关系来看，世界各地的高校可以分为内部事务型、外部事务型和内外事务混合型的管理模式。其中，美国的学生事务管理是一种内部事务型的管理模式。内部事务型模式将学生事务管理视作高等教育的重要组成部分，学校内部设有功能齐全的学生事务管理组织，承担绝大多数学生非学术活动或课外活动的管理职能。美国、英国、加拿大和澳大利亚等国家的高校均属于内部事务型模式，但不同国家和地区的管理组织也存在一定差别。

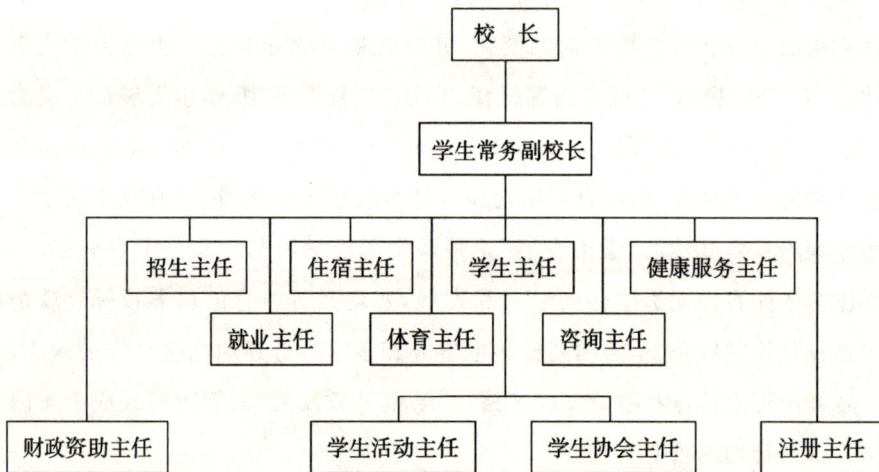

图 8-1　典型的美国高校学生事务管理组织机构示意图

资料来源：Gergorg A. Barnes：The American University：A World Guide, ISI Press, 1984. 14.

图 8-1 为巴纳斯所描绘的典型美国高校学生事务管理内容和组织机构示意图。图中可见，美国的学生事务管理部门由学生事务副校长直接领导，

[①] 储祖旺：《高校学生事务管理教程》，北京，科学出版社，2008，105 页。

并在学校内统一展开,各职能部门直接向全体学生开展服务,院系层面没有与学校相对应的机构;从组织机构的划分可以看出美国学生事务工作高度分工,专业化程度较高;另外,组织内部以扁平化方式运转,信息传递快捷,运行方式灵活。因此,单一层级、高度分工和扁平化是美国学生事务管理模式的核心特点。

图 8-1 是典型的美国学生事务管理模式示意图,但具体来说,学生事务的组织形式和机构组织情况在很大程度上因校而异。每所学校的规模、历史和传统等因素都影响着学生事务管理的组织结构。因此,内部事务型管理下的美国各大高校的学生事务管理又可以具体分为以下几类。

(一)依据不同的报告关系进行的划分

报告关系是指高校事务管理与高校领导层的关系,具体可以分为直接报告模式、间接报告模式、双重报告模式和分散型组织结构模式。[①]

直接报告模式是指学生事务负责人(如学生事务处长、学生主任、学生院长和学生事务副校长)直接将大学的学生事务工作报告给校长的管理模式。这种管理模式可以满足校长全面化地了解学校学生事务管理现状和一些突发性问题的需求。校长亲自过问学生事务工作的安排,对于存在争议的问题,大家可以共同进行商讨,而不是单纯依赖于行政命令。但如果校长因事务繁忙不在学校,便会导致一些紧急的突发问题不能得到及时处理,且会消耗大量的时间和精力。

间接报告模式是指校长委托副校长或教务长主管学生事务工作,学生事务管理部门的负责人借助学校副校长或教务长来向校长间接报告。由于校长事务繁忙,时间精力有限,因此通过向副校长或教务长汇报可以弥补直接报告模式中的不足之处,便于和部门之间的相互联络,也可以及时解决一些突发问题。副校长通过与教务长沟通,有助于加强学生事务和学术事务间的有力合作。其不足之处在于受制于学校办学的指导思想。

双重报告模式是指由两名学生管理者分管学生事务工作,一方面由副

① 储祖旺:《高校学生事务管理教程》,北京,科学出版社,2008,115 页。

校长负责工作中各种重大问题的决策，另一方面则由执行副校长来主管学生事务管理的财政和人事工作，学生事务管理部门同时向两位副校长报告。这种管理模式有利于及时制定决策，节约时间，提高办事效率，但要注意在交流和监督方面树立明确的指导方针，且以相互信任和宽容为前提进行管理工作。

分散型组织结构模式则是指学生事务管理的一些功能由学校的其他管理机构承担。教学机构负责学生生活、就业指导等工作，学院院长则负责协调和安排。心理服务机构属于心理学系的一部分，可以同时为毕业生提供实习机会。如果有医学院，健康服务应该是其工作的一部分，也可以承包给外界机构。留学生服务属于招生工作，通常由教务处长负责。学生活动由学生组织或由专门的委员会进行管理。这种管理模式可以使为学生提供高质量的服务融入到学校生活中，但其弊端也很明显，将学生事务管理的功能融入到其他管理机构中，会不可避免地存在机构交叉重复的问题，也会加大机构间沟通协调的难度，造成办事效率低下、决策不连续等后果。

（二）依据不同的内部关系进行的划分

从各类高校内部关系的视角出发，美国高校的学生事务领域可以划分为经费来源模式、职员协会模式、服务相关模式和直接监督模式。

经费来源模式是指高校依据学生事务工作各项职能的经费是来源于学校拨款还是自筹进行区分来加以管理。自 20 世纪 90 年代起，美国公立高校的学生事务管理负责人开始承担起辅助性服务的经费管理任务，主要包括住宿、学生会、饮食、健康和书店等方面的管理。按要求，学校不支付辅助性项目的支出，其经费应来自于机构内部的基金，且辅助性服务机构的基金也不应用于机构以外的任何活动。如何组织学生事务管理的工作取决于辅助性服务机构的多少和每项服务的资金要求。因此，公立高校的学生事务负责人同时管理着两种经费来源的机构。学生工作人员可以对重要资金的运行作出直接解释，也可以确保既满足学生要求又维持经济上的收支平衡。[①]

---

① 蔡国春：《美国高校学生事务管理模式与组织机构探析》，载《煤炭高等教育》，2002(1)，34 页。

其弊端为花费在财政事务上的时间过多,容易忽视学生生活和学生发展。

职员协会模式是指在传统职能划分的基础上,通过设立各种小组和协会来对职员进一步加以组织进行统一领导。各小组和协会成员以专家和合作者身份进行工作,在面临共同的困难、冲突和矛盾时召集各部门的负责人开会进行协商解决。此模式能使负责人与每个部门保持密切联系,使协会负责人获得技术和业务上所需的帮助,同时可以避免因为专业化而导致的部门间的冲突。但一旦协会内部出现较权威的一方,就会导致对组织权利的破坏。

服务相关模式是根据服务项目的相关性对项目进行分类管理的一种模式。主要应用于服务项目较多的高校,一般包括入学服务、学生生活、学生服务和辅助性服务。其优点在于可以使服务专业化,每个部门都向负责人报告工作,并拥有各自领域的自主权。但学生事务管理的负责人不能直接了解学生,会影响决策的正确性和实际工作的效果。

直接监督模式要求所有学生服务部门直接向学生事务管理负责人汇报,并经常保持联系。助理副校长和副处长只执行本部门的职责。组织内沟通比较全面,决策程序清晰了然,但已日渐无法适应日趋复杂的学生事务管理。

四、美国大学学生事务管理的特点

从美国大学学生事务管理的历史发展和管理模式来看,美国高等教育的学生事务管理有着极其丰富的理论基础和实践经验。随着近年来的不断调整和变革,学生事务管理在机构组织、规章制度等方面日渐完善,形成了理念明确、形式多样、特色鲜明的管理模式,并在高等教育领域中发挥着越来越重要的作用。具体来说,美国大学的学生事务管理模式和组织结构主要可以归纳为系统化、个性化、多样化、独立化、法治化、专业化这六个特点。

(一)系统化——系统科学的理论基础

美国高等教育的质量和规模发展一直位于世界前列,其学生事务的实践经验也颇为丰富,在学生事务的历史发展过程中,积累起了雄厚系统的理论基础。由于西方学者具有较强的理性思维能力,且对学生事务领域的理论研究起步较早,使得美国的高等教育学生事务领域具备了完善的理论基础。理性主义、新人道主义、实用主义和存在主义等思想对学生事务的发展产生了深远的影响，同时在漫长历史发展过程中，不断给高校的学生事务管理提供更新、更专业的理论观点。在学生人事、学生服务和学生发展理念的基础上提出的学生学习理论成为当今美国学生事务管理的主旋律，学生事务关注的重点转移到学生学习方面，学生事务与学术领域并驾齐驱。系统科学的理论基础为学生事务的发展提供了依据，也为高等教育的发展指明了目标。

（二）个性化——以学生为本的教育理念

1994年美国大学人事协会在发表《学生的学习是当务之急——学生事务的含义》一文后出台了SLI计划，计划要求培养大学生的综合认识能力，处理实际问题的能力，及其关于个人自尊、自信、诚实、审美和公民责任的整体观念，这更加明确了帮助学生全面发展的目标。因此，美国的大学学生事务管理一直贯彻"以学生为本"的个性化、民主化观念，将学生视为平等的伙伴，注重相互间的沟通和交流，尊重学生个体的尊严、价值和差异性需求，也坚决维护学生的各项权利和自由。"以学生为本"的管理理念促使美国的学生事务管理领域不断推出各项为学生个性化发展的需要服务的措施，为学生的发展广泛提供空间和机会，鼓励学生参与学校管理以锻炼学生工作的能力。以明尼苏达大学为例，人性化服务已成为该校学生管理工作最为突出的理念，渗透在校园生活的方方面面。比如，校园里有免费乘坐的学生校车，校车在上课时间大约5分钟一趟，节假日半个小时一趟，在候车亭里有详细的时间标注。另外，在每一辆校车前面都有专门的架子，方便骑自行车的学生把车放在校车上。对残疾学生的考虑更是无微不至，校车的车门有可以升降的踏板，方便残疾人的轮椅上下。校区内所有的台阶旁都有斜坡，所有教室门的把手都从圆形更换为手柄式，或者有专用按钮，以方便手部残疾的学生开门。[①] 由此可见，美国高校为学生服务的理念贯彻之精细化和全面化。

（三）多样化——丰富多样的管理模式

经过百年的发展，美国大学学生事务的管理已经形成了独立且较完备

---

① 姜星莉：《美国明尼苏达大学学生事务管理工作特色与借鉴》，载《学校党建与思想教育》，2009(5)，79页。

的系统,其工作内容也基本一致,包括入学与招生管理、学生咨询与指导以及学生生活与服务等几个方面。但这并不代表美国的所有大学都遵循一种统一的管理模式。美国是一个多民族国家,多种文化并存,各州有权根据实际情况制定教育制度和管理模式。大学从最初的私立学校——哈佛学院发展至今,共有 3 000 多所高校,不同的历史发展背景和传统必然使得不同的高校具有不同的学生事务管理模式。例如,哈佛大学对一年级学生实行不分专业和学院、校内集中住宿的单独管理;耶鲁大学以规模较小的学院为单位开展学生的教育管理,这种学院与学生专业不对应,不同专业的教师和学生分散在不同的学院,对学生进行不同的培养。① 这种各个高校积极探索具有鲜明特色适合自身发展的管理模式恰恰是美国学生事务管理多样化的体现。

(四) 独立化——独立设置的管理机构

虽然美国大学学生管理模式多样化,但几乎在所有的高校中,学生事务管理的组织机构都是独立设置的,并不隶属于学术事务管理机构。另外,学生事务管理的机构只设在学校一级进行,在院和系中没有设置下属机构,直接面向学校学生展开工作。学生事务管理机构中设有学生事务负责人或分管学生事务的副校长,虽在院系中未设置下属机构,但部门内部功能高度细化,分工明晰,职责单一。这种机构独立设置,多头并进,条状运行的管理方式被称作"一级管理体制、条状运行机制"。这种运行体制和机制可有效减少学生事务管理的中间环节,更直接地面向学生,为学生服务,大大提高了学生事务工作的效率。

(五) 法治化——法治化管理和健全的管理规章制度

美国高校学生管理注重法治化,依据法律法规调整学校与学生之间的关系。美国学生事务管理的法治化首先表现在具有完备的高等教育法和专门性的法律法规,例如《国防教育法》《2000 年目标:美国教育法》《学生事务应用手册》《学生服务手册》等。另外,各高校可以依据实际情况制定相关的规章制度来进行有效管理。其次,这些法律法规由于程序、步骤明确具体,

---

① 王长华:《美国高校学生事务管理模式及其启示》,载《思想理论教育》,2010(5),88 页。

因而操作性较强，便于执行。再次，学校内部设有专门的法律咨询机构为学生服务，学生和管理人员均具有强烈的法治观念和法律意识。最后，学校依据国家法律和学校的规章制度进行管理，并严格按照法治化的程序对学生事务进行管理。从学生违纪情况的报告到调查、听证、申诉的每个过程都有详细的规定，就连每个过程所需的时间也有具体的要求。[①] 法治化的特点使大学的学生管理有章可循，从而保障了学校教学和学生工作的有效展开。

（六）专业化——专业化的工作队伍和管理内容

经过长期的探索与实践，美国大学学生事务管理的专业化不仅表现在学生事务管理者的专业化发展方面，同时表现在管理内容和专业协会标准等方面。

1. 工作队伍的专业化发展

美国大学在学生事务管理人员的招聘工作上拥有一整套严格的资格准入制度和完善的专业训练体系。申请进入学生管理领域的从业人员需要具备硕士以上的学历，且需要相对稳定地在某一岗位服务。中层管理职位则要求更高，需要拥有博士学位。不单单对学位有要求，类似的工作经历也极其重要。由于学生事务管理的工作需要有完备的职前和在职专业培训，众多学校开办了高等教育学生事务管理专业，以为学生管理培养专门化人才。

2. 教育行政导向弱，专业协会影响大

国家教育委员会并不要求大学学生事务管理对一些法律法规严格遵从，因此，教育行政的权力较弱。学生事务管理主要受来自专业协会推行的职业标准的影响。美国高等教育标准促进委员会于 20 世纪 80 年代颁布了高校学生事务发展的专业标准，这是美国高校学生事务专业化发展从理论走向实践的重要里程碑。类似专业协会和组织推出的专业标准和认证要求大大增强了工作效率和资源利用率，管理人员的专业意识和自身定位也日渐清晰，促使学生事务管理表现出专业化的发展特点。

3. 管理内容日益丰富

随着入学人数的迅速发展，学生的个体差异愈发明显，来源也日益多样

---

① 陈国仕：《美国高校学生工作的特点及其启示》，载《中国电力教育》，2009(6 上)，234 页。

化,学生事务管理的范围不断扩展。学生不仅涉及残疾学生、不同人种,来自不同国家,还包括不同性取向的学生。针对学生的个体差异设置个性化的工作内容和服务项目。其管理内容可主要概括为学生管理、学生咨询与指导、学生生活服务。学生管理主要包括入学与招生管理、学生自主和纪律惩罚;学生咨询与指导包括入学指导、学术咨询、心理咨询、就业指导和大学咨询中心;学生生活服务包括学生宿舍管理、健康服务、学生课外活动。

以美国的明尼苏达大学为例,其学生事务由学生事务办公室负责,学生事务办公室由一位主管学术与教务的副校长直接领导,设 16 个项目办公室,主要有倡导与教育中心、健康服务项目、兄弟会与女生会、新生教育项目、父母项目、休闲体育、职业中心、学生活动办公室、学生与社区关系、学生行为及学术道德指导办公室、学生冲突处理中心、学生组织与学生干部办公室、学生父母帮助中心、学生会及其活动、咨询与顾问服务,以及学生法律服务中心等等。从这些项目办公室的名称可以看出,其学生管理工作非常细致,涉及学生学习、生活的方方面面。①

五、美国大学学生事务管理现状——以哥伦比亚大学为例

在对美国大学学生事务的发展历史、管理模式和管理特点进行整体性、综合性的研究之后,为了对美国大学学生事务的管理现状有更加细致、更加微观的了解,我们从美国众多知名大学中选取哥伦比亚大学为代表性个案,分别对其学生事务管理的组织机构、管理内容和管理流程进行描述,呈现出这所大学在学生事务管理方面的具体情况。

哥伦比亚大学建立于 1754 年,位于美国纽约市曼哈顿的晨边高地。最初被命名为国王学院,是美洲大陆最古老的学院之一,后来为纪念哥伦布发现美洲大陆而更名为哥伦比亚学院,1896 年被称为哥伦比亚大学。哥伦比亚大学作为世界上顶级的学术和研究机构,是著名常春藤盟校的成员之一,主要由三个本科生院和十三个研究生院构成。哥伦比亚大学的本科生院在

---

① 姜星莉:《美国明尼苏达大学学生事务管理工作特色与借鉴》,载《学校党建与思想教育》,2009(5),78 页。

美国最早进行通才教育，至今仍保持着美国大学中最严格的核心课程制度。根据《美国新闻和世界报道》（U. S. News & World Report）最新出炉的2012年全美综合性大学排名结果，哥伦比亚大学位居美国综合排名第九位。

（一）哥伦比亚大学学生事务管理机构的设置

总体来看，哥伦比亚大学学生事务处下设三个机构，分别是：学生事务处长办公室（Office of the Dean）、学生咨询中心（Center for Student Advising）、学校社区发展（Community Development）。

其中学生事务处长办公室是哥伦比亚大学学生事务管理的中心部门，主要负责学生管理的发展规划等问题，起统筹作用并下设三个部门，分别是① 司法事务和社区标准（Judicial Affairs and Community Standards）、② 家长与家庭项目（Parent and Family Programs）、③ 中央商务办公室（Central Business Office）。司法事务和社区标准部门包括① 社区标准（Community Standards）、② 处长纪律（Dean's Discipline）、③ 咨询委员会（Advisory Board）。

学生咨询中心主要负责为学生学业发展提供咨询支持，下设五个部门：① 哥伦比亚学院咨询处（Columbia College Advising）、② 哥伦比亚工程与应用科学学院咨询处（Columbia Engineering and Applied Science College Advising）、③ 学业成就项目（Academic Success Programs）、④ 学者项目处（Scholars Program）、⑤ 职前咨询处（Preprofessional Advising）。

在此用社区表达学校团体发展的概念，学校社区发展下设有五个部门：① 学生团体资源处（Student Group Resources）、② 公民活动与参与处（Office of Civic Action and Engagement）、③ 多元文化事务处（Office of Multicultural Affairs）、④ 住宿项目处（Office of Residential Programs）、⑤ 学生发展与活动处（Office of Student Development and Activities）。

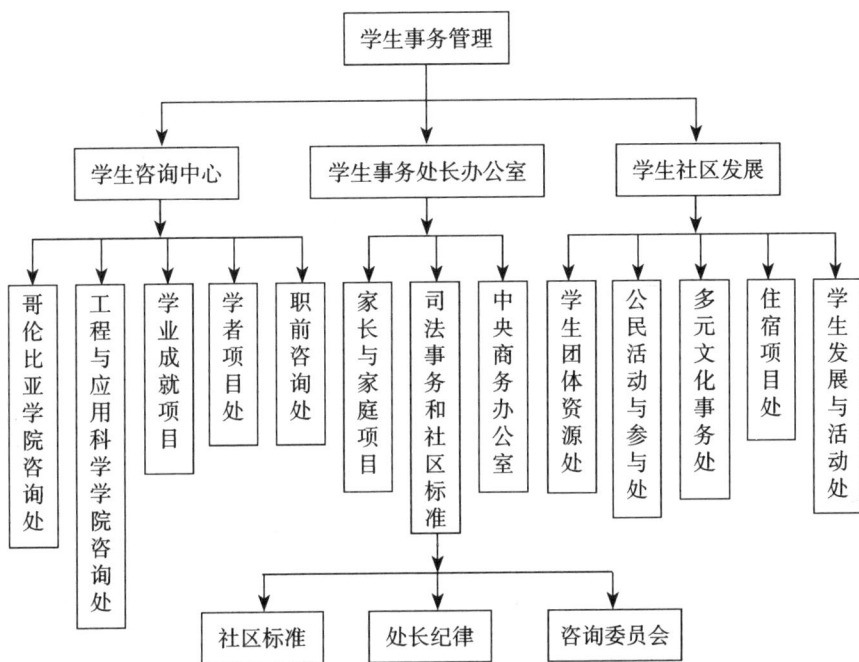

图 8-2　哥伦比亚大学学生事务管理结构

资料来源：哥伦比亚大学网站：http://www.studentaffairs.columbia.edu/2012-06-12。

（二）哥伦比亚大学学生事务管理流程

图 8-3 是大学学生事务的一个简单流程。左列是学生事务管理人员的日常工作，例如迎新、宿舍生活、社团活动等等；右列是学生事务管理对于学生成长的期待；中间一列是大学学生事务管理机构，通过这些组织机构管理或操作左列的各项活动内容，以期达到右列的各种目标。此大学学生事务的流程存在的问题是：左侧的管理活动与右侧所有达到的学生成长的目标间未建立一一对应的关系，从而导致学生事务管理人员再忙碌、再辛苦都无法达到所真正期待的右列的学生成长目标，使得学生的公民意识、知恩图报和母校情结等目标虽目标美好、意义崇高，却只能流于抽象，缺乏可操作性。

迎新活动	招生办	公民意识
宿舍生活	学生资助	创新精神
社团活动	宿舍管理	国际视野
学生会	伙食管理	团队精神
开学典礼	注册记录	专业知识
毕业典礼	学生活动	动手能力
食堂伙食	国际学生	知恩图报
校友回校	学术咨询	领导能力
名人讲演	心理咨询	多元文化
体育活动	校友会	母校情结
……	……	……

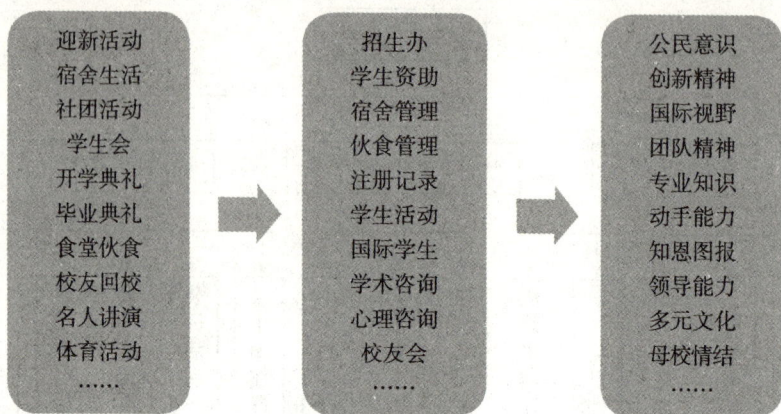

图 8-3　学生事务的一种流程：输入、大学机构、输出

资料来源：程星：《倒着向前走：学生事务的解析与规划》，载《麦可思研究》，2012(113)，3 页。

　　哥伦比亚本科生院前助理院长程星教授认为，要解决上述学生事务流程存在的问题需要将图 8-3 中箭头所指方向倒过来。学术事务的流程应当首先确认学生成长预期的目标，将预期目标与学生事务管理机构一一对应，通过各部门的工作规划来重新检视传统的日常管理活动。学生事务规划的过程是一个寻求"意义"的过程，从需要的结果，到设置相应的机构，再到活动的展开，有效的学生事务管理就是合理安排时间与资源，把精力集中在想要实现的结果上。程星教授以哥伦比亚大学进行学生"知恩图报"成长目标的培养为例，进行了学生事务管理流程的设计。学生在校期间知恩图报情感意识的形成有利于促进其毕业后对母校捐赠行为的出现。随着高校经费需求逐渐扩大，校友捐赠成为高校经费筹措的一项重要渠道。而校友捐赠的多少与学生家庭的贫富并无直接关系，真正影响校友捐赠数量的是校友对待母校的情感以及"知恩图报"情感意识的养成。

　　从前的哥大是曼哈顿最大的地主之一，富可敌国，没有意识到校友捐赠对于学校发展的重要性，因此没有向校友展开募捐，也未将学校的发展和校友的贡献放在一起加以考虑。这种态度下培养的哥大毕业生在完成学业后对母校的回馈比例很低。

　　终于在 20 世纪末，哥大开始转变思路，意识到"学生在大学的经验，直接决定了他将来对母校的贡献。知恩图报不是天生的,而是学校悉心教育的结果"。从此,哥大开始将学校的筹资战略、学生的学习经验、情感体验以及未来校友的忠诚联系在一起,将回馈母校当作一种文化来培养。[①]

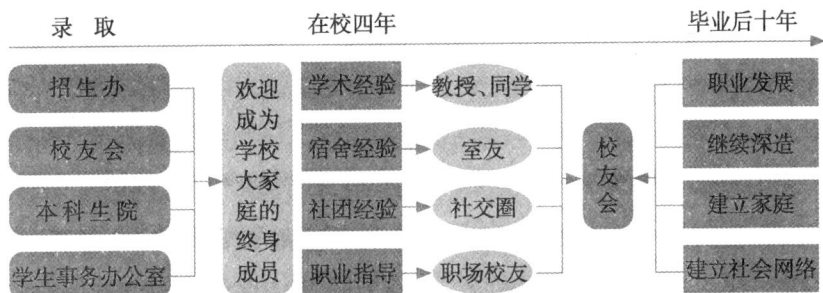

图 8-4 从学生到校友:大学社区的演变

资料来源:程星:《倒着向前走:学生事务的解析与规划》,载《麦可思研究》,2012(113),5 页。

以此为目标,如图 8-4 所示,哥大设计了这个跨度为 14 年的学生事务模式,包括本科 4 年学习和毕业后 10 年工作。学生事务就不再是一个可有可无的管理单位,而是担负着和学校其他部门一起营造大学生本科经验的重任。每年录取完毕,学校的招生办、校友会、本科生院、学生事务办公室等各个部门一起组织迎新。进校以后学生在与教授和同学的交往中形成学术经验,与室友交往中形成宿舍经验,参与学生社团活动形成组织领导经验,与职场中的校友交往得到职业方面的经验和指导。毕业以后,校友会成为毕业生与母校联系的纽带,帮助他们在职场上发展、成功。而毕业生则通过校友会以各种方式回馈母校:有钱出钱,有力出力。

---

① 程星:《倒着向前走:学生事务的解析与规划》,载《麦可思研究》,2012(113),3—4 页。

第二节　我国大学学生事务管理的现状

学生事务的概念虽然早在 19 世纪末 20 世纪初便在美国出现,但在我国,最早出现相关的管理内容是在 20 世纪 20 年代,而学生事务的概念被中国高等教育界所认可和接受则到了 20 世纪 90 年代。从最初出现相关的管理内容到现在,随着时代的变迁,学生事务管理在吸收国外管理经验的基础上不断增加本土化、特色化的特点,已经先后经历了四个阶段:学生思想政治工作、学生教育和管理、学生思想政治教育和德育、学生工作和学生事务管理。这四个阶段体现出了我国高等教育发展变化的时代特征,也体现出我国大学学生事务管理中的一系列特点。

一、我国大学学生事务的概念界定

改革开放以来,特别是我国高等教育进入大众化阶段以来,大学以学生为本的教育理念日益凸显,使得学生工作的地位与作用日益提高,学生工作领域由此开始成为我国高等教育界研究的热点问题。西方尤其是美国学生事务管理的理论成果被逐步介绍到我国,成为我国学生工作研究的理论参照。目前,许多人简单地将学生事务的概念等同于学生工作的概念。虽然两者在一些内容上有所交叉和重叠,但是严格说来,两者之间存在许多方面的差异。学生事务管理是典型的西方专业术语,而在我国,通常用学生工作这一概念代表我国大学对于大学生的管理。

（一）我国的学生工作与学生事务

学生工作这一术语的用法出现在 20 世纪 90 年代,我国高校学生工作是指那些直接作用于学生,由专门机构和人员从事的有目的、有计划、有组织地发展、养成、提高学生政治、思想、品德、心理、性格素质和指导学生正确地行为的教育、管理和服务工作。[1]"具体体现在教育、管理和服务三个方面:学生工作中的教育主要是指通过日常思想教育、学生党团组织建设、校园文化活动及社会实践等途径对学生进行政治、思想和道德品质的培养、塑造;管理是通过规章制度约束、引导学生的行为,促进学生的行为向社会规范认可的方向发展,主要包括学籍管理、行为管理、奖惩、评价等;服务是通过创造一定的条件,解决学生在学习、生活过程中遇到的实际问题,帮助学生健康成才,主要包括提供心理咨询、就业指导、困难学生资助和组织勤工助学活动等。"[2]也就是说,我国的高校学生工作主要包括两项内容,一是进行思想政治教育,包含学生思想教育、道德教育和法制教育等内容,重点关注主流价值观、道德观、民族文化、多元文化等对大学生成长的影响及传承和发展的规律,从属于思想政治教育学科研究范畴;二是进行学生事务的管理,管理约束学生的行为并向其提供各种服务,重点关注高等教育自身发展对学生成长的影响,以及学生事务管理专业化的规律。因此,学生事务和学生工作并非是完全一致的,学生事务的范畴从属于学生工作。虽然美国高等教育对学生的管理也包含一定程度的思想教育,例如公民教育等,但没有像我国一样成为学生工作中一个相对独立的系统,所以美国大学的思想政治教育是作为一定的隐性成分包含在学生事务的概念之中。

(二) 我国的学生事务与学生事务管理的概念

我国的学生事务是指大学为维持学生的正常生活与学习,促进学生的全面发展,以实现高等教育的培养目标,而在教学以外对学生提供的具体事务,可以分为管理型学生事务和指导与服务型学生事务。管理型学生事务主要包括:招生与学籍管理、日常行为管理、社团及课外活动管理、奖惩管理、资助管理、宿舍管理、就业管理等;而指导与服务型学生事务则包括学生干部培训、活动辅导、心理咨询、学务指导、就业指导、各类信息服务等

---

[1] 储祖旺,蒋洪池:《高校学生事务管理概念的演变与本土化》,载《高等教育研究》,2009(2),89页。

[2] 中共北京市委教育工作委员会宣教处,北京高校学生工作学会:《新时期高校学生工作实用读本》,北京,北京邮电大学出版社,2000,5—6页。

内容。①

学生事务管理则是指学生事务的管理组织及其管理人员依据国家法律法规和政策以及人才培养的目标，在一定的价值观的指导下，运用相关专业知识和技能，配置合理的资源，提供促进学生发展所必需的，运用一定管理方法和资源进行的学生事务管理的实际活动。其中，专业知识和技能是管理的基础性条件，学生是管理的出发点和归宿。

二、我国大学学生事务管理的发展历程

纵观我国大学学生事务管理的发展历程需要从我国近代高等学校的建立看起。我国近代高等教育体制萌芽的标志是新型高等教育机构的建立。中国近代高等专门学校的雏形起于 1862 年京师同文馆的建立。1862 年至 1895 年属于我国近代新教育的萌芽，并不属于严格意义上的高等教育，因此，只可视作中国近代高等专门学校的雏形。1895 年至 1902 年是我国近代大学的雏形期。1895 年天津中西学堂建立，分头等学堂和二等学堂。其中，头等学堂相当于现代意义的高等学校，是我国近代大学萌芽的标志；二等学堂相当于中学。1900 年，上海南洋公学建立南洋公学上院，是一所具有高等教育性质的学堂。1902 年，全国掀起办大学堂的热潮，先后有 16 个省建立大学堂。1902 年《壬寅学制》颁布后，我国进入高等学校的形成与发展时期。在我国高等学校的形成时期，在近代高等学校教育制度的建立和完善时期，我国高等学校的学生事务管理正处于萌芽的发展阶段。

（一）萌芽期(1903—1949 年)

随着《壬寅学制》《癸卯学制》《壬戌学制》《癸丑学制》等学制的诞生，以及中国现代大学理念和管理制度的建立，近代教育步入崭新的阶段。五四运动之后，新生的现代思想和文化成长得到了一定程度的自由发展。1903 年清政府管学大臣张百熙、荣庆合订的《奏定学堂章程》公布后，各省按照章程建立多所省立高等学堂。

1895 年盛宣怀创办的天津中西学堂在 1903 年改办为北洋大学堂，成为

---

① 储祖旺：《高校学生事务管理教程》，北京，科学出版社，2008，8 页。

中国近代第一所大学。1904 年,北洋大学堂制定《天津大学堂新订各规则》,其中有关学生事务管理的规则有监督规则、医务处规则、杂物处规则、斋物规则、食堂规则等,使得学校的教学管理有章可循。学校将规则印刊成册分发给全体学生,要求其"一律遵守,以严秩序"①。在学堂招生方面,也作出严格的规定,"(头等学堂)学生将由二等学生挑来","凡欲入二等学堂之学生自十三岁起至十五岁止,按期年岁考其读过四书,并通一二经,文理稍顺者酌量收录"。② 学堂创建之初急需人才,从天津、上海、香港等地招收学生,头等学堂末班仅招 30 人,而仅香港的应考者就有上千余人,由此可见北洋大学堂对招生的严格要求。丁家立任当时的总教习一职,带领学生赴美留学,负责监督检查学生的学习,安排管理学生的膳食、住宿、医疗等,还发放学费、文具费、试验费、衣装费、膳食费、住宿费、医疗费等费用。③ 从北洋大学堂对学生的管理来看,学生事务的管理已有一系列明确的规定和执行。

20 世纪 20 年代到 30 年代,北京大学、清华大学等确立了学术自由、教授治校、学生自治的制度,成立学生自治委员会、新生指导委员会等,采取民主制投票的方式决定相关事宜。国民政府定都南京后,制定三民主义的教育宗旨,在各级学校进行三民主义教育,实行训育制度,规定中等以上学校采用军事管理制度,加强对学生的思想控制,设置训导处,采取导师制,导师对学生的思想、行为、学业和身心进行严格的教导。其中,西南联合大学的学生管理主要通过学生自治会、学生社团和学生自主活动来进行。这为我国学生事务管理队伍的发展奠定了基础。

(二) 全面改造期(1949—1966 年)

1949 年新中国成立后,我国高校进入"全面改造"阶段,在教育内容、目的和指导方针等方面开始向社会主义过渡。1949 年 12 月 1 日,教育部召开第一次全国教育工作会议,会议提出"必须坚决准确地执行团结、教育、改造

---

① 北洋大学—天津大学校史编辑室:《北洋大学—天津大学校史(一)》,天津,天津大学出版社,1990,27 页。

② 盛宣怀:《拟设天津中西学堂章程禀》,麦仲华辑:《皇朝经世文新编(卷六)》,上海,上海书局石印,1901,13—16 页。

③ 王玉国:《丁家立与北洋大学堂》,载《天津大学学报(社会科学版)》,2003(1),74 页。

知识分子的政策"。至此,改造教育战线的知识分子的序幕拉开,而作为高校的学生事务管理者的教师也被列入此列。在此后一浪高过一浪的教育改造中,知识分子、教师被定位为"有着资本主义矫情而无马克思主义思想的对社会存在潜在不良影响的分子"。高校教师作为被改造的对象,接受政治改造为首要任务,而学生事务管理的服务育人工作则居其二。[①] 1952 年,教育部颁布《关于在高等学校有重点地试行政治工作制度的指示》,要求全国高等学校建立起政治辅导员制度。从此,高校政治辅导员制度作为学生事务管理的一项重要内容登上了历史舞台。

1961 年颁布《教育部直属高等学校暂行工作条例(草案)》,形成党委领导、党委负责、党务系统和党的基层组织负责实施的集中式的"一元化"领导管理体制。1965 年,教育部制定了《关于政治辅导员工作条例》,以法规的形式将政治辅导员的地位、作用和学生工作等一系列问题作了明确的规定,辅导员的主要任务是辅导学生的政治学习和政治活动,标志着高校辅导员制度基本形成。至此,全国各类高校普遍建立了政治辅导员制度。

此阶段的学生事务管理除招生、公费医疗外,主要内容在于进行各种形式的思想政治教育,且尚未有独立的专门机构,只是作为学校政治管理的一部分存在。同时,一些优秀的在校大学生也成为管理者的一部分,使得高校学生事务管理者的成分发生了变化。

（三）相对停滞期(1966—1977 年)

1966 年至 1977 年,我国历史进入漫长的"文化大革命"阶段,革命的对象直接指向知识分子和高校教师。许多政治辅导员被批斗、游街,身心备受摧残,教师无法照常行使学生事务管理的权力,对学生的学籍管理、课外活动、德育工作等方面都放弃了管理的职责,其学生事务管理者的地位完全丧失。取而代之,军队成为学生事务管理的主体,学生事务管理者的主体再次发生变化。全面改造时期建立起的各项规章制度,如政治辅导员制度、留学生制度、招生考试制度等全面废止,学生事务管理的内容只剩下组织串联、

---

① 田甜:《高校学生事务管理专业化研究》,中南民族大学硕士学位论文,2008,23 页。

批斗,使以往形成的学生事务管理体系毁于一旦。因此,"文化大革命"时期的学生事务管理不但没有得到进一步的发展,反而遭到严重的破坏,基本处于停滞阶段。

（四）恢复期(1977—1985 年)

1977 年,国家恢复高考制度,1978 年,党的十一届三中全会的召开开辟了一个全新的时代,高等教育和学生事务管理得到了一定的恢复。1980 年全国高校在校生人数高达 102 万,超过历史最高水平,这对当时的学生管理工作提出了巨大的考验。因此,1978 年国家颁布《全国普通高等学校暂行工作条例》,条例规定,为加强学生的思想政治工作,需要建立一支学生思想政治工作队伍,在一、二年级设立政治辅导员。这标志着高校政治辅导员制度的恢复。各高校设置了负责学生思想政治教育工作的专门机构,称为党委青年部或党委学生部。为适应新的高等教育目标,高校学生事务管理主要负责对学生进行思想政治教育,进行党的方针政策和思想品德的教育,配合学校党委组织做好入党积极分子的培养教育工作,指导团委和学生会开展工作,组织社会实践活动等等。后来高校普遍成立学生工作处,设立毕业生分配办公室,以解决毕业生分配与毕业生教育长期脱节的现象。

恢复期间的学生事务管理工作的主要内容仍停留在对学生思想政治的教育管理上,其他方面的管理内容稍微有所扩展,对日后学生事务管理的发展奠定了良好的基础。

（五）发展期(1985 年至今)

1985 年中共中央颁布了《中共中央关于教育体制改革的决定》,要求改革高等学校招生计划和毕业生分配制度,扩大高等学校的办学自主权。实行国家计划招生、用人单位委托招生,在国家计划外招收少数自费生。学生事务管理逐渐得到重视,尤其在 1989 年以来,各高校加强校风校纪建设工作,学生管理逐步确立了相对独立的地位,步入了新的发展阶段。1990 年,原国家教委颁布的《普通高等学校学生管理规定》第四条指出:"本规定所称学生管理,是指对学生入学到毕业的在校阶段的管理,是对高等学校学生学习、生活、行为的规范。"此时,学生事务管理的对象由传统的专科生、本科生扩大到研究生,学生事务管理的内容也增多,如学生贷款、心理辅导等。

在心理辅导方面,90 年代初,越来越多学者关注于心理咨询和思想教育的结合,尤其是高校政工人员。他们认识到要做好站在时代最前列大学生的思想教育,就需要掌握心理学知识,因此众多高校先后设立心理健康咨询机构,开设心理健康课程,提供了心理咨询服务。在学生贷款方面,1999 年教育部、财政部同中国人民银行联合出台银行助学贷款制度,高校也设置机构和人员对贫困生贷款、勤工俭学等进行管理。

2005 年《普通高等学校学生管理规定》出台,成为高校学生事务管理的指导性文件,也是高校学生行为规范的标准。2006 年的全国高校辅导员队伍建设会议对高校辅导员的角色定位、工作定位和素质作出了明确要求,提出"辅导员是高等学校教师队伍和管理队伍的重要组成部分,具有教师和干部的双重身份,是开展大学生思想政治教育的骨干力量,是高校学生思想政治教育和管理工作的组织者、实施者和指导者。辅导员应当努力成为学生的人生导师和健康成长的知心朋友"[1]。

这一时期的学生事务管理无论是在方式、内容还是在队伍方面都得到了空前的发展,教师及其他专兼职的学生事务管理者重新成为管理主体,在高等教育大众化阶段,高校学生事务管理者的地位和作用愈发重要。我国的高校学生事务管理开始逐渐向多层面、专业化的趋势发展。

三、我国大学学生事务管理的特点

随着我国社会主义市场经济体制改革进程的不断推进,我国高校获得了一定的办学自主权,打破了以往集中统一的管理模式。但是,我国的教育资源依然由政府集中分配,多数大学是在政府的直接领导和控制下办学,在学生事务管理上也不例外。因此,我国大学的学生事务管理具有较强的制度依附性。正是由于这种依附性,使得我国大学学生事务管理的模式具有很大的趋同性。具体来看,我国大学学生事务管理呈现出以下几个特点:

---

① 王秀彦,高春娣:《高校学生事务管理概论》,北京,高等教育出版社,2009,14 页。

（一）两级管理、"条块结合"的运行机制

由于学生事务管理较强的外在依附性，导致我国大多数高校均采用条块结合的直线—职能的组织结构。图 8-5 为我国内地高校学生事务管理模式图。

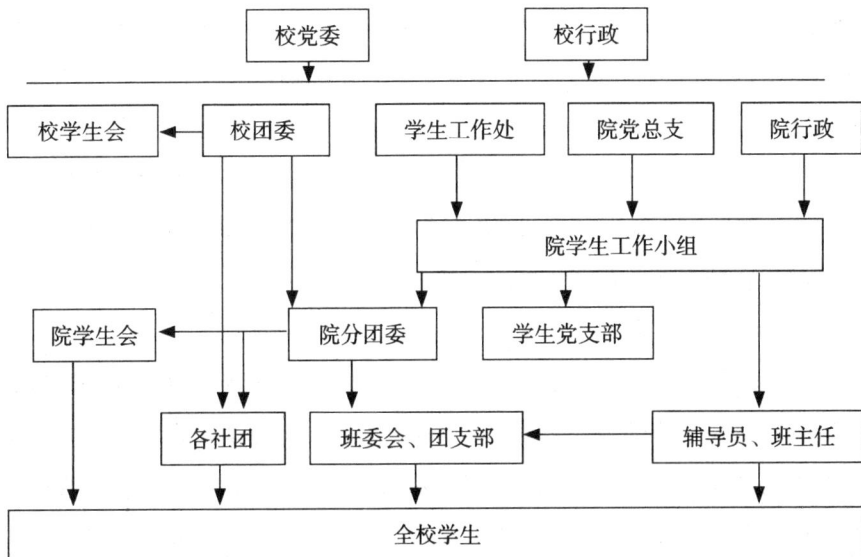

图 8-5　我国大学学生事务管理模式图

资料来源：储祖旺：《高校学生事务管理教程》，北京，科学出版社，2008，122 页。

我国大学学生事务管理在学校一级设学生工作处（党委学生工作部）、校团委、院党总支等机构，共同承担思想政治教育和学生事务管理的工作。在院系一级设立学生工作小组，由院系党总支副书记、分团委书记、政治辅导员组成，负责基层的学生工作，既受学生工作处的领导，又受院系党总支和院行政处的领导。机构设置实行从学校到院（系）的层级式管理，由专门的辅导员队伍对学生进行教育、管理，具有较强的行政功能，无论是学生工作部处，还是院系学生工作办公室，都可以直接面对学生，条块结合，形成网络，使学生工作渗透到学校各组织机构，这有利于提高学生工作在学校工作中的地位，便于开展日常的思想教育和管理。① 因此，我国的学生事务的管

---

① 黄晓波：《我国高校学生事务管理：问题与对策》，载《高等教育研究》，2009(7)，73 页。

理机构形成了条块结构的直线命令式。

另外,我国大学的学生事务依据教育、管理和服务的三大职能设立相应的职能部门,包括学生工作处(部)、团委、后勤管理处、教务处、心理咨询中心、保卫处、武装部等等。其中,学生工作处(部)承担主要的教育、管理和服务的职能,团委负责部分教育和丰富校园文化的职能。食宿管理则由学生工作处(部)和后勤管理部门协同负责。新生军训由学生工作部和武装部共同负责。所有的学生事务管理部门分工合作,共同承担起学校的学生事务管理工作,形成一系列的管理链。由此,在条块结构的直线命令式的基础上形成职能式组织结构。因此,我国大学学生事务管理呈现出校、院两级管理,条块结合的直线—职能式的运行机制。

(二) 教育行政导向性强

我国大学学生事务管理工作深受教育行政性的影响。就目前来看,教育部、省或有关主管部委主要对本科院校学生工作发挥行政影响。高校学生司、处则主要负责依据有关法律、行政法规和指令管理学生学籍和其他学生事务管理工作,并进行相关检查、考评、督导,组织校际交流和研讨。教育部高校学生司和省(直辖市、自治区)教委的高校学生处负责招生、就业制度改革和高等教育学历文凭的统一管理。因此,强大的约束和控制力是我国大学学生事务管理的行政体制表现的一大特征,学生工作需接受中央、省(直辖市、自治区)学生司、处的垂直领导和指示指导。

(三) 党政共管的运行方式

在我国出现党政共管的管理体制具有一定的历史必然性,可以说是我国政治工作的导向。首先,学生工作以往长期附属于政治工作或等同于学校的德育工作,同时考虑到大学生在我国社会政治稳定中的重要作用,将学生工作划归党务系统,由政工人员负责学生工作由来已久。其次,学生工作随着思想教育的专业化、思想政治教育课程列入教学计划,学生事务出现了诸多新情况,导致学生事务中行政事务大量增加,学生工作行政化愈加突出,从而要求强化行政功能。① 因此,学校学生事务管理的一级学生工作由党委副书记和副校长共同负责,学生事务管理处和党委学生工作部"部处合一"。院(系)一级的学生工作领导小组由党委(党总支)副书记和副院长(副系主任)共同负责。

(四)采取主动干预式管理方式

美国大学的学生事务管理采取"窗口服务式",是指在学生需要管理部门提供服务的前提下,为学生提供服务。这与我国的学生事务管理方式存在明显的差异。我国大学在院系基层设有专门的学生工作副书记和专职辅导员,负责在日常生活中与学生建立直接的密切联系,主动介入、干预学生的学习与生活,开展思想政治教育和各种管理工作,而并非在学生需要时才提供服务。

四、我国大学学生事务管理存在的问题

我国大学学生事务管理采取校、院两级管理体制,条块结合的运行机制和党政共管的运行方式,形成直线—职能式的层级组织结构,在学生没有主动要求的前提下对学生生活和学习进行直接干预和管理,将学生工作渗透到学校中的各个组织机构,有利于提高学生工作在学校工作中的地位,也便于对学生开展日常的思想教育和管理。但是,这种管理模式下的组织机构、管理理念等方面存在明显的弊端,影响着学生事务管理工作效率的提高。其弊端主要表现为以下几个方面:

(一)管理体制过于冗杂,严重影响工作效率

从图 8-5 我国学生事务管理的模式图可以看出,我国高校学生事务管理呈现出逐层管理组织结构的特点。这种层级管理、条块结合的运行机制存在着诸多隐患,主要造成了信息沟通产生障碍、学生工作受到忽视、兼职部门过多的问题。

1. 层级管理的组织结构导致信息沟通不畅

我国高耸型、层级多的党政共管型学生管理组织机构影响了上下级、同

---

① 王莹:《高等学校学生事务管理体制创新研究》,青岛大学硕士学位论文,2009,12 页。

等级部门间信息的顺畅沟通。从信息学视角看,信息在传统的组织结构间的传递是逐层进行的,高层机构占有信息多,低层机构占有信息少,信息分配的多少决定了权力的大小。然而,随着现代信息技术的高速发展,信息得以高效、快捷地传输,高耸型组织形式的弊端日渐突显。学校内部层级众多导致信息传递速度缓慢,浪费时间,浪费人力资源,影响办事效率且容易引起失真。针对学生的信息,往往需要经过学校、院系、辅导员、班干部才能最后传送到学生一级。① 这种冗杂的层层传递的方式不仅使得学校难以将信息传递给学生,而且学生的意见和需求也难以快速传达给学校领导。

2. 职能过度分散,非学工系统的兼职部门大量存在

随着高等教育大众化阶段的到来,学生数量不断增加,学生发展逐渐出现多元化的特点,学生事务涵盖的范围逐渐扩展,逐渐发展为集教育学、心理学和管理学为一体的交叉学科。因此,学生事务的管理不再是简单依靠经验的积累就可以完成的工作,这就需要学生事务管理的专业化发展。而目前,我国多数高校的组织机构的职能过度分散,同一职能分散在多个管理部门中,从而导致大量兼职部门的出现,这种职能的分散和交叉严重影响着学生事务管理的专业化程度。例如,学生工作部在履行学生思想政治教育和管理服务职能的时候,学生事务常常需要涉及教务处、后勤处、保卫处、财务处等诸多部门的合作,多管齐下的方式常常因分管领导的不同和协调不够,而影响工作效率和服务水平,有时甚至还会出现违反教育一致性原则的现象,以致工作相互抵消。② 容易导致出现相互推诿、浪费资源、权责划分模糊、管理真空区域的现象,严重影响着学生事务管理效率的提高。这种缺乏高效的学生事务管理机制使得管理部门在真正的管理方面投入的力量相当有限,从而使学生事务管理工作陷入被动之中。

3. 部门管理职能过多,使学生事务管理受到忽视

院(系)一级的学生工作主要包括教学、科研和学生事务三大内容,学生

---

① 邓续周:《高校学生事务结构的改进与创新》,载《思想理论教育》,2007(3),81 页。
② 高艳丽等:《我国高校学生事务管理模式和组织结构研究》,载《湖北经济学院学报(人文社会科学版)》,2010(11),160 页。

工作办公室一方面接受院(系)领导,另一方面还要接受学生工作部、团委、研究生工作部、教务处、后勤等部门的指导。随着高校办学规模的不断扩大,职能部门的管理幅度逐渐增大,很难给予院(系)一级以深入细致的工作指导。另外,院(系)的管理重点在于科研和教学,从而使得学生事务的管理受到一定程度的忽视,导致学生事务管理游离于院(系)的中心工作之外,无法获得充足的资源,从而使院(系)忽视对学生事务管理的重视。

(二)管理理念陈旧或流于形式,忽视学生的个性发展

虽然我国大学学生事务管理已经经历几十年的发展历程,但在本质上一直未摆脱以"社会本位"为指导,对学生进行统一的思想政治教育的模式。这种传统的管理方式要求学生无条件服从于权威和权力,个人的价值取向要服从于社会的价值取向。通过对学生的严格管理,将学生的行为约束、规范为正确的行为方式,以保证校园和社会的稳定。在这种管理理念的指导下,我们确实培养出大量符合社会要求的优秀人才,但是这种管理理念同样抑制了学生的个性发展,不仅造成学生事务的管理停留在简单和低级的层次上,更重要的是忽视了学生的个性和创新能力的发展。学生习惯性地、被动地接受学校管理,创新意识和主动性受到长期的压抑,而最终会影响整个社会和国家的发展。由于传统的落后的管理理念造成的弱化学生个性和创造能力的问题是绝对不容忽视的。目前,众多高校提出"以学生为本"的管理理念,提出促进学生的全面发展。但是,值得注意的是,多数理念只是停留在"以学生为本"、"一切为了学生"和"为了学生的一切"等的口号上,真正的"以学生为本"并没有落实到具体的实际工作中。

(三)学生事务管理队伍的专业化程度不高

教育部规定,我国高校辅导员与学生的比例是1∶200,因此高校大都十分重视辅导员队伍建设,积极配备学生工作人员,目前我国高校已形成了一支精干的学生工作队伍。美国学生事务管理工作者与学生的比额为1∶64,与我国的比例存在巨大差距。与美国学生事务管理者相比,我国学生事务管理者的专业化水平较低,一些管理人员为留校的本科毕业生,多数人的专业并非与学生事务管理相关。辅导员队伍的专业素质偏低,专业不对口,人

数众多。因此,目前我国的高校学生事务管理队伍与美国存在量和质上的巨大差距,我国学生事务管理队伍的整体素质有待于进一步优化。

导致我国学生事务管理队伍专业化程度不高的原因主要有以下几点:首先,目前我国尚未开设专门的学生事务管理专业,只有思想政治教育、教育学、心理学和管理学这几个专业具有一定的相关性。其次,目前校内学生事务管理者多数为本科学历人员,个别为专科学历,极少人员具有研究生学历。近年来,研究生管理者人数有所提高,但所占比重仍较小。究其根源在于现阶段我国高校学生事务管理缺乏职业化的人员聘任制度。一般高校习惯聘用毕业留校的研究生和本科生来充实本校的学生事务管理者队伍,形式上存在公开招聘、组织推荐等方式,但真正的选聘多倾向于录用本校学生。这种录用方式虽为管理队伍提供了一定基础性的人力资源,但却不能为学生事务管理队伍注入外来的新鲜血液,使得学校的学生管理持续沿用习惯性的管理机制,而无法取得创新性和突破性的进展。另外,对于选聘人员是否具有相关学科基础与工作技能却缺乏明确的标准和程序。选聘后的人员在未经过相应的专业培训、工作培训和不具备所需的知识和技能的前提下立即上岗,极易影响学生事务管理的工作效率。

（四）学生事务管理制度执行效果不佳,依法治校有待进一步加强

近些年,为使我国高校管理工作有章可循,中央和地方政府颁发了一系列大学生管理制度,如《普通高等学校学生管理规定》《普通高等学校学生行为准则》等。在各类教育评估中,将学生工作状况列为重要的评估指标,以推动学生管理工作的开展。然而,我国高校众多学生事务管理者多注重权力而忽略法规,法律意识比较淡薄,使得各项法律、法规成为虚设的制度,执行效果并不理想,不能从根本上解决学生的各种问题。学校内部建立起的例会、汇报、学习、值班和责任追究等一系列制度和规范的执行随意性较大,其效果也大打折扣。

自我国颁布《中华人民共和国学位条例》《中华人民共和国高等教育法》以来,我国高等教育已经走上法制化的道路。但是现有的法律体系还不足以满足大学依法治校的需要,例如,有关大学与学生间关系的法律较少,校

生双方权利和义务的规定不够详细,学生事务管理缺乏更高层次的法律支持等。这一系列的问题导致学生与高校间的诉讼案件频频发生,且判决结果五花八门,这样不仅有损法律威信,也会使学生事务的管理工作在法制化的社会背景下无所适从。

第三节　我国大学学生事务管理运行机制创新

随着高等教育规模的不断扩张,高等教育在步入大众化阶段的同时对于教育质量的要求也越来越高。在学生事务管理的领域,无论是学生、家长还是社会都提出了更广泛的要求。大学生,不仅仅作为接受高等教育的受众群体和学生事务管理中的客体出现,而且成为现代意义上与大学组织和大学管理发生平等互动的行为主体。为适应外界和自身发展的要求,我国大学学生事务管理需要在吸收和借鉴美国大学学生事务管理理论和实践经验的基础上,对传统的学生事务管理模式展开创新性的改进与完善工作,形成具有中国特色的大学学生事务管理模式。构建有效的学生事务管理模式要通过制度变革、运行机制的创新来优化组织结构和人员队伍,不断增强组织对于环境变迁的重要性。

一、我国大学学生事务管理运行机制创新的必要性

身处社会转型时期的我国大学学生事务管理,在面对来自社会外界环境和管理对象的变化时,必然会面临前所未有的冲突和挑战。我国大学学生事务管理运行机制的创新是社会、学生和管理自身发展的要求,具有一定的必然性。

(一) 高等教育大众化的必然要求

自 20 世纪 90 年代末起,我国开始启动高等教育大规模的扩张,高等教育毛入学率在 2007 年迅速上升至 23%,我国开始成为世界瞩目的高等教育

大国。由此，高等教育由精英教育步入大众化教育的阶段，随之而来的是高校规模扩张所引发的矛盾，其中最突出的问题是高等教育的质量问题。

2007 年《关于进一步深化本科教学改革全面提高教学质量的若干意见》，号召全面提高高等教育质量，努力办出让人民满意的高等教育。2010 年 7 月，《国家中长期教育改革和发展规划纲要（2010—2020 年）》出台，规划中指出全面提高高等教育质量、人才培养质量和科学研究水平是我国高等教育发展的当务之急。2011 年 4 月 24 日，胡锦涛总书记在庆祝清华大学建校 100 周年大会的讲话中提出："要坚持把促进学生健康成长作为学校一切工作的出发点和落脚点，全面贯彻党的教育方针，坚持育人为本、德育为先、能力为重、全面发展，着力增强学生服务国家服务人民的社会责任感、勇于探索的创新精神、善于解决问题的实践能力，努力培养德智体美全面发展的社会主义建设者和接班人。要注重更新教育观念，把促进人的全面发展和适应社会需要作为衡量人才培养水平的根本标准，树立多样化人才观念和人人成才观念，树立终身学习和系统培养观念，造就信念执著、品德优良、知识丰富、本领过硬的高素质人才。要注重培养拔尖创新人才，积极营造鼓励独立思考、自由探索、勇于创新的良好环境，使学生创新智慧竞相迸发，努力为培养造就更多新知识的创造者、新技术的发明者、新学科的创建者作出积极贡献。"

高等教育大众化阶段的到来使得提高高等教育的质量成为我国高等教育发展的主旋律，同时也为我国大学学生事务管理提供了新的机遇和挑战。提高高等教育质量，必然会促使学生事务管理从边缘性地位转移到高等教育的核心地位，从而为我国大学学生事务管理开创崭新的局面提供了有利因素。提高高等教育质量要求发展高效的学生事务管理，而良好的学生事务管理又会促进教育质量的提高，二者相互促进、相互影响。

（二）适应当代大学生新特点的要求

随着高校招生规模的不断扩大，大学生的人数急剧上升。在数量增加的同时，学生在自身发展和需求上日益呈现出多样化、差异性的特点，高校学生事务管理工作也出现许多新变化，其管理的内容和范围在不断扩展。

1. 大学生已由以往单纯的"受教育者"的身份转变为"受教育者"和"教育消费者"的双重身份,学校与学生间的"准行政关系"逐渐演变为"教育合同关系"。自行缴纳学费后的大学生在某种意义上成为一种教育消费者,在学校里一方面要服从学校的管理,另一方面有权利要求学校为其提供相应的教育和服务。

2. 大学生的群体结构更加复杂,为学生管理工作的展开带来新的难度。群体结构的差异具体表现在三个方面:首先,高考报名条件放宽之后,过去没有资格进入全日制大学学习的社会人员获得了相应的权利,导致在校学生的思想品德素质、年龄结构和学习能力产生了巨大的差异。其次,一部分社会人员进入全日制大学校园后,学生之间收入来源和经济水平的不同容易导致"贫富差距"问题的产生。再次,大学生中独生子女人数比例不断上升,随之而来的心理、社会、伦理等方面的问题越发明显。

3. 学生对于提高自身全面发展的要求不断提高。传统的通过对学生的严格管理,要求学生无条件服从于权威和权力,将学生的行为约束、规范为正确的行为方式,以保证校园和社会稳定的管理方式已经无法满足当今日益多样化的学生特点。为适应学生个性和创造性发展的要求,培养学生主动性和探究性的能力,要求我国大学的学生事务管理不能再停留在简单和低级的层次上,应充分发挥自身的教育、管理和服务功能来促进学生的个性和创新能力的发展。

（三）学生事务管理自身发展的需要

从我国大学学生事务管理的现状和特点可以发现我国大学学生事务管理的发展存在诸多的问题和障碍。提高学生事务管理的发展程度和专业化水平,必须对现有的学生事务管理运行机制展开创新性的变革。与美国学生事务管理水平相比,我国的学生事务管理不仅在"质"上落后于美国,就连"量"的方面与其也存在较大的差距。因此,我国大学学生事务管理运行机制的变革是我国学生事务管理自身发展的强烈需求。

二、我国大学学生事务管理运行机制创新的原则

构建中国特色的学生事务管理运行机制的总体思路是:坚持马列主义、

毛泽东思想、邓小平理论、"三个代表"重要思想和科学发展观为指导，把"以人为本"作为工作理念，积极服务学校的人才培养目标，积极构建将教育、管理、服务三者为一体、具有多样化、便捷化、专业化特点的学生事务管理的运行机制。① 运行机制的创新主要应遵循以下几大原则：

（一）人本化原则

党和国家提出的"以人为本"的原则，是我国大学学生事务管理工作的根本宗旨，对于大学学生事务管理工作具有深远的指导意义。坚持人本化原则是指学生事务的管理工作应以"以学生为本"为管理理念。运行机制的构建需要以一定的管理理念或价值观念为指导，它决定着学生事务管理的出发点和归宿，决定着管理的具体内容。人本化的原则要求学生事务管理人员在进行管理工作时把学生的自我发展和完善作为管理目标的一个重要组成部分。例如，各项规章制度条例内容的制定到贯彻执行，尤其是执行过程中的对学生权益的保障，一些具体的管理环节和对学生个性化的尊重等都要体现出人性化特征，突出学生的主体地位。同时，注意将学生本位和社会本位统一起来，转变以往以学校为主体、以教育者为核心的管理思路和方式，树立起一切工作都是为了学生的健康成长的管理理念，努力为学生的全面发展营造良好的环境氛围。

（二）服务性原则

服务性原则与人本化原则是一脉相承的，是人本化原则在实际工作中的具体体现。服务性原则是指学生事务管理要本着为学生服务而不是管理学生的原则开展工作，是对学生事务管理工作的定性。对于学生事务管理者来说，努力切实做到为学生服务，从学生的切身需要和切身感受出发，设身处地进行换位思考。

（三）科学化原则

科学化原则是指学生事务的管理要使用现代化的科学手段，制定可持续的发展战略，创新工作方式和理念。当今的大学学生事务管理正处于一

---

① 储祖旺：《高校学生事务管理教程》，北京，科学出版社，2008，126 页。

个高度信息化的环境中,我们要充分利用网络这一现代化手段,充分提高学生事务管理的效度和力度。同时,要用发展的眼光看待问题,制定可持续的发展战略,既满足学生当今的需求,又要不损害学生今后的需求,即不以损害学生今后的不断发展的能力为代价,要以学生未来的可持续发展为出发点和归宿,着力培养学生一种能使其在以后的人生道路上,可以更好地不断学习和持续发展的素质,从而为学生终身发展奠定基础。针对学生事务管理"事务性"比较突出这一特点,可持续性原则实际上给学生事务管理提出了高深的要求和目标,要求学生事务管理要在日常的事务中体现出学生工作至高境界。①

(四) 制度化原则

制度化原则就是要通过制定并运用各种制度进行学生事务管理,使其有章可循。制度化既是学生事务管理的一个重要特征,又是提高管理秩序和效率的必然要求。除国家统一制定并颁布的法律法规以外,我国各大学内部的制度还分正式的管理制度和一些非正式的制度,包括长期以来形成被广为接受的惯例等。学生事务管理的制度化首先需要满足合法化的要求,依据法律的规定来依法设计和安排管理制度,依法行使管理职能,界定管理权限。其次,必须坚持学生事务管理程序的正当化,改变以往重实体、轻程序的习惯。最后,尊重学生的合法权利,避免因主动干预而造成的侵犯学生权利的现象出现。

三、我国大学学生事务管理运行机制创新的途径

在以美国大学的学生事务管理为对象进行研究后,我们选取中、美两国大学学生事务管理的演变历程、现状、管理模式和特点这几个方面进行了深入细致的阐述和分析。在指出我国现行"条块结合"的直线职能式管理模式的弊端后,从理论与经验的吸收和借鉴的角度出发,结合中国特有的历史传统和高等教育的发展特点,针对上文中揭露的问题,提出目前我国在高等教育大众化背景下,大学学生事务管理运行机制创新的若干建议和对策。

---

① 高弟:《关于当前高校学生事务管理的定位思考》,载《新西部(下半月)》,2008(7),118 页。

（一）建立扁平化学生事务管理运行机制

根据我国现行学生事务管理的"条块结合"的直线职能式组织结构对于学生工作的效率和水平造成的不良影响，我们认为党政合一、条块状的管理组织结构不利于我国各大高校学生事务管理工作的展开以及效率的提高。因此，根据我国自身特点，在吸取美国组织结构经验的基础上，改变以往条块状、网络层级式的运行机制，将运行过程中的中级管理层弱化，通过拓展管理幅度、减少管理层次来提高管理效率。国内学生事务管理工作者借鉴西方高校的学生事务管理经验，对未来学生事务组织结构的演变提出了不少构想，一些学者就此提出了一种新的机构设置模式——扁平型分工模式（见图 8-6）。

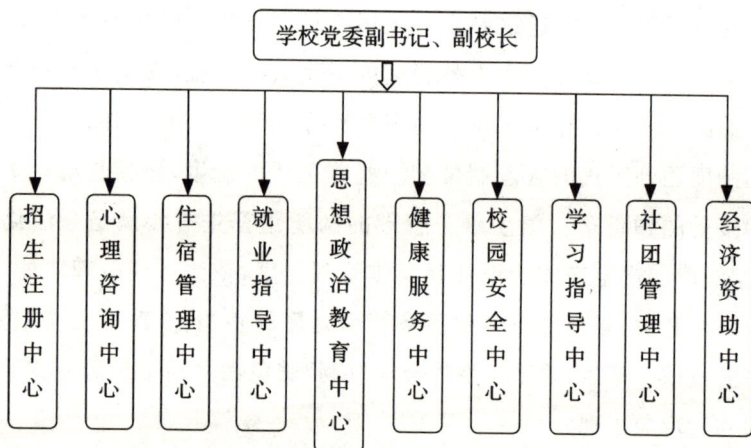

图 8-6　高校学生事务管理的扁平化组织结构

之所以提出这种扁平化的运行机制，是因为它具有一定的可行性。这种运行机制是一种内部组织系统化的工作机制。内部组织系统化是指学生事务管理工作划分为若干中心部门，由其专职负责相应的学生事务管理任务。如上图所示，分别成立招生注册中心、心理咨询中心、住宿管理中心、就业指导中心、思想政治教育中心、健康服务中心、校园安全中心、学习指导中心、社团管理中心和经济资助中心这几大中心部门，由学校党委副书记和副校长直接负责。

要形成这种扁平化的运行机制需要将当前兼职部门分管的所有学生事

务都划归学生工作系统,如总务处所辖的宿舍管理工作、招生办所辖的招生工作等。学生工作系统将涵盖招生、就业、课外活动、学生组织和社团、勤工助学和经济资助、心理咨询等全部职能。其次要根据职能将组织机构重新分化和整合,将学生工作部(处)、团委、招生办、学籍管理科、就业指导办、宿管办、武装部、体育部、校医院等部门和科室根据工作需要有机重组为功能专一的新机构。在这种划分方式下,学生事务的机构设置切块小,分解细,职责单一,各管理部门之间不重叠,各司其职,以确保在学生事务工作中发挥整体效能。

(二)革新管理理念,确立"社会本位"和"学生本位"相结合的价值观

我国大学学生事务管理应借鉴美国学生事务管理中人本化的管理方式。高校学生事务管理人本化是指学生事务管理应以学生为本,在一切教育、管理和服务活动中围绕帮助和促进学生成长成才而展开,尊重学生个性发展的愿望和要求,为学生提供成长成才的良好环境,最大限度挖掘每位学生的发展潜能,实现每个学生的全面和谐发展。坚持以人为本、服务至上是新时期我国大学学生事务管理改革的时代性要求,彰显了教育观念和教育模式的进步,也是高校学生管理自身发展演变的内在规律。当下,我国高校学生事务管理人本化的新理念、新诉求,必将带来高校学生事务管理范式的深刻转型,并在我国高等教育的可持续发展中得到升华。①

坚持"以学生为本"的管理理念,应在管理中主动为学生服务。美国的学生事务部门一般只向学生提供相关信息和法律、规章和规定,指导学生学会如何选择,而不是规定学生应当去做什么或禁止做什么。我国目前还有相当部分高校学生管理人员只把学生作为受教育者看待,以行政化的方式教训管理学生、操控学生的思想,忽视了学生成长的内在需要和内生动力,忽视了学生的主体地位和主观能动性的发挥。至今这种管理方式仍旧对多数学生事务管理者的影响根深蒂固。要改变以往"社会本位"的管理理念,实现我国大学学生事务管理机制的创新,需要认识到学生是大学教育活动

---

① 储祖旺:《高校学生事务管理教程》,北京,科学出版社,2008,283 页。

的主体,学生事务管理应充分认识到树立"以人为本"管理理念的重要性。应把服务学生作为学生事务管理的一项重要任务,采用服务性的教育方式,落实以学生为本的工作理念,将学生事务的管理、教育和服务三职能结合起来。改变以往对于学生进行道德约束的管理方式,尽量避免对于学生的主动干预式管理,学生事务管理的运作要全程体现服务意识,尊重学生权利,彰显人本管理。

但"社会本位"的管理理念并非要完全摒弃,而应恰当坚持"社会本位"和"学生本位"价值观念的结合。在宏观上,按照社会需求和为社会培养合格人才进行学生工作总体安排和设计;在微观上,充分考虑学生的发展需要,做到为学生服务。"社会本位"的管理理念对应着学生事务的管理职能,而"学生本位"对应的是对于学生事务的服务职能。因此,我国大学学生事务管理机制的创新应当坚持二者相结合,将学生管理和学生服务统一到对于学生的教育职能上。要妥善处理好思想政治教育与学生管理服务的关系。思想政治教育工作不能取代学生管理服务,注意将学生的思想教育渗透到身心发展和学习生活的过程中,防止因片面追求提升学生事务管理专业化水平而忽视思想政治教育。

（三）制定相配套的法律、法规制度,促进学生事务管理的制度化和法治化

美国学生事务管理制度化、法治化的特征,对我国学生事务管理机制的创新具有积极的借鉴和启示意义。一方面,美国不仅具有完备的教育基本法,而且还有大学学生事务管理方面的专门性法律,并且制定了明确的工作规范和规章制度,例如《美国高等学校学生事务管理人员行为规范》《美国高等学校学生事务管理人员伦理标准》《学生服务手册》等;另一方面,每所高校按照联邦政府、州政府的法律,依据本校实际情况制定学生事务的规章制度。学校的任何问题均以法律为准绳来解决,管理人员依据法律法规进行学生事务的管理,同时也受法律法规的制约。同时,学生可以通过向学校内设的健全的法律咨询机构咨询相关法律服务,以捍卫自己的合法权利。

近年来,我国在学生管理立法上有很大的进步,但学生管理法规建设仍未健全,应急性和临时性的"意见、通知、办法"依然是主要的工作方式,规章

制度的系统性、严谨性不够强,有时还存在空白区。因此,加强我国学生事务管理的法治化和制度化势在必行。无论是在宏观层面还是微观层面,从国家、地方到高校内部,在不同层面都要加强法律法规、规章制度的系统建设,坚持依法治校,实行学生教育管理的法制化。为有效推进依法治校工作的展开,各高校可通过大力开展法制教育来提高工作人员、专业教师以及学生的公民意识、法律意识和依法办事的能力,严格规范教育、管理工作行为。逐步建立健全校内师生的利益协调、诉求表达、矛盾调处、权益保障的机制,设立学生申诉办公室、法律咨询中心等相关机构,完善申请、调解、起诉、审议、裁决等一系列的申诉程序,努力营造民主法制、和谐文明的校园氛围。①充分运用法律法规的功能来调整学生间、学生与学校间的权利和利益关系,使学生自觉养成遵守法律法规的习惯,并学会运用法律法规来维护自身合法权益。

(四) 加快学生事务管理的专业化

实现我国学生事务管理的专业化是高等教育发展的要求,也是学生事务管理工作职业发展,教师与学生发展的需要。实现大学学生事务管理专业化的过程就是提升学生事务管理职业群体社会地位的过程,是促进我国大学学生事务管理运行机制创新的必由之路。

1. 加快学生事务管理的学科建设,促进学生事务管理的专业化

学生事务管理的学科建设是实现学生事务管理专业化的基础。美国众多高校纷纷设置了专门的学生事务管理、学生服务等学科和专业。学生事务管理领域的工作人员多具有相关方面的硕士、博士学位。在我国高校中设置独立的学生事务管理专业和学科可以为这一领域的研究者和实践者提供学术研究和理论探讨的平台和空间,以推动学生事务管理的研究和实践上水平。而目前,我国高校中仅有高等教育学、教育管理学和教育心理学等相关专业,学生事务管理专业十分匮乏。这迫切需要我国尽快制定教育规划,将学生事务管理作为一门学科纳入到高校学科建设之中,在本

---

① 张钦文:《中美高校学生工作的比较研究与启示》,载《思想教育研究》,2010(3),64 页。

科、硕士和博士各学历层次上全面培养,是建设学生事务管理工作队伍的根本之策,并开设相关课程和学术研究机构,逐渐形成规范的学科体系。同时,要注意加强与美国、英国等国家的高校学生事务管理人员的沟通与交流,以及时吸取有益的经验和教训,实现我国高校学生事务管理的开放化和国际化。

2. 加强管理工作岗位的职业化,保障学生事务管理的专业化

我国各高校为提高学生事务管理人员队伍的专业化,需要确立学生事务管理工作机构的服务宗旨,明确管理机构的权利和义务,将学生事务管理职业标准规范化,实施学生事务管理职业制度,建立严格规范的学生事务管理人员准入制度、晋升制度以及考评制度,提高学生事务管理水平。首先,在学生事务管理人员准入制度方面,设定规范、明确的学生事务管理岗位的录用标准,要求应聘人员需达到相关专业的一定学历层次和实践经验才能从事此项职业。其次,在管理人员的使用与管理方面,注重兼顾从业者的知识结构、能力结构、角色结构和年龄结构,处理好管理队伍的数量与质量、专职与兼职的比例问题。按照合理流动、动态稳定的原则,逐步建立并完善可持续发展的用人机制。制定职业标准,比如工作人员伦理准则、工作手册等。为管理人员提供在职培训,提升管理人员的理论和实践水平。再次,在绩效评价、职称评定、岗位待遇及住房等问题上建立起相应的制度和措施,为学生事务管理的专业化提供良好的内部和外部环境。

(五)建设学生事务管理信息系统,促进管理的信息化建设

学生事务管理的信息化是指在管理过程中,充分利用信息技术手段和信息资源,建立学生事务管理的工作数据库,编制和引进有关应用软件,对学生事务管理规范化、标准化信息进行及时处理和共享,加速信息的传递和反馈,改善管理运行机制,促使管理工作更加方便、快捷、高效。学生事务管理的信息化建设是学生事务管理运行机制创新中不可缺少的重要组成部分,是提高管理效率的必由之路。

要促进我国学生事务管理的信息化建设,需要构建起学生事务管理的信息平台体系。学生工作管理平台从结构上能够实现校园局域网浏览、查

询、录入、修改功能,实现广域网学生个人信息浏览功能。目前,有些学者已经建立起信息管理平台的体系,如图 8-7 所示,平台通过从学生处、学院、学生三方面采集信息,有效地组织信息,实现网上学生事务信息管理和查询,普通用户只具有本人信息查询功能。二级用户一般为学院学生工作干部,分为录入员和学院管理员。学院录入员具有学生基本信息的录入功能和对资料的有限修改功能,学院管理员对学院录入资料信息进行确认。管理员负责对基本数据进行录入和修改,并经过高级管理员的确认后计入资料库,可以通过信息平台将学生日常管理工作中的信息直接储存到数据库中,保证信息的实时性。高级管理员对本科室所负责的工作和数据有效性负责,并负责对院系录入数据进行审核,保证数据的准确性,维护网络安全。高级用户具有对系统数据的查询统计功能,即时查询学校学生的信息,实现对学生管理工作的整体监督和管理,为实现学生管理工作的顶层设计提供强有力的信息支持。[①]

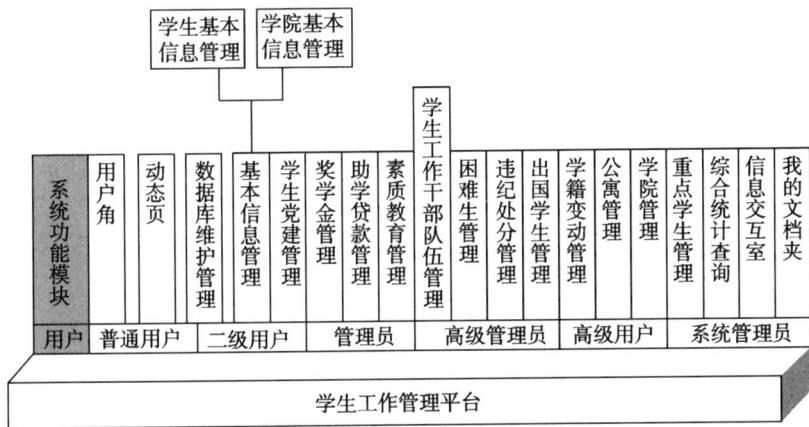

图 8-7 学生工作管理信息平台体系

资料来源:董文强:《高等学校学生事务管理改革刍议》,载《国家教育行政学院学报》,2005(23),52 页。

(六)健全学生事务管理的学术研究组织

美国高校学生事务及管理独立的表现和标志是以学生事务管理者为主

---

① 董文强:《高等学校学生事务管理改革刍议》,载《国家教育行政学院学报》,2005(23),52 页。

体构成的各类专业协会。专业协会推行的职业标准对于学生事务管理的影响很大。专业协会和组织推出的专业标准和认证要求对增强工作效率和资源利用率具有十分重要的作用。我国可以借鉴美国专业协会对于大学学生事务管理的作用,鼓励各地建立健全学生事务管理的学术研究组织。它可以为高校提供最新的专业信息,为学生事务管理者提供良好的沟通和分享的平台,促进业内人士对于普遍关心的问题进行深入探讨,同时可以使从业人员对于所从事的职业产生归属感和成就感。我国目前虽已存在一些管理协会和研究会,但其研究、指导、交流和服务的功能尚未得到充分发挥。为促使专业协会促进我国学生事务管理发展的作用得到充分发挥,应加强学生事务管理学术研究组织的建设,定期对学生事务管理的专业标准等发表看法和建议,推动从业人员对于学生事务管理的研究。

第九章
大学章程的制定与完善

　　《国家中长期教育改革和发展规划纲要(2010—2020 年)》中明确指出完善中国特色的现代大学制度,需要加快大学的章程建设。"各类高校应依法制定章程,依照章程规定管理学校;尊重学术自由,营造宽松的学术环境;全面实行聘任制度和岗位管理制度;确立科学的考核评价和激励机制。"可见,加强大学章程建设是完善中国特色的现代大学制度的一项重要内容。然而,目前我国对大学章程的研究仅仅处于起步阶段,与西方国家相比,尚存在较大的差距。因此,本章通过致力于对国外大学章程起源与内容要素进行研究,以期从中吸收有益于我国大学章程的制定与完善的经验。

第一节　国外大学章程的内容与特点

一、大学章程的概念界定

　　明确大学章程的概念是对其建设展开研究的首要前提。在《现代汉语词典》中,"章程"一词是指"书面协定的组织规程或办事条例"。它对相应的组织成员和群体具有一定的内部约束力。因此,为加强管理,任何组织都会有自己的章程。对于大学这个以教师与学生为主体的群体组织来说，建立有效的大学章程以加强现代化大学管理是十分必要的。虽然现阶段关于大学章程的概念界定国内外尚无统一定论，但已有众多学者基于不同的角度对此展开研究，目前较具代表性的是以下几位学者的观点：

第一种是从大学章程与教育法和大学规章制度之间的关系来对大学章程进行概念界定，认为大学章程是指"为保证学校自主管理和依法治校，根据《教育法》等法律的规定，按照一定的程序，以文本形式对大学重大的、基本的事项作出全面规定所形成的规范性文件，其本质是对大学内部以及与大学有关的教育利益的调整与分配"①。第二种观点是从制定主体和依据方面对大学章程进行概念界定，认为大学章程是指"由大学的权力机构根据大学设立的特许状、国家或地方政府教育法律法规而制定的有关大学组织性质和基本权利具有一定法律效力的治校总纲领"②。第三种观点则是从大学章程的内容方面进行定义，认为大学章程是指"为保证学校正常运行，主要就办学宗旨、主要任务、内部管理体制及财务活动等重大的、基本的问题作出的全面规范而形成的自律性基本文件。它是大学自主管理、自律及政府监督管理的基本依据"③。

上述三种对于大学章程概念的表述虽角度不尽相同，但基本达成一定的共识，即学者们普遍认为大学章程是由大学的权力机构所制定的管理学校的规范性文件，是大学的"宪法"和根本大法。本书中，我们将大学章程定义为：大学的权力机构为保证学校的正常运行和依法治校而依据相关法律法规，并按照相应法定程序，以文本的形式对大学的性质、办学宗旨、主要任务和内部管理体制等重大、基本问题作出的详细规定的治校总纲。

二、国外大学章程的历史

（一）大学章程的雏形——大学特许状

大学章程是伴随中世纪大学而产生的。当时大学特许状作为大学章程

---

① 米俊魁：《大学章程价值研究》，青岛，中国海洋大学出版社，2006，18 页。
② 李翼：《教育管理辞典》，海口，海南人民出版社，1989，67 页。
③ 陈立鹏：《学校章程》，北京，光明日报出版社，1999，7 页。

的早期雏形,以法定形式规定大学内部法人治理结构。法人是相对于自然人而言的,是指具有民事权利能力和民事行为能力,依法独立享有民事权利和承担民事义务的组织,是社会组织在法律上的人格化。法人制度则是世界各国规范经济秩序及整个社会秩序的一项重要法律制度。法人制度肇始于罗马法,罗马法中的特许法人便是最早的法人形式。特许法人必须由外部权威创立,不可自行生长。特许状则是指由国王或国家为授予某人或某组织实施一定行为的权力而签发的一种权利认可的书面文件。特许状中规定了某人或某组织所享有的权利和特权,必须履行的义务以及地域范围。因此,在当时很长一段时间内,法人团体的设立只有通过特许状获得法人资格这一唯一途径得以实现。行会要建立新的公司性组织需要获得特许状,各地教会的建立也需要教皇特许状的批准。当时的特许状不仅用于团体组织等的成立,同样也会颁发给城镇,赋予其自治城市的地位。

特许状除用于社会中的经济生活管理外,也用于高校的管理,大学即是最早的特许法人之一。从法理学角度看,特许状的获得也就意味着大学获得了合理的法律地位,标志着大学的正式成立。当时,国王根据自身利益需求,在皇权与教权的博弈过程中,一方面鼓动大学和城市自治以抗衡教会的权力,另一方面教会和教士也通过赋权鼓励市民与大学抵制国王的世俗权力,而这种鼓励就是以大学特许状的形式进行的。一言以概之,大学特许状是西欧中世纪多元政治权力格局斗争和大学发展内在逻辑的产物。[1] 按照欧洲中世纪的传统,国王颁发大学特许状赋予大学开设课程、招收学生、聘请教师、制定学术标准等权利。大学特许状的权威性首先来自于教权,因为当时中世纪的教会拥有足够的与世俗权力抗衡的权力。由于王权与教权的相互博弈,教会通过颁发特许状赋予了大学诸多特权,但在宗教改革之后,主要由王权和国家权力赋予大学特权。特许状以法定的形式赋予大学一定程度的自我管理权,使大学在学术和管理方面的自治权力合法化。

1231 年,教皇颁发了一系列章程,也就是中世纪大宪章,以限制巴黎主

---

① 吴叶林:《大学章程立法初探》,西南大学硕士学位论文,2011,11 页。

教的权力，授予大学教师和学生各项权利，使其拥有独立的审判权和罢课权，从而加强大学的自治管理。同年，教皇发布谕旨，正式确认了 1200 年以来授予巴黎教师和学生的所有权利。此外，教谕特别强调了 1215 年巴黎大学章程的有效性，同意授予巴黎大学以法人资格。至此，巴黎大学获得了自我管理的法律依据，真正成为一个具有法人资格的独立团体。① 除法国大学外，英国诸多早期大学均由特许状批准而建立。英国最负盛名的牛津和剑桥大学分别于 1254 年和 1318 年得到教皇训令，并在后来的发展过程得到王室的各种特许状；英国近代大学学院如利物浦大学学院也在获得皇室特许状后才成为正式大学，并取得相应的合法权益。如今，英国的大学依照设立方式可以分为三类：一类是通过议会法案设立的新大学；一类是经由根据公司法注册成立的大学，如伦敦政治经济学院等；第三类就是经由皇家特许状设立的大学。② 美国大学也是如此，大学最初的合法性也是源于特许状。1636 年哈佛学院（现哈佛大学的前身）成立。在 1650 年，马萨诸塞州议会颁发特许状，允许哈佛学院实行两院制的管理体制。继哈佛学院之后，威廉玛丽学院（1693）、耶鲁学院（1701）、新泽西学院（1746）、宾夕法尼亚学院（1751）、国王学院（1754）、罗德岛学院（1764）、拉特格斯学院（1766）及达特茅斯学院（1769）等学院相继成立。③ 特许状不仅批准各大高校的建立，同样对于其内部管理体制进行管理。例如，在两院制、董事会制度等方面，规定管理机构的构成及其任免办法以及学院的办学目的和培养目标。

应该说，大学特许状是中世纪大学取得合法性自治权力的载体，标志着高等教育发展的起步，同时也开启了大学章程的历史先河。特许状颁发机构的权威性在一定程度上保障了特许权所具有的法律效力。当时的大学特许状不能被称作大学章程的原因在于，它是连接国家、教会或政府的教育立法与大学自我治理的纽带，是当时教育立法的主要表现形式。但大学特许权

---

① 季凌燕，陆俊杰：《大学章程的历史生长逻辑与价值预期》，载《教育学术月刊》，2009(7)，23 页。

② 刘香菊，周光礼：《大学章程的法律透视》，载《高教探索》，2004(3)，39 页。

③ 刘承波：《大学治理的法律基础与制度架构：美国大学章程透视》，载《国家教育行政学院学报》，2008(5)，85 页。

无论在法律效力还是在具体内容方面均已涉及大学的内部管理,因此,它被称作大学章程的雏形,现代大学章程也正是在此基础上发展演变而来的。

(二)现代大学章程

目前,在英国、美国、德国、澳大利亚、加拿大等国家,大多数高校都有成文的"大学章程",只是在表述方式和结构层次上有所出入。例如,Statutes,Charter,Ordinance,Bylaws,Legislation 和 Organic-law 等都可以用来表示一所大学的章程。在结构层次上,大学章程可以分为单一型和复合型。单一型大学章程是指由统一的大学章程来统领整个大学事务,而复合型大学章程则由一个总纲性的规章和一个或多个实施细则组成。通常来说,由于大学内部事务纷繁众多,单一型的大学章程会过于笼统,可操作性较差,多数大学采取复合型的大学章程。

牛津大学章程结构

牛津大学是一所独立的、自我管理型的大学。该校的主要行政领导机构是评议会,章程由大学评议会制定或修改。牛津大学章程是由大学章程(Statutes)和大学条例(Regulations)组成的。大学章程由前言和十七个章节组成。具体包括:序言,包括大学的法律地位、组织法、早期的章程以及英国相关的法案;章程 I,开端,包括大学的性质、目的、权力、章程的解释、章程条款中规定的解释以及适用范围;章程 II,大学的成员,包括学生、普通职员、评议会成员、教职员全体大会会员及成员的开除和辞职;章程 III,大学评议会,包括评议会的职能、人员组成和评议会选举的程序;章程 IV,教职员大会,包括其职能和权力、成员及执行程序;章程 V,学院、社团和永久私人学院,包括各学院、社团组织和永久私人学院的名称,以及管理规则;章程 VI,理事会,包括理事会职能、权力、会员、规章制度及其委员会;章程 VII,学群、学院、分院、系和继续教育系,包括名称列举及相关规定;章程 VIII,图书馆、博物馆、科学收藏和大学出版社,包括名称列举及权力和职责;章程 IX,大学行政管理人员,包括大学校长、高级行政管理人员(the High Steward)、副校长、任命副校长;章程 X,学位、文凭和证书;章程 XI,大学纪律;章程 XII,学术人员和访问委员会;章程 XIII,学生方面的其他条款;章程 XIV,学术与非学术人员的聘任与解聘；章程 XV，学院贡献计划和学院账户；章程 XVI，财产、合同和信托；章程 XVII，有关大学章程和条例的解释或适用争端的解决方法。

康奈尔大学章程结构

康奈尔大学目前的章程是在特许状基础上发展而来的，大学最初的章程源于纽约州立法机构的授权，即 1865 年莫里尔法案的 585 章的授权。康奈尔大学章程由 Charter 和 Bylaws 组成，Charter 部分的内容是纽约州教育法的第 115 章内容，其 Bylaws 由 25 章组成。具体章程规定如下：章程 I，大学，包括大学的名字、性质与权力、校址、校徽、财政日、学年、学院和独立学术单位；章程 II，董事会，包括董事会权力、人员构成和任期、董事会委员进行的提名与选举、由历届校友进行的选举、由其他选民进行的选举、董事会人员、董事会议法定人数、名誉退休委员；章程 III，董事会各委员会；章程 IV，年度审计；章程 V，校长，包括任职条件、权力、义务和期限；章程 VI，大学其他行政人员、副校长和副院长；章程 VII，院长，包括任职条件、权力、义务和期限；章程 VIII，行政副校长和主要财政官员；章程 IX，大学秘书，包括权力和职责；章程 X，大学法律咨询顾问；章程 XI，大学内部控制；章程 XII，大学的院系（Faculty），包括人员组成、功能、学院院长；章程 XIII，各学院（College and School Faculties），包括学院人员组成、学院权力和职责、具体学院介绍；章程 XIV，学位授予；章程 XV，学院院长、主任和其他学术人员；章程 XVI，教学和研究人员的聘任和任期，包括聘任的级别、期限与方式、续聘程序、续聘、请假和解聘的权力；章程 XVII，教授，包括教授的任职条件、权力、职责和待遇；章程 XVIII，交通规则和车辆停放；章程 XIX，学术咨询理事会；章程 XX，医疗中心；章程 XXI，大学人员赔偿；章程 XXII，利益冲突；章程 XXIII，杂项条款；章程 XXIV，公平的受教育权和受雇佣权；章程 XXV，修改章程的办法。[①]

例如，英国公立大学章程由大学条例（Statutes of the University）和具体化细则（University Ordinance）构成；牛津大学的章程由大学总章程和每

---

① 于丽娟：《国外大学章程文本探析——以英国牛津大学和美国康奈尔大学为主要案例》，载《高教探索》，2009(1)，76 页。

个学院的 Statute 组成；剑桥大学章程由统一的 Statutes 和具体的 Ordinance 组成；美国的康奈尔大学、耶鲁大学、密歇根大学和麻省理工大学等也都由总纲性的 Charter 和具体的 Bylaws 构成。极少数大学，如纽约州立大学章程和密歇根州立大学章程等属于单一型大学章程。

美国的大学按照性质可分为私立大学和公立大学，二者一般都由大学的权力机构根据大学设立的特许状及国家或地方政府教育法律法规而制定大学章程。殖民地时期所建立的私立大学一般通过特许状的批准而成立，因此特许状是其大学章程制定的有效依据；而对于建国后成立的私立学校来说，其创办需要得到当地州政府的批准，这些私立院校大学章程的制定和法律效力的来源是本州的相关法律法规。例如，芝加哥大学是由石油大王 J. D. 洛克菲勒投资所建，它的大学章程的制定就需要依据伊利诺伊州的法律规定。以上是两类私立院校大学章程的制定来源和依据。对于公立院校来说，学校的建立是通过各州议会立法而建立的，因此，其大学章程的法律效力来源于联邦或州立法。例如，密歇根州立大学是根据《莫里尔法案》，由州立法机构批准设立的赠地学院，大学章程的法律效力来源于联邦政府的赠地法案和国会的补充条例。

德国大学章程的制定主要的法律依据是 1975 年诞生的《德国高等教育法》，这项法律规定了德国高等教育发展的总框架，并详细规定了德国大学办学的组织结构、要承担的责任、义务和自治的权力，要求大学开展科研、学习等活动，扶植并发展各种科学和艺术，并同时对科研、教学、学习等方面的自由做了详细规定。各大学在《高等教育法》所要求的框架内进行大学章程的制定。

日本大学章程的建设也是以法律为主要依据，其基本理念来源于《宪法》。《宪法》强调民主、自由和公民的平等受教育权，并在此基础上颁布了一系列高等教育方面的法规，在对《教育基本法》进行修改后，《新教育基本法》和《学校教育法》成为日本大学章程制定的主要法律依据。除此之外，日本大学章程的建立还需要参照《大学设置标准》《研究生院设置标准》《短期大学设置标准》等等。

英国大学章程主要依据特许状和国会法案而制定的，由特许状批准设立的大学被称作"特许大学"，而通过公司注册或议会法案成立的大学被称作"章程大学"。特许大学享有高度学术自由和自治权力，可以自己制定章程，呈送枢密院经女王批准后实施。对于"特许大学"来说，章程的内容基本与特许状保持一致；而对于"章程大学"来说，则不具有制定章程的权力，只可自行制定条例和规章。

三、国外大学章程的制定主体

大学章程的制定主体是指拥有大学章程制定权的主体，制定权力是否在大学自身是获取大学自治权的一项核心内容。章程的制定权一般由举办者或其代理人代表及相关利益主体代表来行使。大学的利益相关者不仅包括举办者，还包括大学成立前就存在的利益主体，如其他资助者或相关的社会公众。因此，大学章程的制定既要考虑到显性的利益主体，同时不可忽视潜在的利益主体。纵观世界各国，大学章程的制定主体及其呈现形式都不尽相同。国外大学章程的制定主体主要有两种呈现形式，分别是大学的决策机构和大学成员代表会议。

以大学的决策机构为大学章程的制定主体是最具有代表性的呈现形式。虽然很多大学章程的制定主体是决策机构，但其各自的名称有所出入，如董事会、理事会或评议会等等。在英国、美国和法国，大学章程通常由决策机构依据特许状或法律法规进行制定。美国的公立与私立大学的决策机构是学校最高领导机构和法人机构，即董事会。董事会的成员一般不包括教师，而是由社会知名教育家、政府代表、工商界人士、法律界人士、社区代表等具有广泛代表性的社会各界人士组成。[①] 法国大学章程方面的决定，需要理事会成员以三分之二以上票数通过。

以大学成员代表会议作为制定主体的代表国家是德国，其《高等教育总纲法》第 37 条规定："大学应当设立由教师代表、教学科研辅助人员代表、大学生代表和其他代表等共同组成的各种委员会，确保各大学成员的参与权和决策

---

① 刘保存：《美国公、私立高等学校董事会制度比较研究》，载《吉林教育科学》，2001(6)，45 页。

权。其中,涉及教学事务,专职教师代表应当占委员会成员的半数以上。"①

此外,章程制定的主体可以是名实分离的,主要包括两种情况②:一是由大学自身起草,再由高权主体颁布;二是采取一种隐蔽的复合模式,也就是大学法令与大学章程相复合的模式。形式上章程的制定权在大学,但实际上国家对章程的内容有更强的决定能力。

四、国外大学章程的内容要素及特点

大学章程的内容可以分为必要记载事项及任意记载事项。必要记载事项是指法律规定各个学校必须在章程中加以载明的事项,缺少其中任何一项,章程即被视作无效。例如德国大学章程的制定的法律依据是《德国高等教育法》,它规定了德国高等教育发展的总框架,规定了大学章程所必须记录的内容,即为必要记载事项。任意记载事项是指大学的举办者或学校教职工代表大会认为应该记载的事项,虽然法律不规定这些内容是否应予以记载,但一经记载便发生法律效力,应受到法律的保护。③ 因各国国情和文化传统等方面的不同,各国大学的章程在内容的表述上存在较大差别。但大学章程本身所具有的性质又决定了其内容设置存在一些共同之处。各国大学章程通常都包括大学的名称、校址、办学宗旨和规模、学科门类的设置、内部管理体制、经费来源、财产和财务制度、举办者与大学之间的权力与义务、校长的权力与义务、重大事项的决策程序以及章程的修改问题等等。大学章程的内容可以概括为三项基本要素:一是有关大学使命的规定;二是大学内部治理要素;三是大学外部关系要素。

(一) 国外大学章程彰显大学的使命

大学章程中有关大学使命的规定主要表现为对于大学办学目的、发展目标和主要任务等的规定。办学理念是一所大学的灵魂,它包括大学的办

① 高家伟:《行政法论丛(第6卷)》,北京,法律出版社,2003,332页。
② 湛中乐:《通过章程的大学治理》,北京,中国法制出版社,2011,283页。
③ 中国高教学会高等教育管理研究会秘书处编著:《贯彻〈教育规划纲要〉,传承大学精神,强化人才培养:中国高教学会高等教育管理研究会2010年学术年会论文集》,镇江,江苏大学出版社,2011,231—232页。

339

学宗旨、办学目标、办学策略等。先进的办学理念对大学内部管理来说是重要的凝聚力和向心力，对外部关系来说是核心的竞争力和品牌。虽然大学统一具有教学、科研和服务三项功能，但每个大学章程在对办学理念的制定上都各具特色。

东京大学的章程在序言中概述了学校的历史以及使命和愿景，指出："东京大学将努力使自己建设成为世界一流的学术研究机构，并致力于培养出具有全球性发展眼光的知识分子，这些知识分子将为实现一个没有偏见的社会，为促进科技进步和创造新文化做出贡献。"①

德国的波鸿—鲁尔大学的章程在总则下的使命和任务中明确指出了大学的办学宗旨和目的，并具体规定大学的任务、责任等事项，具体内容如下：

（1）波鸿—鲁尔大学于1965年成立。作为德国第一所综合性大学，波鸿—鲁尔大学依照学科价值同等原则，将传统大学与科技大学的学科相结合，学科设置涵盖了神学及工程学。波鸿—鲁尔大学自成立之日起即作为完全综合性大学，通过其构成成员和各学科的附属成员的共同努力，力求在研究、教学与学习研究上都取得突出的成绩。为此，鲁尔大学及其成员和附属成员肩负着创新与批判并存的科学教育使命。

（2）其使命的内容及涉及范围决定鲁尔大学必须在法律规定的框架内，在促进跨学科研究教学的要求下，保持学科方向的多样性。

（3）鲁尔大学的任务旨在：

·维持、发展并保障研究、教学与学习研究的进行；

·为日后的就业做准备，使学生能够将科学知识应用到实际工作中去；

·培养科学后备人才；

·在研究和教学领域以及鲁尔大学同国内外其他大学的交流活动中促进国际间尤其是欧洲国家间的合作，其中也包括通过相互间更容易承认学分和考试成绩来增加学生间的流动；

·教育改革和发展以及在教学研究中发展并通过试验确定改革模式，

---

① 陈立鹏等：《国外大学章程对我国大学章程建设的启示》，载《中国高等教育》，2007（10），61页。

并促进大学教育法；

· 开展继续教育以及大学工作人员的进修；

· 促进知识和技术的交流；

· 开展鲁尔大学在体育、音乐和艺术方面的活动。

（4）认识到自己肩负的责任，鲁尔大学在以下领域中的责任尤其重大：

· 在职责范围内促进学生的社会参与；

· 切实落实男女平等，消除对女性的不利因素；

· 考虑特殊的学习环境和普遍存在的问题以及残障人士的需求，大学致力于帮助残障人士，鲁尔大学采取措施来弥补对于残障人士所存在的不利因素，并促使残障人士融入到整体中来；

· 考虑有子女的在校学生和学校职工的特殊需求；

· 帮助在鲁尔大学就读及工作的外国人融入到学校整体中来。

（5）鲁尔大学积极主张：

· 保护自然的生活基础，重视动物保护，并在实物资金的使用中体现出重视可持续发展的基本原则；

· 重视良好的科学实践的基本原则。

（6）鲁尔大学将向公众报告及其履行责任的情况。[①]

法国的巴黎—索邦大学（巴黎第四大学）的章程主要包括三编，第一编是大学的构成及其使命，第二编是大学组织及其权限，第三编是其他条款的相关规定，第一编中的第二章规定了巴黎第四大学的使命。其中具体内容如下：

第六条 巴黎第四大学的普遍使命是在文学、语言和人文与社会科学领域从事知识设计与知识传授、初始培训与继续培训、文化进步、研究的提升与增值。它通过其物质、智力与精神的全部组成部分，研究不同文明的历史发展和现状。

它要在作为绝对准则的自由精神之中，使其成员在自信、目标、方法和工作表述上相互尊重的精神之中，完成其教育任务和学术任务。

---

① 马陆亭，范文曜：《大学章程要素的国际比较》，北京，教育科学出版社，2010，184—185 页。

它研究并采取所有适当措施，同外国大学合作，发展教师与学生的交流，发布研究领域的共同信息。

它与其他机构建立合作关系，缔结相关协议。

依据教育法典之第 L.613-1 条至第 L.613-4 条，大学以其责任颁发学位、国家称号与文凭，以及自行授予的文凭，并加盖公章，以认证学生和继续教育受益者所接受的教育与培训。

大学努力促进其学生的就业。

它特别通过准备录用测试，承担国民教育教师的培训，并承担文化、经济和社会领域的干部培训。

第七条 大学成员在其义务意识与尊重每个人权利的意识之中，享有教育法典之第 L.141-6 条、第 L.811-1 条和第 L.952-2 条所规定的基本自由，特别是表达与出版的自由、政治与结社的自由以及教学与研究方面的完全独立。[1]

(二) 国外大学章程与内部治理要素

有关大学内部治理结构的规定是大学章程中一项最为重要的内容，所占篇幅也较大。大学内部治理要素主要体现在决策治理结构、学术治理结构、行政执行结构、校长的任职、教师的聘用、学生的权益、学科建设和经费管理这八个方面，在此我们着重对前三点予以阐述。

1. 决策治理机构

大学的决策机构不仅是大学章程的制定主体，同时也是大学的最高决策和审议机构，对于处理大学的相关事务具有最高的决定权。大学章程会对大学最高的决策机构进行详细的规定，对其权力、成员组成、任期等问题都有明确的要求。不同国家或大学的决策机构名称不同。

在美国，大学最高的决策治理机构是董事会，行使的职权具有决定性和宏观指导性。例如，康奈尔大学对董事会的权力、董事会成员、任职条件、提名和选举、官员、人数等方面做了详细规定。章程中指出："按照特许状和州

---

[1] 马陆亭，范文曜：《大学章程要素的国际比较》，北京，教育科学出版社，2010，62—63 页。

法律,董事会是大学包括每一个学院、学术单位、部门、中心的最高领导机构。应在执行委员会和监事会的建议之上,制定全校财务运作的年度计划。"这就将董事会的地位、权力和任务进行了明确规定。康奈尔大学是早期在特许状批准下建立起来的,因此,其大学章程的内容主要依据特许状的内容进行设置。在董事会成员组成上,章程规定董事会需由 64 名成员组成,其中包括当然董事 4 位、终身董事 1 位、任命董事 3 位、校友选举董事 8 位。当然董事包括纽约州州长、州议会参议院和众议院的议长以及当职期间的大学校长。终身董事由艾兹拉·康奈尔最年长的直系后代担任。章程对于各类董事的任职条件、选举方式及任期等方面都做了详细规定。另外,董事会的管理委员会包括常务委员会、执行委员会、学术事务委员会、学生生活委员会、投资委员会、审计委员会、财务委员会等等。

在法国,大学的最高决策机构是校务委员会。以巴黎第四大学为例,在其大学章程的第二编第二章对校务委员会的构成、运行和权限列出了 10 条详细的规定。以下内容摘自巴黎第四大学对校务委员会的章程规定。

第二章　校务委员会

第一节　构成

第十五条　校务委员会由 60 名成员构成,主要包括 26 名教师和研究员,16 名外部人士,12 名学生和继续教育接受者代表,以及 6 名工程、管理、技术、工人和服务人员代表。

第十六条　大学的总秘书和会计师以咨询资格列席会议。

第二节　运行

第十七条　校务委员会每年必须至少召开四次,各次会议的日期和时间由校长在议事日程中确定。此外,校长可以在认为必要时召集会议。当委员会多数成员出面要求其出席会议,他应当到场。

第十八条　遵守法律或法规条款确定的特别法定人数,委员会会议只能在其现任成员至少半数出席或派代表出席的情况下有效。

第十九条　委员会全体会议在大学校长主持下,审议属于教育法典赋予这一会议权限的全部问题。

第二十条 当委员会对关于教师/研究员的聘任与晋级等与确定人员类别相关的个别问题进行审议时，委员会会议可以仅仅由教师/研究员及其至少与此类人员同等的类似人员所组成。

第二十一条 校务委员会可以组建负责特别使命或研究的专门委员会。这些专门委员会须向校务委员会提交报告。

第二十二条 委员会会议并非公开。全体会议须形成报告并向委员会全体成员、特邀成员、学院院长及大学各部门行政负责人分发。委员会决定的记录须在48小时之内发布至大学的全部组成部门、公共与普通服务机构。

第三节 权限

第二十三条 依据教育法典之第L.712-3条第7节，校务委员会决定大学政策，特别是决定大学合同的内容。委员会通过其决议处理大学事务，依据现行法规和此章程裁定所有问题。它对预定或要求其咨询的所有问题提出意见。

第二十四条 依据教育法典之第L.712-3条末节，校务委员会可以委托其部分权力给大学校长。大学校长则须在最佳期限内向校务委员会报告其在受委托范围内所作出的决定。①

英国大学的最高决策机构称作理事会或校董会，对处理大学的事务拥有最高权力，包括制定大学的发展规划和战略方向，决定大学的组织结构、人员编制等问题。德国大学的最高决策机构是校务委员会或校董事会，如波鸿—鲁尔大学实行校务委员会制，柏林洪堡大学的领导机构实行校董事会制。

2. 学术治理机构

国外大学的内部管理十分重视教授在学校管理作用上的发挥，学校的决策机构、重要管理机构大都吸收教授的加入。例如，英国曼彻斯特大学章程将理事会的成员分为四类：当然成员、当选成员、被指派成员和学生成员。当选成员是指基于条例的规定，从大学各学部人员中挑选出来的40名有薪学术、研究职位的拥有者，其中就不乏一些教授的参与。又如哥本哈根大学

---

① 马陆亭，范文曜：《大学章程要素的国际比较》，北京，教育科学出版社，2010，65—68页。

章程规定,"评议会由校长和 14 名成员组成。其中 2 名为任命的校外成员,还有 5 名院长、2 名研究人员和其他教师的代表";"学院理事会由以下 15 名成员组成:院长、被任命的 2 名校外成员和 12 名其他成员。这 12 人分别代表研究人员及教师、技术管理人员、学生,他们的比例是 2:1:1"。耶鲁大学章程中也有类似规定,"每个学院的终身教授同时是行政人员,他们和校长、教务长、院长一起组成终身职员理事会。该理事会是学院的管理机构,处理有关教育政策、学院管理的事情"①。从各国大学的章程中对于教授参与学校内部管理的相关规定可以获知国外对于教授作用的重视。

教授不但有机会成为学校理事会、董事会的成员,很多大学还专门针对教授设有学术委员会。法国的巴黎第四大学章程中第三章内容专门针对学术委员会设置了详细规定。法国的学术委员会主要负责向其最高决策机构,也就是校务委员会,提出研究政策方向,特别对关于大学合同、科学与技术文献以及研究经费的分配等内容提出商榷研究。学术委员会由校长主持,每年至少召开四次。德国的柏林洪堡大学则专门设有学术评议会与教职工代表大会。学术评议会的主要职责是对颁布结构性规划、颁布费用相关规定等内容提出建议;对学校的财政计划草案、系的划分、学生录取人数及课程设置与取消等众多问题方面做出决议;对系内的学习与考试规定、任命名单等内容表明态度。美国的康奈尔大学在董事会的管理委员会中设有专门的学术委员会,职责是就伊萨卡地区的大学教育政策和学术计划向董事会提出建议。

3. 行政执行机构

大学章程内部治理要素中对于行政执行机构的管理,主要是对其组织结构的设置和执行程序的运作进行了详细的规定。以康奈尔大学章程为例,在对最高决策机构的权力、成员组成与条件等进行详细规定后,对董事会的管理委员会下的各个组织结构和运作进行了详细的说明。其管理委员会包括常务委员会、执行委员会、学术事务委员会、学生生活委员会、投资委

① 陈立鹏等:《国外大学章程对我国大学章程建设的启示》,载《中国高等教育》,2007(10),61页。

员会、审计委员会、财务委员会、政府关系委员会、建筑和资产委员会和董事会成员资格委员会，保证各部门可以在校长负责制的领导下各司其职。

（三）国外大学章程与外部关系要素

国外大学章程中的有关外部关系的内容主要体现在学校与政府以及与社会的关系上。大学章程和相关法律法规为理清大学与二者间的关系提供了具有法律效力的准绳，明确了大学的自治空间与自治权。英国的牛津大学章程规定，"顾问委员会是对外代表大学的权威机构，主要由校外人员组成，其中政府官员、民意代表和教会人士占重要地位；顾问委员会有权任命荣誉校长，审议校长提交的大学年度报告和经审计的大学年度财务报告，负责将大学的成就呈现给外界并接受外界人士的意见"。大学与政府和社会关系的规定是大学章程中不可缺少的一项内容。

首先，在大学与政府的关系上，章程中会指明学校的哪些事务属于国家行政事务，哪些属于学校内部事务。例如，德国的《柏林洪堡大学章程》在"大学与联邦州之关系"上明确指出"大学的人事管理、经济管理等属于国家行政事务，这些与学术事务一同由学校统一管理"。联邦州中负责高校事务的行政管理部门可以对大学实施法律监督的权力。同时，大学允许政府人员以一定的名额和方式参与大学的管理。以美国的《耶鲁大学章程》为例，康涅狄格州州长和副州长作为法人机构3名当然委员的2名参与到大学的决策管理机构中来。

其次，在大学与社会的关系上，大学章程中允许校外社会人员参与到大学管理中来，并对其参与名额、条件、产生方式及参与管理的方法和权限都有明确详细的说明。例如，大学与校友的联系可以促进学校教育事业的发展，促进学校教育的宣传及其校友捐赠的发展。校友是大学不可或缺的一项重要资源。很多大学，如康奈尔大学、耶鲁大学等章程中都有对校友成为学校最高决策机构成员的详细说明。

（四）国外大学章程的特点

1. 章程的制定以法律为依据

由于大学章程起源于王权或教权颁发的特许状，使得大学从诞生之日起就具备了法律效力的前提。每所大学章程的建立都不能脱离国家或联邦、州一级的法律来自行设置内容。受益于 1862 年颁发的《莫里尔法案》的著名大学,如加利福尼亚大学、伊利诺大学、康奈尔大学、威斯康辛大学、麻省理工学院等,均在各自的大学章程中自然而然地在法律性上追根溯源到这里。① 众多大学章程都会明确表明引自法律的哪一章、哪一节。同时,大学章程明显的法律性特征不仅体现于章程的制定依据法律,而且大学章程本身也具有较强的法律效力。1819 年"达特茅斯学院案"的裁决是美国高等教育史上明确体现大学章程法律地位的著名案例。不仅在美国,英国、法国大学章程的法律地位也很重要。

2. 章程的内容详细而又全面

内容的详细而又全面是国外大学章程极为突出的一个特征。通过前文中几个大学章程目录的呈现,可以看出大学章程包括的内容的全面性。密歇根大学的大学章程共含 15 章 191 节内容,波鸿—鲁尔大学章程共含 17 章 63 条,康奈尔大学则包含 25 章 92 条。另外,章程的设计内容不仅包括大学的使命和任务,同时包含大学的各个内部管理机构的结构、成员、权限和职责等的全面规定以及大学与外部社会关系和政府关系的规定。

3. 注重教师权力,彰显学术自由

西方大学十分重视教授治校作用的发挥,充分保障教师的学术权力,彰显大学的学术自由。要保证大学运作的相对独立性和学术自由,需要在聘请教员和对教员的学术成就进行评鉴时有一套相对透明的、公正合理的、严格的规则,以保护教师的地位,对其进行恰当管理。然而,透明公正的规则只有载入大学章程,才能赋予其效力以保证学术自由和管理自主。② 大学章程保障教授参与到大学的决策与内部管理中来,建立专门的学术评价,从而使得学术权力与行政权力相互独立的同时又相互制衡,使教授的学术权力得到充分的尊重。

---

① 陈立鹏,陶智:《美国大学章程特点分析》,载《中国高等教育》,2009(9),60 页。
② 于丽娟:《国外大学章程文本探析——以英国牛津大学和美国康奈尔大学为主要案例》,载《高教探索》,2009(1),78 页。

第二节　我国大学章程的历史与现状

一、我国大学章程的基本内涵

第一节中我们将大学章程定义为：大学的权力机构为保证学校的正常运行和依法治校而依据相关法律法规，并按照相应法定程序，以文本的形式对大学的性质、办学宗旨、主要任务和内部管理体制等重大、基本问题作出的详细规定的治校总纲。要正确理解我国大学章程的基本内涵，需要着重把握以下几点内容：

（一）大学章程的制定是大学设立的必备条件

《教育法》相当于我国教育事业的"宪法"，它要求有组织机构和学校章程是我国学校及其他教育机构设立所必须具备的条件之一。不仅在《教育法》中要求大学要具备大学章程，在《高等教育法》中也有一系列的明确规定，具体内容如下：

第二十七条　申请设立高等学校的，应当向审批机关提交下列材料：

（一）申办报告；

（二）可行性论证材料；

（三）章程；

（四）审批机关依照本法规定要求提供的其他材料。

第二十八条　高等学校的章程应当规定以下事项：

（一）学校名称、校址；

（二）办学宗旨；

（三）办学规模；

（四）学科门类的设置；

（五）教育形式；

（六）内部管理体制；

（七）经费来源、财产和财务制度；

（八）举办者与学校之间的权利、义务；

（九）章程修改程序；

（十）其他必须由章程规定的事项。①

因此，要建立高等学校，制定学校章程是一项基本前提。另外，建立大学章程不仅仅是我国法律的强制性要求，也是大学章程自身作用的强烈呼唤。大学章程对于大学的发展具有重要的作用，它是大学赖以生存和发展的基础，以明确的条文形式规定了大学的名称、办学宗旨、办学规模、内部管理结构等重大的基本事项，是高等学校依法运行和自我管理、自我约束的基本准绳，是政府依法监管高等学校的基本依据。② 大学章程是高校自主管理的根本性依据，是大学进行自治并落实自主权的保障。

（二）明确章程是大学办学的规范性文件

大学章程的制定依据是我国的《教育法》和《高等教育法》，其内容一旦制定便具有一定的法律效力，指导着大学的正常运转。大学章程与大学的一般性的规章制度有所区别。虽然二者都是规范学校办学行为的规则，但仍存在较大区别。大学章程是学校其他规章制度的基础和依据，而其他规章制度则是大学章程具体化的体现。因此，在大学规章制度体系中，章程是"母法"、"上位法"，位于最高层次，具有最高权威；而其他规章制度则属于"子法"、"下位法"，位于较低层次。另外，大学章程所规定的内容是有关学校的重大事项或根本问题，而其他规章制度则没有大学章程覆盖面广，仅仅规定某一方面或某一问题的规则，例如教师聘任制度和学生事务管理制度等。

（三）我国大学章程的主要依据是教育法（高等教育法）

教育法在此意为广义的教育法，而不仅仅是专门的教育法律，也包括教育法规和规章。制定大学章程的依据也包括其他与教育有关的法律、法规

---

① 中华人民共和国教育部：《中华人民共和国高等教育法》，见 http://www.moe.edu.cn/publicfiles/business/htmlfiles/moe/moe_619/200407/1311.html.

② 张建初：《论高等学校章程》，载《教育研究》，2009(2)，88 页。

和规章，例如，《中华人民共和国民法通则》《中华人民共和国行政诉讼法》《中华人民共和国行政处罚法》《中华人民共和国国家赔偿法》等。①

二、我国大学章程的发展历程

（一）我国大学章程的起源——书院学规

学者一般认为，我国大学章程最早可以追溯到宋代的书院章程，也可称作规程、学程、学规、条例、馆例、馆规、洞规、戒条、课规等。书院训示和院规是我国教育史上最早形成体系的成文条例，具有大学章程的原始属性。书院学规是由书院自身制订的，概括规定了教育理念、办学宗旨等内容，因此可以视作我国大学章程的雏形。在这一时期，朱熹制定的《白鹿洞书院揭示》和吕祖谦制定的《丽泽书院学规》可谓当时书院学规的典范，为其他书院纷纷效仿。

白鹿洞书院揭示

父子有亲。君臣有义。夫妇有别。长幼有序。朋友有信。

右五教之目。尧、舜使契为司徒，敬敷五教，即此是也。学者学此而已。而其所以学之之序，亦有五焉，其别如左：

博学之。审问之。谨思之。明辨之。笃行之。

右为学之序。学、问、思、辨四者，所以穷理也。

若夫笃行之事，则自修身以至于处事、接物，亦各有要，其别如左：

言忠信，行笃敬。惩忿窒欲，迁善改过。

右修身之要。

正其义不谋其利，明其道不计其功。

右处事之要。

己所不欲，勿施于人。行有不得，反求诸己。

右接物之要。

熹窃观古昔圣贤所以教人为学之意，莫非使之讲明义理，以修其身，然后推以及人，非徒欲其务记览，为词章，以钓声名，取利禄而已也。

---

① 米俊魁：《大学章程价值研究》，青岛，中国海洋大学出版社，2006，19页。

今人之为学者,则既反是矣。然圣贤所以教人之法,具存于经,有志之士,固当熟读、深思而问、辨之。

苟知其理之当然,而责其身以必然,则夫规矩禁防之具,岂待他人设之而后有所持循哉? 近世于学有规,其待学者为已浅矣。而其为法,又未必古人之意也。

故今不复以施于此堂,而特取凡圣贤所以教人为学之大端,条列如右,而揭之楣间。诸君其相与讲明遵守,而责之于身焉,则夫思虑云为之际,其所以戒谨而恐惧者,必有严于彼者矣。

其有不然,而或出于此言之所弃,则彼所谓规者,必将取之,固不得而略也。诸君其亦念之哉。

上文中朱熹所编订的《白鹿洞书院揭示》又被称为"朱子白鹿洞教条",学规提出了"五教之目、为学之序、修身之要、处世之要、接物之要"的方针,已包含教育理念、培养目标、教育内容和学习方法,也为制订书院的内部管理制度奠定了基础。由于书院并不是现代意义上的大学,因此,现代大学章程并不等同于古代书院的书规。但是,古代书院的院规、训示却是我国大学章程独特的起源。

(二) 晚清大学堂章程

1898 年,我国近代最早的中央官办大学之一京师大学堂成立,梁启超草拟了《奏议京师大学堂章程》,经光绪皇帝钦准颁行。中国近代高等专门学校和大学的形式最早在 1902 年制定的《钦定学堂章程》,也就是《壬寅学制》,虽然章程并未实施,但在 1904 年制定的《奏定学堂章程》,即《癸卯学制》,基本保留了有关内容,并一直沿用到辛亥革命时期。这是我国近代第一个在全国范围内实施的章程。晚清这三个大学堂章程,内容基本上都涉及了办学宗旨、课程设置、经费管理、章程修改程序等现代大学章程所具备的内容。例如,在《钦定京师大学堂章程》的第一章就明确指出了"京师大学堂之设,所以激发忠爱,开通智慧,振兴实业,谨遵此谕旨,端正趋向,造就通才,为全学之纲领"的办学宗旨。

在某种程度上,《奏议京师大学堂章程》与《奏定学堂章程》的颁布与实施,标志着近代高等教育制度在中国的确立。与大学章程比较而言,书院学规虽有诸多关于教育理念和宗旨的规定,但多为概括性的纲领要求,而晚清的大学堂章程在章节、框架和内容上有了很大的进步。

(三) 民国时期的大学章程

1912年,中华民国临时政府成立,蔡元培就任中华民国临时政府第一任教育总长,颁布了《大学令》《大学规程》《专门学校令》《专门学校规程》,并提出大学应该"教授高深学术、培养硕学闳才、应国家需要"的教育理念。这一时期我国高等教育得到一定的发展,高等学校的数量不断增加,而大学章程作为当时大学的主要规章制度,几乎存在于每一所大学。民国时期大学章程的内容主要表现为三个特点①:一是规范了学校的内部管理体制。蔡元培就任北京大学校长后制订的《北京大学现行章程》,内容包含学制、校长、评议会、教务会议、行政会议、教务处、事务等七章,规定设立评议会、教务会议和行政会议,确立了学校的内部管理体制。二是提出了教授治校的思想。《北京大学现行章程》中规定,"教授有评议员的被选举权,有赠予学位的权力;各学系设有教授会,规划本学系教学事务;委员长、教务长、学系主任和总务长均在教授中任命"。三是在制订主体和程序上,民国时期的大学章程由大学自身组织人员制订,经大学权力机关通过后,报政府备案审核。如《国立北平师范大学组织大纲》在附则中规定,"本大纲自呈准教育部之日实行"。《北京大学现行规程》《东南大学组织大纲》也是在学校制订后,报国民政府批准,政府拥有对大学章程的最终认定权。

由于现代意义的大学并非真正源自于中国,作为舶来品的大学章程在这一时期的制定也多是借鉴了国外大学的经验。例如,东南大学的组织大纲借鉴了德国的经验,清华大学章程则是来源于美国。虽然这一时期的大学章程多为模仿国外大学的模式,在制定和实施上并不完善,但是在内容、形式、制订主体和程序上比晚清时期又有了更大的进步,加之一些先进的大学理念的引进,对中国高等教育的发展发挥了重要作用。

---

① 李强:《我国大学章程的历程与现状》,载《国家教育行政学院学报》,2002(2),35页。

（四）新中国成立以来的大学章程

1. 现代大学章程的缺失（1949—1995 年）

1949 年中华人民共和国成立以后,政府对旧中国的大学进行接管和改造,采取集中管理的方式。在计划经济体制的管理下,大学的招生、经费来源、专业设置、教师编制等都由政府统一控制,大学变成了政府的附属机构,使办学自主权严重丧失。学校的规章制度成为政府政策的具体化,缺乏大学章程的建设的现实需求。同时,国家的法律也没有对制定章程作出必要性规定。虽然《高等学校暂行规程》和《高教六十条》在名称和内容上具备大学章程的特点,但在根本上只是国家的法律和法规,并不是真正现代意义上的大学章程。

2. 现代大学章程的回归（1995 年至今）

1995 年《教育法》的颁布以及 1998 年《高等教育法》的颁布使得大学章程又重新提到了我国大学制度建设的日程上来。特别是《高等教育法》中明确指出大学章程的制定是大学成立的法定依据。2010 年《国家中长期教育改革和发展规划纲要》中要求各大学要加强章程建设,依法制定章程,并将其作为管理学校的依据。《关于开展国家教育体制改革试点的通知》也特别指出要推动大学章程的建立与健全,同时,确定了北京大学、清华大学、中国人民大学、复旦大学、浙江大学和吉林大学等 26 所大学作为建设大学章程的试点院校。

据有关统计,截至 2008 年,中国 1 600 多所公立高等学校中,仅有吉林大学、黑龙江大学、上海交通大学等不到 30 所大学制定了章程。据教育部法制办公室的最新统计,截至 2009 年 2 月,全国共有近 600 所本专科院校向教育部报送了章程文本。

三、我国与国外大学章程内容的对比

（一）章程的篇幅与文本结构的不同

目前,有学者以美国的密歇根大学、耶鲁大学和康奈尔大学的章程为例,与我国的吉林大学、中国政法大学和广东外语外贸学院的章程文本框架进行对比分析,对比内容见表 9-1。

表中可见美国的大学章程篇幅较长,内容比较详尽,而我国章程篇幅则较短。另外,美国的三所大学的文本并无固定格式,大学章程的描述内容、范围和重点因校而异。例如,密歇根大学的章程侧重于规范各个学院的管理与学术机构的职责划分、教职员工事务以及董事会的议事规则与程序;耶鲁大学的章程侧重于规范校长、教务长、副校长的职权,各常设委员会的权限与议事规则以及学校各院系与各机构的人员配置与职责划分;康奈尔大学的章程侧重于规范董事会及其下属各委员会议事规则以及各院系人员职责的划分。① 而我国大学章程的条目则有些教条,基本是按照《高等教育法》第 28 条所规定的项目来编排的,章程多侧重于对学校的组织结构和管理体制、教职工与学生的权利和义务的描述性规定。

表 9-1 大学章程的篇幅与文本结构

学校	篇幅	文本结构
密歇根大学	15 章 191 节,84 页 33 662 字（英文）	序言（1.5%）；董事会（11.7%）；学校行政官员（6.2%）；商务管理、财务与财产（8.0%）；大学评议会（4.1%）；教职人员事务（17.2%）；系与学院（2.5%）；学生事务（1.9%）；学生录取与注册（1.8%）；毕业典礼与学位（2.0%）；费用及收费（0.4%）；系、学院与附属单位（24.5%）；图书馆（3.6%）；其他单位、机构与服务（7.3%）；其他规章与条例（1.9%）。
耶鲁大学	12 章 67 条,18 页 8 434 字（英文）	董事会（3.6%）；校长及其工作团队（40.4%）；常设委员会（19.2%）；学位（2.5%）；学校的机构（8.4%）；任命与任务（6.1%）；学生的录取与注册（4.4%）；本科学院（4.3%）；学校其他机构（6.8%）；体育与娱乐（0.6%）；大学理事会（1.4%）；校友会（1.1%）；章程的修订（1.1%）。

① 张苏彤:《大学章程的国际比较:来自中美两国两校的样本》,载《中国高教研究》,2010(10),55 页。

（续表）

学校	篇幅	文本结构
康奈尔大学	25章92条,28页 11 385字(英文)	大学(3.8%);董事会(16.3%);董事会下属常设委员会(27.4%);年度审计(0.6%);校长(6.0%);副校长及其他官员(1.9%);教务长(1.3%);负责财务与行政管理的副校长(2.2%);董事会秘书(0.6%);法律顾问(0.6%);内部控制(3.7%);大学评议会(3.6%);学院与系部(7.1%);学位授予(0.2%);院长(2.8%)、主任和其他人员(2.8%);教学和研究人员委任和任期(11.6%);客座教授(1.6%);交通和停车规则(0.5%);学术顾问委员会(0.8%);医疗中心(0.8%);赔偿(0.7%);利益冲突(0.7%);其他规定(3.1%);平等教育与就业机会(0.6%);章程的修订程序(0.6%)。
吉林大学	8章70条,8页 7 285字(中文)	序言(7.0%);总则(7.0%);学校功能和教育形式(12.5%);组织与结构(41.0%);教职员工(12.2%);学生及校友(13.5%);经费、资产与后勤(6.3%);校徽、校旗、校歌、校庆日与纪念日(4.2%);附则(1.9%)。
中国政法大学	9章70条,8页 7 285字(中文)	总则(8.2%);中心工作(4.2%);组织机构(44.4%);教职员工(14.1%);学生(14.8%);校友与校友会(4.2%);资产、经费和后勤(5.5%);校徽、校旗、校识色、校歌、校庆日(2.3%);附则(2.3%)。
广东外语外贸大学	11章93条,11页 7 576字(中文)	总则(6.2%);学校与举办者的关系及学校的权利义务(8.2%);学校管理体制(29.6%);学院(15.1%);办学活动(9.5%);学生与学员(9.5%);教师、其他教育工作者及工勤人员(10.8%);学校经费、资产、财务、档案与后勤保障(3.3%);奖励与惩戒(1.4%);学校民主监督(2.8%);附则(3.2%)。

资料来源:张苏彤:《大学章程的国际比较:来自中美两国两校的样本》,载《中国高教研究》,2010(10),55页。注:表中英文字数与中文字数不具可比性;表中括号中的百分比为该部分的字数占该章程总字数的比。

（二）章程的制定与修改程序的不同

例如，巴黎第四大学的第四十七条是有关章程修订的内容，指出"应校长或应校务委员会多数在任构成人员要求可对大学章程进行修改。修订案须经校务委员会三分之二在任构成人员的多数表决通过。章程修订决议应立即报送学区总长暨巴黎大学总监和国民教育部"。康奈尔大学章程第 25条规定："只要多数董事同时出席并投赞成票或者 30 张一致票，这些规章都可以在任何董事会会议上被修改。但至少必须在会议前五天通知董事会成员，并呈递要修改的内容。"我国大学章程的制定与修改程序则不同，有的需要教师职工代表大会审议通过，党代会审议通过，主管部门备案；有的则需要教师职工代表大会审议，党委会批准，主管部门核准；有的只需教师职工代表大会通过，并由主管部门备案。

除上述两点外，国内外大学章程在各项具体内容上均存在明显区别，例如在大学使命、校长职责、内部管理机制的运行以及允许教授参与治校等方面都存在不同程度的差异。

四、我国大学章程建设中存在的问题

虽说大学章程是大学规范化建设、实现学术自由的重要保障，在一定程度上保障了高校管理的科学性和规范性，但在如今已制定章程的大学中，大学章程并未显现其应然的价值。由于各种原因，使得已实施的大学章程与期望的价值存在较大的差距。我国大学章程建设，总的来说，出现了一种"无章可循"、"有章难行"、制订起来困难、执行则更困难的现象，并表现为以下几个问题。

（一）大部分高校缺乏建立大学章程的意识

虽然我国近代大学创建起就出现了《京师大学堂章程》《山东大学章程》等一些具有重要影响的章程，但并非真正意义上的现代大学章程。新中国成立以来至《高等教育法》颁布之前，基本上没有大学制定大学章程，即便有，也只是作为一种形式存在。在《高等教育法》颁布实施以来的十二年里，虽然法律中明确要求创立大学需要制定大学章程，但很少有高校真正按照《高等教育法》中的各项要求来制定大学章程。目前，部分高校的大学章程正在制定与修改中,但仍然只是少数。这与建立现代大学制度、推进依法治校的迫切需求是极其不相适应的。这同时也说明了我国高等教育依法治校的理念并未落到实处,许多教育管理部门和大学尚未认识到建设大学章程的重要性。

除此之外,多数高校尚未制定起大学章程还存在一方面的原因,那就是我国现代大学章程的建设仅仅处于初始阶段,很多学校对于如何制定大学章程,以及其内容、程序等尚未十分明晰,还有待加强探索研究。

(二) 大学章程的内容文本欠规范,缺少特色

通过我国现有大学章程与国外大学章程内容的对比发现,我国大学章程在内容上主要存在以下三个问题:

1. 文本不规范

大学章程的文本主要表现为格式和语言表达。首先,大学章程的格式还不够规范。现有的个别大学章程单单在结构安排上便存在前后不一致的问题。例如,《吉林大学章程》在第三章分为两小节,而在其余各章直接分为条。一所大学的章程前后章节内容条目的安排应该保持前后一致,维护好章程的规范性。

其次,在内容的语言表达上,现有大学章程存在语言不精练、表述不严谨的现象。作为章程的用语,应该努力做到准确肯定、简洁凝练、规范严谨、庄重严肃和通俗朴实。而目前,个别章程的语言表述超越了法律规定的用语。如《吉林师范大学章程》的第七十条规定,"对在教育教学、科学研究、教学改革、管理服务等方面做出突出成绩的教职工给予表彰和奖励,对违纪教职工进行处罚"。而"处罚"通常是行政主体对行政相对人实施的行政处罚,我国《教育法》明确规定,对受教育者实施奖励或者处分,因此,在此只能用"处分"而不是"处罚"。另外,章程中应尽量避免缩写用语,如用缩写,应予以注明,而有些章程将大学教职工代表大会缩写成"教代会",中国共产党某某大学委员会缩写成"党委",且无任何说明。

2. 可操作性不强

我国许多大学章程在制定过程中常常会出现表述过于抽象、空洞和模

棱两可，不能提供具体的可操作性强的说明，使得大学章程的实施效果大打折扣，从而影响其应然效果的发挥，逐步丧失期望的效率和效力，使大学章程在实施中往往流于形式。可操作性不强，是使大学章程趋于"虚无"的隐性杀手，也是大学章程在实施过程中流于形式的根源之一。

3. 具有明显的趋同性

通过国内外大学章程的内容框架对比，不难发现我国的大学章程存在明显的趋同性。现有的大学章程基本上都是围绕《高等教育法》第 28 条中规定的事项进行制定的，在办学理念、培养目标、办学定位、服务定位等方面大同小异，结构和框架不灵活，没有体现出各个学校的办学特色、风格以及管理侧重点，从而使得大学章程的制定丧失其原本的意义。

（三）大学章程的制定与修改程序不完善

大学章程是大学管理制度的集中体现，它不仅需要制度性规则，也需要合理合法的程序性规则。然而现有的大学章程在制定与修改的程序上都或多或少地存在缺陷，甚至有的大学章程只有描述性规定，没有程序性的规定。这就使得大学章程无法具备应有的法规效力，得不到公众的认可。纵观我国这些已经制定的大学章程，多数在制定与修改程序方面都存在不完善甚至不合法的地方。以《吉林师范大学章程》为例，其中第九十五条内容规定，"本章程由校长办公会提交教代会通过，校党委审批后予以公布实施"。教代会只是教职工参与民主管理的一种组织形式，虽然通过教代会讨论可以做到充分的民主，但由其通过的章程的法律依据是不够充分的，应由学校的最高决策机构讨论通过。《高等教育法》第 29 条规定"章程的修改，应报原审批机关核准"，因此，《吉林师范大学章程》明显存在程序上不合法的问题。其实不仅仅是《吉林师范大学章程》，《广东外语外贸大学章程》等都在制定与修改程序上存在问题。

（四）大学章程的法律地位不明确

大学章程在我国教育法律体系中究竟处于何种地位也尚未予以明确，公众对大学章程的法律公认性存在怀疑，从而也致使大学章程在实践中难以发挥其应有的效力，在实施过程中潜伏着法律纠纷网。而我国澳门特别行政区第 1/2006 号法律第八条规定"澳门大学受本法律、澳门大学的章程及内部规章规范",这使得澳门大学章程有较为明确的效力渊源。虽然我国《教育法》规定学校有"按章程自主管理"的权利,当然这对大学也不例外,但此项权利却未在《高等教育法》和《民办教育促进法》中进一步确认。[①]

（五）内部管理的职权和职责界定模糊

首先是在党委领导下的校长负责制方面。在高等院校中党的委员会是大学各项工作的领导核心,校长等在党委的领导下工作,从法律上确定了我国高等院校的领导体制,然而现有的绝大多数章程只是机械地照搬国家法律的规定,并没有对大学党委、校长、副校长的主要职权和职责及其行使职权、履行职责的机制做出详细的规定。

其次在校、院两级管理的关系方面。目前,我国高等院校基本上都采用校、院两级管理体制。但部分大学章程对于校、院两级管理的关系没有明确或没有规定,学院一级的办学主体地位得不到发挥。具体表现为没有具体明确地划分学院的行政、学术、财政以及人事的权力范围和职责,学院领导特别是院长和党总支书记的权责等。

最后在学术权力与行政权力的关系方面。学术权力具体是指高校中从事学术科研人员所拥有的权力,这些人员包括教授、副教授等相关学术人员。行政权力是指一定的国家行政机关对国家行政事务进行组织和管理所享有的权力。大学章程应该从制度上恰当地协调好两种权力的关系。然而在我国大学章程的内容规定中,学术权力并没有得到很好的体现。大多数学校在制定章程时没有明确学术权力的地位,在内容上缺乏使学术权力和行政权力相互协调、充分发挥作用的组织形式,缺乏运行机制的制度性规定,教授在治校上的作用并未得到有效发挥。

（六）政府与学校的关系不明晰

以落实高校办学自主权为核心,明确大学与政府的权利义务关系,促进高校依法自主管理和发展,是我国高等教育改革发展的需要。大学章程一

---

① 陈敏:《我国大学章程价值的应然与实然研究》,载《黑龙江教育(高教研究与评估)》,2007(1、2),147 页。

经制定，大学就应在章程确定的结构框架内行使各项自主权，政府对大学的干预要以章程为限，不得随意超越。国外大学章程的内容中都有明确的学校与政府关系的规定，例如参与董事会、理事会、教务委员会的人员构成和条件等，而我国大学章程则欠缺此部分内容的明确规定。

五、推进我国大学章程建设的路径

（一）加强依法治校的意识，提高对大学章程建设重要性的认识

我国各大学要认真学习国外大学章程制定的内容和程序，根据《教育法》对于大学章程建设内容的要求，积极主动地制定并完善大学章程。要充分意识到加强大学章程建设是实施依法治校的必然要求，是保障和用好办学自主权的重要基础，是完善内部管理和建立现代大学制度的重要内容，有利于促进高校的科学发展。同时，我国大学章程的制定应注意坚持以下几个基本原则[①]：

首先，章程的制定应体现学校的办学理念。章程应成为大学办学理念和大学精神的制度保障。在制定章程的过程中，注意反映办学特色。例如，序言中对办学理念和学校定位的阐述、学校标识、校旗、校歌、校庆日、纪念日、学校的管理特色、教学科研特色、后勤工作特色等等，都可以通过章程这个载体进行总结和提炼。

其次，既要继承历史，又要反映大学办学理论和实践的创新。一方面，在大学章程的序言中要阐明大学的诞生、历史贡献和现实影响，对管理体制、教学科研、师生权利义务、优秀传统进行总结和提炼；另一方面，对于大学办学过程中的新经验、新问题，如大学的国际化、校友、资产经营等等，也要充分重视。

最后，要鼓励全校师生参与章程的制定与修订。由于章程对学校方方面面的工作都进行了规范，因此它的制定和修订必然涉及各方面的利益。师生是学校教育教学活动的主体，有权参与学校的发展和重大事项的决策。因此，不管是从学校主体的角度，还是从维护师生权益的角度看，章程的制

[①] 胡莉芳：《大学章程制定的核心问题与原则探究》，载《中国高教研究》，2007(10)，34页。

定和修订都要鼓励全校师生的参与,不宜"暗箱操作"。可以采取问卷调研、小型座谈会、在师生中开展相关的大讨论、草案公示等方式,调动全校师生的积极性,这也是章程在大学运行中发挥实质作用的基础。

（二）规范大学章程的文本,内容尽量反映本校特色

为避免大学章程制定中的趋同性,各高校在制定大学章程时应尽可能考虑在《高等教育法》规定事项的基础之上抓住学校的办学特点和特色,以及内部管理体制中的重点。特别在办学理念、办学宗旨等描述性规定上,现有众多大学章程存在着章程内容和框架大同小异的规定。为增强章程的适用性和可行性,大学章程应注重反映本校的特殊情况和本校的特色。大学章程制定的依据包括法律依据和现实依据,因此,完善可行的章程不仅要反映法律法规的要求,而且要反映本地区、本校的特殊性,把特有的大学精神、办学理念融入到各项规章制度之中。这样制定出的章程既可以突出本校的特色,又便于在实践中得以实施。[①] 以学校的定位为例,应根据一定时期的社会需要和自身条件,在学校的发展目标、类型、层次、办学形式、服务面向等方面反映出本校的特色。另外,在文本格式和语言表达上注意规范化和权威化。

（三）完善大学章程的制定和修改程序

1. 规范大学章程立法程序

按照相关法律的规定,法律、法规、规章等都必须经过立项、起草、审查、决定、公布等法定程序方能产生合法效力,同样,作为法律法规中的一种,大学章程也必须严格经由法定程序。大学章程的制定出台主要遵照以下程序:提出大学章程议案;大学权力机关审议大学章程议案并表决和通过;报备上级教育主管部门审核;最后公布大学章程。

2. 规范大学章程的修改程序

大学章程的修改是大学章程文本中的重要内容。根据我国大学现实,建议主体主要是指建议大学章程应该修改内容的主体,包括办学者、教师学

[①] 陈敏:《我国大学章程价值的应然与实然研究》,载《黑龙江教育(高教研究与评估)》,2007(1、2),148页。

生和其他社会组织成员。而至于大学的举办者或者是经由举办者授权的相关权力机构就是大学章程修改的表决主体。另外，表决生效的条件问题也必须在大学章程制定中做出规定。大学章程的修改程序有以下几个步骤：首先要提议修改内容，由制定主体审议并表决后报送上级教育主管部门审批，最后将修改生效后的章程备置于大学章程中。

（四）明确大学章程的法律地位

《高等教育法》中规定："高等教育机构的设立，必须经过教育主管部门批准；高等教育机构的学位、学历必须得到教育主管部门的承认；高等教育机构的学科建设，必须经教育主管部门审批；高等教育机构的招生，必须得到教育主管部门准许；高等教育机构的负责人，必须由教育主管部门任命。"可见我国大学的管理是在教育主管部门的领导下进行的，大学在名义上是法人，但却没有任何自主权。同时，《高等教育法》中并未说明大学章程的法律地位。因此，国内众多学者呼吁尽快将《高等教育法》的修改提上议事日程，只有这样才能促使大学章程有法可依，更好地发挥其在高等教育领域的"宪法"作用。

（五）建立教授委员会制度，平衡学术权力与行政权力的关系

教授委员会制度是实现我国高校内部管理体制改革去行政化、从行政权力主导走向学术权力主导基本目标的可行模式。近年来，我国教授委员会制度无论在理论研究领域还是实践研究领域，均取得了一定程度的发展。但是，现行的教授委员会制度尚未实现其彰显学术权力、制约行政权力的初衷。因此，我们需要从高校内部管理体制的视角审视教授委员会制度，而内部治理因素正是大学章程的重要一环。教授委员会的作用在于管理学校的学术事务，行使对教学与科研等事务的决策权。我国当前的教授委员会在高校内部决策中仅仅扮演的是"参与者"的角色，与学术委员会等其他的学术组织相比，这种形式的教授委员会也仅能参与学校事务，这一点并未发生根本改变。

学术自由是大学的核心理念，也是大学章程追求的核心价值。学术自由首先要以大学自治为屏障，大学在确保自身独立自主的基础上方能达到

学术的自由。因此学术自由以大学自治为前提,在廓清大学与政府、社会关系的基础上,进一步理清大学内部的各种关系,特别是学术与行政的关系,建立有利于平等交流、学术创新的制度环境。

(六) 明晰大学与政府的关系,彰显大学自治的理念

政府和高校的关系不仅仅是举办者和办学者之间的关系,我国政府还是高校的管理者。政府作为国家教育事业的宏观管理者,有权力利用行政手段对所管辖的高校进行宏观管理。[①] 但是,大学不能因教育体制机制方面存在的一定障碍而无所作为。大学要具备自主性和创造性,以大学章程建设为契机,在现代大学理念的指引下,按照现代大学制度的要求,积极探索,适度超前,努力推动国家建立"充满活力、富有效率、更加开放、有利于科学发展的教育体制机制"。通过大学章程的立法,推动政府与大学实现权力边界的契约化,使大学享有自主设置学科、专业权、自主招生权、自主理财权。政府与大学关系的处理可以遵循"创造性张力"的原则,即政府对学校的管理要做到张弛有度,大学自治并不是完全的自治,政府放权也不是完全的放权。[②] 将"政府宏观适度控制"与"大学积极有限自治"相结合是实现政府控制与大学自治之间平衡关系的应然选择。同样,这一原理也可用于大学内部党委与行政、行政与学术关系的调适。

① 陈立荣,严俊俊:《大学章程:落实高校办学自主权的制度保障——对大学章程制定主体的思考》,载《现代教育科学》,2009(3),60页。
② 李玉华,张春楼:《文化视域下大学章程建设研究》,载《国家教育行政学院学报》,2012(2),24页。

参考文献

[1] 北洋大学—天津大学校史编辑室.北洋大学—天津大学校史(一)[M].天津:天津大学出版社,1990.

[2] 陈冰玉.论高校问责制[D].武汉:中南民族大学,2007.

[3] 陈立鹏.学校章程[M].北京:光明日报出版社,1999.

[4] 陈玉琨等.高等教育质量保障体系概论[M].北京:北京师范大学出版社,2004.

[5] 陈学飞.国际视野中的高等教育探索[M].青岛:中国海洋大学出版社,2009.

[6] 陈永明,朱浩,李昱辉.大学理念、组织与人事[M].北京:中国人民大学出版社,2007.

[7] 储祖旺.高校学生事务管理教程[M].北京:科学出版社,2008.

[8] 戴玉纯.基于战略的大学绩效管理[M].合肥:中国科学技术大学出版社,2007.

[9] 丁学良.什么是世界一流大学[M].北京:北京大学出版社,2004.

[10] 丁玉霞,李福华.论大学学术制度的起源与发展[J].大学:学术版,2007(2).

[11] 董克用.中国教师聘任制[M].北京:中国人事出版社,2008.

[12] 段海峰.行政法视角下的高校管理[M].北京:人民出版社,2010.

[13] 符华兴,王建斌.世界主要国家高等教育发展研究[M].长沙:湖南

人民出版社,2010.

　[14] 顾明远.学校学生管理运作全书[M].北京:开明出版社,1995.

　[15] 顾明远.中国高等教育传统的演变和形成[J].高等教育研究,2001(1).

　[16] 顾翔.大学生管理[M].上海:华东师范大学出版社,1988.

　[17] 谷贤林.美国研究型大学管理——国家、市场和学术权力的平衡与制约[M].北京:教育科学出版社,2008.

　[18] 胡永新.教师人力资源管理[M].杭州:浙江大学出版社,2008.

　[19] 纪宝成.加快高等教育管理体制改革的步伐[J].中国高等教育,1999(3).

　[20] 赖雄麟,张铭钟.高等学校内部管理体制创新论[M].徐州:中国矿业大学出版社,2009.

　[21] 雷庆.北美地区高等教育质量保障体系研究[M].北京:北京航天航空大学出版社,2007.

　[22] 廖志宏.试论市场经济体制下的高校后勤社会化[J].前沿,2003(8).

　[23] 林健.大学薪酬管理——从实践到理论.北京:清华大学出版社,2010.

　[24] 刘淑华.俄罗斯高等教育分权改革研究[M].北京:光明日报出版社,2010.

　[25] 马陆亭,范文曜.大学章程要素的国际比较[M].北京:教育科学出版社,2010.

　[26] 米俊魁.大学章程价值研究[M].青岛:中国海洋大学出版社,2006.

　[27] 潘懋元.中国高等教育大众化的结构与体系[M].广州:广东教育出版社,2009.

　[28] 覃庄才.我国公立高等学校法人治理结构的基本模型探析[J].教育学报,2005(2).

　[29] 盛宣怀.拟设天津中西学堂章程禀,麦仲华辑.皇朝经世文新编:卷六[M].上海:上海书局石印,1901.

[30] 石六山.大学管理导论[M].成都:电子科技大学出版社,2009.

[31] 史万兵.高等教育管理体制深化改革研究[M].北京:教育科学出版社,2008.

[32] 唐振平.当代中国大学自治管理体制研究[D].长沙:中南大学,2006.

[33] 王彦斌.权力的逻辑——大学组织运行的社会学管窥[D].武汉:华中师范大学,2008.

[34] 夏丽萍.高等教育资源配置研究[M].成都:四川大学出版社,2007.

[35] 夏民.法学视野中的大学自治——以大学权力为中心的分析[M].镇江:江苏大学出版社,2009.

[36] 肖平.高校管理中学生权利保障研究[M].长沙:中南大学出版社,2005.

[37] 宣勇.大学内部管理体制改革的价值取向[J].浙江社会科学,2001(5).

[38] 姚启和.高等教育管理学[M].武汉:华中科技大学出版社,2000.

[39] 湛中乐.通过章程的大学治理[M].北京:中国法制出版社,2011.

[40] 赵中建.联合国教科文组织·全球教育发展的研究热点——90年代来自联合国教科文组织的报告[M].北京:教育科学出版社,1999.

[41] 张德祥.高等学校的学术权力与行政权力[M].南京:南京师范大学出版社,2002.

[42] 张丽.西方大学管理制度模式研究[J].清华大学教育研究,2011(2).

[43] 张祥明.教育管理学[M].厦门:厦门大学出版社,2006.

[44] 周德绪.现代行政管理学[M].广州:科学普及出版社广州分社,1988.

[45] 周光礼.学术自由与社会干预[M].武汉:华中科技大学出版社,2003.

[46] 周巧玲.大学战略管理研究[M].北京:科学出版社,2009.

［47］朱先奇.制度创新与中国高等教育［M］.北京：中国社会出版社，2006.

［48］［澳］马尔科姆·沃特斯.现代社会学理论［M］.杨善华等，译.北京：华夏出版社，2000.

［49］［澳］亚伯纳罕·弗莱克斯纳.现代大学论——美英德大学研究［M］.徐辉等，译.杭州：浙江教育出版社，2001.

［50］［德］马克斯·韦伯.经济与社会：上卷［M］.林荣远，译.北京：商务印书馆，1997.

［51］［加］约翰·范德格拉夫.学术权力——七国高等教育管理体制比较［M］.郑继伟等，译.杭州：浙江教育出版社，2001.

［52］［美］彼德·布劳.社会生活中的交换与权力［M］.李国武，译.北京：华夏出版社，1988.

［53］［美］伯顿·克拉克.高等教育系统［M］.王承绪等，译.杭州：杭州大学出版社，1994.

［54］［美］戴维·波普诺.社会学［M］.李强等，译.北京：中国人民大学出版社，1999.

［55］［美］塞缪尔·亨廷顿.文明的冲突与世界秩序的重建［M］.周琪，译.北京：新华出版社，2002.

［56］［美］约翰·布伦南.高等教育质量管理［M］.陆爱华，译.上海：华东师范大学出版社，2005.

［57］［美］约翰·S.布鲁贝克.高等教育哲学［M］.王承绪，译.杭州：浙江人民出版社，1988.

［58］［英］韦德.行政法［M］.徐炳，译.北京：中国大百科全书出版社，1997.

图书在版编目(CIP)数据

现代大学管理制度改革与创新:国际比较的视野 /
张茂聪等著.—济南:山东教育出版社,2013
ISBN 978-7-5328-7911-3

Ⅰ.①现… Ⅱ.①张… Ⅲ.①高等学校—学校管理
—对比研究—世界 Ⅳ.①G649.1

中国版本图书馆 CIP 数据核字(2013)第 132113 号

现代教育管理论丛
现代大学管理制度改革与创新:国际比较的视野
张茂聪 李松玉 等著

主　管:山东出版传媒股份有限公司
出版者:山东教育出版社
　　　　(济南市纬一路 321 号　邮编:250001)
电　话:(0531)82092664　传　真:(0531)82092625
网　址:http://www.sjs.com.cn
发　行:山东教育出版社
印　刷:山东德州新华印务有限责任公司
版　次:2013 年 7 月第 1 版第 1 次印刷
规　格:787mm×1092mm　16 开本
印　张:23.5 印张
字　数:446 千字
书　号:ISBN 978-7-5328-7911-3
定　价:48.00 元

(如印装质量有问题,请与印刷厂联系调换)
印厂电话:0534-2671218